芝崎みゆき

マヤ・アステカ遺跡へっぴり紀行

メキシコ・グアテマラ・ホンジュラス・ベリーズの旅

草思社

はじめに

こんにちは。このような本をお手に取っていただきありがとうございます。わたくしは遺跡好きのひとりで、芝崎みゆきと申します。

この本はまぁ旅行ガイドみたいなものです。ガイドっていってもホテル情報とかグルメ情報とかリゾート情報なんていう万人に喜ばれるものはなく、ひたすら中米の古代遺跡の解説とわたくし個人の旅もようを綴るもの。

マヤ、アステカを始めとする中米の文明は、ローマ、エジプトなどに比べると日本での扱いは小さく、マイナー文明に追いやられている感がありますが、一つひとつが世界遺産になってもいいほどの立派なものばかりです（へっ て全部見たわけじゃないけど……。だって遺跡の数はメキシコだけでも1万箇所もあるって話ですよ。信じられますか、この数字！）

今日び、旅行者人口は減っているということですし、ましてや遺跡を見に行く人がどれほどいるのか見当もつきませんが――それでも私は信じたい！ この本が、旅行に出る少なからぬ方々のお役に立つことを。もうすでに旅行を終えた方には思い出を再燃する本になってくれることを。旅行に行かない方にも旅気分を味わっていただけることを。関心のない方にもいいひまつぶし本になってくれることを……とまぁ、何はともあれ、なるたけ多くの方に楽しんでいただけることを願ってます。よろしくお願いいたします。

今要らなくても、いつこういうものに興味が湧くかわかんないわよ。とりあえず買っておくのがいいんじゃない？
本なんてすーぐ絶版になっちゃうんだから

もくじ

★は旅もよう

マヤ遺跡へ 79

用語解説

メソアメリカ：スペイン人が征服にやってくるまでの中米の文化的領域（中米っていっても北部を除いたメキシコと、グアテマラ、ベリーズにエルサルバドル、ホンジュラスとニカラグア、コスタリカの西部分を入れた、中米よりはせまい領域）。

ケツァルコアトル：羽毛の生えたヘビの神。マヤではククルカンと呼ばれる。

トラロック：雨神。

古典期：おおよそ後3世紀から後9世紀ごろまでを指す。
マヤ文明でいえば、中部でたくさんの都市国家が隆盛し一番輝いた時代とされる。8〜10世紀までに起こったこれらの都市の崩壊がいわゆる「マヤの謎の滅亡」とされるやつ（その前後の時代は先古典期、後古典期と呼ばれます）。

タルー・タブレロ様式：テオティワカンを代表する建築様式。壁面で斜面とパネルをくりかえす。

ユカタン半島
カンクーン／
エル・レイ
メキシコ湾
チチェン・イツァー
ジビルチャルトゥン
メリダ
エク・バラム
マヤパン
コバー
バジャドリッド
ウシュマル
トゥルム
ロルトゥン
洞窟
カバー
オシュクツカブ
カンペチェ
エスナー
チェトゥマル
シュプヒル
コロサル／
サンタ・リタ
ジバンチェ
エスカール
セガ
ベカン
バラムク
オレンジ・
ウォーク
コマルカルコ
チカンナ
コフン
リッチ
セロス
ラ・ベンタ
カラクムル
クエージョ
オルミゲロ
アルトゥン・ハ
ビジャエルモッサ
ラマナイ
シュナントゥニッチ
ウシャクトゥン
カルデナス
パレンケ
ティカル
ベリーズ・シティ
ヤシュハ
サン・
イグナシオ／
カル・ペチ
トニナー
フローレス
サン・
クリストバル・
デ・ラス・カサス
オコシンゴ
サンタ・エレナ
カラコル
ボナンパク
セイバル
ベリーズ
ヤシュチラン
アグアテカ
サヤスチェ
キリグアー
ホンジュラス
チキムラ
コパン
グアテマラ
エルサルバドル

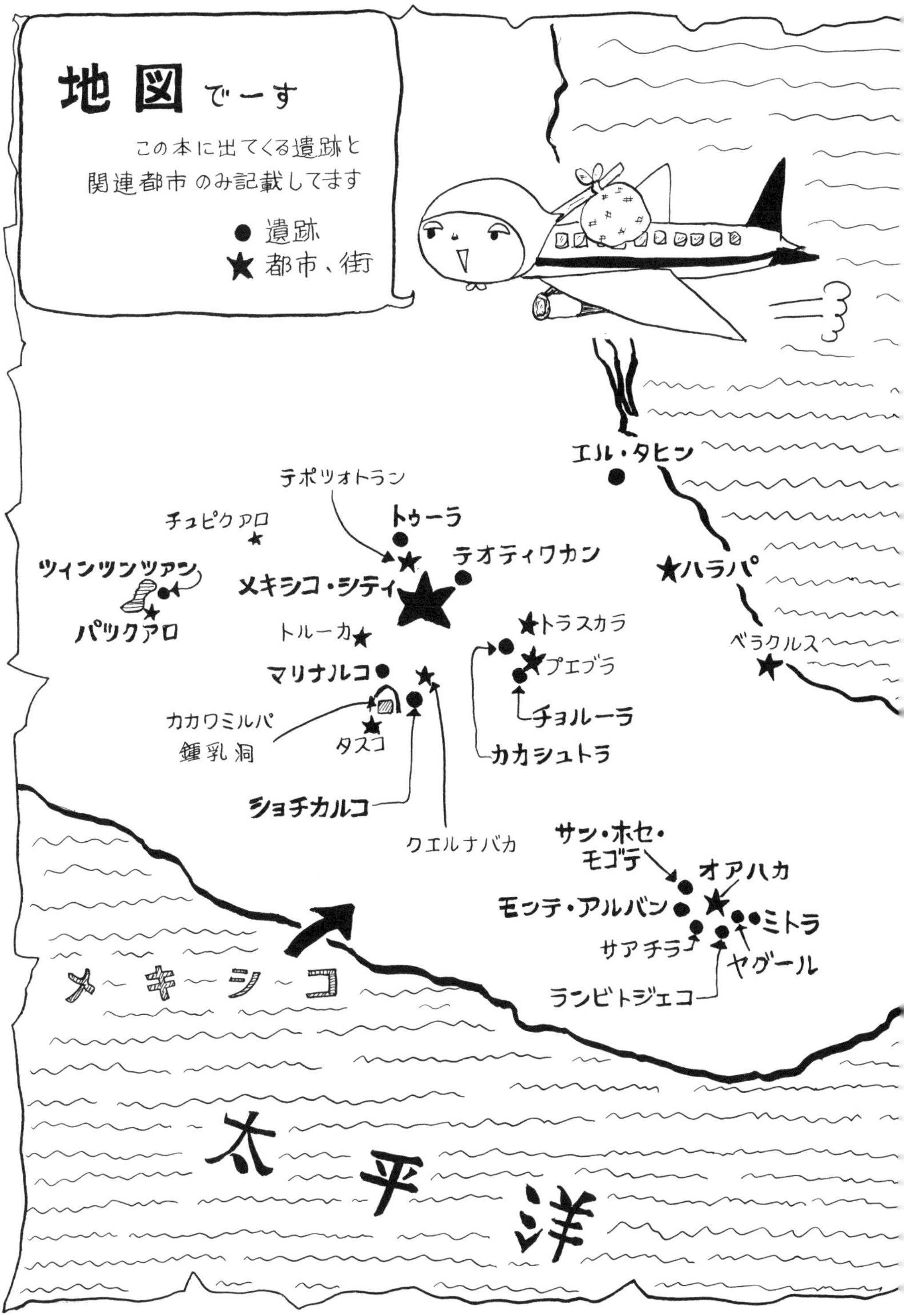
地図 でーす
この本に出てくる遺跡と
関連都市のみ記載してます
● 遺跡
★ 都市、街
エル・タヒン
テポツォトラン
トゥーラ
チュピクアロ
テオティワカン
ハラパ
ツィンツンツアン
メキシコ・シティ
パックアロ
トルーカ
トラスカラ
プエブラ
ベラクルス
マリナルコ
カカワミルパ
鍾乳洞
タスコ
チョルーラ
カカシュトラ
ショチカルコ
クエルナバカ
サン・ホセ・
モゴテ
オアハカ
モンテ・アルバン
ミトラ
サアチラ
ヤグール
ランビトジェコ
メキシコ
太平洋

ご注意

■この本は2007年末に行った旅行のことが書かれてます。情報もそのときのもので、今とはちがってることも多少あるかと思われます。ペソもそのときのレートに換算してます。1ペソ＝約10円。
この本 のドルはすべてアメリカ・ドルのこと。ベリーズにはベリーズ・ドルというのがありますが、そこもすべてアメリカ・ドルとして記してます。

■遺跡内の地図などはガイドブックの正確さに到底およぶべくもありません。建物の解説に都合がいいから地図形式を使っているにすぎないのです。といっても、なるべく大きく逸脱することのないようには描いてます。またメジャーなガイドブックにはない地図もあったりします。と、そんなに捨てたもんでもないですが、地図としてはあくまでも補助的に使っていただきたく存じます。

■年代や、ときには建物の高さのメートル数などが、お手持ちのものとちがうところもあるかと思います。これは私の取捨選択によるもので、吟味に吟味を重ねて選んでいますが、ご納得いただけないときもあろうかと思われます。テキトーに目をつぶりながらお読み進めください。

■年代で「前」が付いてないのは「紀元後」です。

マヤ・アステカ遺跡へっぴり紀行

メキシコ・グアテマラ・ホンジュラス・ベリーズの旅

メキシコ・シティ
来たよ〜 来ました
メキシコに!!
旅の友 エキ(旧ゴリラ)
性格:姑息。スキさえあれば人を不幸に突き落とそうとする腹黒人。
なーんて浮かれた感じでもなく、わりと悲壮感を持って参りました
ただでさえ犯罪がンガンのイメージ。それもスリとかサギとかのかわいいもんじゃなく、いきなり
ズドン
と撃たれるとかの……。
ネットでも
犯罪率
邦人殺害
誘拐
もう遺書まで書いちゃったもんね〜。
なんかあったらこれを開封しれ
友人J ニヤニヤ
あーはいはい
出たよ大ゲサ
帰国したら失くされてたし……。
旅の準備も余念なし。英語がまったく通じないというので、スペイン語を猛勉強。
シュリーマン方式のうち「デカ声で音読」だけをひたすらくりかえす。
¿Cuánto cuesta?
Más barato, por favor
スペイン語は世界一習得しやすい言語だと、ある旅人が言った言葉を信じて(でもアンタッチャブル山崎レベルにテキトーそーな人だったな)。
金も5ヶ所に分散。
あんたもやったほうがいいよ
オレはいいよう
てなことで
入国ーー。
こわいこわいこわい
キョロ
キョロ
ボケ〜

で、1日目。さっそく人類学博物館に行こうと地下鉄に。
ひー なんかいっぱいあって乗り換えわからら〜ん
あのう、これはアウディトリオ(Auditorio)に行きますか?
ああ5個目だよ
優しい笑顔!!
どこから来たの
日本です
じー
ーーってなんかすごい見てるよ。ヤバそうなジイさんが!
ヒー、まだ見てるよ
じー
ちらちら
スリだ!
あのジイさんには気をつけないと!
ここで降りるんだよ!!
さっきの人!わざわざ大声で教えてくれて……。
降りて構内を進んでると
トントン
ゲッジイさん
キミら博物館だろう!こっちじゃないぞ。あっちに抜けな
あ、ありがとうございます
よい旅を!!
ササッ
☆バチーン
……なんだ……ジイさん自分と同じ駅だから気にしてくれただけだったのか。しかもどこへ行くのか読んでくれて……。

さらに
おーい!!
さっきの方!
キミたち
ちょっと待って!
よかったらこれ使って!
地下鉄路線図だった。
じゃあ旅を楽しんで
ザバー
あ…ありが…
ダダーッ
えー、もしかしてこれ渡そうと思いついちゃって、地下鉄降りてくれたのかねー。
しかも探してくれたのか?
で、外に出て
うーんと……
キョロ
さてどっちかね
キョロ
ボケー
人類学博物館ですか?
くるっ
あっはい
それならこっちですよ
と、自分の方向とは逆なのにに案内してくれる。
あとはこの道まっすぐですから
Bienvenido a México ようこそメキシコへ!
……なんなのここ……。
30分も経たないうちに親切3連発。メキシコいい国っぽいじゃん。初っぱなからこんなうれしいことされて、幸先よすぎる。いや、でもいつもそーやって気を緩めると足元すくわれるんだった。まだまだ警戒を怠ってはいかんのだー。
じ〜ん

国立 人類学博物館

Museo Nacional de Antropología

こんなにワンダーが詰まった博物館がありましょうか？

私もそんなに博物館行ってないくせに、こういうこと言うのもどうかと思うが、ほんとうにスゴい！　考古学博物館としては世界一と言い切りたい。持ってる宝もスゴければ、その宝のスゴさに甘んぜず、それらをより面白く、効果的に見せる努力を怠っていない。緻密でありながら大胆な展示方法にいちいちシビれる。あらゆるところに作った人たちの遊び心、もてなしの心が見え隠れして、ハートフルでもあり！

1964年に完成したというこの博物館は、展示品は発見のたびに増えてるものの、基本的な配置、デコレーションはほとんど変わりないという。当時の人にはどれほど斬新なものに映ったのだろうか。

すべてをもって最強、完璧な博物館。

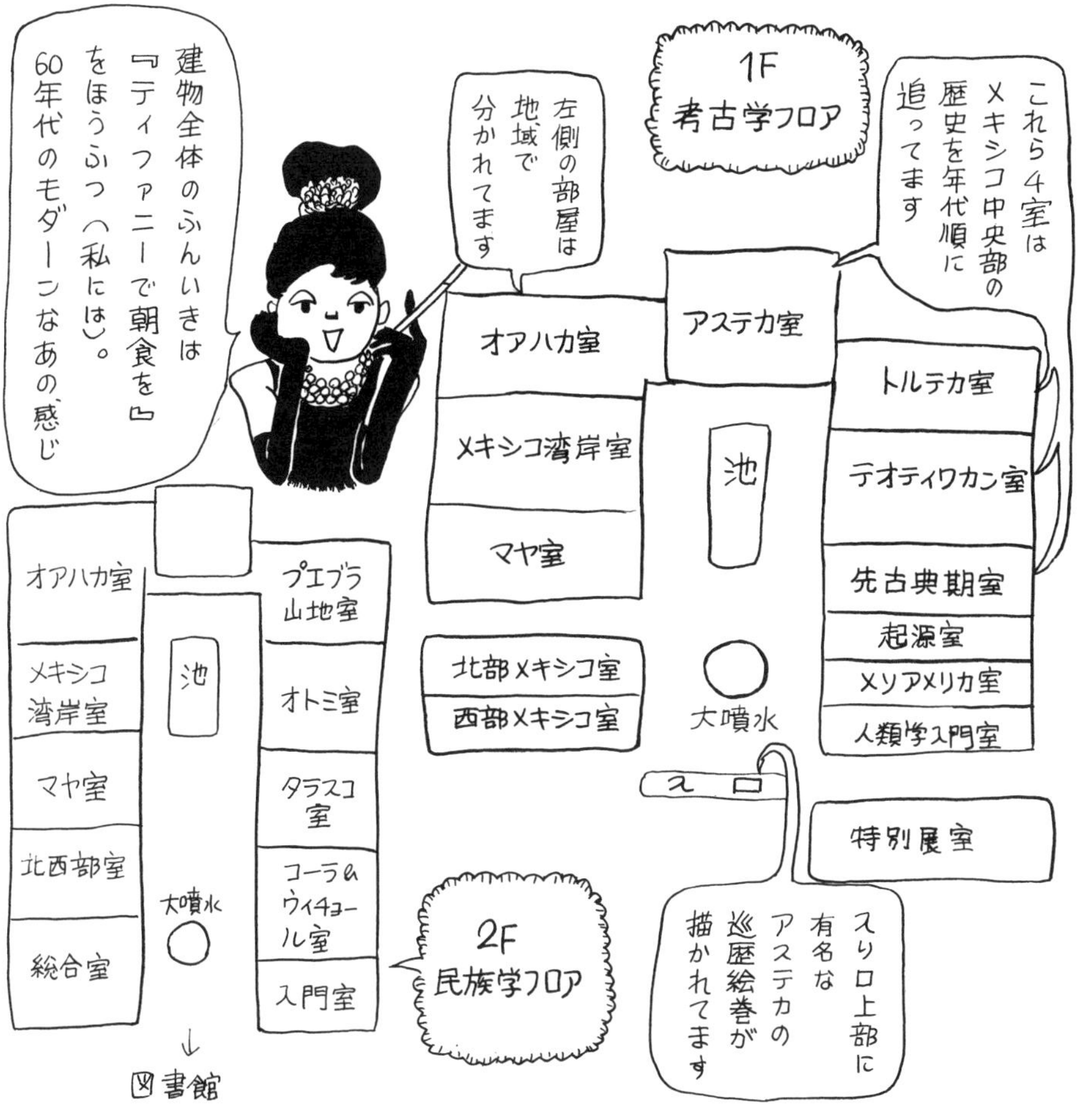

建物全体のふんいきは『ティファニーで朝食を』をほうふつ（私には）。60年代のモダーンなあの感じ
左側の部屋は地域で分かれてます
1F 考古学フロア
これら4室はメキシコ中央部の歴史を年代順に追ってます
オアハカ室
メキシコ湾岸室
マヤ室
アステカ室
トルテカ室
テオティワカン室
先古典期室
起源室
メソアメリカ室
人類学入門室
池
北部メキシコ室
西部メキシコ室
大噴水
入口
特別展室
入り口上部に有名なアステカの巡歴絵巻が描かれてます
オアハカ室
メキシコ湾岸室
マヤ室
北西部室
総合室
池
大噴水
図書館
プエブラ山地室
オトミ室
タラスコ室
コーラ＆ウィチョール室
入門室
2F 民族学フロア

あ〜〜、すべてを紹介したいくらいですが、とても無理。ここはとくに、わたし的に想定外のものだったり、かつ見過ごされそうなものたちをラインナップしてみました。だもんで、ぜんぜん文明ごとの特色っつうものが感じ取れないものになっちゃってます。

まず

人類学入門室

ここはメソアメリカだけじゃなく地球上における人類の歩みをジオラマなどで学習させてくれるところ。そこには原始時代のあまりにもナチュラルな姿が!!

⇓

ハードな出産シーン。産むほうも取り上げるほうも丸出し!

図は安全な角度のにしました

先古典期室（前1500〜後250年）

“なんかこわいもの”でいっぱいの部屋。トラティルコ文化のものやクィクィルコから出土したものなどが置いてある。テオティワカン以前にもすでに立派な文明が築かれていたことがわかります。

マスクも たいがい こわい……

トラティルコ文化

（前1400〜前600年）

この部屋で不穏な空気を放つ展示物はだいたいこの文化に属している。明らかにオルメカに影響を受けたものもあるが、たいがいの品々はオリジナリティに満ちていて、奇天烈、奇抜。メキシコ文化の原点にふさわしいグロテスクさであります。トラティルコからはたくさんの墓が発掘されていて、500体以上の遺体が副葬品とともに出土している（前1200〜前950年）。この部屋に、遺体発掘現場がなかなか大きなスペースを取って再現されていて、それもこの博物館の、スケールのデカさを感じたことのひとつ。

2つの顔をもつ人形が有名

お食事シーンもリアルに綴られる。

ここには幼稚園クラスのお子さま集団が、移動教室でガンガンお見えになってるっつうのに……。この国にはいっさいの隠しごとはないのか？

もし小1の私がこれらを見たらきっと何かを失ってたね

こうしてあからさまにすべてを見せることで、自然の厳しい掟を教え込もうという意図があるのかもしれんが、私は、どうもここの担当者がスピルバーグのようなグロセンスをお持ちだったんじゃないか、と睨んでいる。それともアステカの祖先のDNAによって、血や内臓モロ出しには抵抗がないのか？

ぬおっこれは!!

日本の遮光器土偶《しゃこうきどぐう》に似てるし、宇宙人っぽいではないか。なぜ遠く離れた地で同じような発想が？ そしてなぜ宇宙人がドーしたコーしたの人たちは騒がない？ マイナーすぎて知られてないのかなー。

こんな笑いをこらえる宇宙の方も

腹《ふく》立つ!!

三平ポーズもムカつく

お茶目ぶる老人。
舌を丸くすぼめてるのがキモッ！

こーいうポーズの像もこの文化の代表格

この太ももレディも多し

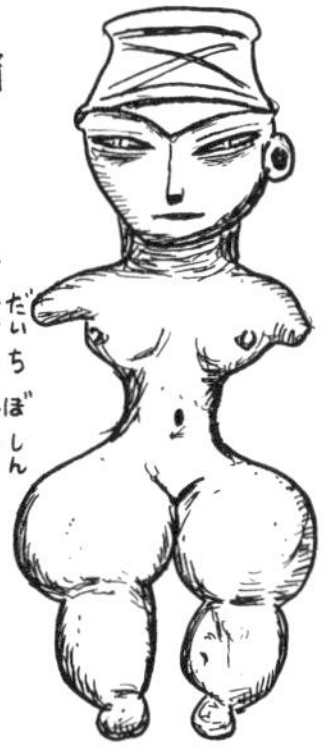

踊り子とか大地母神《だいちぼしん》といわれる。なぜこういう太ももが極端にデフォルメされた女の像が、世界各地で作られたのか？

楽しそーな人もいますよ

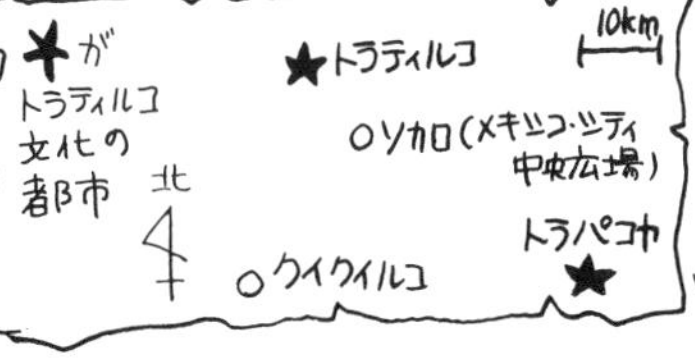

★がトラティルコ文化の都市
★トラティルコ
10km
○ソカロ（メキシコ・シティ中央広場）
北
トラパコヤ
○クイクイルコ

テオティワカン室

ケツァルコアトル神殿の原寸大の復元が目玉。それに感動したのは当たり前として、個人的におどろいたのは、テオティワカンにも、ストンとシンプルなものがあること。

熱唱するお二人

アステカ室

一番気合が入ってる場所。ブツもすごいが、模型やジオラマ等の魂の込め方がハンパない。トラテロルコの市場のジオラマはあまりに精巧で凝りに凝っててひれ伏したくなります。

この恥ずかしいいでたちの男は
死の神ミクトランテクートリの神官とか……。

ガイコツは日常。容器の飾りになるのは普通。

これなんかは骨に骨を刻印。

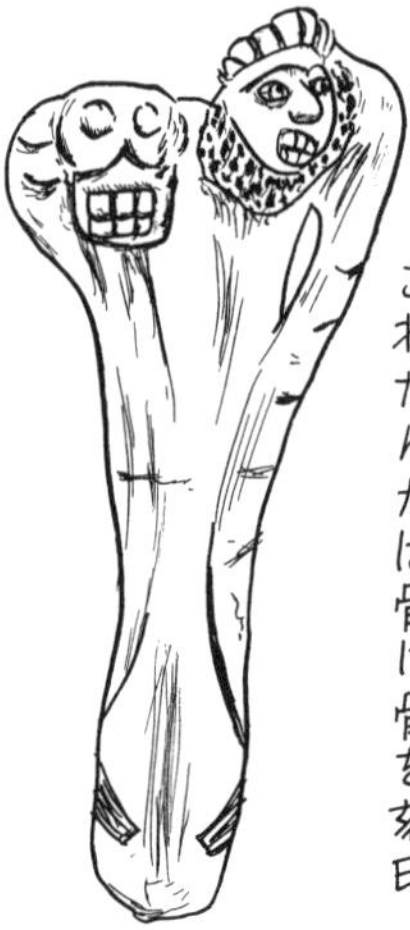

腹立つ！ パート2

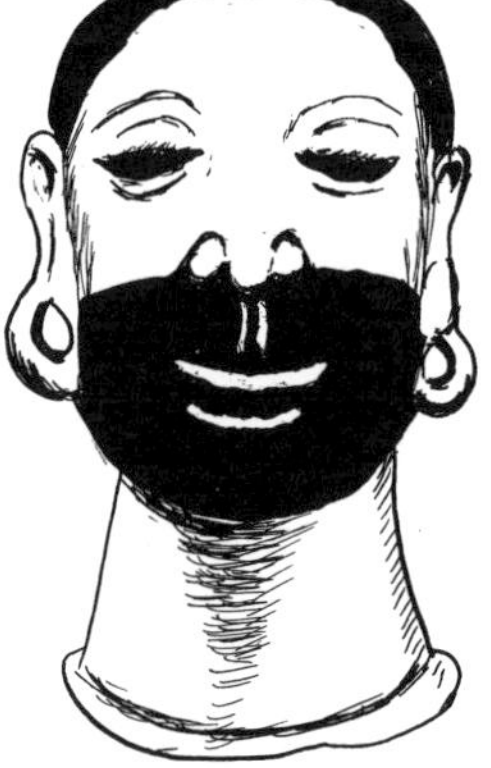

この顔もかなり人を苛立たせます。古くは保毛尾田保毛男、今ならホワイト赤マンなフェイス。

かわいいヘアスタイル
この人なんかも宇宙服着てるよう。

トルテカ室

テオティワカン終了後からチチメカが来るまでに栄えたトゥーラやショチカルコ、カカシュトラ、ショチテカトルなどのブツが置かれてます。

ここでは、なんといってもカカシュトラの壁画（レプリカ）にハートがギューーーッとつかまれる。こんな方々がいるのですよ。

顔トウモロコシ!!
My Most Favorite Thing!

ってこれ、「歴史篇」のほうで描いたものですが、こらえきれずここでも紹介してしまった。

このマヌケっぽいカメ男はマクウィルショチトルというれっきとした神。音楽と青春担当ーー。

青春ねえ……

この神の祭り時は禁欲週間で、その間もし性交をしたふとどき者がいたら、痔にさせたり性器を腫れさせたりの神罰を下します。小っちゃくイヤ〜なことする実力派で、あなどれません。

このさびしげなくちばし男はケツァルコアトルの一形態、風の神エエカトルか、その神官ということ。

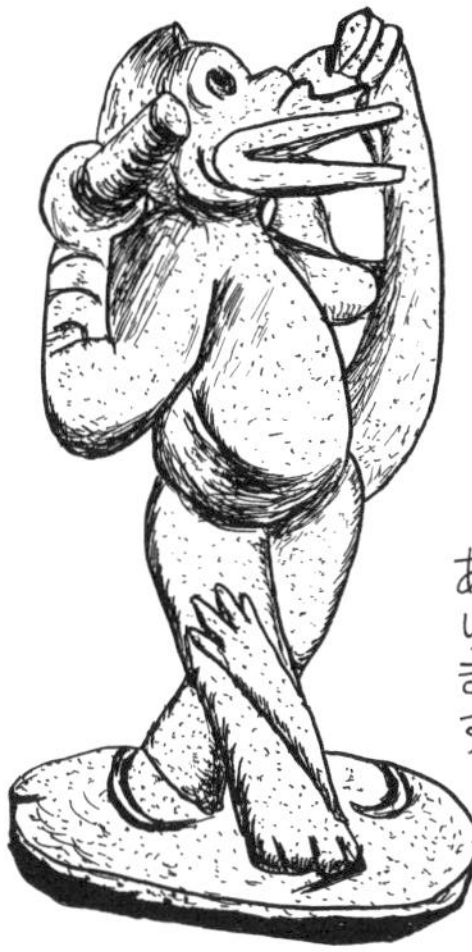

こんなゴキゲンなときもあります

オアハカ室でーす
ここにはハナグマの像がたくさん。皆邪悪顔。一番大きいこの像（人間サイズ）は、中に人間の顔が見えるという凝《こ》り様。ハナグマの着ぐるみ衣装を着けた神官の像だそうです。
優しい笑顔の方！
フクロウだそーです
四面顔付き鍋
ちょっと待ってくれって
ジャガーの鼻
これも神官像
しまった忘れてた〜〜!!
こんなスキのあるポーズ見せてるけど気を許しちゃダメ！こいつは恐ろしい皮剥《は》ぎ神シペ・トテク。

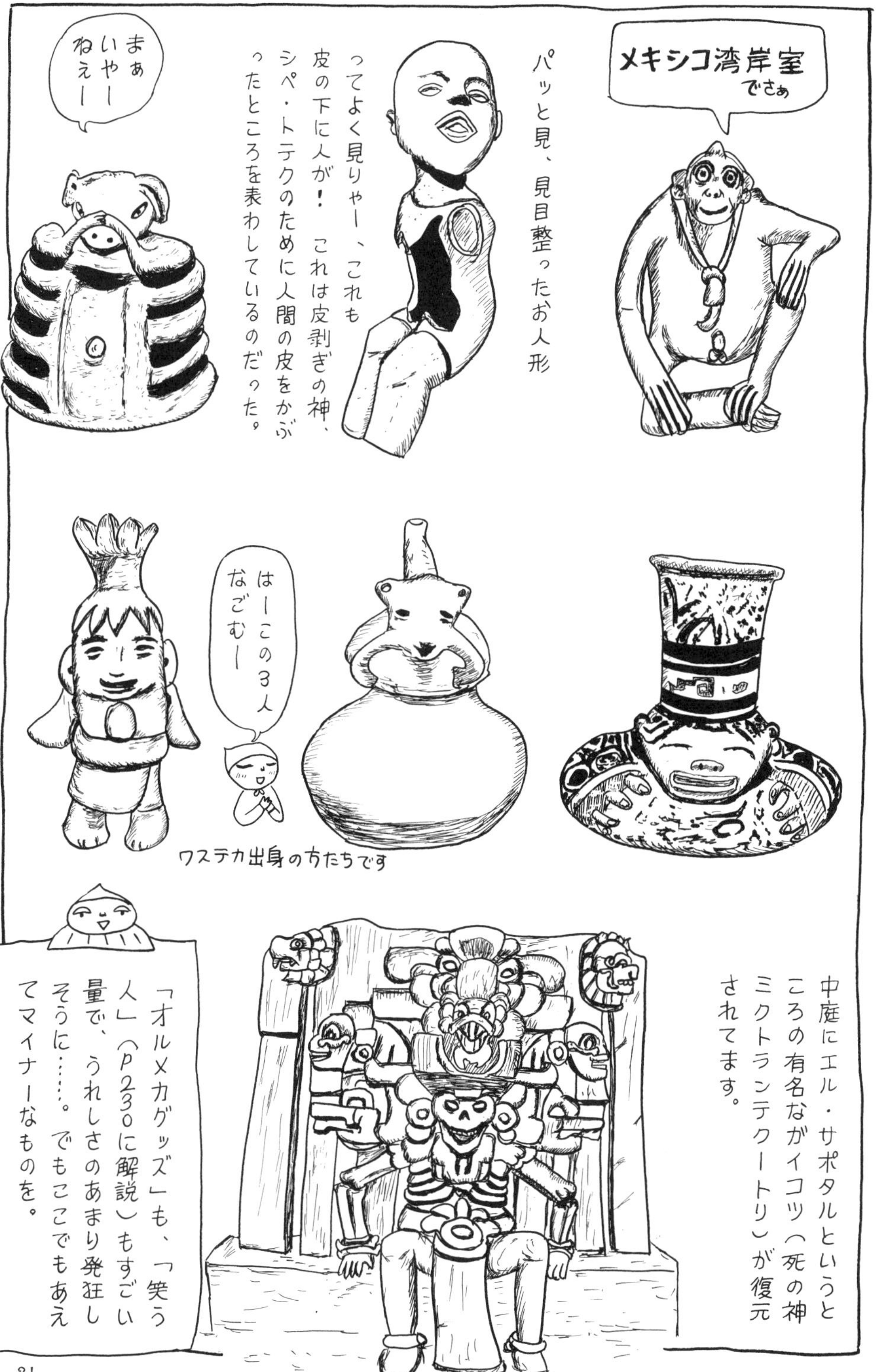

メキシコ湾岸室
でさぁ
パッと見、見目整ったお人形
ってよく見りゃー、これも
皮の下に人が！ これは皮剥ぎの神、
シペ・トテクのために人間の皮をかぶ
ったところを表わしているのだった。
まぁ いやー ねぇー
はーこの3人 なごむー
ワステカ出身の方たちです
中庭にエル・サポタルというところの有名ながイコツ（死の神ミクトランテクートリ）が復元されてます。
「オルメカグッズ」も、「笑う人」（p230に解説）もすごい量で、うれしさのあまり発狂しそうに……。でもここでもあえてマイナーなものを。

マヤ本拠地であるグアテマラのものは置いてないので、どうも物足りない。ここでは自分の中のマヤ・イメージにないものを集めました。

マヤ室 デース

おう!
いつまでも
ガタガタ言ってん
じゃねーぞ

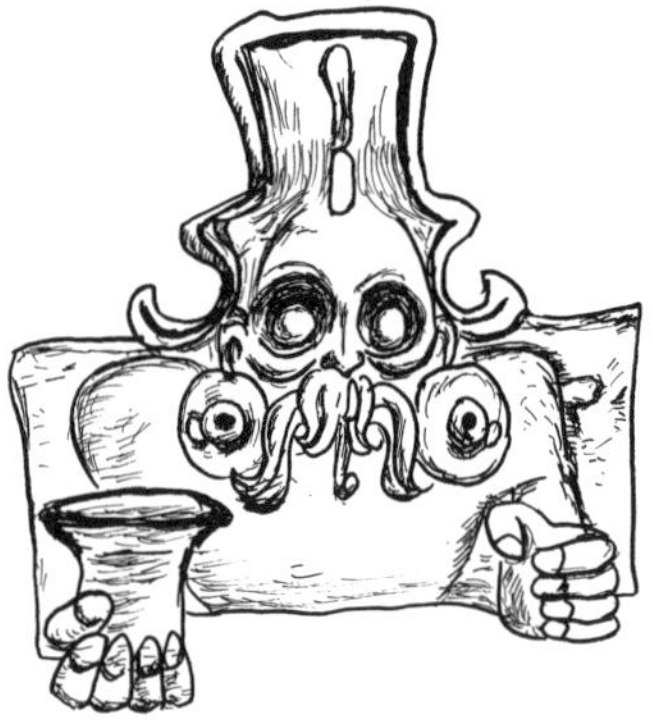

マヤの神の1人と
解説されてるが
なんかアラビアン
ナイトな容姿

……なんかこわい方

この方のことは"捕虜"と解説してる本もあれば"精力の神"としてるのもある。妻は好きなように考えていいってことだ(これだけじゃなく、ぜんぶ!)。私は小松方正にします。

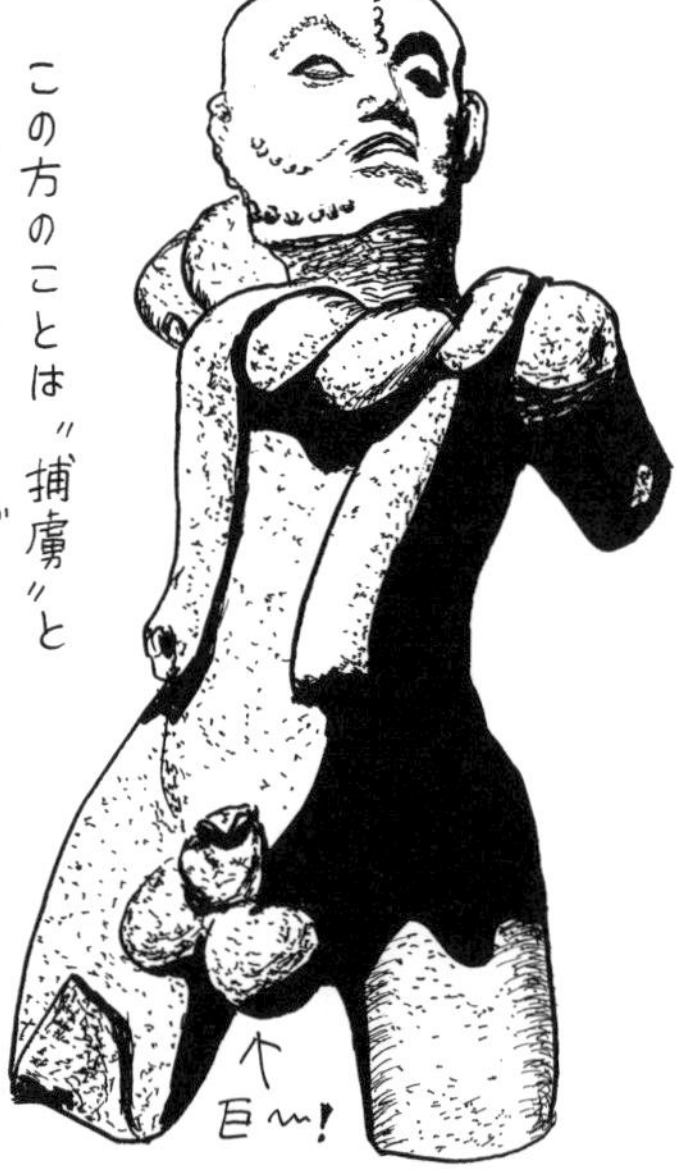
巨〜!

どんだけ楽しーの?

マヤ室の中庭にも大物が!!
ホチョブ神殿（in カンペチェ州）
をまるごと復元。

ほかに翼の生えた人間の彫刻
で有名なエク・バラムの神殿
や、ボナンパクの彩色壁画の
ある神殿も復元されてます。

神殿上部を飾るおっさんたちがたまりません（壁面にも左右1人ずついます）。

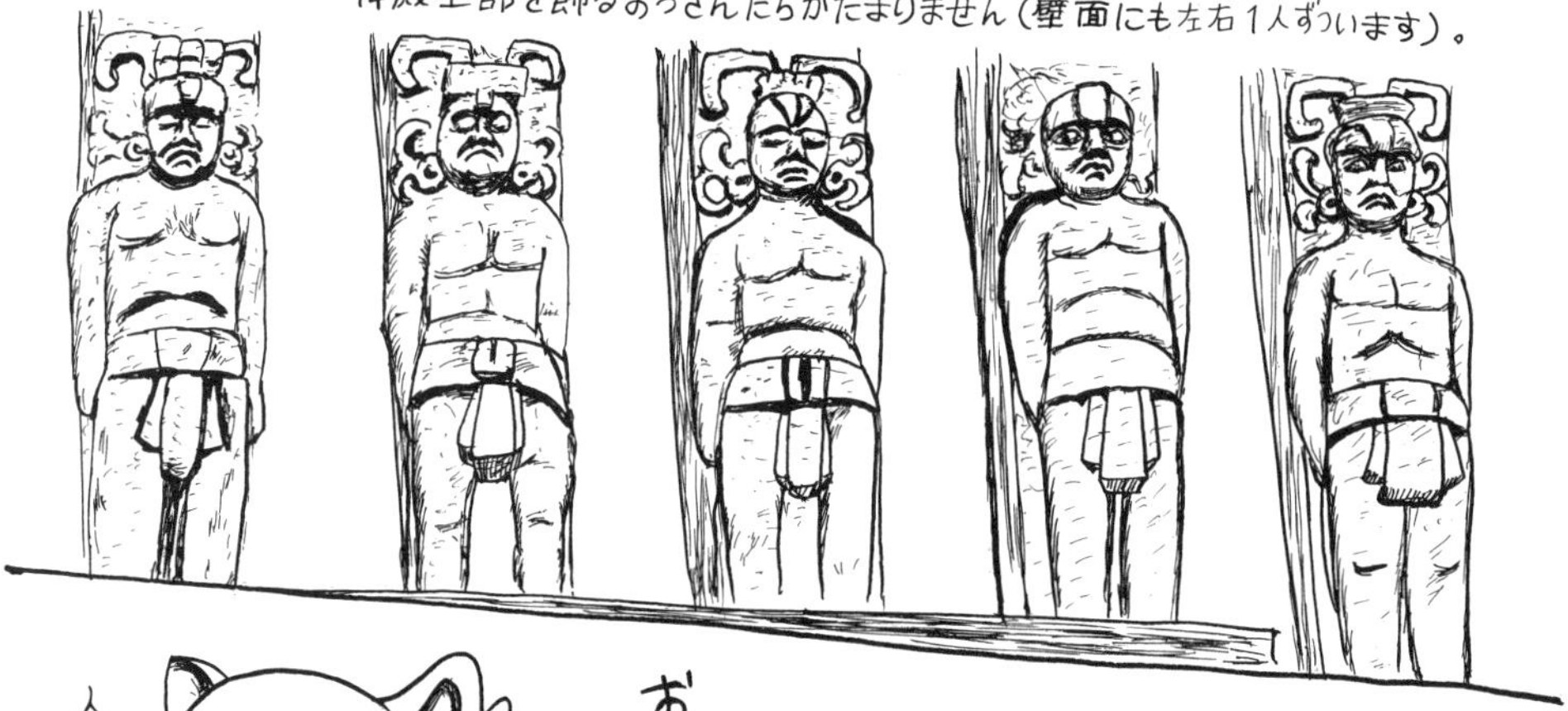

人面犬（なつかしの）!!

コリマというと
こからは副葬品
として犬像がよ
く出ている。犬
は冥界の案内人
なのだ。
こんなアイーン
な犬には任せた
くない。

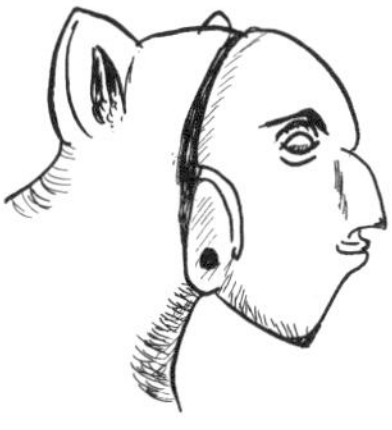

ってお面
かぶせてたよ。
いったい何を
もくろんで
こんなことを？

ここにもおっさん集団が！

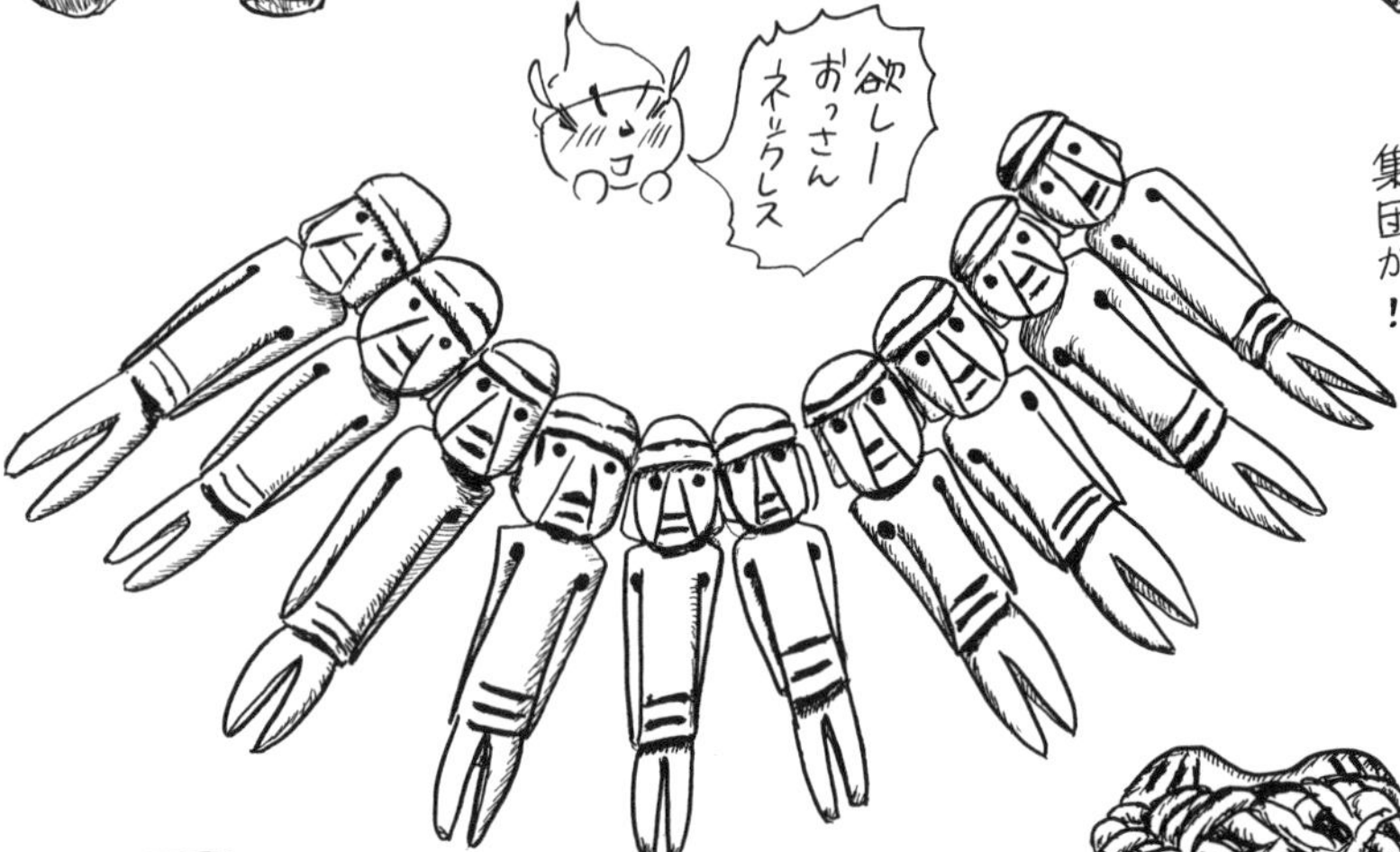

チュピクアロ人形もいます。（前600〜後100年ごろ）

コーヒー豆のような目のこの土偶は有名。

私の中でごっちゃになっちゃったんで2室まとめてしまいました。

いやーー、西部と北部にかんしては予備知識ほとんどなかったけど、バカっぽいものがたくさんあって、笑いが少ないマヤ室より楽しめました。

チワワ州、パキメ遺跡の住居の再現という大物もあります。

メキシコに住む先住民の方たちの暮らしぶりや民芸品を紹介してるフロア……って書くとつまんなさそうだけど、メキシコの楽しい民芸品の、レベルの高いものが集まってて、みやげ購入の際にも役立ちますよ。省略するなんてもったいない。

2F 民族学フロア

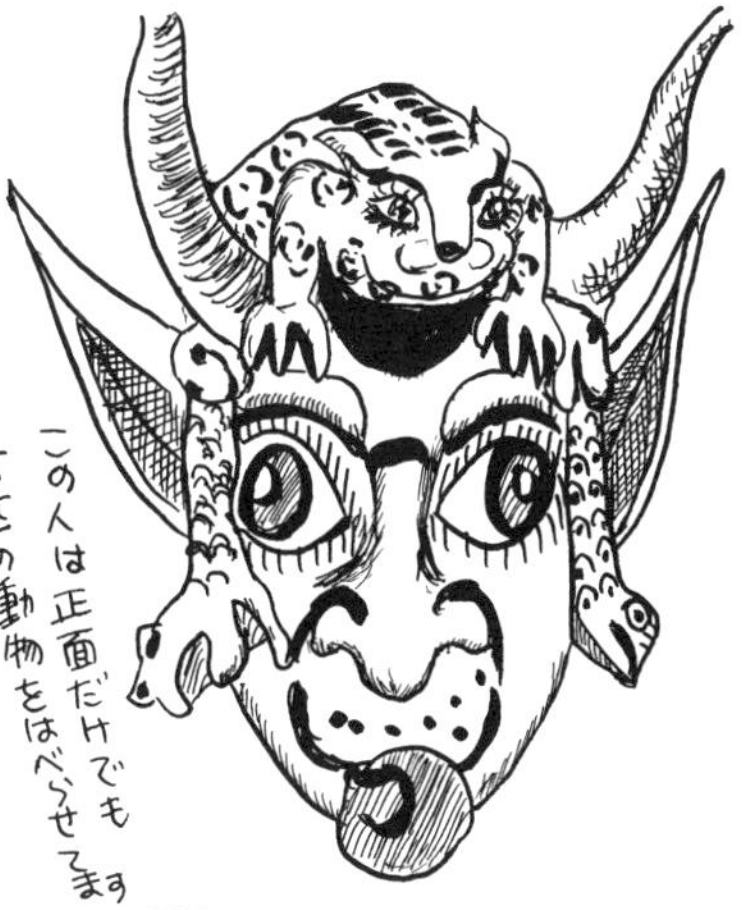
この人は正面だけでも
5匹の動物をはべらせてます

お面たち（ごく一部）

皆さん、単体でも充分
濃厚なご容姿なのに、
さらに高みを目指します

ありえない
コラボレーションの連続に
こっちの脳の未知なる領域も
目覚めそうです
もう何が
なんやら

と↑こんなのの中、たまにこんな方がひょろんといらっしゃって効果的。

「ものには限度がある」「過ぎたるは及ばざるが如し」という万物の法則を完全に無視して過剰さに突っ走るメキシコ人の発想を、一番わかりやすく示しているのが「お面」かと思われます。ってことでその紹介に終始してしまいました（ほかにもスゴいものはざくざくあります）。

人類学博物館総評――

もーとにかく濃くて濃くて……。
1日じゃとても足りなくて
2日にわたってようやく
見レタ〜って感じです。
でも見逃したのも
けっこうあるなー。

そして親切は続くのだー
出かければ出かけるほど、この国の人の善意が沁みてくる。
どこへ行くんですか?
えっアナワカリ?けっこうバス停わかりづらいですよ
心配なんでバス停まで案内します
えっ?
ゲッ、降りてもらっちゃったよ。
バス停に着くと
どこへ行くの?
アナワカリだそうです
じゃあ私がちゃんと教えますから
よろしくー
では
バス乗って
つぎよ
俺も降りるけどどこ行くんだ?
クルッ
リベラのアナワカリ博物館です
……ああ……この人も連れてってくれたよ
こんなリレーのように面倒見てくださってかたじけないったらありゃしない。なぜこんなに旅行者を甘やかすのかメキシコ人。それも皆さん、押し付けがましい親切じゃなくて、義侠心が強いというか、責任感が強いというか、見るに見かねて手を差し伸べてるって感じ。
陽気でちゃらんぽらんなイメージでしたよごめんなさい。
ワハハ
ワハハ
テキーラ
ドタドタ

この方も責任感のかたまりだった。
君たち
クィクィルコに
行くんでしょう！
アリストくん
メキシコ国立自治大学
（通称UNAM）の学生。
『LoST』のハーリー似。
近所に住んでるらしく、最初は道を教える
だけって感じだったのに
こうなったら
ガイドしちゃ
おうっと
これが
シトレ火山の
溶岩だよ
クィクィルコは
テオティワカンより
古くて〜〜〜
みっちり細かく教えてくれて
（歴史に造詣が深く、完璧なガイドぶり）
つぎに大学（UNAM）の壁画を見に
行くと知ると
よし!!
ボクの学校
ですから
案内させて
もらいますよ
ちょっと
電話1本
バス代も
私たちに
払わせず
また一生懸命、ガイド。
このスタジアム
の壁画は
僕の心の師
リベラが
描きました
ブルルルッ
ちょっと
失礼
と、大学入ってから
電話がひっきりなし。
ボソボソ
そのたび
若干暗くなるアリスト君。
あのう
電話
どうしたの
いや
なんでも
ないよ、ごめんね

構内もくまなく案内してくれ
ここが図書館だよ。どれでも手に取ってみて
と、また電話。
ブルルル
今度はもう泣きそうになってる。
あのう悪いんだけどボクの彼女としゃべってくれる？
で
が
に……
えーーっ!!
……なんか聞けば、本当は彼女と待ち合わせしてたんだけど、私たちに会っちゃったもんで、彼女に時間変更してもらった、でも彼女が疑い出してキレ始めたってことで……。
えっ今日誕生日!? おめでとうございます。そしてごめんなさい
直ちにお返しいたしマース
もう！ そうまでして親切にしてくれなくてもいいのに!!
ごめんなさい そして本当にありがとー
何を言ってるんだ。おもてなしは僕の喜びだよ
こちらこそありがとう
じゃーよい旅を！
この人も軽く親切を施すつもりが、乗りかかった船とばかりにズルズルと最後まで面倒見る羽目になっちゃって……。
本当すまなかったわ〜
ここまでのこの国の人の印象
・サービス精神に満ち満ちている。
・責任感が強い。

英語は本当に通じない

学生などは、まだ英語の単語をチョイチョイ織り交ぜてくれるから楽だが、ほとんどの人は簡単な英単語1つ通じない。

外人といっぱい接してるはずの航空会社やバスターミナル、ホテルもだめ。こ、これは日本以下!?

英語が苦手なのは日本人だけじゃないと胸をなでおろす。

Yesterday……
いや、イエステルディ
スペイン語風に言ってみてもダメ!
ニコニコ

と同時に、いつも我がもの顔でなんの苦労もせず、母語である英語をしゃべってる人たちの困ってる姿にほくそえむ。

~~ I just wanna tell you ~~~ Damn it! Why nobody understand English!? I don't get it!
ぜったい英語をとおす
?
我々の苦労を思い知るがいい!
ニヤニヤ

そしてたまにわかりそうなときに通訳も買って出たりするこの優越感。

あとのバスのチケットが欲しいそうですよ
イエイエ
オーセンキュー

でも半分くらいの人がスペイン語ちゃんとしゃべれてんだけどね~(高校や大学で専攻したとかで)。

ちっ、やっぱ私らのほうがハンデあるのか

クィクィルコ

地下鉄Universidad駅からミクロバスで

前300年ごろの円形のピラミッド

古さで勝負!! 石造ピラミッドではもしかして一番古いのかも(メキシコ中央部で)。でも何しろこれだけ! 小さな博物館があり、溶岩流の跡なんかも見られるけど……。

シンプル度★★★★★

クィクィルコ一口メモ

クィクィルコはナワトル語で「祈りの場所」もしくは「虹の場所」の意味。

前600年ごろから栄え、紀元前後の2回にわたって起こった近所のシトレ火山の噴火で被害を受け、放棄される。2回目の噴火では、ピラミッド半分が溶岩に包まれた。

この遺跡に、最初の噴火時に流れてきた溶岩で造った祭壇なんてのもあります。

意外と丈夫だったのか? つーか、転んでもただでは起きない人間のたくましさを象徴するような祭壇でなんかホッとする

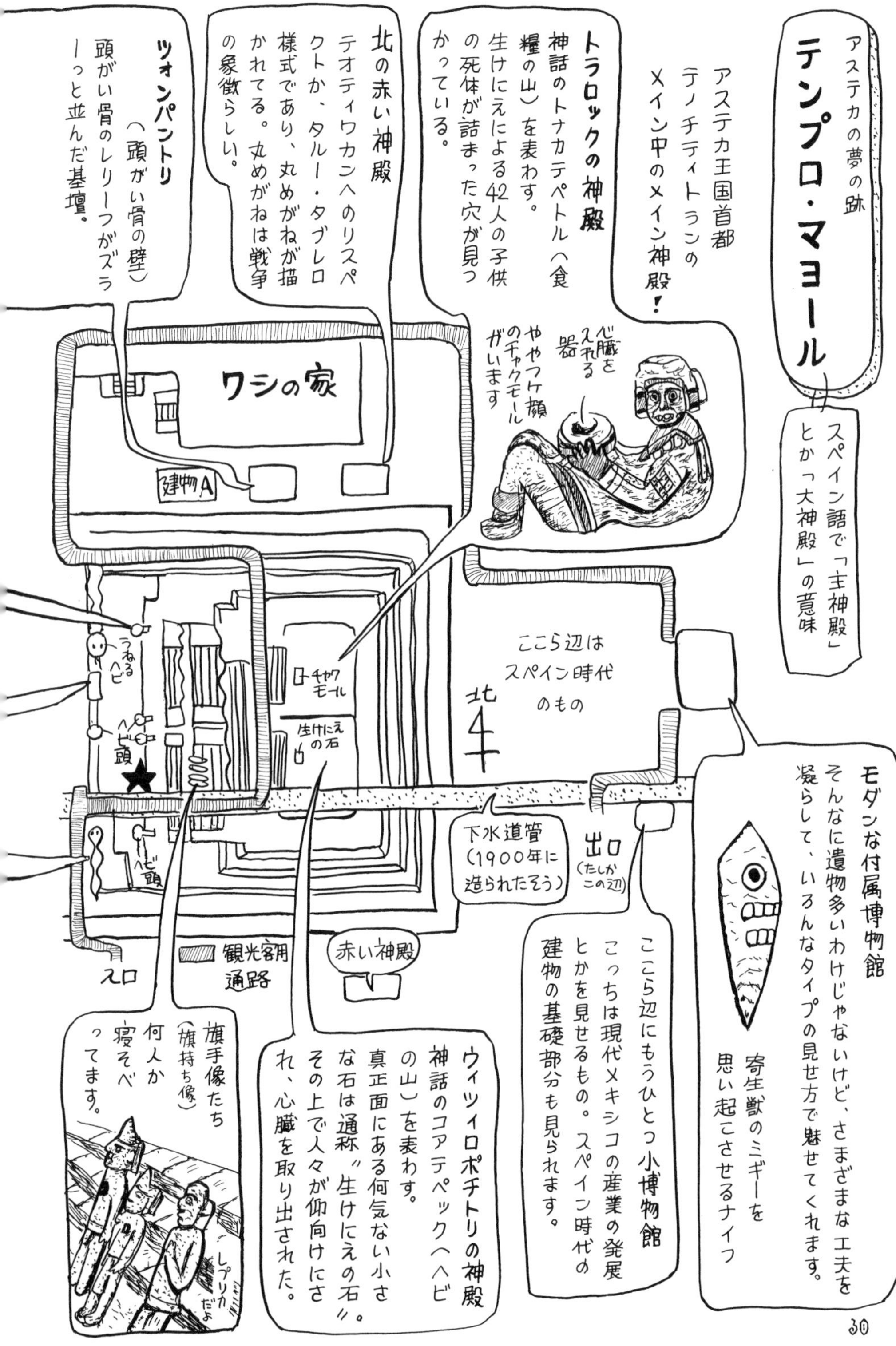
アステカの夢の跡
テンプロ・マヨール
アステカ王国首都(テノチティトランのメイン中のメイン神殿!
スペイン語で「主神殿」とか「大神殿」の意味
トラロックの神殿
神話のトナカテペトル(食糧の山)を表わす。生けにえによる42人の子供の死体が詰まった穴が見つかっている。
心臓をえれる器
ややつケ顔のチャクモールがいます
北の赤い神殿
テオティワカンへのリスペクトか、タルー・タブレロ様式であり、丸めがねが描かれてる。丸めがねは戦争の象徴らしい。
ツォンパントリ(頭がい骨の壁)
頭がい骨のレリーフがズラーっと並んだ基壇。
ワシの家
建物A
うねるヘビ
ヘビ頭
ヘビ頭
チャクモール
生けにえの石
ここら辺はスペイン時代のもの
北
下水道管(1900年に造られたそう)
出口(たしかこの辺)
入口
観光客用通路
赤い神殿
モダンな付属博物館
そんなに遺物多いわけじゃないけど、さまざまな工夫を凝らして、いろんなタイプの見せ方で魅せてくれます。
寄生獣のミギーを思い起こさせるナイフ
ここら辺にもうひとつ小博物館
こっちは現代メキシコの産業の発展とかを見せるもの。スペイン時代の建物の基礎部分も見られます。
ウィツィロポチトリの神殿
神話のコアテペック(ヘビの山)を表わす。真正面にある何気ない小さな石は通称〝生けにえの石〟。その上で人々が仰向けにされ、心臓を取り出された。
旗手像たち(旗持ち像)
何人か寝そべってます。
レプリカだよ

見た目でこの呼び名だが、ひとつも頭がい骨が出土していないので、なんかの神殿の基壇であると考えられる。生けにえの頭がい骨を並べたもっと大きな本物のツォンパントリは、カテドラルの下辺りに埋まっている。（大聖堂）

ワシの家

エリート層の、おそらく戦争にかんしての宗教儀式を執り行なうところ。戦争に向かう兵士らの、カラフルなレリーフが残っている。ここの入り口から人間サイズの4体の像が見つかった。

2人とも付属博物館に

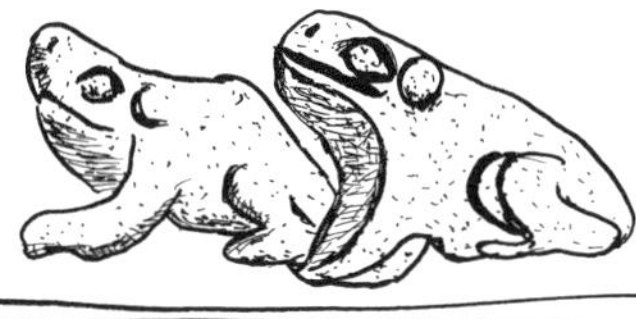

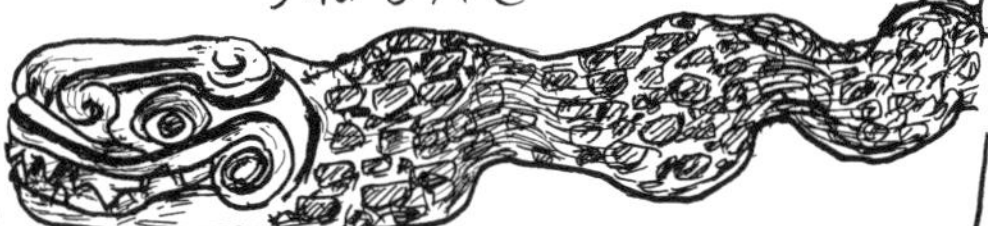

コヨルシャウキの円盤は★のところら辺で見つかった。

直径3・26m、重さ8tの特大円盤

本物は付属博物館に

「すべてはここから始まった」というべき貴重な一品。1978年に、電気工事の作業員が偶然この円盤を掘り当てた!! それによって「この辺ちゃんと掘ってみよう」と大発掘プロジェクトがスタートし、こんこんと眠り続けていた大神殿をこうして拝めるようになったのだ――。

テンプロ・マヨール総評ーーっ

街のど真ん中にあるというこの妙。ショボいショボいと聞きすぎていたので、期待せずに行くと、どーでしょう、この立派さ、面白さってば。

いや〜、ここはほぉおおんとっダメだから！テオティワカンこそすごいから!!

こんなもので俺たちを判断するな、と言わんばかりに必死でこの遺跡をクサすツーリスト・ポリスの方

遺跡は、神域の中の一番メインであったトラロックとウィツィロポチトリの2連大神殿を見るもの（それ以外のほとんどの神殿は、現代の建物の下に）。

単体でちゃんとした神殿が残されてないのは残念だが、神殿の上に神殿をかぶせてどんどん大きくしていった、ってのがすごーーくよくわかった。神殿は全部で7段階を経ていた。一番上（最新）のは取り去られている。真ん中に見える2つの神殿は2期目のもの。

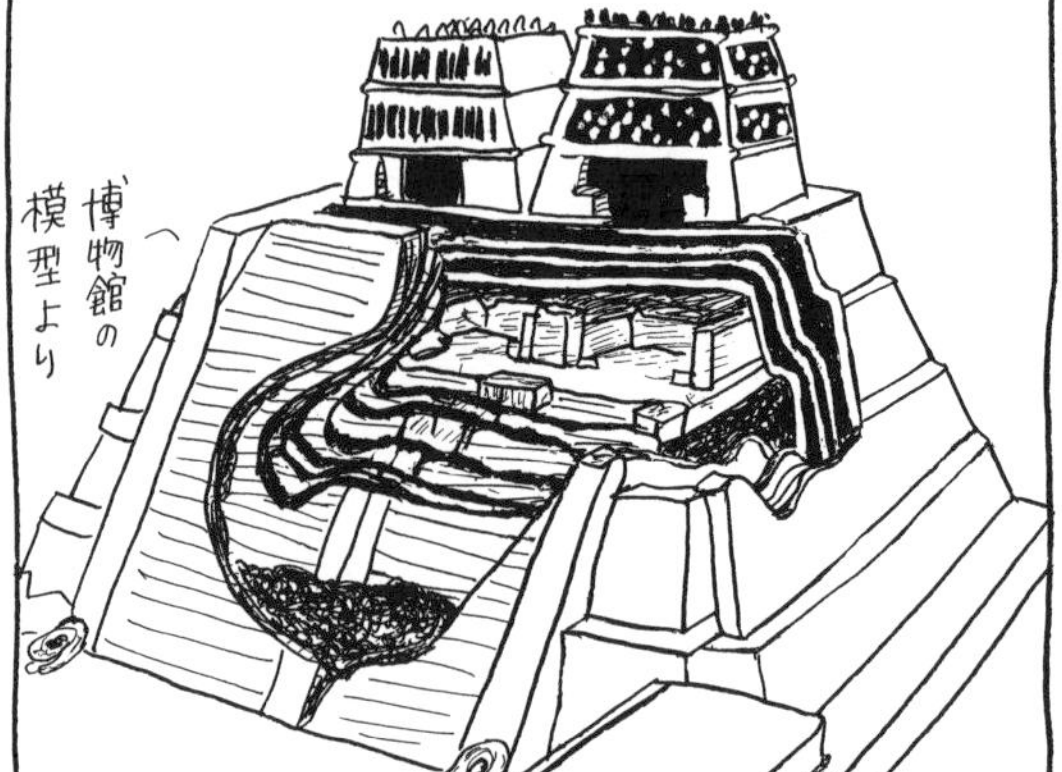

博物館の模型より

カテドラル（大聖堂）や国立宮殿の下にあるものを掘り出すのは無理だろうが、昨今、メキシコのルーツ探し、自分探しは活発であり、いまだにチョコチョコ発掘は続けられている。たとえばこの遺跡の正面（＝西側）の家を賠償金払って壊して発掘するというけっこう無茶もやっていて、最近（2006年）コヨルシャウキの円盤よりも大きなレリーフ彫刻を掘り当てたりもしてる。

大地の神
トラルテクートリさん

4×3.5m，重さ 13t

知的興奮度 ★★★★★

歴史噛みしめ度 ★★★★★

ブラボー! メキシコの地下鉄
メキシコ・シティの地下鉄はメキシコ人同様、寛容さに満ち溢れている。
携帯も
zzz
メイクも
壮観!
通勤ラッシュでOLの皆さんフルメイク
ごはんも
イチャイチャも
チュー
チュー
オール・オッケー!
物売りもいっぱい。
このチョコ5枚で10ペソ(約100円)
お菓子を始め
日用品
10ペソ
懐中電灯
自転車のロック
2個で10ペソ
海賊版のCDなど
これも10ペソ
プレーヤーを大音量で鳴らす
ある程度コンパクトなものはなんでも売られてる。しかも安い!! 相場の4分の1レベルの値段。私もけっこう買ってしまった。
それでもあんまり売れてない。ほとんどの人は思いっきり目をそらし、草食動物の無表情さでやり過ごす。ここら辺は都会の人って感じ。
慣れない私は、あたかも自分が無視されてるような気分になってきていちいち落ち着かない。
でも目の見えない人や車椅子の売り子には、多くの人がサイフを開ける。

また、物だけじゃなくパフォーマンスで稼ぐ人たちも。
歌や
楽器
手品
美声の人はわずか。
だいたい剛田武クラス。
べつに稼ぎたいんじゃなくて、ただ単に聴かせたいだけのよう。
ダンス
ふつうにおもらいの人も
あと政治的な人もいた。
なんかを演説してビラを配り
献金を募る。
なんたらかんたら〜
まぁ、ここまではいいのだが、、こんな人もいた。
14歳くらいの少年
やたら攻撃的になんか怒鳴りまくったあと
服を脱ぎ
フロシキを広げ
ガラスの破片みっしり
バフッ
そこにダイブ!!

さらにゴロゴロしたあと
ジャリジャリ
ジャリジャリ
血だらけのまま、車内一人ひとりから
金を徴収。
一人の客が——おそらくあまりに衝撃を受けたのだろう——金を出さず
ボー然としていると
その人の前でまた
シュタッ
キッ
をくりかえした。
って完全な嫌がらせだよ。
皆、やめてくれ！とばかりにあわてて金を出す。
サササ
少年の背中にはもう何年もこの芸をやって稼いできたことを示すケロイド痕が……。
ヒトデが無数に貼り付いてるよう
……これはキッかった。その場にいた者全員を最悪の気分にさせ、無力感や偽善者意識を抱かせ、こんなやり方で金を稼がざるを得ないその子の背景などを想像し、このあともずっと暗い気持ち引きずるわで、恐ろしい現実を突きつける強烈なパフォーマンスであった。
「もっと自分を大事にして！」と、野暮な男がソープ嬢に説教するよーなセリフが、頭の中でずっとグルグル。
どよ〜——ん
思ったところでしょーがないんだが……。
ハー

テナユカ

たったひとつのピラミッドを見るだけだがピラミッドをぐるりと守るヘビの群れに胸躍る。

通称コアテパントリ（ヘビの壁）。3面に138匹もいるって！↓

テンプロ・マヨールと同じく2つの神殿を戴《いただ》いた神殿（遺跡には上の神殿はない）。

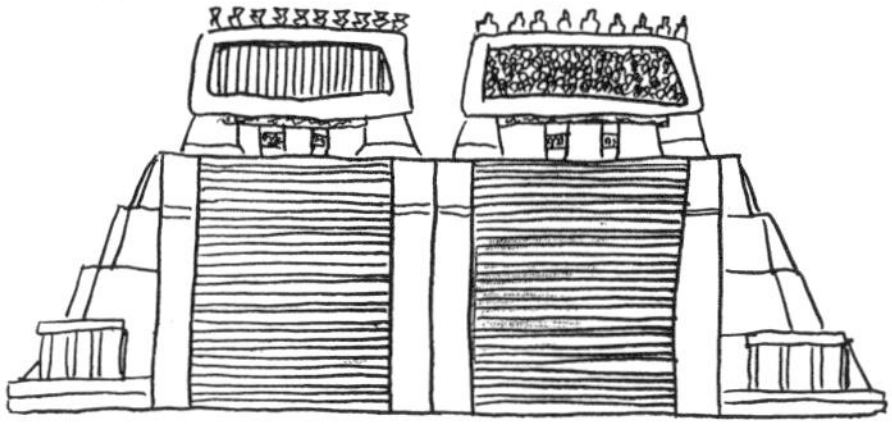

っていうかもともとここが一番古く、アステカの神殿造りのお手本となったのだ。

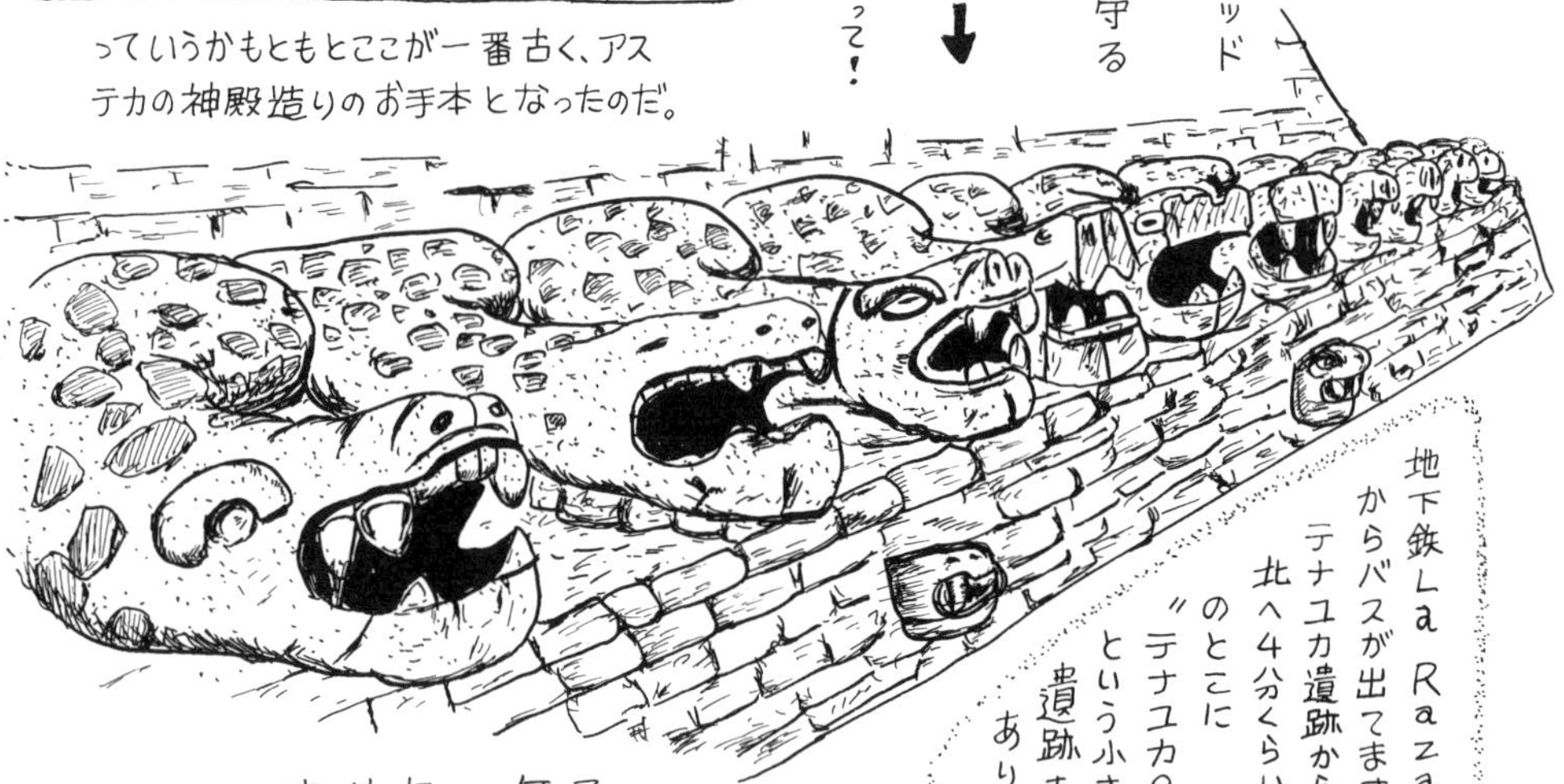

地下鉄La Raza駅からバスが出てます。テナユカ遺跡から北へ4分くらいのとこに"テナユカ2"という小さい遺跡もあり。

このピラミッドも8回ほどの増改築を経ている。52年（この人たちにとっての1世紀）ごとに大きくされた。この、今見られるものは最後から2番目のもの（内部に何個もピラミッドが入ってます）。

テナユカは、ショロトル率いるチチメカ（小）が最初に都を築いたところ。のちに都はテスココに移されるが、メモリアルな場所としてつねに尊重されていた。アステカも放浪時代、一時ここに住んでいる。

ヘビがたのしー度★★★★★
シンプル度★★★★
ほのぼの度★★★★★

付属博物館への好感度★★★★
（小さいながらも遺跡を詳細に解説）

東と西に火のヘビ"シウコアトル"の祭壇があり、デカいのがとぐろを巻いてます。

シウコアトルは火や太陽光線を象徴するとされ、東西に置いてるのも、太陽にからめてのことだとか。

テナユカのヤクザ
遺跡で優しいご一家と出会いひとときの間、交流を温め
すんません…
うまっ
食べて食べて
さよならの段になって
イエスさまが2人を守ってくれますように
っっっ
ウルルンなんとかみたいに別れを惜しんでると
プレゼント!
マリアさまのペンダント
キリストのキーホルダー
とつぜん男が乱入ー。
アー・ユー・ジャパニーズ?
そうだ、と言うと
クール!
ガシッ
といきなりエキを激しくハグ。
アイ・ラブ・ジャパーン
ジャパングレイト!!
なんか異常にコーフン。
ご一家を完全無視してものすごいいきおいで話し出す。こっちがなんか答えると「アオーン」と叫び「ゴッフ」と謎の音を発する。それはまだいいとして息荒すぎ、小刻みに動きすぎで、ヤバすぎる。
英語でありがたいが感情が先走りすぎてよくわからず……
フーフー
何より目がイッちゃってて
22歳くらい。
ここ以外、装飾品は省略。

ジャンキー強盗キター!
……あぁ……ついに……
カバンを持つ手に力が入る。
よい旅を
かなり待っててくれたご一家も
あ〜
シビれを切らして去ってしまった。
男は落ち着いてきて、だんだん人間の言葉を発するように。
オレは日本が好きなあまり日本食レストランで働いてるんだ
はぁ……
ありがたいです
日本の「ヤクザ」にあこがれてる
えっ
「クミ」に入りたい! お金を貯めて「カブキチョー」に行くぞ ぜったい!!
「」内はちゃんと日本語
何をいきなり
ぜひ ぜひ
あっ そーだ!
てて
ちょっと これ見て
ゴソゴソ
と、取り出したのは
びっくり
ギニーピッグ
昔、ちょっと話題になった擬似スナッフビデオのDVDではないか。
これはオレの一番の宝物。いつもカバンに入ってる
すんごい顔近づける人
そして『ギニーピッグ』が、いかにすばらしい作品なのかを熱く熱く語るのだった。
100回は見てるよ。こんなクールな映像は……
私は知らなかったが、ギニーピッグはシリーズ化され何本も作られているということで、この人はそれをすべて持っているのだそうだ(プラス、ヤクザ映画のDVDも集めてる)。
私も10年以上前に見たけど
思ったほど過激じゃない
くらいの感想しか思い浮かばない。
私は存じませーん
すっかり記憶の底に埋没していたギニーピッグの話題がこんなところでなされるとはね〜。

男は日本への熱い思いをひとしきりしゃべり狂うと
日本の文化はスバラシー
「ヤ・ク・ザ」!!
「ス・シ」!!
「ムービー」!!
「シャ〜ブ」
えっ!? シャブってそんな言葉までアンタ……
満足なさったようで、やっとお開きということに。
そーだ! ぜひこれを受け取って欲しい
ゴソゴソ
とエキにプレゼント。
それらはこーいうもの。
カバンに付いてた気味悪いキーホルダー
と
デカい石のカケラ
石は遺跡のピラミッド頂上にあったもんだそうで……。
オレは「ヤクザ」だから平気でピラミッドも登るし石も盗む
ほほえましすぎるワル自慢
そして私には
てて
ハイッ、とお情けっぽくカバンの中から小さな粒を差し出す。
それは一粒のコーヒー豆
――って、これカバンの中のゴミじゃん。補足だけど、ここまでのこの人のおしゃべりはすべてエキひとりに向けられたもので、横にいる私にはいっさい目も合わしてくれず、完全にいない者扱いだった。ちょっとつまんない思い……。
「ヤクザ」の世界に女は邪魔なのかね〜
そして
何か困ったことがあったらいつでも連絡しな
オレはメキシコの「ヤクザ」なんだから
それにしてもメキシコに、日本の――それもなんか相当かたよったコアなポイントに、焦点を合わせてるマニアがいるなんて本当おどろいた。ありがたいのか、なんなのか……。
まぁ、この人には悪いけど石は遺跡にコッソリ返しておきましたよ。
重い!! 要らなすぎ!

三文化広場（トラテロルコ）

アステカのもうひとつの都。かつてここにはスペイン人に息を呑ませた巨大市場があった。

地下鉄トラテロルコ駅より900m歩く。駅出て右行って、広い通りを右に行ったような……。ダメだ自信ない。人に聞くと簡単にわかります。

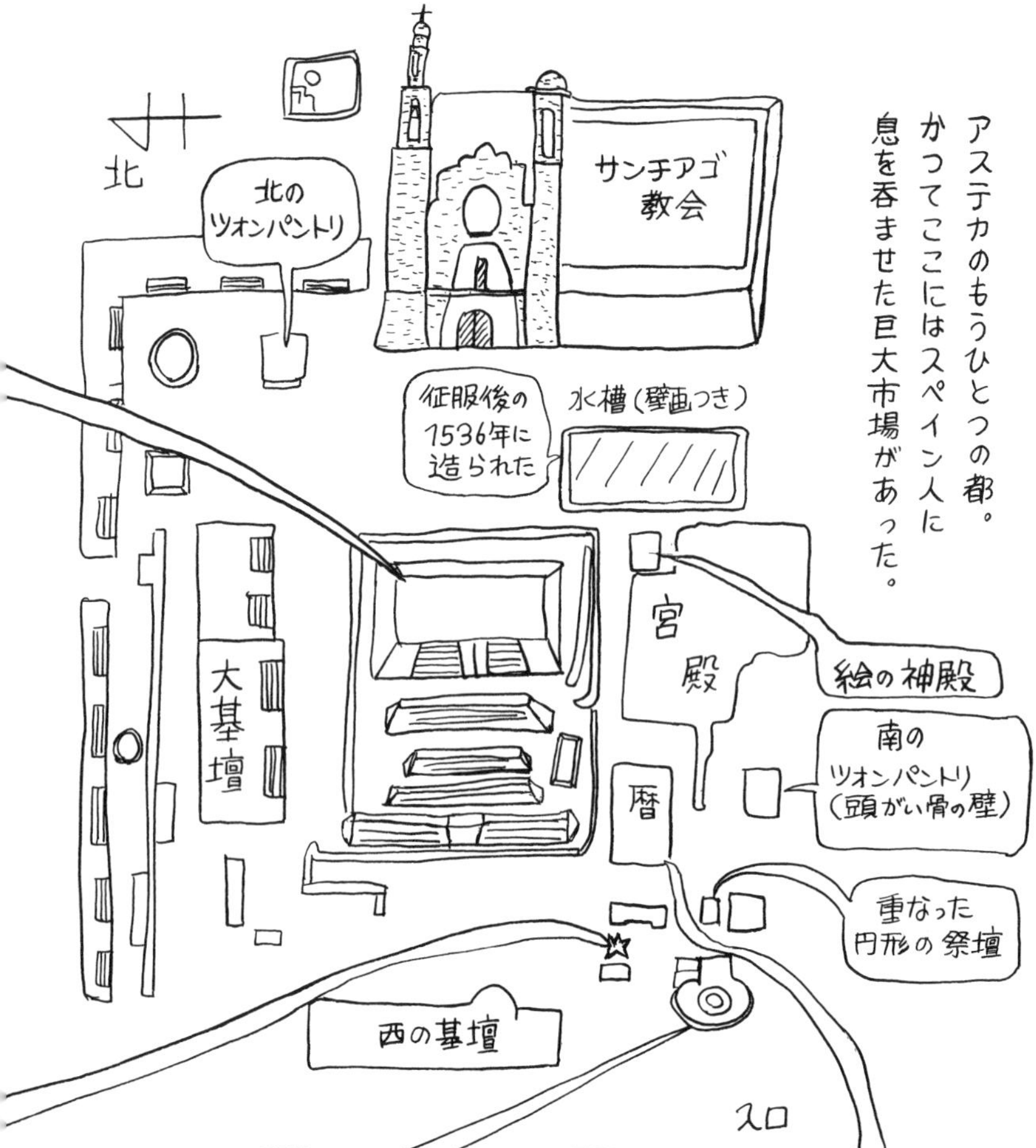
北
北のツオンパントリ
サンチアゴ教会
征服後の1536年に造られた
水槽（壁画つき）
宮殿
絵の神殿
大基壇
南のツオンパントリ（頭がい骨の壁）
暦
重なった円形の祭壇
西の基壇
入口

暦の神殿

260日暦の20の日付文字が刻まれている。

最近（1989年）、宮殿に近い壁面の低い部分から壁画が見つかった。神話上での「最初の人間」であり、暦も創ったとされるシパクトナルとその妻オショモコさんが描かれてるとのこと。でも移され、ここにはない。ちっ。

ケツァルコアトル＝エエカトルの神殿

この神殿前の穴から41体の幼児の生けにえが見つかった。15世紀半ば（1450〜1455年）にあった大干ばつへの雨乞いのためだそう。

大神殿（2期目）

全部で7回増築された神殿の、古いほうから2番目のもの。階段の削り取られた部分から一番古い建物の階段が垣間見える。

テンプロ・マヨール同様、前方に階段の付いた基部がいくつもあることで、ピラミッドの重なり具合がわかります。

ここのも上部にトラロックとウィツィロポチトリの神殿をダブルで戴《いただ》かせていた。

壁にはうずまきなどの文様が刻まれた岩のワッペンが貼り付けられている（151個あるそう）。

古い神殿を新しい神殿で覆うごとに人身御供があり、それら悲しい方たちとお供えが入った穴がいくつか公開されてます。

トラテロルコの恋人たち

ここら辺からは54人の遺体が見つかった。その方々は生けにえではなくテノチティトランとの戦争（1473年）の犠牲者と考えられている。この中に、いたわり合うように抱き合ってるカップル遺体が見つかっていて、その方々をこの気恥ずかしい名前で呼び、展示している。

男55歳、女35歳の熟年カップルです。

アステカ時代の商業都市トラテロルコと、スペイン人が征服後に建てたサンチアゴ教会（当時のままではなく幾度も改修されてます）、そして現代の建物である外務省の高層ビルと、三つの文化が集まってることから「三文化広場」の名が付いた（まぁ、そんなとこはいっぱいあるけど）。

この場所は悲劇的な事件がいくつも起こったところでもあります。

テノチティトランに嫉妬を抱かれ攻撃されたのを皮切りに、スペイン軍との戦争では市場が戦場となり神殿は焼かれ、最近では政府への抗議デモのためにここに集まった学生たちが何百人も殺され（1968年）、さらに大地震でこの広場に隣接してるアパートが破壊され何百人もの犠牲者が出た（1985年）。

……とこうしてダイジェストにまとめて書いてしまうのも申し訳ないようななかなかに重い、苦しみ多き場所なのでした。

お手軽に来れる度 ★★★★★

客がほとんどいなくて
独り占めできる度★★★★★

歴史噛みしめ度★★★★★

心に木枯らし度★★★★

古代遺跡以外の

メキシコ・シティ 観光スポット・ピックアップ

リベラに夢中！ 国立宮殿

リベラの壁画の圧倒的な力で感情揺さぶられ、号泣の嵐。

リベラの追っかけよろしく、リベラ画のあるところを回りまくりました。その中でも、国立宮殿の壁画はやはり別格。一番キました！

言葉も出ません 本当にスバラシー

ディエゴ・リベラ（1886〜1957年）

画家。メキシコ一の大スター。私が行ったときは、あらゆる美術館、博物館でリベラ特集を組んでいて（人類学博物館さえも！）、ほんと国を挙げてこの人をプッシュしてるのがよくわかった。

ドローレス・オルメド・パティーニョ美術館

不動産開発で大もうけした女実業家、ドローレスさんのお屋敷を美術館にしたもの。中の品々もドローレスさんの所有されてたもの。

もう、（生前）どんだけこの方がぜいたくに暮らしていたか、どんだけのスゴいお友だちがいたのかをひたすら見せつけられるところ。世界の名だたるVIPたちとパーティー三昧な富豪の楽しいお暮らしぶりが、部屋に自慢げに飾られてるお写真などからもよくわかりました。

まぁ、そんなものはいいとして、リベラの絵が137点もあり（ドローレスさんのヌード画もあり。興醒めの一枚）、それどころかフリーダ・カーロの絵もけっこうあるし、さらにうれしーのが考古学コレクションと一級の民芸品コレクション。金の力で相当な数が集められてます。

働いてる人も一級の美女ばかり。給料もよさそうだわね

リベラの有名な壁画『アラメダ公園〜』の登場人物をガイコツ化させてるオブジェ

民芸品博物館

Museo de Arte Popular

アラメダ公園正面のシェラトンホテル（セントロ・イストリコ）裏側辺りにある立派なビル

人類学博物館に負けちゃいません。
ここもメキシコの民芸品の凄みがわかります。
メキシコの大々的なお祭り「死者の日」のガイコツグッズが充実。
これでもかのバリエーションで楽しませてくれます。
グロテスクでかわいいものが好きならばぜひ！

この方（たち）の忙しさったら！
食って
食って
産んで（食って？）

お面も充実！

ぜひお越しください

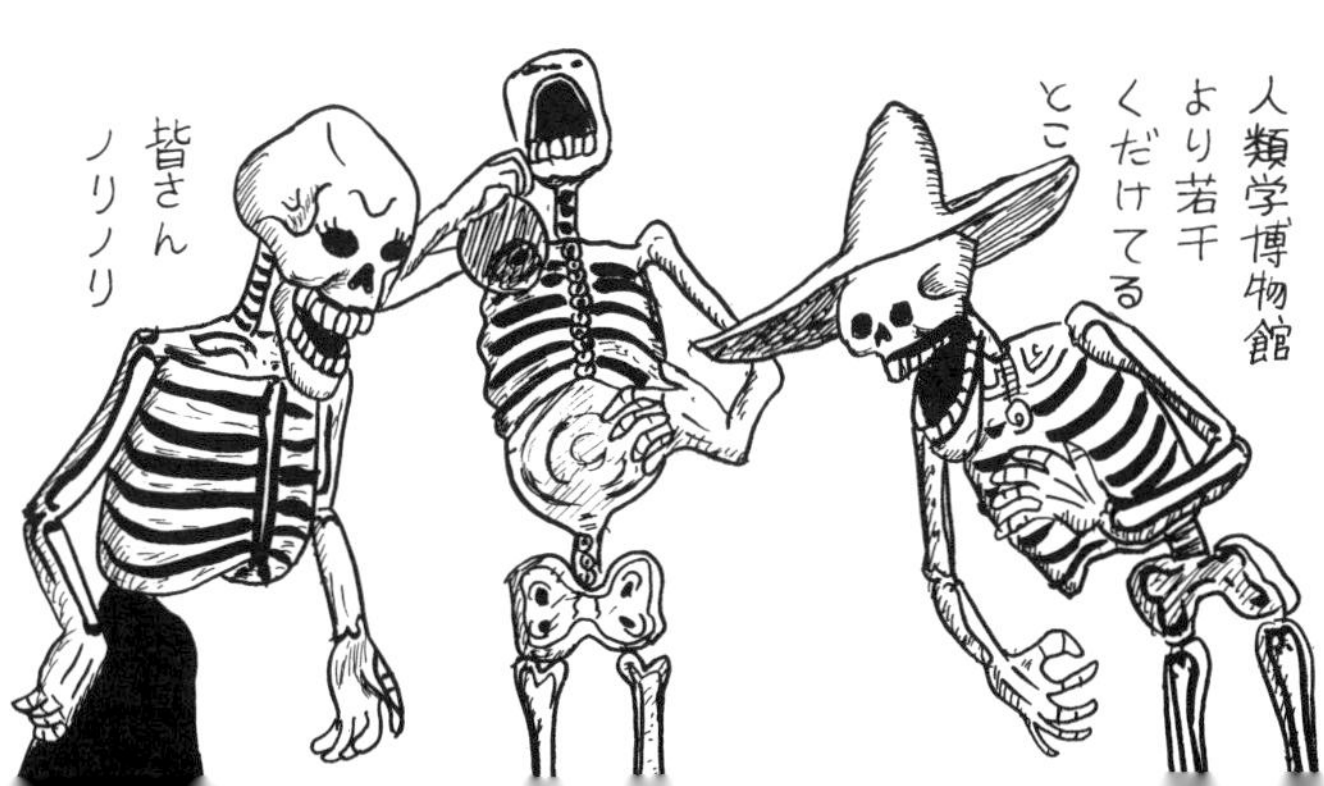
人類学博物館より若干くだけてるとこ
皆さんノリノリ

テオティワカン

メキシコ・シティから
バスで1時間ほど

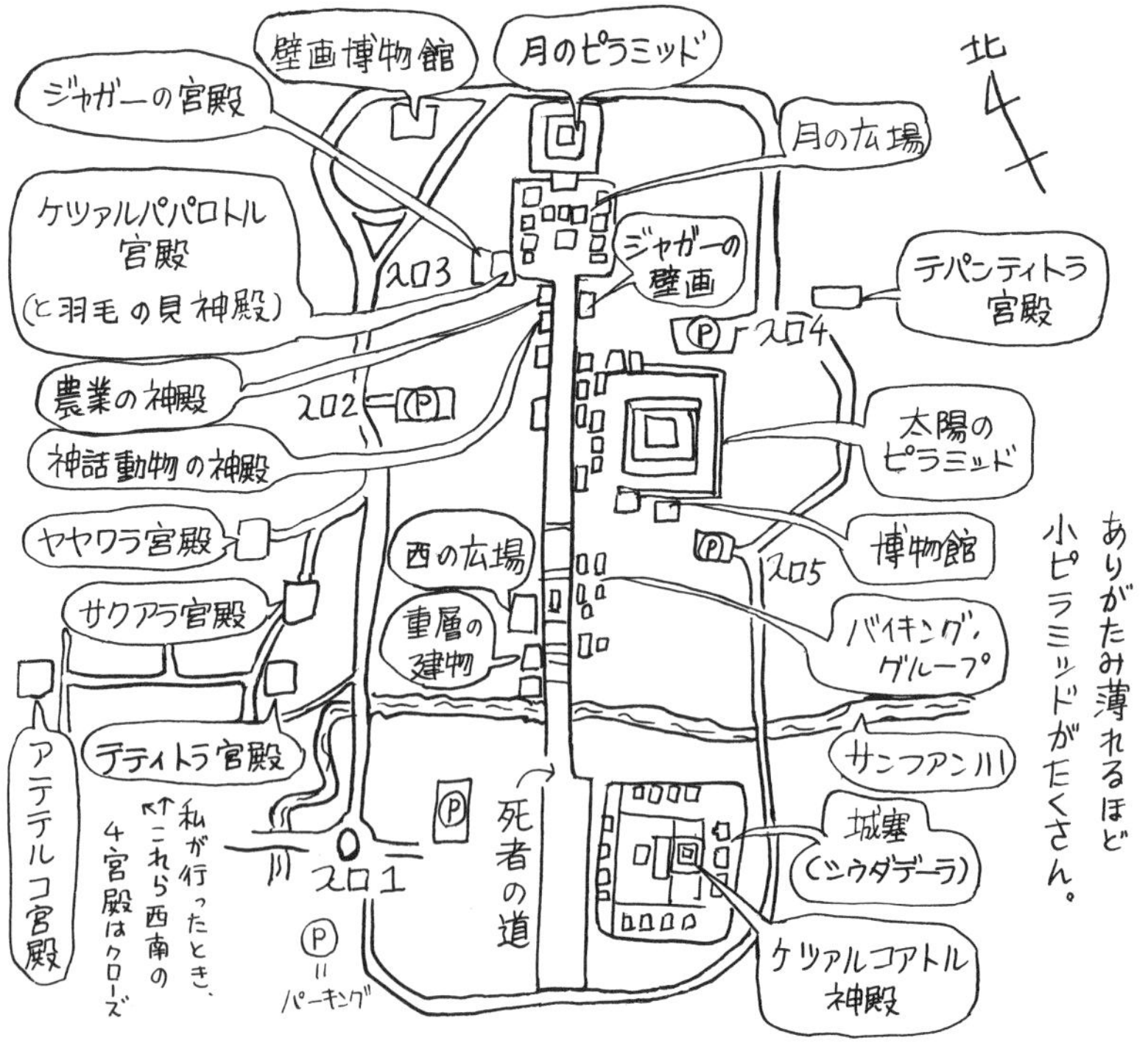
北
壁画博物館
月のピラミッド
ジャガーの宮殿
月の広場
ケツァルパパロトル宮殿
(と羽毛の貝神殿)
ジャガーの壁画
テパンティトラ宮殿
入口3
入口4
P
農業の神殿
入口2
神話動物の神殿
太陽のピラミッド
ヤヤワラ宮殿
西の広場
博物館
入口5
サクアラ宮殿
重層の建物
バイキング・グループ
テティトラ宮殿
サンファン川
アテテルコ宮殿
私が行ったとき、←これら西南の4宮殿はクローズ
死者の道
城塞(シウダデーラ)
入口1
ケツァルコアトル神殿
P=パーキング
ありがたみ薄れるほど小ピラミッドがたくさん。

あれっ、おかしい

いくら心を高めようとしても……無感動……!? なんにも心にコないよ……。
――いやー、たしかにすごいのだ。規模もすごいし、有無を言わせない、人を圧する空気みたいなものも感じる。でもなんか整然としすぎてて、スキがなく……、そうだ!! 模型っぽいのだ! 主客転倒なんだけど、テオティワカンの復元模型の、そのまた模型って感じなのだ。遺跡に私が求めている諸行無常な感じとか寂寥感とかがないのだ。

――来る前は、メソアメリカの文明で一番テオティワカンに惹かれていた。本を読めば読むほど、写真や映像を見れば見るほど、これほど謎に満ち溢れていて興味深い文明はあろうか、エジプトやインカよりはるかに面白いではないか、なぜ単独の本が日本では出てないのだ? なぜTVはもっとここを取り上げない? と、憤懣《うんまん》やるかたなき思いを抱えていたが、ナマで見ると「あー、そーいうことか」と、妙に納得。皆、実物を見てテンション下がったにちがいない(←決めつけ)。
ところが家に帰って写真をプリントすると、やはりSFっぽいし、謎オーラが漂っていて、また胸騒ぎが始まった。
ナマで見るとわかんないのに、心霊写真のように写真には謎や神秘が映るという、どうにも不思議な遺跡であります。

神秘度★　がっくり度★★★★
SF度★　フォトジェニック度★★★★★

それでもたとえばケツァルコアトル神殿。つまんないピラミッド登ってそのうしろにあるケツァルコアトルたちの顔に対面したときは、やはり鳥肌が立ちましたし、そのほか細かいところにときめきます。

ディテールがたのしー度★★★★★

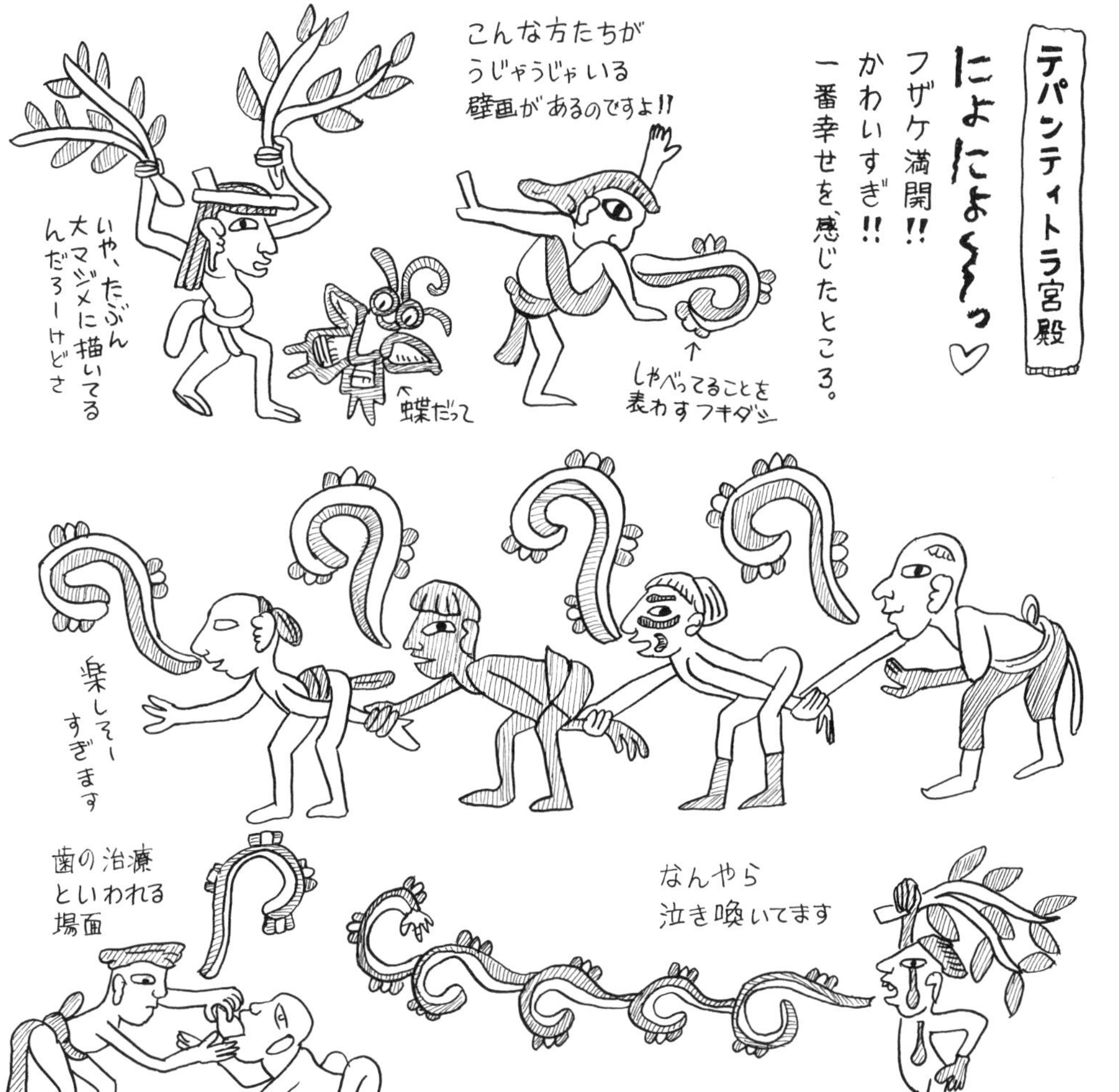
テパンティトラ宮殿
にょにょ〜っ♡
フザケ満開!!
かわいすぎ!!
一番幸せを感じたところ。
こんな方たちが
うじゃうじゃいる
壁画があるのですよ!!
いや、たぶん大マジメに描いてるんだろーけどさ
蝶だって
しゃべってることを
表わすフキダシ
楽しそーすぎます
歯の治療といわれる場面
なんやら
泣き喚いてます

これだけちょっと不穏。職員の方は、ふざけて遊んでるところと説明するが、生けにえ時の持ち方なのが気になる。

壁画は天国のひとつ、トラロカンとか、蜘蛛の女神の国を描いたものといわれるが、本当のとこは誰にもわからない。いろいろ勝手に想像しちゃえ!

ケツァルパパロトル

ケツァル鳥と蝶を合体させたもの。いろんなものに貼り付いてる。水に関係してること以外、よくわからない方。

これがケツァルパパロトル（ケツァル・蝶）と判断されたことから、宮殿の呼び名が付いた（ただのケツァル鳥ともいわれるが）。

私にはチキンジョージ（by楳図先生『14歳』）に見えます

姿勢とかたたずまいが

中庭にある柱のレリーフ

ケツァルパパロトル宮殿

この宮殿の下には埋められた古い神殿「羽毛の貝神殿」が、また背後には「ジャガーの宮殿」がある。少し入り組んでてちょっとした迷路のよう。下へ行ったり上へ行ったり、迷ったり。それだけでも楽しいのに、壁画や彫刻もあるという充実ぶり。

羽毛の貝神殿

後1～2世紀ごろのもの。1960年代に発見された。埋められてた神殿なんて、そそられませんか～～

お花のレリーフもいっぱい
タルー・タブレロ

テオティワカンの人たちは、ヘビや蝶に羽毛を生やしただけでは飽き足らず、貝にまで生やさせた。本当、思いもよらぬ発想で意表をついてくる文明です。

鳥もいます

羽毛の貝のレリーフ

羽毛のほら貝を吹くジャガーさん
背後のジャガーの宮殿にはこんな方がいます。
テオティワカンにはこのようにこわカワイイ動物がたくさんいます。
まず丸メガネ→
サブで牙→
トラロックの特徴
テオティワカンでとにかく目立つのは雨神トラロック。
これほどいろんなトラロックの意匠があることにおどろき!!
トラロックに出くわすたびいちいち旧知の友人に会ったような喜びが!
スター・トラロック
あと思いのほか目につくのは"目"(っぽいもの)!
こーいうわかりやすい"目"から
このように装飾の一部になってるものまで、とにかくあちこちに出没。ふざけた感じもあり怖くもあり。
これもトラちゃん
自分のフィギュア
テオティワカングッズを見れば見るほどテオティワカン人のイメージがさらにつかめなくなります

遺跡の人々

土産売り

値段も手ごろで楽しそうなものを売ってらっしゃるんだけど荷物になるのがイヤで、買えないのがくやしい。

この方たちは声は掛けてくるが、ぜんぜんしつこくなくてすぐあきらめる。

それどころか

よい旅をね
ガオ〜ガオ〜

と明るくニコニコ

あまりに感じが良すぎるので、いちいち心が痛む。

この人たち、こんなにあっさりしてて生計は立てられるのかと心配になったが、メキシコの小学生たちがガンガン買っていた（移動教室で、いろんな学校の生徒が集団でつぎからつぎへとやってくるのだ）。

日本と変わらぬ、子供たちの裕福さを最初に知ったのがここ。

フリーのガイドさんたちも余裕があってスマート。たいていひとつお試しでガイドし、腕を見せる。

断ってもやはりニコニコして

すみません……
気にしないで！存分に楽しんでってね

私が観察したあるガイドさんは3時間みっちり細かく説明して**200**ペソ（2000円）だった。

リーズナブルだと思いました

職員さんもたいていエラく親切。

入り口で簡単に遺跡の説明をしてくれる人も多かったし、聞いてもいないのに、帰りのバスの時刻なんかを細かく教えてくれる人もいる。

たとえばだだっ広い遺跡にて

ブロロ…
ん？

バスは〇時で、そのあとは2時間ないからね

とわざわざそれを教えるためだけに来てすぐ戻る人もいた。

先回りの心くばりのできる方は本当にすばらしいーー

トゥーラ

過大評価か？
本当に偉大な国だったのか？
あらゆる人々に
崇拝された伝説の王国。

メキシコ・シティからバスで1時間半。
バス停からタクシーで25ペソ（250円）

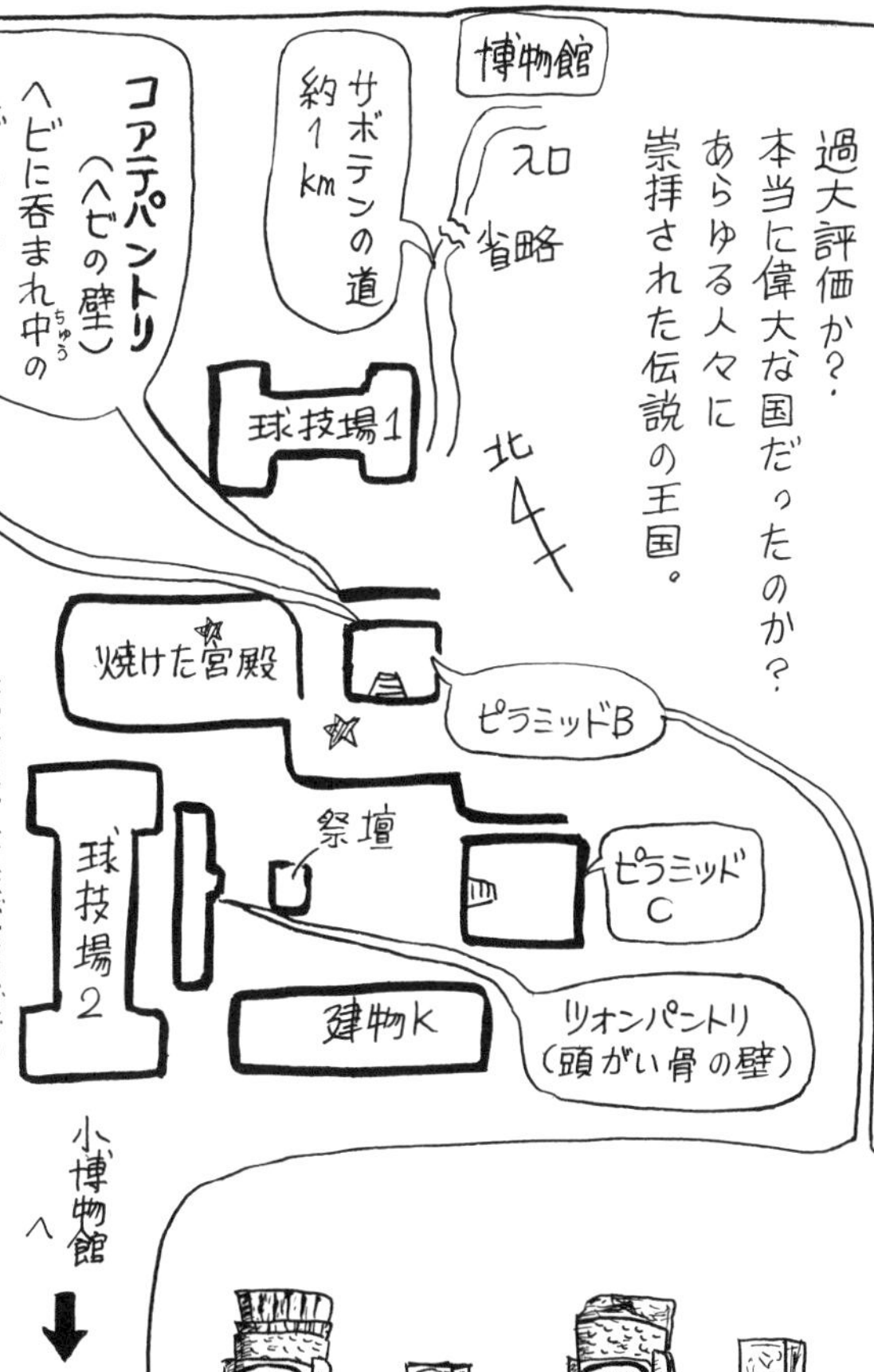
博物館
入口
省略
サボテンの道
約1km
北
球技場1
コアテパントリ
（ヘビの壁）
ヘビに呑まれ中《ちゅう》の人がいます。
人間の心臓を喰らうケモノの方々がいます。
焼けた宮殿
ピラミッドB
祭壇
ピラミッドC
球技場2
建物K
ツォンパントリ
（頭がい骨の壁）
小博物館へ

☆のところ辺などに
戦士らのレリーフ

色もうっすら
残ってます

やっぱりグッときます
戦士の像!!

遠くから見て「なんだ、たいしたことね〜な〜」と思ったものの、近寄れば近寄るほど、心はやるそのたたずまい。
雲ひとつない美しい空の、鮮やかな青をバックにしながらも、不穏な空気を放って人を落ち着かない気分にさせます。

遺跡は900〜1150年ごろのもの。伝説の都市とは思えない肩透かしのコンパクトさですが、これは中心部であり、全体は相当大きいのです（約16km²）。

不条理度 ★★★★
SF度 ★★★★
こざっぱり度 ★★★★

テポツォトラン

金ぴかデコレーションのウルトラバロック教会

メキシコの教会は、装飾がとにかくスゲーという話を本で読み（小野一郎『極彩色メキシコ巡礼』晶文社）、過剰といわれるものにシンパシーを感じる私は、ぜひともこの目で確めねばと、行ってみた。たしかにスゲーー。外側もなかなかだけど、中のケバケバしさには言葉を失う。
金ぴかのシャリシャリした装飾はカサブタのようで、こそげ落としたくなる。

Tepotzotlán

トゥーラとメキシコ・シティをつなぐ2等バスで行けます。バス停から徒歩だと2〜3km（タクシーだと20ペソ）。教会の玄関は閉まってるけど、その先の博物館が入り口。博物館はもと修道院で、その広さにもクラクラ。

ようこそ顔の宇宙へ
こんな方たちが居ます。

顔天使大活躍!

って本当は本堂のシャリシャリのスゴさを描くのがスジなんでしょうが、3年くらいかかりそうなのでやめときます。

メキシコ・シティを離れて
こんな1日
遠いマリナルコ
断崖の岩をくりぬいて造ったという、メキシコでは珍しい神殿を見たくて、マリナルコへ。メキシコ・シティから直行バスもあるが、3時間近くかかるようだ。すばやく移動できるようにと、万全の構えで一番近そうな都市トルーカに前日から宿泊した。
直線だとこーなる
メキシコ・シティ
バスでたった1時間
トルーカ
チャルマ
マリナルコ
この距離はせいぜい1時間と目算
朝8時、トルーカのバスターミナルに荷物を預ける。
ここは夕方6時で閉めるからちゃんと戻りなよ
楽勝でしょ
で、バスに乗り込むも
行けども行けども着く気配なし。
エキにブーたれると
くそう!! こんなんじゃメキシコ・シティから行っても同じだったね
バリバリ
つーかノーリアクションかい!?
って、え〜〜〜ッ!! エキがおかしくなってる!!
ヤバい! これはエキの十八番、ウンコもらしの前兆状態ではないか!!
……えーと、説明させていただくと、エキはノルマのようにかならず、ひと旅で一度はもらかすのだ。危ないのは旅行初期の1週間。
男は女より腸がデリケートなんです! もらかしはごく自然なことですよねぇ?

ちょっとぉぉぉお！
もうとりあえず降りるかね？
いや、まだ大丈夫。
とにかく話しかけないで！
とは言うもののときおり
ブルッ
と震えたり、体をつねったり、深呼吸したりしてるので、恐ろしくて仕方ない。
いくらなんでもバスはヤバいよ。バスではやめてくれ頼む、こらえてくれー!!
そしたら天の助けが！
はい、みんな降りてー
ここでバスを替えるという。よしっ！ このスキにトイレに行ける。でもバスターミナルなんてちゃんとしたもんはなく、やみくもに探しまくる。
すみません トイレは？
もーカウントダウン入ったよ〜
トイレのあるとこは？
そうしてるうちに、市《いち》が開かれてるところにたどり着く。そしたら
うちのを使って
すぐ裏よ
と、親切に言ってくれる方が！
トイレへ案内され、
エキが入ったのを見届けてひと安心。
バタン
庭の外トイレ
W・C
いやーすみません
ホホ
背後で「あっ」と言う声が聞こえ、不安がよぎったが、ご婦人が気を遣っていろいろ話してくれてるうちに忘れる。
しかも外人が物珍しいようで、何人か集まってきた。
皆さん満面の笑み。
何を言ってもどよめいてくれたり大笑いしてくれたり優しすぎる人々。

そしてエキは20分出てこない。
エキよ！ウンコしてんのバレバレだよ！
やっと出てきたと思ったら
グラシアス、アディオス
ダダッ
ゲッ
ろくにあいさつもせず、逃げるようにその場を去るエキ。
礼儀知らずはなはだしい男の尻ぬぐいをして
本当に助かりました。ありがとうございました
いいのよ
エキを追う。
待ちな〜
まぁウンコしたのバレして恥ずかしかったんだろうしょーがないか、と思ったが
バス停に戻って話を聞くと
あんたいったいなんなの!!
すんでのところでけっきょく間に合わず、トイレに入ったとたんに気が緩んですべてをもらしてしまった、という。
でもすっごいラッキーだったんだよ
ビッ
いつもはトランクスなのに、この日に限っては、たまたま、友人から嫌がらせでもらった餞別のブリーフを穿《は》いていたので、すべてのブツがその中に納まったと自慢。
だからきれい。きちんと包めたから大丈夫だったよ
……きちんと包めたって
で、ブツは？
まさか！
そう！パンツにくるんだそれをそのまま置いてきたのだった。
だってービニールもないし持ち歩けないよ〜〜

信じられない!!

恩を仇で返すとはこのこと！

しかも、このノーパン大バカ野郎のせいでバスにも乗り遅れ、ロス・タイムがどんどん加算されていく。

やっと乗れた新たなバスの中でエキをなじっていると、乗客のひとり、私たちと変わらぬ顔の先住民の方が
それは何語なの？

と お尋ねに。

日本語だと答えると、さらに
それは どの国で 話されてるの？

？？

あっ、そうか。スペイン語圏の人々、つーか、スペイン語を押し付けられた人々はそういう感覚なのかー。

日本という国で 話してます。日本の国民のみが 使う言葉です
と言うと もんのすごーく 不思議そうな顔。

日本を知っているか聞くと
ごめんなさい 知りません
チーノ（中国）の近くにある小さな島だ、と言っても
チーノ？

チーノも 知らない と言う。

そうだよなー。そういう人もたくさんいるよなー。この人たちにはアジアなんて関係ないし、知らなくてなんの支障もない。

グローバルだ、なんだ、インターネットが世界を変えたとかドーとかヒ叫ばれてるなか、この会話にはなんだか嬉しいカルチャーショックを覚えた。

また、日本がスペイン語圏や英語圏にならず、日本語という超マイナーな言語を守ってることが何かたいそうな奇跡のように思えるなー、などとエキへの怒りも忘れ、ありきたりなことを考えてると……はーもー、やっと着いた。

でも、もう本当に時間がヤバい。

とにかく 山を目指して 走る。

途中、分かれ道に来て迷う。うわー、もとシリアルキラーってふんいきのシブ怖いおじいさんたちしか道にいないよ〜。でもキラーたちは
遺跡か？
カクシャクとすばやく案内してくれた。
すんません
行ってらっしゃい
さぁ、とにかく急がなくては！もう1時間もいられない。
しかし遺跡の山の入り口にノリノリの大学生集団が！
うかーっはっはっ
そこにはオープンテラスの喫茶店兼パブみたいのがあって、酔っ払って大騒ぎしてるのだった。マズい！ こーいう集団に外人は格好のエサになる。心を無にして気配を消し、そろーっと通り抜けようとしたが
この酒スゲーよ飲んでみて飲んで飲んで
アイヤー ジャッキー・チェン ブルース・リー アチョー
案の定つかまった。
ハハハ
またあとで〜
スー
笑ってやり過ごそうとすると"ちっ、なんだよノリ悪りーなー"的にブーイングされたので
なんか腹が立って
わかった飲む！
ぐがー
謎の酒を一気飲みしてやった。
おおおー
おばはんをなめんな
フン
学生のどよめきを背にスチャッと酒代をクールに置いて山道を進む。

ってヤバい!! 酒が回ってきたよ。

う〜〜〜

ふらつきながらも意志の力でとにかく登る。

その山道から見る景色はまさに絶景で「来てよかった」と心から思えるものだった。

風も気持ちいい〜

頂上へは20分も経たずに着く。

で、これが一枚岩の神殿（建物1）

アステカの版図を最大にした王アウィツォトルが造った。

入り口はヘビの口。ヘビのベロを踏んで中に入る。

ジャガー像（こわれ）

しかも職員の方がいろいろくわしく説明してくれた。

ありがたいけどもう時間が……。

しかし途中で
だいぶお酒を飲んでるようだね……

中にはアステカ軍隊のマスコットアニマルであるワシとジャガーが!

やっぱキャラもの（動物の像）はいいね〜

ここで戦士たちが放血の儀式をしたようです
流した血はこの穴へ
これらの動物はイスらしい
と、すこし寂しそうな顔をして山から下りていかれた。時間的には助かったが、なんか誤解されてるようで悲しいような複雑な気持ち。

アウアウ

マリナルコを出たのは3時。
はーできれば間に合ってほし〜
=3
行きはアクシデントがあったこともあるが、5時間くらいかかっていたのでほとんどあきらめていた。が、帰りはなぜか2時間半しかかからず、ロッカー屋にちゃんと間に合った。
いやーなんだかんだよかった〜
さーパンツ買わなきゃ

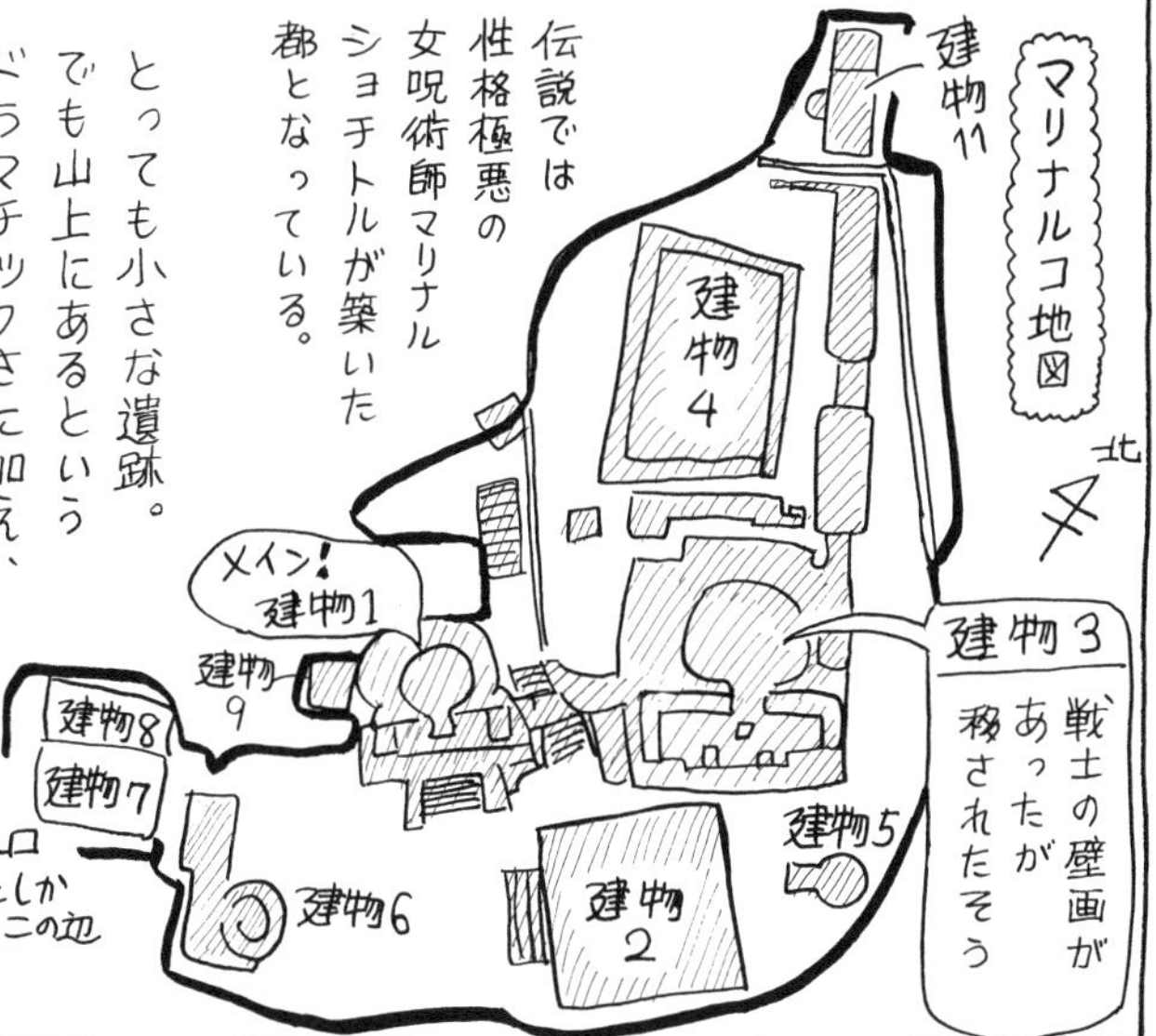
マリナルコ地図
建物11
北
建物4
建物3
戦士の壁画があったが移されたそう
メイン！建物1
建物9
建物8
建物7
スロ たしかこの辺
建物6
建物5
建物2

伝説では性格極悪の女呪術師マリナルショチトルが築いた都となっている。

とっても小さな遺跡。でも山上にあるというドラマチックさに加え、そのロケーションが見せる雄大な景色には、しばし忘我の境。

また、山の下には新しくきれい、かつモダンな博物館があり、これが小さいながらも、神殿をそのまま復元してるのもあるし、いろいろ工夫してがんばってます。

マリナルコとマトラツィンカ人

建物はアステカ時代のものだが、もともとここはマトラツィンカ人の聖地。マトラツィンカ人は、今もこの地域にいる先住の人たちで「網《あみ》を使う人」の意味。

網で物を運搬したり、トウモロコシの粒を取ったりと、網を上手に利用していたことから、そう呼ばれたらしい。

生けにえの儀式でも網が使われたらしく、これが、網に生けにえとなる人を入れ、ひねりつぶして血を搾《しぼ》るという、もうどれほど痛いのか想像もしたくない恐ろしいやり方。網をどんだけフル活用してんだか……。

（これらマトラツィンカ人の情報は『ピラミッド神殿発掘記』大井邦明　朝日新聞社 より）

カカワミルパ鍾乳洞

Grutas de Cacahuamilpa
タスコからミクロバスで50分

中はすごい広さ。暗闇の中、ピンク色の大きな鍾乳石のシルエットが、切り立った山々のようにそびえてるさまは、本当に地底世界に入り込んでしまった、という錯覚に陥らされる。心地良い孤独と不安を友に、いつまでもウットリ見惚れてしまった。

中間よりちょっと行ったところに十字架。
これにはこんなエピソードが……。

19世紀に犬を連れてここを探検していたイギリス人が、この場所で足をケガして動けなくなった。で、犬が主人のことを知らせようと洞窟を出て、村の人たちに吠《ほ》え立てるが、うるさがられ追い払われる。

それからその40年後、ここから人骨が見つかり、しかもその傍《かたわ》らに寄り添うような犬の骨もあって、村人はようやく何が起きたかを理解した

……というあまりにせつなすぎる話で、今こうして書いてても、犬の主人思いに涙が止まらないよ――!

クエルナバカ

① コルテス宮殿

外見もシブく、中はそれ以上に質実剛健といおうか、とにかく質素。

コルテスがアステカ時代の神殿をぶち壊して、その上に建てた宮殿。コルテス亡きあと、家族が使っていた。その後、刑務所になったかと思うと、つぎに官庁になり、そして今は博物館、というコルテス同様に流転の運命をたどった建物。

博物館にはスペイン時代のものと、それ以前のものが陳列されている。アステカ時代の神殿の基部も見られる。

ここにもディエゴ・リベラのみごとな壁画がございますよ!

② カテドラル

思わぬところで〝日本〟に出会う!

装飾過剰なウルトラバロック教会ではなく、とてもシンプルで地味な感じの教会であるが、ここに描かれた壁画――これまた一見、地味で色も薄まってて見えにくい――の由来に虚を衝《つ》かれる。

この教会はアジアへの布教活動を担っていたところで、この壁画はよりによって日本での出来事が描かれているのだ。たくさんの国に布教に行ってただろうし、日本なんてたいして気にも留められてないと思ってたので、壁画になってることにびっくりだ。

キモノもチョンマゲも惜しい。もーちょっと!!

↑こんな豊臣秀吉の時代の、長崎での処刑シーン（日本人のカトリック信者20人と宣教師6人）も描かれているから、祈ってる人々に「この日本人め！」と怒られたり責められたりしたらどうしよう、と冷や冷やしながら鑑賞した。

しかもこの絵の上には石灰が塗りこめられていて、つい最近（1959年）まで隠れていたという経緯にも心騒ぐ。

教会入り口にもしっかりメキシコらしさが。

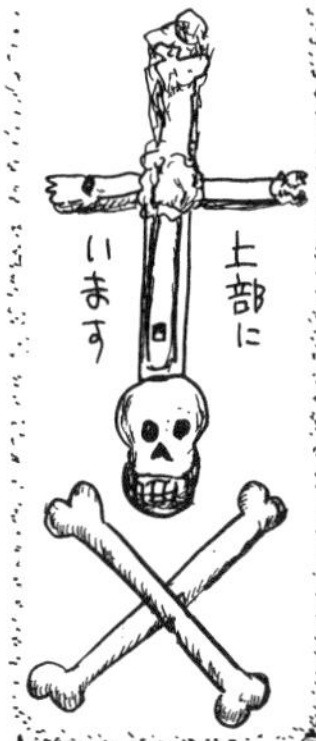
上部にいます

小さな話 in クエルナバカ

カテドラルの向かいの店でごはんを食べてると物売りが来た。

こんなところ（オープンテラス）にいりゃー、まぁ当然だ～

メキシコ・シティを出ると、先住民女性の物売りとの遭遇率がグーンと上がる。

この方たちは、遺跡にいる土産売り（P48）とは切実さが違うのだろう、とにかく粘る。購入しても「なぜもっと買わないのか」。もう1個買うと「5個買え」とせまる。

強気オーラ
微笑みはなく
それどころか
静かな怒りも
見え隠れする表情

たいがい気迫に負け、言いなりに
なっていくつも買っていたが
まぁ
モノがいいし
何しろキュート
今回のこの手作りアクセサリーは、
あまりにも欲しくない感じのもの
だったので、お一つでなんとか勘
弁してもらった（10ペソ〜約百円）。
ギラギラ
ネオン感強し
だって
民芸品
特有の
キッチュさも
かわいらしさもない
昭和40年代の
スナックのママが
つけそうな
ものなんだもの……。
それから入れ替わるように新たな
物売りの女性が。
この人も
相当食い下が
ってきたが、
やはり好み
じゃなかった
ので一つだけ
買った（10ペソ）。
すこしして今度は物乞いの人が来
た。で、何も考えずに条件反射で
10ペソ渡した。
ハッ
じー
さっきの方々の
刺すような
視線が！
うわ〜、なんか強烈にやましい気持
ちが湧き起こってきた。
　物売り女性は商品を作製し、客一人ひ
とりに商品説明をするという手間をかけ、
要らないと言われても嫌がられるの承知
で長いこと粘って、やっと10ペソ手に入
れる（時給にしたら何円だ？）。なのに、
物乞いの人はただねだって簡単に同じ金
額を稼ぐ。
　これが私だったら、どんなに面白くな
いだろうか。立派にがんばってる人の報
われなさかげんを自分が作ってしまった
ことを、大きく反省。
つーか
考えてみりゃー
10ペソって
私にとっても
自分の本を一冊
買ってもらって
やっと入るくらいの
デカい金額だった！
今度から物乞いの人には
3ペソにしようっと！
えっ
そっち!?

ショチカルコ

（「花の家の場所」の意味）

手ごたえバッチリの遺跡。
下の地図は平面図で、こざっぱりしてるように見えるが、実際は段差のたくさんあるところで入り口入って大ピラミッド登ると、そこに大広場があって……というあんばい。上下の移動が多く、法則がないような複雑なつくりである。地図を見ていても、どこにいるかわからなくなり、迷子気分も味わえる。

盛りだくさん度★★★★
期待を上回る度★★★★★
でもなんか薄味な気も……度★★★★
フォトジェニック度★★

見た目に派手さはまったくなし。
世界遺産でもあり。

クエルナバカから2等バスで1時間20分

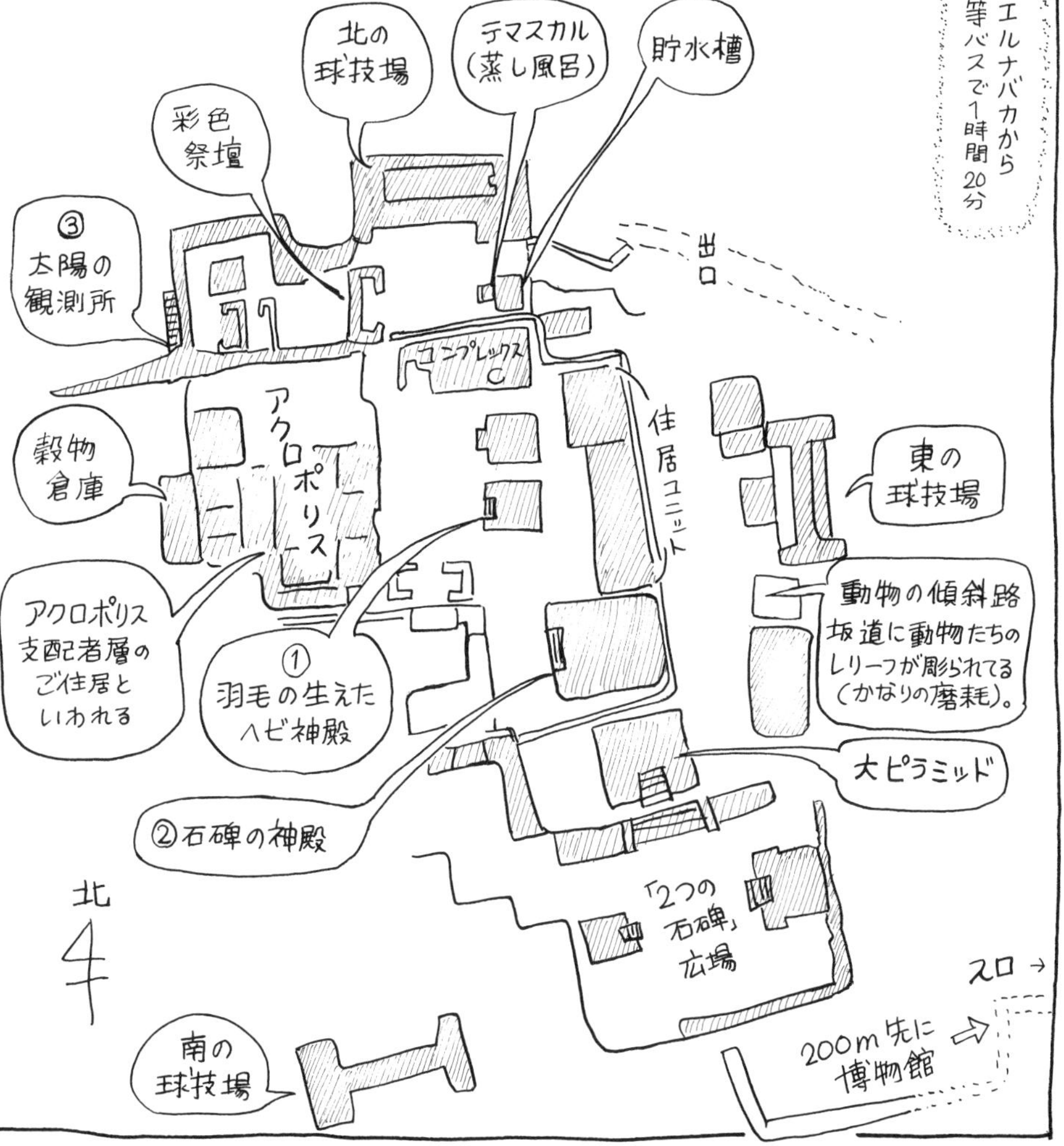

北の球技場
テマスカル（蒸し風呂）
貯水槽
彩色祭壇
③太陽の観測所
出口
コンプレックスC
アクロポリス
住居ユニット
穀物倉庫
東の球技場
アクロポリス支配者層のご住居といわれる
①羽毛の生えたヘビ神殿
動物の傾斜路 坂道に動物たちのレリーフが彫られてる（かなりの磨耗）。
大ピラミッド
②石碑の神殿
「2つの石碑」広場
北
入口→
200m先に博物館
南の球技場

この遺跡一番の見どころは ① 羽毛の生えたヘビ神殿

側面全部にケツァルコアトルが這ってます！

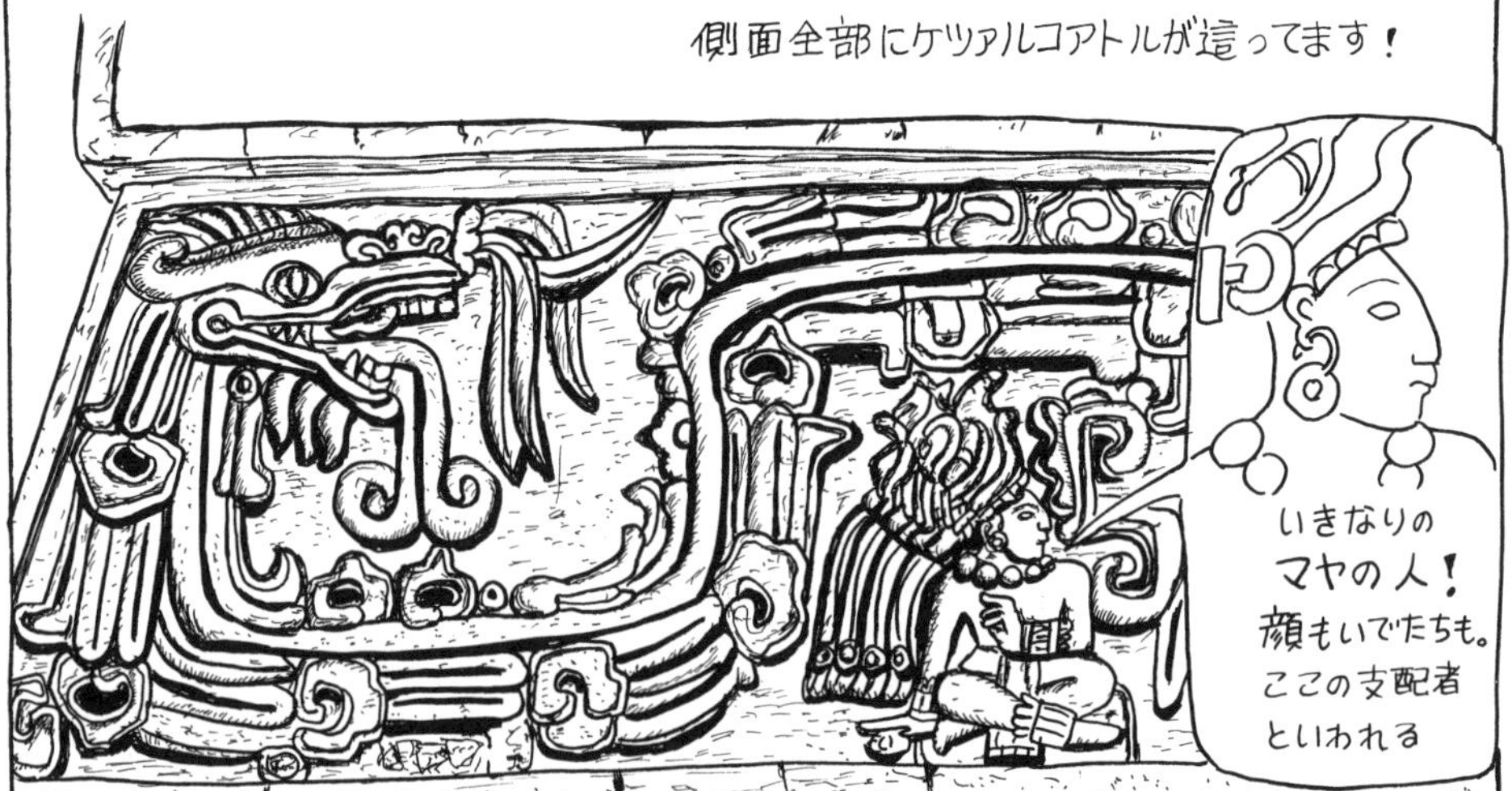
いきなりのマヤの人！
顔もいでたちも。
ここの支配者
といわれる

しかも正面にこんなユニークなレリーフもあり！

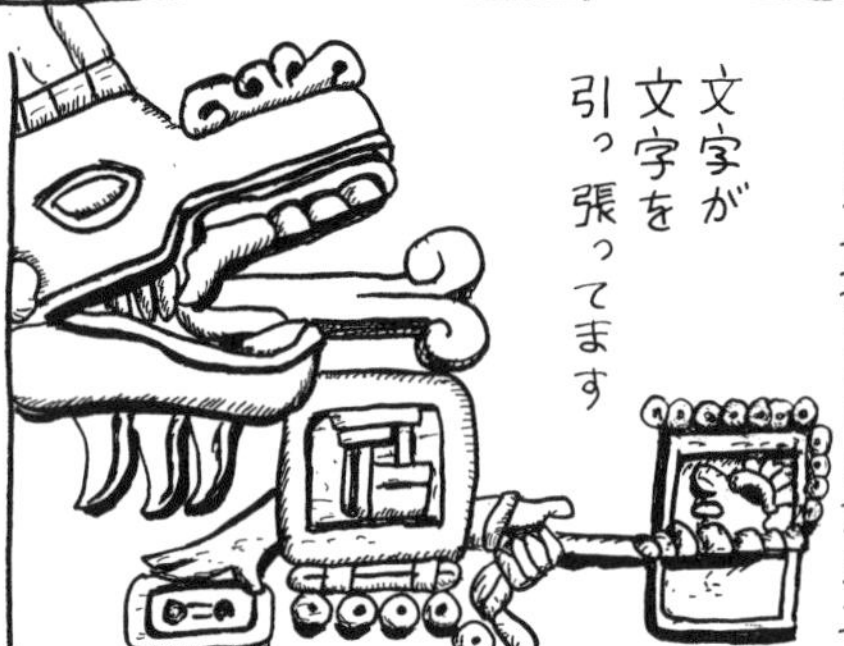
文字が文字を引っ張ってます

かわいらしさの点でもすばらしいのだが、このレリーフが意味するところの解釈もとても興味深い。この文字らは日づけの文字であり、この場面は暦の修正を表わしたものだともいわれる。ショチカルコにいくつかの都市の文化が折衷《せっちゅう》してることを根拠のひとつに、ここにメソアメリカの各国の代表者（学者とか神官か）が集まり、暦の統一を図ったのだとも考えられた。

最近は、神殿自体はショチカルコの征服自慢が表わされたものという解釈も優勢。レリーフに多数の戦士（①）や、ショチカルコに貢ぎ物を納めてる（と思われる）都市のリスト（②）が刻まれています。

① 神殿最上段にいます

② 側面のヘビらの上にズラーっといます。

まぁ あくまでも 解釈です。

② 石碑の神殿からは3つの石碑が出た。

羽毛のヘビ(?)の口から顔を出す男(イヤ〜な顔)。トゥーラ、チチェン・イッツァーでも同じ形状の方が見られる。

こっちはトラロック。

この側面にまぁまぁチャーミングなおっさん(文字)が。↓

もう1つの石碑はまた最初のと同じような人。

取り立てて見た目、心奪われるようなブツではないけど、神殿床下に埋められていた、ということに心騒ぐ。

③ 太陽の観測所

最後に小さな洞窟探検というオマケまである。

この地で太陽が一番高く昇る日(5月14、15日と7月28、29日)に正午の太陽光線が六角形のビームとなって、ここの一点を照射するんだって。

六角に開けられた穴。もうだいぶ崩れてる。
私らが行ったのは10月だったので太陽光の大きなマルを見ただけ。

ショチカルコのあらまし

テオティワカン滅亡後(650年ごろ)、メキシコ中央部は群雄割拠の時代に突入する。ショチカルコはそれら台頭してきたいくつかの都市のひとつ。10世紀ごろどこかに破壊されて終了。

トルテカのケツァルコアトル王が、子供のころ学問を修めたのがここ、という伝承もあり。この時代の特徴としてはマヤとメキシコ側の文化の混ざり合いということが挙げられます。それまでほとんど気配のなかったマヤ文化がメキシコ側に突如大きな顔して入り込むのです。それが顕著なのがこことカカシュトラ。

たとえばこれもその1つ。

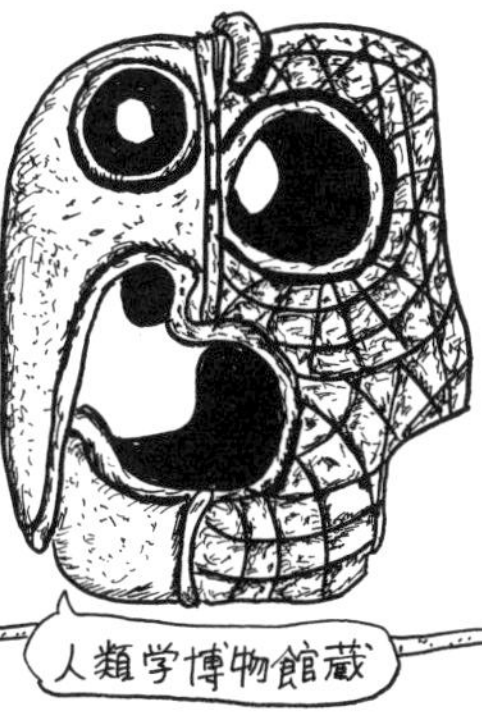

人類学博物館蔵

ショチカルコの球技場で見つかったコンゴウインコの頭で、マヤのコパンの球技場にもまったく同じようなのがあります。

チョルーラ

プエブラからバスで20〜30分

遺跡全体が、もと巨大ピラミッド（ｆｏｒケツァルコアトル）。

スペイン軍が「邪教許すまじ」と徹底的に破壊するまでメソアメリカNo1のデカさを誇った（高さは推定60mと低いものの、底辺の1辺は400mと、クフのピラミッド（230m）をもしのぐ、どデカい底面積なのだ）。

調査のために開けたトンネルによって、年代の異なる神殿が中に埋まっているのもわかっている。最初のは後2世紀ごろ（紀元前って話も）、テオティワカンのように洞窟の上に造られた。それから少なくとも4度の増築を経て後8世紀ごろまでに最終段階の大きさになった。

といっても今は丘。

頂上には、スペイン人が破壊直後に建てたカトリック教会。ウルトラバロック教会を直前に見たせいか（チョルーラのつぎのページに解説）、ただの地味な教会に見える。

見どころはこの中庭。ていうか、ほとんどここしか見るとこないけど。祭壇（石碑っぽい）の前で手を打つとピュンピュンと音が鳴るサウンドサービスもついてます。

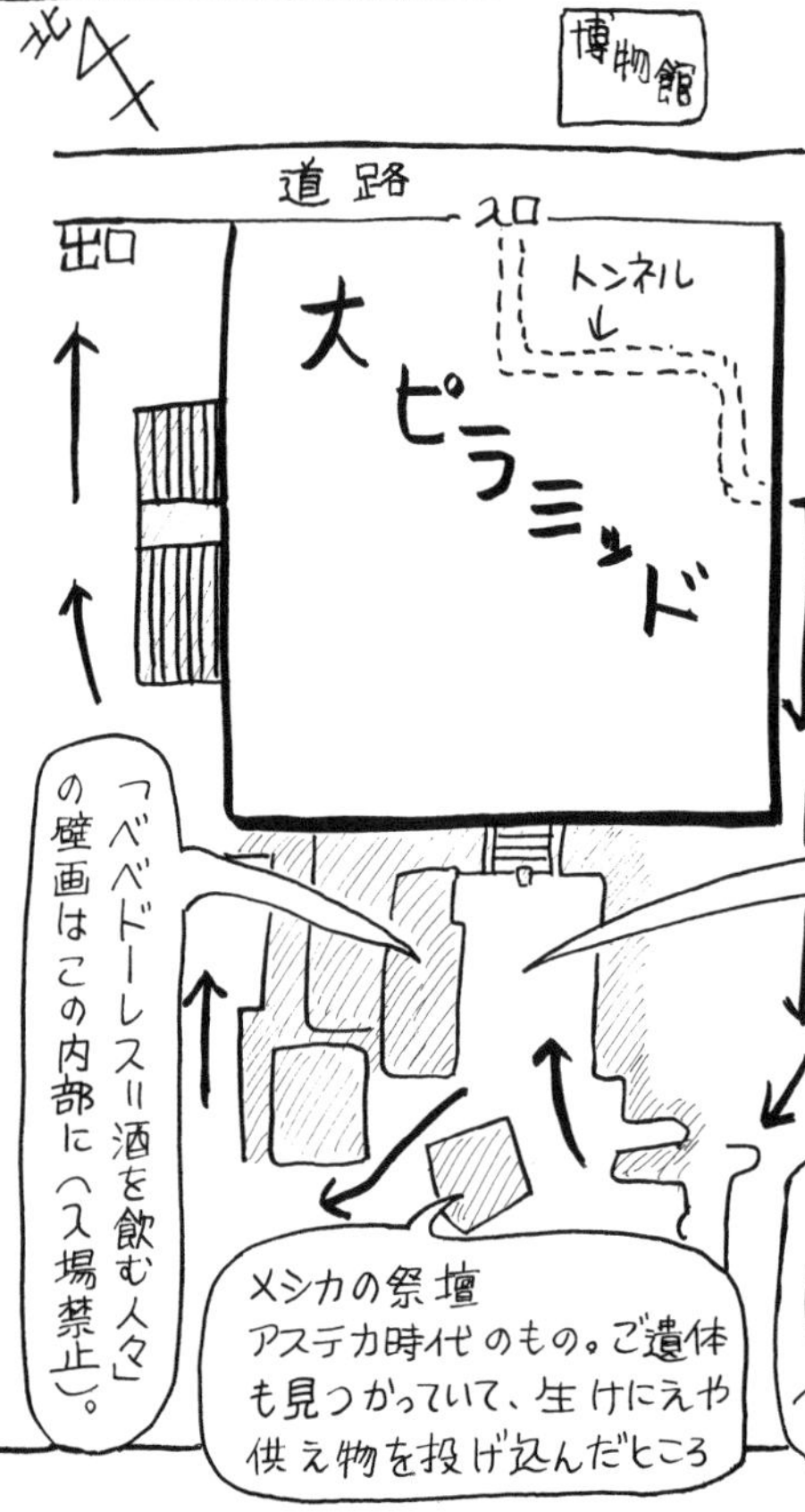
北
博物館
道路
入口
出口
トンネル
大ピラミッド
「ベベドーレス＝酒を飲む人々」の壁画はこの内部に（入場禁止）。
メシカの祭壇
アステカ時代のもの。ご遺体も見つかっていて、生けにえや供え物を投げ込んだところ

こんな人もいます
ヘタデストロイヤーって感じ

ぬおーー!! この遺跡もうれしい誤算。入り口入ってすぐのトンネルでつかみOK。そして実際の遺跡はというと、たしかに基部だけしかないけど、年代がちがう建物の、重なってる部分なんかにわくわくさせられ、けっこう得した気持ちになった。

地味度★★★★★
フォトジェニック度★

満足度★★★★½
でも人に薦めて行かせるとあとから怒られそー度★★★★

チョルーラの歴史

少なくとも前2世紀前にはすでに始まっていた老舗国で、テオティワカン全盛時にはNo2の大国であった。テオティワカン滅亡後も動乱の時代を生き残り、スペイン軍が来るまでその命脈を保った長寿国でもある。

とはいえ、チョルーラの存続具合は、つぎつぎとやって来る新興勢力に支配権を奪われながらのものだった（一般的な概説では8世紀にカカシュトラに、10世紀にチチメカに、最後はアステカに支配された、ということになっている）。

歴史舞台のうえではつねにわき役に回されてるイメージ。それも6番手くらいの、目立たずあまり物語に影響を与えないような役。スペイン軍による「チョルーラの大虐殺」事件が一番その名を高めたというのも不びんすぎる話。

でもちょっと特化してることに「ケツアルコアトルの聖地」として、多くの巡礼者を集めてたってのがある。アステカ時代にはケツァルコアトルのための生けにえ儀式がバンバン執り行なわれた。

トンネルブラボー

こんなにこんなに長いとは!! 長さだけで地下ファンの私としては大満足。ピラミッド内部の、何層にも重なる古い神殿の一端が見られる（わかりにくいけど、ときおり古い段や階段みたいのがあって、それがそうです）。それに加え、それら古い神殿の模型（ショボい）をそっとトンネル内に設置してくれたりの、地味でさりげない気遣いにも泣ける。

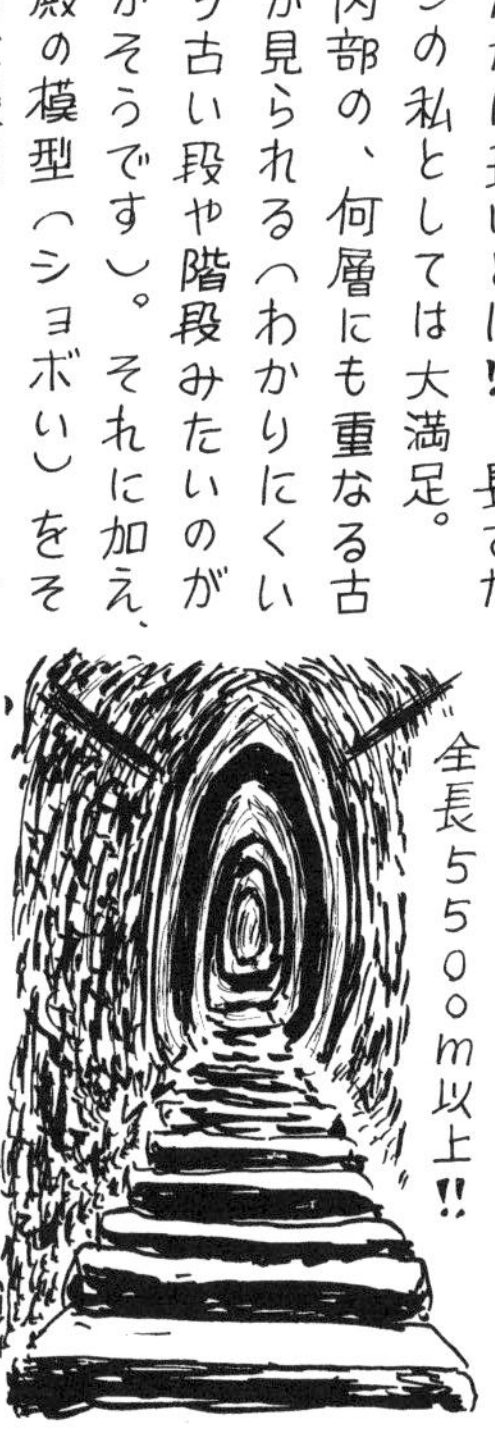

1930年から掘られ続けたこのトンネルはなんと全長550m以上!!
けっこうすごくないですか？（観光ルートは280mです）

最初の神殿からこんな壁画が見つかってます（実物は見られないが、博物館に複製あり）。

2匹のコオロギが顔をつき合わせてドクロ顔を作ってるそうだが、複製ではわからず。

ベベドーレス（酒を飲む人々）

チョルーラ初期に作られた古い古い壁画。おそらく宴会風景を描いたもので、なんと全長56m（高さは2m）にもわたる。遺跡入り口の向かいにある小さな博物館と、メキシコ・シティの人類学博物館にちょこっと複製があるけど、あーもうナマで見たかったなー。

チョルーラ近郊のウルトラバロック教会
トナンツィントラとアカテペック
チョルーラ近くの村に2つのすばらしい教会があります。とくに、トナンツィントラのサンタ・マリア教会の過剰さは「凄い」のひとこと！しかも「ヘタ」が満載。その「ヘタ」な顔があらゆるところから生えてる様子には、すさまじく愛おしさがこみ上げてきます。
この顔ガーデンの顔たちは、昔の床屋にいたマネキン頭のような質感でチープな感じがたまりません。
プエブラやチョルーラからローカルバスで行けます
クチサケ、コワイ……
くそう！本当はもっとちゃんとした「ヘタ」があるんですが、何度描いてもうまくいかず紹介できません。この道の奥深さを知ったしだいです。
こーいう失礼な男もぞろぞろいます
私は「ヘタ」を愛してるのです!!
だから、絵がちょっとでもうまくならないよう日夜、細心の注意を払って、そりゃー大変なのです
ニヤニヤ
へーそーですか

カカシュトラ

プエブラとトラスカラの間にあり、どちらからでも行けます（コンビやバスを乗り継いで）。

close

ショック!!

いっぱいバス乗り継いではるばる来たのに、まさかの閉園。

修復のために2ヶ月閉めるとのこと。「そこをなんとかひとつ」と粘るだけ粘るがダメ。でも断り係のご老公は「そんな遠くから来てもらって本当にごめんね」と遺跡に貼ってある観光ポスターを剥《は》がして、差し出してくれた。「いや、それは申し訳ないから」と遠慮させていただいたが（まぁ荷物になるし）、ご老公のホスピタリティに手なづけられ、なんとか自分の中であきらめがついた。

しゃべってる間にもつぎからつぎへと客が来て、皆、私以上に粘り、ご老公はひたすら謝ってお引き取り願っていた。

お金を握らせようとする人も。

このときも丁寧でありながら、ビシッと拒んでいた。ここまでのメキシコ人の印象に"低姿勢"という要素が加わった。

カカシュトラ一口メモ

ショチカルコと同時期（後650〜900年）に栄えた国。カラフルな壁画があることで有名。しかも人々はマヤ人顔で描かれている。

ショチテカトル

こんな ヘンタイっぽい
人もいます
青い体
サソリのしっぽ
金星にからんでるちとか

壁画は1975年に、盗掘者によって発見された。あまりに大きすぎて盗めなかったんで、情報をくれてやったらしい。

カカシュトラの向かいの丘にわかりやすく目立つピラミッドがあります（通称「花のピラミッド」。後2〜3世紀に造られた古いもの）。カカシュトラから、上ったり下ったりの野っ原を2kmほど行く（起伏があるので、わりとあっという間な感覚で着く）。

地味度★★★★★

カカシュトラ観光のオマケ度★★★★★

情報ノート①

物価の話

メキシコは、人間の営みに根ざした基本的な生活用品はとても安く

交通機関

地下鉄 2ペソ

タクシー（多めに取られても1km、10ペソいかない）

ベーカリーの菓子パン 2〜4ペソ

タコス（小3つ）5〜10ペソ

手羽 1本2ペソ

1ペソは約10円と……。

嗜好品は高い。

コーヒー 10ペソ

コーラ 500mlで7〜8ペソ

コンビニ価格で（スーパーだとぜんぜん安いけど）。イメージとしては日本の価格の6〜7割くらいか。

とても理にかなってると思いました

物が溢れかえる街プエブラ

チョルーラやカカシュトラ観光の拠点になった街、プエブラは大都会。ショッピングセンター、モール、また小さなお店も乱立し、どこも溢れかえる商品、溢れかえる客の群れで、マティリアル・ワールドといった風情。おもちゃ屋をのぞくと、日本と変わらない価格（イヤ、若干高いかも）にもおどろいたが、それをポンポンいくつも買っていく人がいるのには、もっとおどろいた。しかもそれらの人々は、金持ちっぽくもなく明らかに中間層の方たち。大多数の先住の人たちなんかがとんでもなく貧しい暮らしを強いられてるのは傍目《はため》にもわかるが、こういった物の買い方を見てると、中間層の人々はかなり豊かな生活をしているように思える。ただたんに貯金とかせず、有り金ぜんぶ使ってる可能性もあるけど。

バービー（ノーマル）280ペソ

バービーの家 300〜800ペソ

失礼ながらもっと貧しい国だと思ってました
すみません

たぶんハリウッド映画の影響なんかで。

アステカ時代でも、スペイン軍が市場のスケールや、物の豊富さにはおどろいていたし、物質的には昔から豊かな国であったのだ。

石油も天然ガスも出るしヒールに徹したらアメリカなんかにいいようにされないのに
出ましたねテキトーなシロウト考えが

情報ノート② バスの旅

こんなに旅がしやすい国はありましょうか？

人口が多いということは、げにありがたきこと。それぞれの街には大きなバスターミナルがあり、何十社ものバス会社がサービスを競い合っている。

だいぶ前に読んだ旅のエッセイで（完全に題名も何もかも忘失。すみません）、メキシコはトルコに似てるというのがあった。それは、たしか物価とか、人々のホスピタリティとか、巨大なバス網のことを言っていたように記憶してるが、まさにそのとおりであった。

私もトルコ人の親切さによってすっかり旅行好きになりました

国一番の輸送手段であるバスは、本数もガンガン出ていて「待つ」ということもほとんどないので、ストレスフリーで旅行ができる。

初めて乗ったのは、デラックスバス（最上級クラス。1等を買ったつもりがまちがえた）。

エアコンの効いた専用の待合室で無料コーヒー飲み放題なことにまず舞い上がったが、実際のバスは想像を上回るぜいたくなもの。

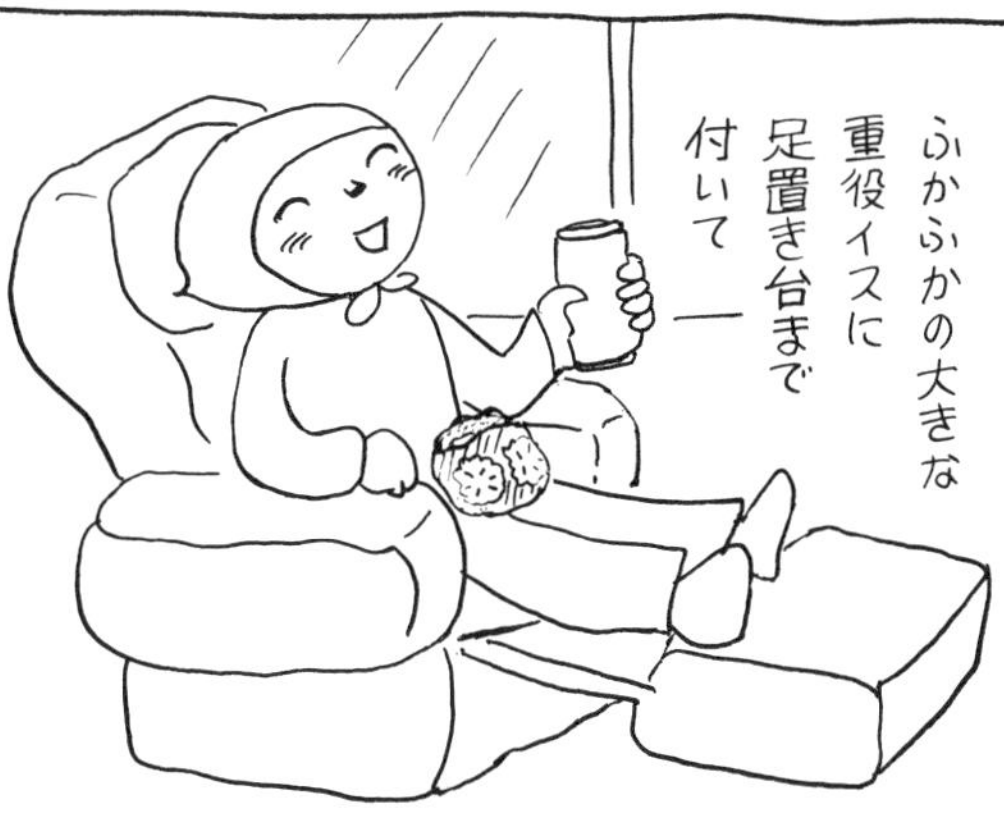
ふかふかの大きな重役イスに足置き台まで付いて

サービスでドリンクやお菓子も配られる。映画が『ロマンシングストーン』や『タップス』など中途半端に古いものだったこと以外はぜいたく完璧！

一人ひとりのスペース広っ！ 飛行機のファーストクラス並み。

メキシコのバスってスゴい！と感動したが、あとでそれがデラックスバスと知って、なーんだという気持ち（1等はごく普通）。またデラックスを味わおうとトライするも、東に行けば行くほど、バス会社が減って競争が少ないため、デラックスといえど1等と変わらず。

※デラックスは1等より若干高い程度。金持ちだけが乗るものではなく、庶民も普通に使う。バス会社の数もデラックスバスのデラックス度も西部（北部）と東部ではまったくちがう。富の量、人口の多さもそのまま比例している。

デラックスも1等も上映映画はとにかく古《ふる》い!!

プエブラからオアハカに行くとき「バスは右側に座るべし」とメキシコ旅先輩から指導を受けていたので、それに従った。
うーん、たしかに山々が連なって美しい景観だけど、べつに右も左も同じじゃん、
などと思ってると
とつぜん グランドキャニオン★が！
ぬおっ
何千年（万年？）もかけて築き上げられた山の断層を縫うようにバスは走り抜けていく。左側だったら、ずっと味気ない岩壁だった。ありがとう旅先輩。
長距離バスにはもちろんのこと、そのほかすべてのメキシコの交通機関、交通網に敬意を払いたい。ローカルバスやコンビ、セルビス、ミクロバスなど、公共の乗り物があらゆるところに毛細血管のようにはりめぐらされているので、どんな辺ぴな遺跡にもきちんと行ける。
ローカルバスの特徴
汚い。ほこりまみれ。
これはもしや銃弾のあと？
と思うほどにガラスはヒビ入りまくり。
ひっきりなしに食べ物の売り子や、芸でお金を稼ごうとする人、物乞いなどがやってくる。
食べ物は本当ありがてー
バスに限らず、この国は間断なく食べ物の売り子に会えるのでお腹が空くことがない。
でも便利なのはパレンケまで。ユカタンに入ると、このスムーズさも消えていくのを知ることに……。

★グランドキャニオンはあくまでも私のイメージです。エキのイメージだと「シルクロードの岩がちの山道」なんだとか。

オアハカ文化博物館

サポテカ美術品のクドさ炸裂！

ここは展示物が面白すぎるだけじゃなく、建物がとんでもなく美しい。隣のサント・ドミンゴ教会（ウルトラバロックの最高峰！ メキシコの教会では一番興奮しました――）の付属修道院だったものを博物館にしているのだ。

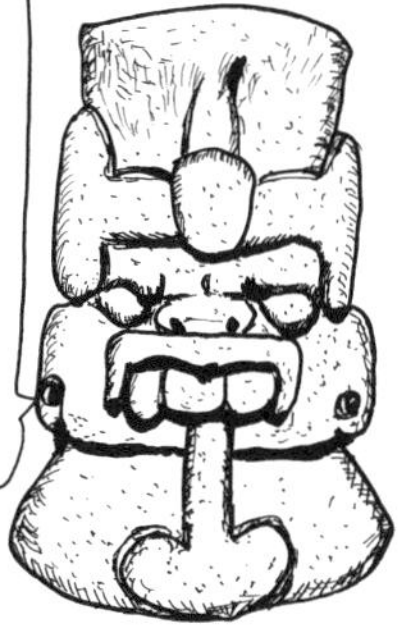
サポテカ、ミシュテカのお宝がザクザクと

ミシュテカ人による精密な金製品もあります。これはその一番有名なやつ。

暦文字（エエカトル神）
オーパーツうんぬんの方に言わせればこの部分は機械の配線図

モンテ・アルバン「墓7」の副葬品のひとつ。
墓7からはたくさんの美しい副葬品が出ていて、博物館の1室がまるごとその紹介にあてがわれている。

ほんとすごい発想力！

この人なんか

動物の鼻を
こんな上まで引っぱり上げてるからね
横図

建物のところどころに壁画が残る。一人の修道士が主人公で、その人のエピソードが描かれてるようだ。

無表情ながら剣呑《けんのん》なふんいきを醸す。

この方がなんやら天使にすがられてたり誰かを火で追い回したりしていて

いろいろストーリーを想像させられ、それもまたたのしー。

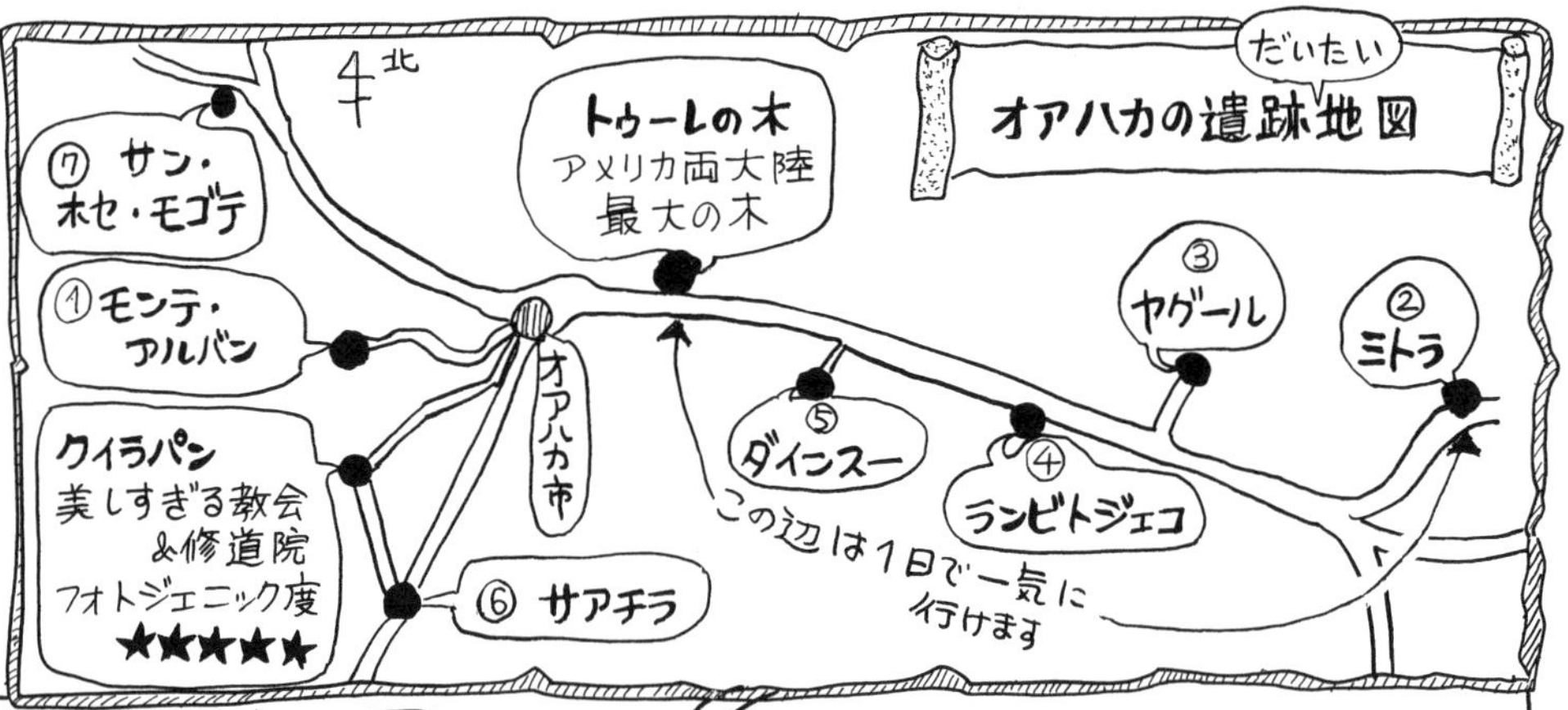
だいたい
オアハカの遺跡地図
北
⑦ サン・ホセ・モゴテ
トゥーレの木
アメリカ両大陸最大の木
① モンテ・アルバン
クイラパン
美しすぎる教会
＆修道院
フォトジェニック度
★★★★★
オアハカ市
③ ヤグール
② ミトラ
⑤ ダインスー
④ ランビトジェコ
⑥ サアチラ
この辺は1日で一気に行けます

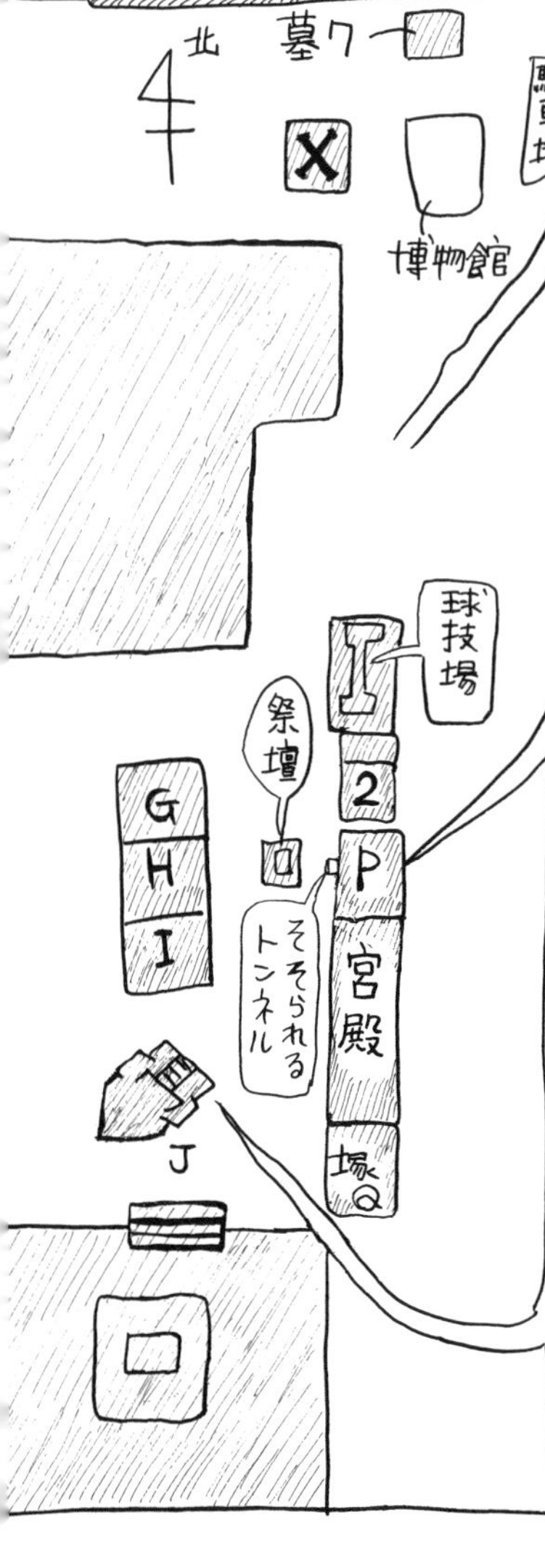
北
墓7
墓105
H
球技場
X
駐車場
博物館
球技場
I
祭壇
2
P
宮殿
Q
G
H
I
そそられるトンネル
J

① サポテカ王国 モンテ・アルバン

建物P

ショチカルコの太陽観測の洞窟同様、太陽が一番高く昇る日（5月と8月）に、太陽ビームが差し込む穴が作られている。

この建物と、向かいの沈んだ祭壇との間で立派な副葬品をともなった5人の遺体が見つかった。

建物J

前200〜後200年のどこかで造られた。全体のバランスを欠くような変な位置に、変な角度、変なフォルムで存在しているこの建物は星の動きを見るための施設のようだ。角度や形は、観測する星に合わせて造られてるという説がある。

建物の矢印の先は南十字星、おしりの先はカペラを指すらしい（両方とも重要とされた星）。カペラは、太陽が一番高く昇る日の（2回のうちの）最初の日に、太陽を誘うように朝方現れる。

壁には、モンテ・アルバンが征服した都市の記録、通称「征服碑板」と呼ばれるレリーフが貼り付けられてる。

北の基壇
個人的に一番楽しかったところ。大きな基壇の上にいくつも建物がある。人もいない。

墓172

墓103

ここら辺の地味な墓は見られる。モンテ・アルバンでは約170も墓が見つかってるということだが、公開してるのは少ない。

墓104
かわいくカラフルな壁画のある有名墓。このとき未公開。人類学博物館に復元あり。

建物L
通称「踊る人の建物」

「踊る人」のギャラリー
有名すぎる「踊る人」の石板がたくさん。征服され、捕虜になった人々の処刑される様子が描かれている（前500年ごろからのもの）。もともと建物Lの下に埋められていたり、いろんなところに建材として再利用されていたものが集まってる（といっても、ここのほとんどはレプリカ）。

システム4

L

2つはペア

システムM

南の基壇
「12のジャガー」王が大きく増築したもの（後300〜500年のどこか）。四隅に12のジャガー王の肖像や、テオティワカンから使者が来たときの様子を描いた石碑、石板がある。石碑の下に奉納品も埋められていた。

アルファベットと数字は建物名

想像どおりのすばらしさ！快晴だった空が途中から崩れてきてどんよりした状態に。が、この不穏なくもり空がベストマッチ。ますます遺跡に神秘性を与えていた。

くもり映え度★★★★★
フォトジェニック度★★★☆
満足度★★★★☆

モンテ・アルバン一口メモ
全盛期は後300〜700年ごろ。以降サポテカ人はじょじょにここを放棄し、1100年ごろからオアハカ西部に勢力を持っていたミシュテカ人が墓地として利用し始める。

② ミトラ

後2世紀ごろスタート。10世紀ごろから最盛期に。幾何学模様のレリーフが有名。

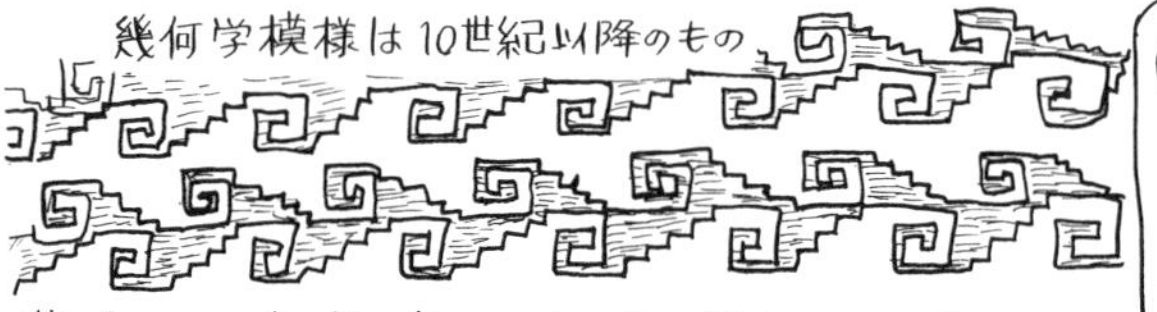
幾何学模様は10世紀以降のもの

模様は、ラーメン鉢みたいで楽しいし、建物もふんいきあって、すご〜くきれいなんだけど、モンテ・アルバンのような〝古代文明〟感まるでなし。同じサポテカ人が造ったものとは思えない。メインの「教会のグループ」と「柱のグループ」の建物は最盛期以降のもので新しいというのもあるが、それにしても……。

「柱のグループ」はサポテカ神官たちのお住まい兼神殿。スペイン人が来たときも、まだ機能し、放血儀礼（自己を傷つけ血をだらだら流す）や、生けにえの儀式も催されてたご様子。

スペイン征服後のスペイン人神父の記録によれば、地下にたくさんの遺体が詰まった巨大な墓所があったそうで、そこは、探検した修道士がすぐさま入り口を封印したほどこわい内容だったらしい。そのそそられる墓に対応するものかどうかはわからぬが、墓はたくさん発掘され、そのうちいくつかを見学できる。

ミトラはアステカ側からの呼び名で「死者の場所」の意味。自分たち自身はリョバア（＝休息の場所）と呼んでいた。まさにその名にぴったりのところ。

フォトジェニック度★★★★★　フェミニン度★★★★★

③ ヤグール

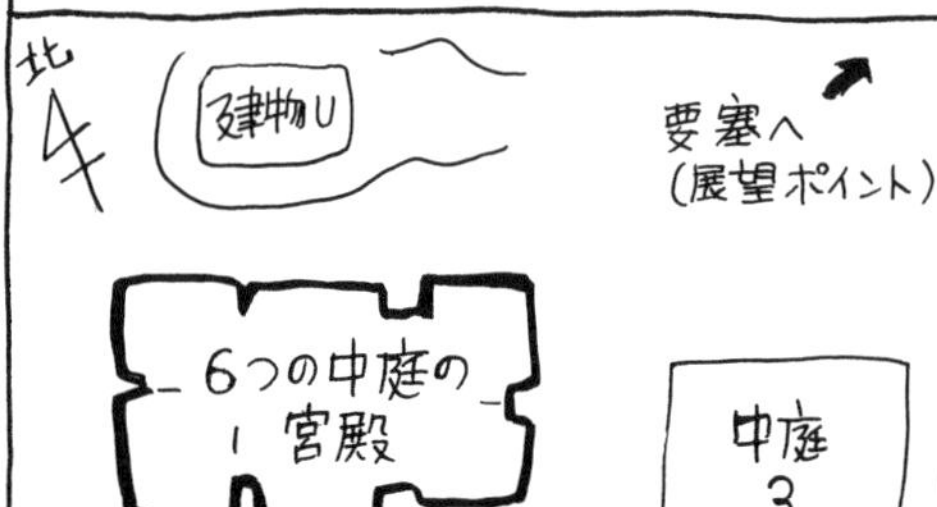
北
建物U
要塞へ（展望ポイント）
6つの中庭の宮殿
中庭3
オアハカ最大の球技場
評議の間
中庭1
そんなに大きいと思えんが……。
中庭4
墓
入口→

国道から1.5〜2kmほどをひたすらまっすぐ歩きます

ここも歴史は古いが（紀元前よりスタート）、建物は900年以降のもの。
幾何学模様もチョコ──っとあります

墓に小っちゃくニーいう人が

デコレートされてます

ミトラ地図

簡単で必要ないと思うけどいちおう地図。
わたくしはメインの2つで終了──っ。

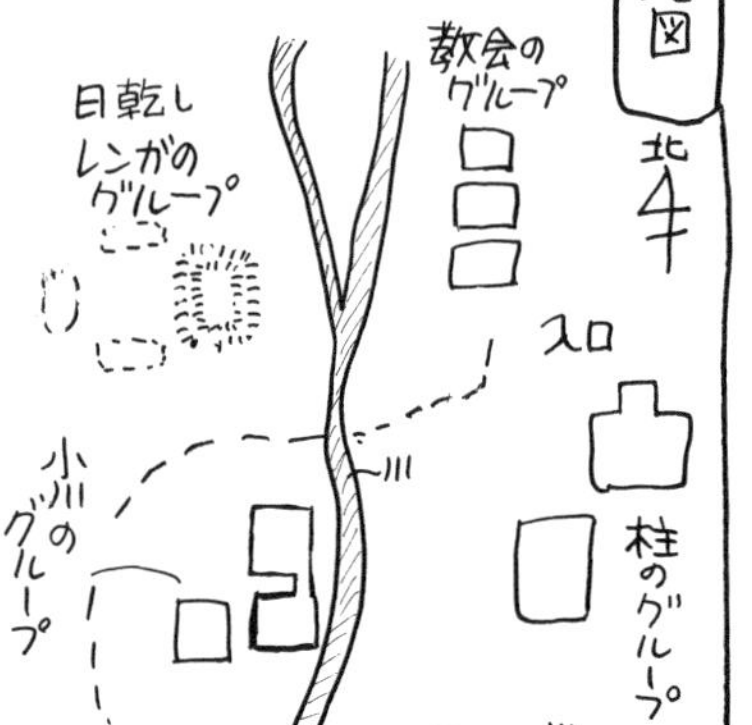
北
教会のグループ
日乾しレンガのグループ
入口
小川のグループ
川
柱のグループ

教会のグループにすごく小さくて目立たないけど壁画もある。
（いくつもある戸口のすぐ上の帯部分にカサブタのように張り付いてます）

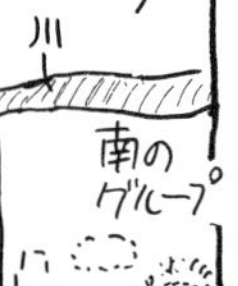
川
南のグループ

④ ランビトジェコ

とっても小さな遺跡（後600〜950年）。

宮殿の床下の墓（6人のご遺体入り）に彫刻された見事な支配者ご夫婦の顔と

床上には祖父母、曽祖父母もいます

←その1人

ひゃーかわいい♥

国道沿いゆえ歩かなくてすむのがうれしー

これまた見事なサポテカの雨神コシーホのお顔を

遠くから（保存のため）眺めるだけのところです。

あれ、これだけ？度 ★★★★★

でも彫刻は本当にスバラシー度 ★★★★★

⑤ ダインスー

前600年ごろスタートした古い都市。最盛期は後200年ごろ。1250年ごろに終了。

1.5kmくらいか？グネグネの車道をひたすら歩く。

墓7にコウモリのレリーフ
とてもマンガ的。ジャガーとも。
コンプレックスB
道路
コンプレックスA
コンプレックスC
球技場
北
球技選手のレリーフあり。磨耗はげしくよく見えません

サボテン度 ★★★★★

フォトジェニック度 ★★★★

（ヤギとか牛がうろちょろしてたんで）

ミトラからダインスーまでの国道でつながれた遺跡群は、ゆるやかな山々がつねにバックにあり、グレート・ネイチャー度★★★★★

ヤグールとダインスーは人っ子ひとりいない1本道（車道だけど）をてくてく歩くんで

旅情度 ★★★★★

⑥
サアチラ
サアチラはミトラ同様、スペイン人が来るまで存続していた粘り王国。ここも2つの墓（後900年以降のもの）の内部を見るだけ。
カメ男
フクロウ
でもこんな方たちがいてたまりません
王
死の神
ミクトランテクートリ
ハッ!! この形はもしやチ……
ふっ うるせーな ただの香の袋だよ
これらの彫刻があるほうの墓からは11人、もうひとつの墓からは12人のご遺体が見つかってます。
あれ、これだけ？ 度★★★★★
彫刻がスバラシー 度★★★★★
⑦
サン・ホセ・モゴテ
オアハカで一番古い都市遺跡。
前1150年からスタート！
もや〜ん
こ、これは……
メキシコでは珍しいショボさ。今回の旅で一番ショボいかも。
気を取り直して博物館に行くと閉まってた。ロンリー・プラネットには
博物館が開いてなければそこら辺にいる人、店にいる人に管理人の所在を尋ねなさい
とある。
なんじゃそりゃー!?
と、思いつつもその指示どおり、向かいのなんか売ってる小屋の人に聞き
博物館の管理人、ハビエさんの家の場所を教わる。

ハビエさん!!
ドンドン
ドン
でも留守。
ハビエさんの家の向かいに人が見えたので、尋ねると
それならイラエルさんに聞くがよろし
で、イラエルさんの家に行くと
イラエルさーん!!
ドンドン
ここも留守だよ。
っていうか、なんなの、このシステム。
もうあきらめようよう
もうあとには引けないよ
ゴオオォ
で、最初に尋ねたとこに戻り
これこれこーで
それならペドロさんね
ということでペドロ宅へ。
あっ
ご飯どきのペドロさん、ご飯そのままに私たちと即、外へ出て
今開けますので先に博物館へ行っててください、では
と言って、どこかへ消える。
10分後、ちがう人が来て
お待たせしました開けますね~
無事博物館に入れた。
ハー、けっこう果てしなかった。すんごいやりとげた感を与えてくれるシステムだわ
ものすごく簡略化してますが、実際2時間かかってます。
苦労のわりには、地味ーで小さな博物館なんだけど……。
でもこんな方々がいます。
サポテカの像は
出っ歯ばかり
4人並べてて カワイイ

こんないい顔のおっさんもいます
でも村のルーツや人口推移、穀物の収穫量などを公開している「モゴテ村のあらまし」コーナーは、本日、この村を駆け巡りして少々愛着を感じてしまった身としては、大いに楽しめた（もしやそれが狙い？）。
帰るころに白人客がパラパラと……。
ちっ
なんの苦労もなく見ちゃってさ
客一人ひとりに自分の功績を発表したい気持ちをぐっとこらえた午後のひととき。
小さな話 in オアハカ
ない!!
ゴソゴソ
ない!!
遺跡見学中、突如サイフがないことに気づいたエキ。
ぜんぜん思い出せない!!
ハーア
いつかこんなときが来ると思ってたよ。今までが順調すぎた。
でもまぁいいか
1000ペソ（約1万円）だし
フン
と、あっという間に立ち直る昆虫並みの神経のエキ。オアハカ市内に戻って宿に帰ろうとしたとき
あっ
ドリンク屋の女性がエキの顔見て
あーサイフー!!
朝ここでコーヒー飲んだの!!
なんと!! 取っておいてくれたよー 信じられない!
じ〜ん
普通ぜったいネコババするだろうに向こうから声かけてくれて……。このお方が異常にいい人だったのだろうが、ますますメキシコの好感度は上がる一方。いや、もうメーターは振り切ったね。

マヤ遺跡へ
トニナー

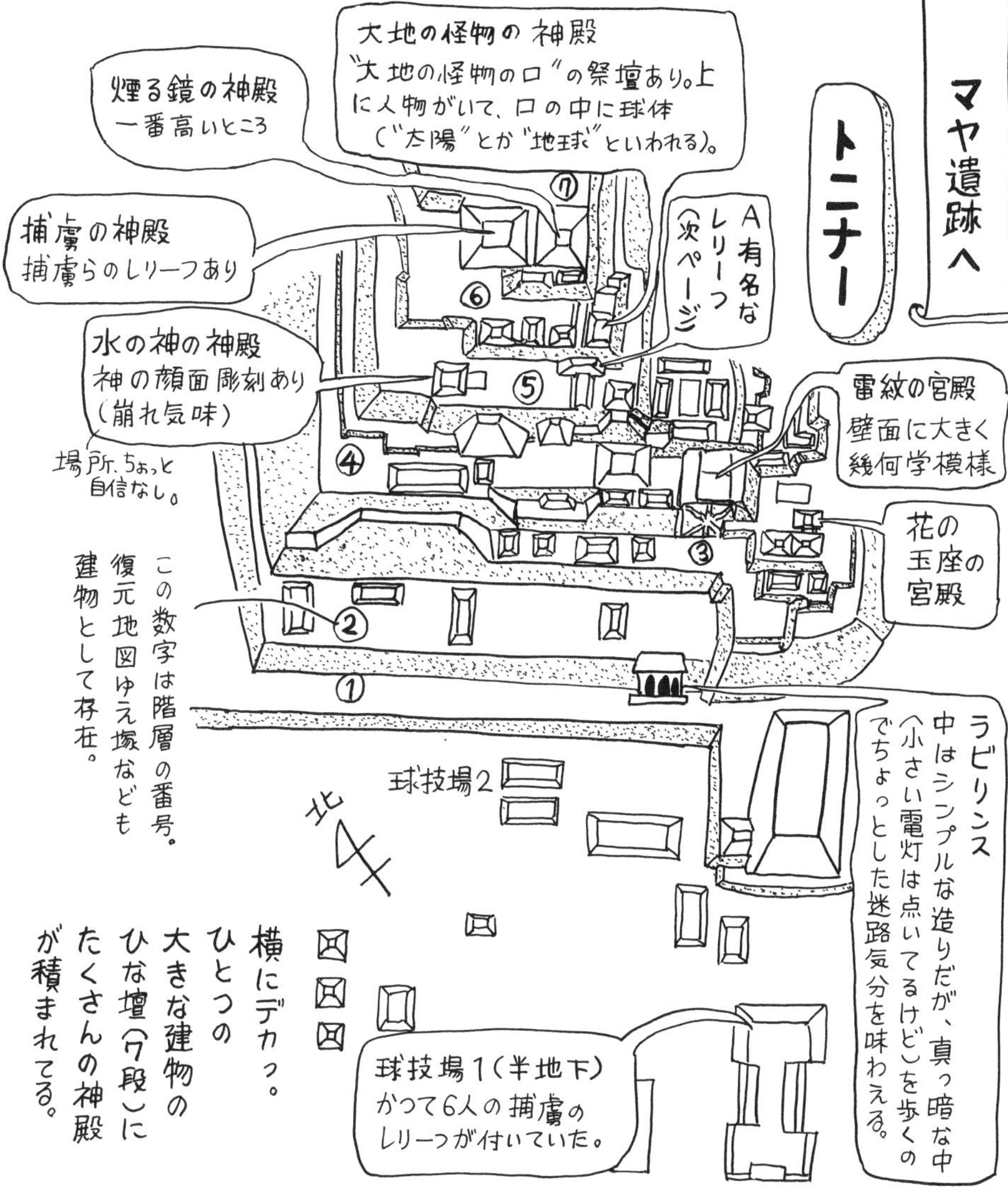

大地の怪物の神殿
"大地の怪物の口"の祭壇あり。上に人物がいて、口の中に球体（"太陽"とか"地球"といわれる）。
煙る鏡の神殿
一番高いところ
捕虜の神殿
捕虜らのレリーフあり
A 有名なレリーフ（次ページ）
水の神の神殿
神の顔面彫刻あり（崩れ気味）
場所、ちょっと自信なし。
雷紋の宮殿
壁面に大きく幾何学模様
花の玉座の宮殿
この数字は階層の番号。復元地図ゆえ塚なども建物として存在。
①
②
③
④
⑤
⑥
⑦
ラビリンス
中はシンプルな造りだが、真っ暗な中（小さい電灯は点いてるけど）を歩くのでちょっとした迷路気分を味わえる。
球技場2
北
球技場1（半地下）
かつて6人の捕虜のレリーフが付いていた。
横にデカっ。ひとつの大きな建物のひな壇（7段）にたくさんの神殿が積まれてる。

初めてのマヤ遺跡！
期待に胸弾ませたのだが、テオティワカンに次ぐ「あれー？」な感じが……。

付属博物館にある濃密なマヤのレリーフや、横長ワイドな大基壇にはびっくりしたものの、上へ行くだけの単調なものであったためか、はたまた芝刈りの機械音がうるさかったためか、また芝があまりにも美しく刈られてゴルフ場みたいだったせいかわからんが、私にはどうも物足りない遺跡だった。

トニナー一口メモ

あまり知られてないこのトニナーは、あのパレンケに何度も戦勝し王も捕らえるほどのケンカ上等王国。パレンケ滅亡後、100年も存続し、古典期マヤの（主要国においての）最後の日づけ《後909年》を持つ石碑が見つかってることでも有名。

トニナーの一番の見どころはマヤの精神世界、夢の世界を描いたといわれるレリーフ（Aの場所）。マヤ神話『ポポル・ヴフ』のいくつかのシーンもあるとされる。1992年に発見されたばかり。

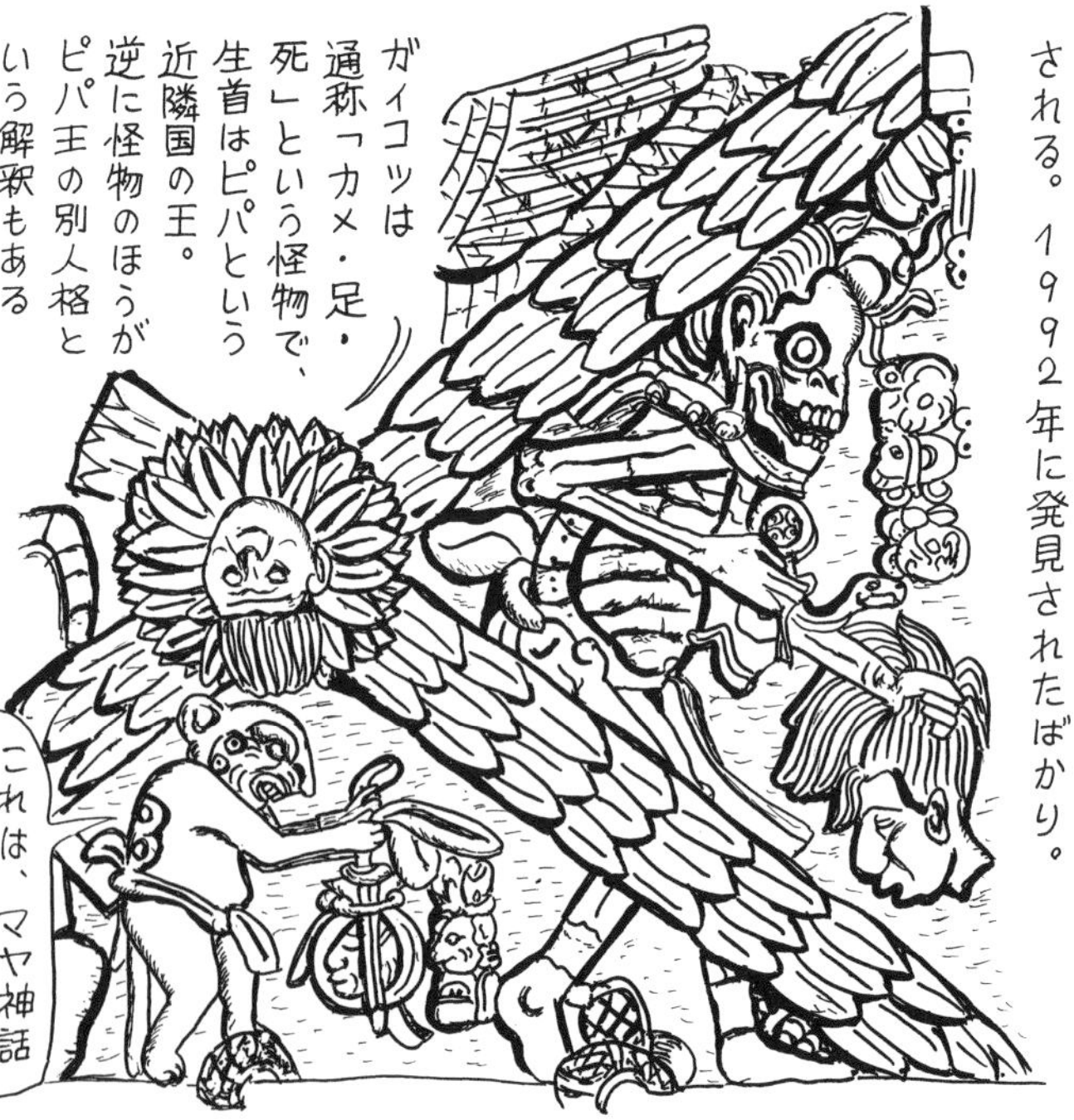

ガイコツは通称「カメ・足・死」という怪物で、生首はピパという近隣国の王。逆に怪物のほうがピパ王の別人格という解釈もある（マヤの世界では、王は「ワイ」というもうひとつの人格を持ち、それは寝てるときなどに幽体離脱して活動する、と信じられた）。

これは、マヤ神話『ポポル・ヴフ』のネズミといわれる（球技道具のありかを双子に教えた）。

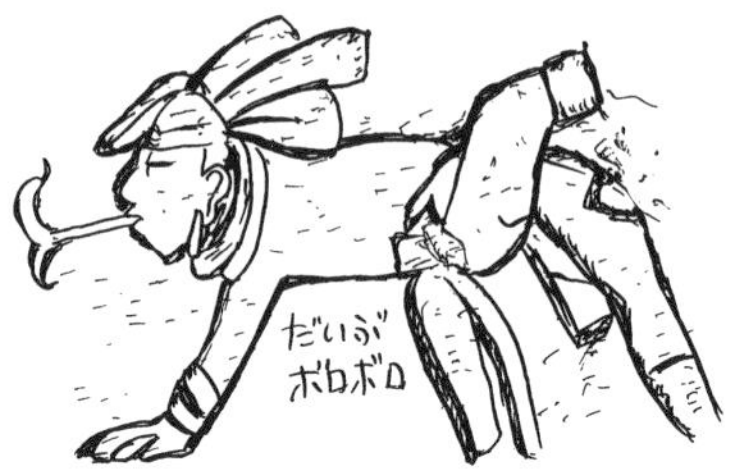
奥のほうにいます
だいぶボロボロ

こっちは←イシュバランケーと推測される。

ガイコツの（向かって）すぐ右に寝そべってます
太もも

これは『ポポル・ヴフ』のフンアフプーだそう

宣伝！『ポポル・ヴフ』の内容は中公文庫から出てるものや、わたくしの書いた姉妹本で！

上記のもの以外にも、いろんなとこにレリーフがあります。

にょー♥
笑ってる～
踊ってる人
つばさ？

太陽神キニチ・アハウっぽい方

モダンでアーティスティックな博物館には「うしろ手に縛られた捕虜」のレリーフが充実。

傲慢と卑屈 in パレンケ

ついに期待値MAXのパレンケーー！
朝一番に入ろうと8時に遺跡に着くと、もうすでに門の前に異常なライバル密度。

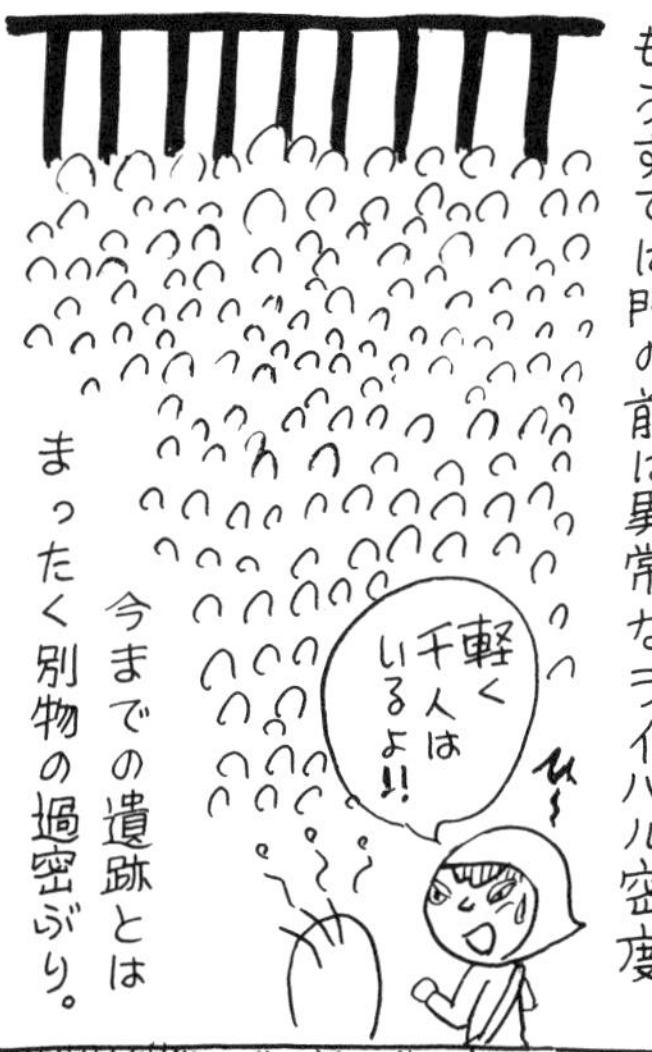
軽く千人はいるよ!!
ひ〜

今までの遺跡とはまったく別物の過密ぶり。

ほとんどがユーロ高騰の恩恵を受けている欧州の団体客。ツアーだからか、若者はまばら。年配の方たちが多い。

だらだら歩いて

ペチャクチャ
一向に進まなかったり

ぶつかったりはまだいい。

バシッ
ワハハ
イテー
↑気づいてもいない

でもこの人らの写真の撮り方には本当にイライラさせられる。
人が写真撮ってるときに、あとから来た団体は1秒も待たずに

エクスキューゼモア!!
パルドン!!

と、人をどかせて写真を撮るのだ。それも、当然の権利のように。
待てないのであれば、ちょっと横にズレたり、同じ並びに来たり、または軽く前に来たりすればいいだろう。なのに、自分たちはいっさい動かず、とにかく人をどかせる。

しかもこの人らの添乗員からして

ハイハイ そこにいる人たち、私たち写真タイムなんでどいてくださーい
パン
パン

と、エラそーに言ってくるくらいだから、客が増長するのも無理はない。
そもそもこんな混んでるところで人間がひとりも入らない写真を撮ろうというのがおかしい。何人かの個人客は、これら集団客のためにどいて待ってなきゃいけない。でもってつぎからつぎへと集団が来るので永遠とも思われる待ちを強いられる。しかも待たせてるということになんの注意を払うこともなく、自分たちは何枚も撮り続ける。
だいたい、この「どかせる」という発想がすごい。さすが長年、人々を征服し続けてきた人たちだけのことはある。つーか、この「どかせる」っていう行為は観光白人社会では国際ルールとなってるらしいが、誰がそんなこと決めたんだ?。

パレンケに来るまでは、あまり白人ツアー集団に遭遇していなかったので、この「どかせルール」を忘れていたが、そうだ、この前行ったギリシアでこのルールの洗礼を受け、そんな傲慢なメンタリティー持ち合わせていない日本人の私は大いにびっくりしたのだった。
いや、十歩下がって「どかせ」があってもいい。でもそれなら「すみません、われわれ時間がなくて、ちょっとだけどいていただければ、ありがたいのですが」といったちょっとした一言をなぜ発さない？ YAWARAちゃんだって、最初のうちに「YAWARAちゃんなんて呼ばれちゃって本当のYAWARAちゃんに申し訳ないっす」などの一言でもあれば、だいぶ心証はちがってたはずだ。ちょっとした一言って大事じゃないの？（って"いまさら"&"いまどき？"な例を挙げてこっちこそ申し訳ないが）
メキシコの人もゆずりゆずられの精神
あっ
どーぞお通りください
イエイエお気になさらず
今まで平和にやってきたのに……。
それどころか「なぜどかない？ 空気読めないサルめ」と咎《とが》める視線送りながらの「エクスキューズミー」！ 当然礼の言葉もない。ったく、カンちがいははなはだしく、まったく合点がいかない。
こんなこともあった。
オバハンに
どいて!!
と言われたのでわきにそれてあげると
べつの人のフレームに入ってしまったらしく
ちょっとぉ〜
あからさまにムカついてる顔
だいぶ年配のご婦人ということもあり、グッとこらえて、さらにわきにそれて
ごめんなさいどうぞ
ササ
と譲ると
はーあ
私のせいで気分そがれたとばかりにイヤミったらしく大きなため息をついて、わざとらしい身振りでカメラをしまう。
なんじゃ、このバアさんは!!

また「宮殿」でちょっとしゃべってると
しーーー
と、すごまれた。
自分らのガイドの講釈を聞くためだったのだが、ガイドの声は大きく響き渡り、それに皆、大爆笑したり、デカ声で質問するなどしてる。自分らのしゃべりはよくて、周りの雑音はいっさい許さないのだ。
もうどんだけのワガママ野郎どもなんだ。こいつらの遺跡の私物化具合、天上天下唯我独尊状態に、もういい歳なんだから怒りはそうそう表明しないと決めていた私も、はらわたが煮えくりかえり、やはりここは立ち上がらなくては、と決意する。
ヨーロッパ野郎どもめ！ つぎに私をどかせたら、人をどかすということがどれほど傲慢な行為なのか演説ぶちかましてやる！
ボキ
ボキ
しかし、そうしたときはマーフィーの法則か、ほとんどの集団は自由時間で、散らばってしまってる。
それでも奴らの残党と目星をつけた人たちに近づき、その人らのフレームに入るようなところに立ってやった。
で、さっそく
ハイハーイ
キター！
エクスキューズミー
が、
ワタシハ静岡ニ留学シテマシタ
とフレンドリーに話しかけてくる人だったり
エクスキューズミー
よっしゃ〜♪
いっしょに写真撮ってもらえますか
しかもメキシコ人。
ってかわいい方たちで肩透かし。
…マァ、無駄な争いしないでよかったということにしようっと。
もう最近こんなんばっかだわ

パレンケ

パレンケという名はスペイン語で「柵に囲まれた広場」の意味。

マヤ遺跡最高峰の美しさ!!
何を見てもどこを見てもスバラシーの一言。

フェミニン度★★★★★
たおやか度★★★★★
フォトジェニック度★★★★★
とにかくもーすばらしすぎる度★★★★★

碑文の神殿
世紀の大発見であるパカル墓入り！ 617個のマヤ文字が神殿内にあったことからこの呼び名がついた（それもたいしたことなのに、「パカル墓」という大物発見の前にはすっかり色あせてしまった）。もとは「9人の家（ボロン・エテ・ナ）」と呼ばれていた。私が行ったときは公開不可。

神殿18
3つの墓が見つかる。

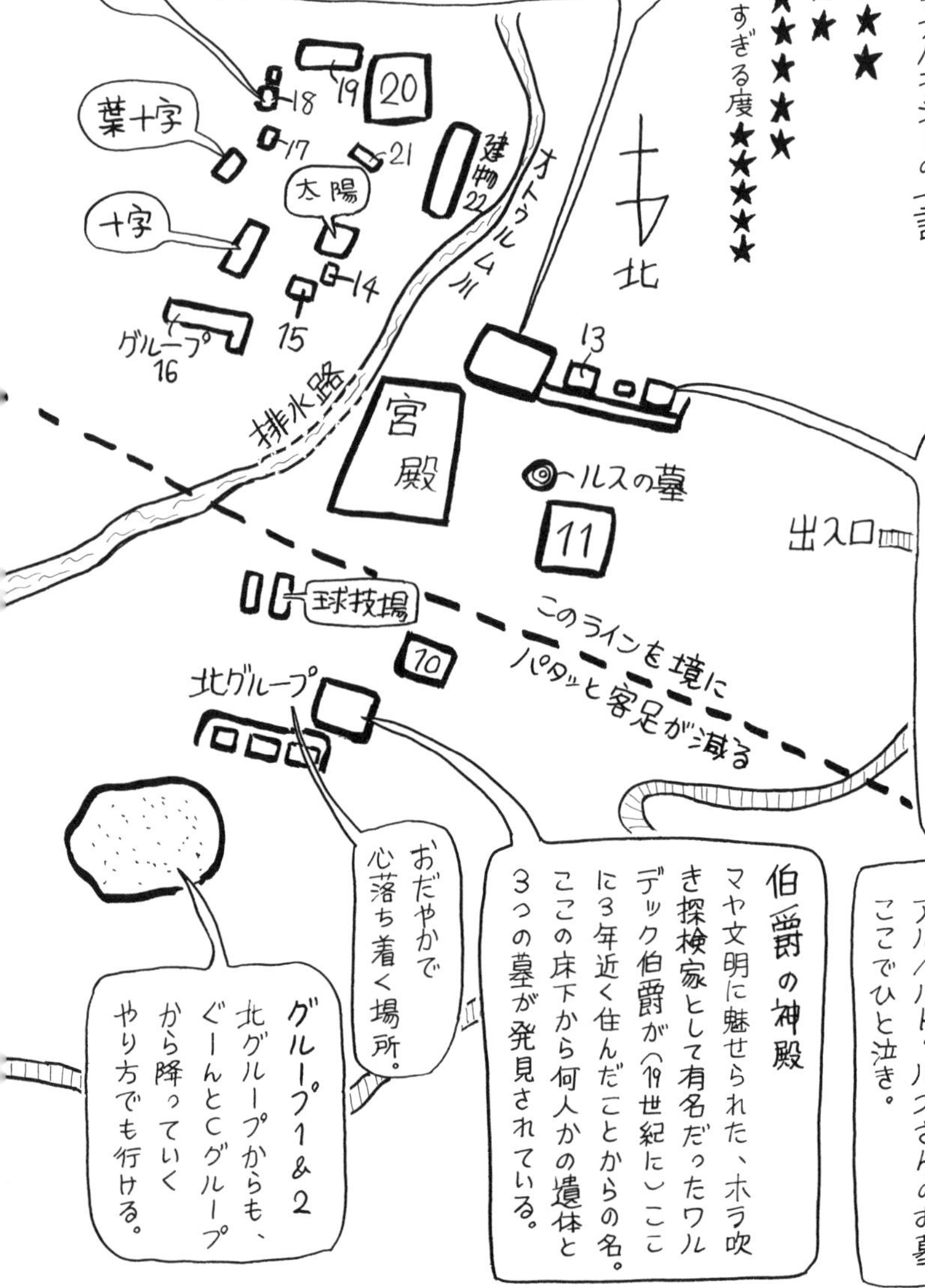

18
19
20
葉十字
17
21
建物22
太陽
十字
14
15
グループ16
オトゥルム川
北
13
排水路
宮殿
ルスの墓
11
出入口
球技場
このラインを境にパタッと客足が減る
10
北グループ

頭がい骨の神殿
ウサギの頭がい骨の彫刻があることから、この名前。入り口柱の下部という非常に見過ごしそうなところにおられる。

神殿13
1994年発見ほやほやの、通称赤の女王の墓が見られます。
その向かいにパカル墓発見者アルベルト・ルスさんのお墓。ここでひと泣き。

伯爵の神殿
マヤ文明に魅せられた、ホラ吹き探検家として有名だったワルデック伯爵が（19世紀に）ここに3年近く住んだことからの名。ここの床下から何人かの遺体と3つの墓が発見されている。

おだやかで心落ち着く場所。

グループ1&2
北グループからも、ぐーんとCグループから降っていくやり方でも行ける。

神殿19

貴族に捧げられたというちょっと異色な神殿（パレンケ終末期）。それだけ最後のほうは貴族が力を持っていた。ここの柱に彫られたカラフルな肖像レリーフ（王の）は付属博物館にあります。

神殿15

この神殿内部から3人の墓が見つかった。そのひとつは王のものと考えられている。この建物の後ろの広場からは（おそらく殉葬と思われる）18人の遺体も見つかっている。

排水路（場所は宮殿のわき）

パレンケを流れるおだやかな小川、オトゥルム川の水を引っ張ってきて宮殿のための排水路にしている。現在は露出してるが、現役時には持ち送り天井でカバーされていた。

※パレンケは当時「ラカムハ（大きな水たまり）」と呼ばれていたが、それはこのオトゥルム川の水源からきてると推測されてます。

付属博物館

パレンケのネチッこいすばらしい芸術品が拝めます。パカル墓のレプリカが置かれてるパカル墓学習室だけ異常な冷房。どれだけここの人たちがパカル墓を誇りに思ってるか、その心意気をこの冷房でしかと受け止めた。

これら森林の遺跡群≪グループ1&2&B&C&コウモリ≫は住居跡と考えられてます。
グループC
女王のトイレ（滝）
グループB
コウモリ川
コウモリのグループ
わきのコウモリ川からつけられた名。たくさんの墓が発見されてる。
道路
出入口
付属博物館
数字や単語は神殿名

パレンケ観光のメインは南側（この地図だと上部）にあるけれど、私が先輩ぶって、ぜひともお薦めしたいのはグループC以下の北部森林コースです!!

　川のせせらぎを聞きながら森の中をわっしわっし行くと（といっても、ちゃんと遊歩道になってて目印もありますし）、とつぜん遺跡が現われる。その発見者気分といったらもうたまらんですよ。それらの建物は、コケに覆われ木の根がからみついて手つかず感バッチリ。さらに木洩れ陽が遺跡を神々しく魅せています。しかもこのコースは「女王のトイレ」という、なかなか言い得て妙なネーミングのミニ滝も見られるし、ミニつり橋も渡れて、エセジャングル探検を味わえるのです。

宮殿

政治や儀式を司るところ

複雑!!
建物を壁で仕切っているのではなく、大きな容れ物に小さなおうちがいっぱい入ってるという不思議な造り。

100年以上かけて、代々の王が、家を継ぎ足し継ぎ足し造っていった。

ひょい
ひょい
イメージ映像

塔

マヤではほかに見られない特異なもの。物見と天体観測の役割を持つとされる。冬至の日（12月21日）の夕方、ここからパカル墓のある「碑文の神殿」を見ると、神殿にあたかも太陽が入り込んでいくようなスペクタクルな光景が観測できるらしい。行ったときは入室禁止でこれまたガックリ。

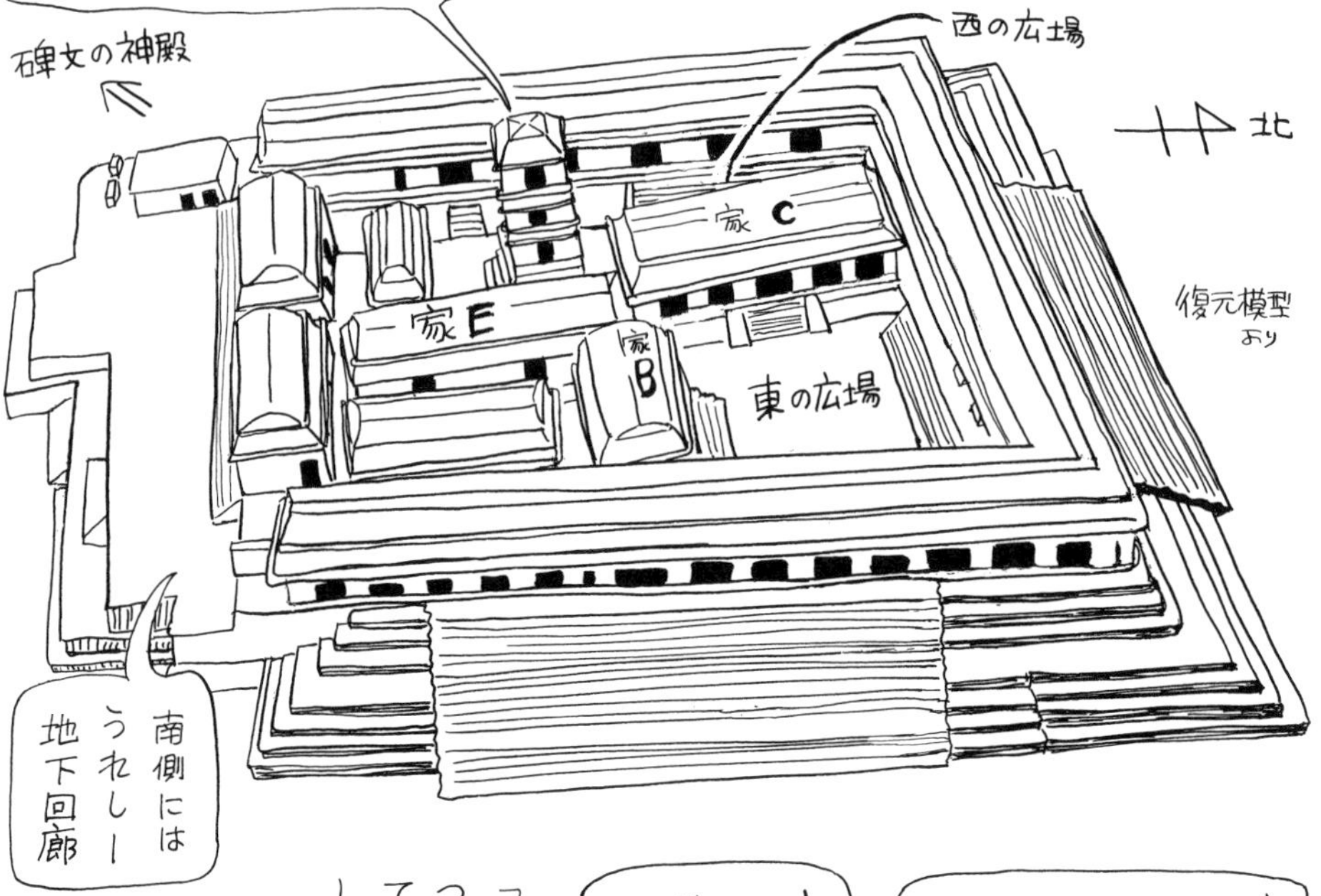
碑文の神殿
西の広場
北
家C
家E
家B
東の広場
復元模型より
南側にはうれしー地下回廊

東の広場

捕虜たちのデカいレリーフがあることから、連れてこられた捕虜たちのお披露目の場、もしくはズバリ拷問や生けにえにされる場と考えられている。

家E（パカル作）

ここで王たちの即位儀礼が行なわれた。この家だけ白かったそう。

「宮殿」には蒸し風呂や6つの水洗トイレも備えられていた。塔の近くでもトイレが見られます

レリーフもたくさんあり！これは北側（外の）にあるマスク。

十字グループの神殿群

それぞれの名前は神殿内部のレリーフによる通称。3神殿はパレンケの偉大なる王パカルの息子、カン・バラム2世が自分の即位記念に、パレンケの守護神3神に捧げて造ったもの。カン・バラムさんったら、3つの神殿すべてに大人姿と子供姿の自分の像を彫らせていて、なかなかの自分好き。

① 十字の神殿

テーマは"天地創造"

十字はマヤの生命の樹、世界樹のセイバ。

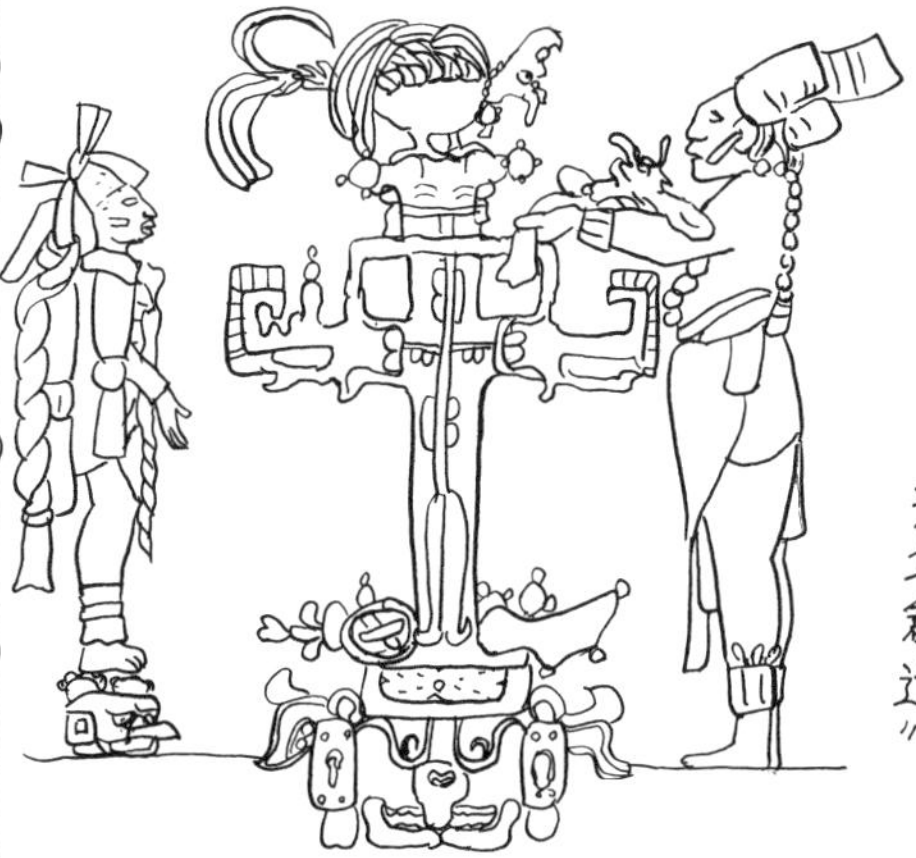

タバコを吸う神の姿もあり。メソアメリカで一番古い喫煙の図だそうです。

ここも天体演出が!! 「宮殿」の「塔」同様、冬至の日の太陽が沈むとき、太陽の光がビームとなって神殿内のレリーフを照射する。冬至の日はさぞかし、重要な儀式がなされたことでしょう。

② 太陽の神殿 テーマは"戦争"

槍と楯が中央に

下では怪人(神?)が支え仕事

太陽の神殿すぐ隣の神殿14にも立派なレリーフ。カン・バラムの弟カン・シュル2世作。死の世界にいる兄と母の姿。

レリーフにはもっと装飾アイテムやマヤ文字がぎっしりありますが省略。パレンケは石碑を建てず、碑文を建物に刻んだ珍しい国でもあります。

③ 葉十字の神殿のテーマは"食べ物"で真ん中にトウモロコシ。ここにも顔トウモロコシがいますよ。

〃ヤシュチラン&ボナンパク〃ツアー

ヤシュチラン遺跡は船で行く、ちょっとめんどくさいところ。

ツアーは避けたかったが、自力で船をチャーターしても、ツアーと同様に2時間しか遺跡に居られないという。

また、ツアーはガイドなしの「輸送のみ」ということで、これは私にとっては非常に好ましいもの。金額も自力で行くのとそう変わらないので、ツアーに参加することに。

2つの遺跡を見て1泊し、グアテマラの国境を越えフローレスまで送ってもらう、というとてもポピュラーなものですのよ
1人90ドルなり

それにしてもパレンケのツアー会社のやる気のなさったら。

ずーっと大あくびしまくる人とか

ファーア

ハナクソほじりながら説明する人とか。

メキシコで有数の観光地がこんなことでいいのかね

ヤシュチラン

さすがジャングル!! ホエザルのバカデカい雄たけびがあっちこっちでこだましてます。

ここの売りはなんといってもリンテル!!

リンテルとは入り口などの開口部の上に渡される横石（まぐさ）のことです。

これ!
正面や、とくにここのレリーフがなかなかはっきりくっきりでスバラシーのだ。

首が痛すぎるので、寝っころがって見るのがいいでしょう。ほかの客もどんどん来るし、むずかしいけど。

こんなところにあるから、風雨に耐え、保存状態がいいのである。

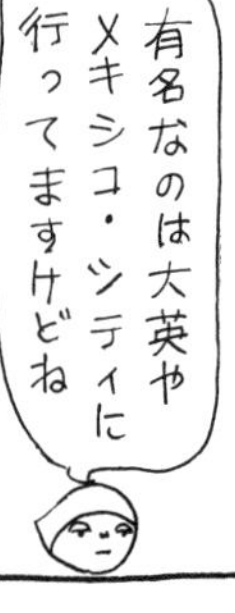
有名なのは大英やメキシコ・シティに行ってますけどね

2時間しか持ち時間がないから、とにかく前日に地図を頭に叩き込み、道順をシミュレートし、完璧に備えて挑んだけど、こんなすごいとこ、2時間じゃとても無理。走り回りながら、あせりまくりながらの2時間であった。

ざざっと概要

ヤシュチランのプチ・ラムセス2世 鳥ジャガー王のがんばり

ヤシュチラン王朝のスタートは、リンテルの王名表によれば後359年から。

遺跡の大半の建物はヤシュチランを最大の栄華に導いた「楯ジャガー2世」（681〜742年）とその息子「鳥ジャガー4世」（752〜768年）によって造られている。

楯ジャガー2世は、近隣のいくつかの国を打ち負かし、支配下に置くことで外堀を固め、その後半生には建物をバンバン建て、90過ぎまで生きたという、かなりいい人生を送った方。

その息子、鳥ジャガー4世は、第二か第三婦人の子として生まれ、本来は王位を継ぐ者ではなかったが、正統な王位継承者からどうやってか王位をもぎとり、楯ジャガー2世の死後10年を経て、中年真っ盛りの43歳で王位を得た、ギラギラの策略マンというイメージの方。

前の王の記録をすべて抹消し、その王が作った石碑の上に新たな図や文字を彫らせた（石碑の、地表に出てるところだけ彫り直しをして、地面の下はそのままにしていたという横着により、考古学者にその所業が見破られた）。そして、自分がいかに王にふさわしいか、その正当性を示すために、たくさんの建物（12基）やモニュメントを造った。

武勇に優れたことを自慢し、自分の名前とともにかならず「20人の捕虜を持つ男」という称号を刻ませた。

（マヤの戦争は捕らえた捕虜の身分の高さや人数で功績を計るのですが、この「20人」ってのは身分が低い人たちで、あまりイバれることじゃなかったそうです。それにしても20人を捕まえたなんてことを勲章にしてるなんて……。マヤの戦争はまさに肉体と肉体のぶつかり合いであり、プリミティブでスケールが小さいことがわかります）

ということでヤシュチラン遺跡は、この鳥ジャガーのやぶれかぶれの自己顕示欲がそこここに見え隠れするところ。

いやー、よくがんばったね〜、とねぎらいの言葉をかけながら鑑賞しました
何様？
系図
鳥ジャガー3世
楯ジャガー2世
正妻ショク（サメ）王妃
側室イク・頭がい骨
鳥ジャガー4世
楯ジャガー3世

ヤシュチランは鳥ジャガー4世のあとに2人、王が続いたが、そこで記録は途絶える。それから廃墟となったが、だーいぶあとに、ラカンドン人が聖地として崇め出し、ふたたび人が出入りするようになった。

ウスマシンタ川
17
16
球技場
石碑1
鳥ジャガー4世
5
24
23
22
30
21
33
石碑11
石碑3
20
25&26
3
北

建物20
楯ジャガー3世作。祖父、父らの記録、また自分が16人も捕虜を持っていたことなどの自慢が記されている。

建物23
今はないけど、ここのリンテルがとくに有名。楯ジャガー2世の正妻ショク王妃のための神殿。床下からいくつか墓が見つかっており、そのうちの副葬品が一番豪華なものがショクのものと考えられている。隣の建物24はショクの霊廟だそうだ。

建物21
鳥ジャガー4世作。母「イク・頭がい骨」のための神殿。中にその方の石碑あり。ここのリンテルも大英に。

石碑11
鳥ジャガー4世作。父王から王位を授けられてる図。向かって右が鳥ジャガー。と、こんな事実はなく、これも鳥ジャガーの歴史捏造のひとつ。

建物33
鳥ジャガー4世が着工し、跡を継いだ息子、楯ジャガー3世が完成させた。

屋根のど真ん中に人物像(もし、ほとんどわからん)。3つの入り口のリンテルは、儀式での鳥ジャガー4世らのご様子。☆の下ら辺から立派な墓が出た(被葬者の特定はまだ。発掘跡はぜんぜんわからず)。

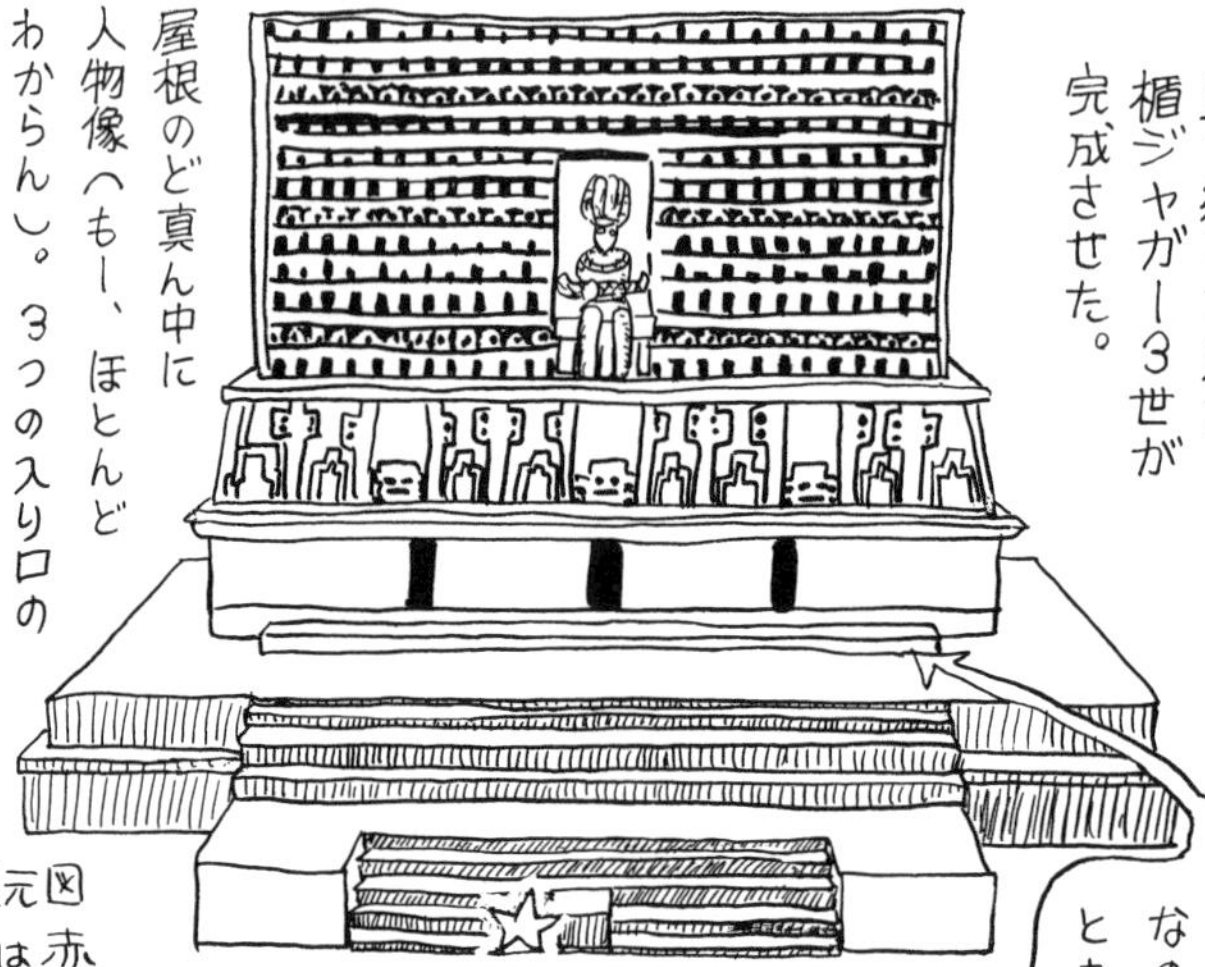

復元図
色は赤

鳥ジャガー4世が球技に興じる様。ボールは人間で、他国の王が縛り上げられ捕虜となってる姿。これは何かの暗喩なのでしょうか? それともこうやって実際に生きてる人間のボールで球技をしたのでしょうか?

人間ボール
王
小人たち
王の付き人
神殿の階段

球技場

鳥ジャガー4世の即位前の空白期間に造られた。

建物19（ラビリンス）

これも鳥ジャガー4世即位前の空白期間のもの。小さいはずなのに、完全な暗闇の中を進むので、途方もなく大きな建物に感じる。階段もあり上下の移動があるので楽しめます。コウモリのフン臭がつらいけど。

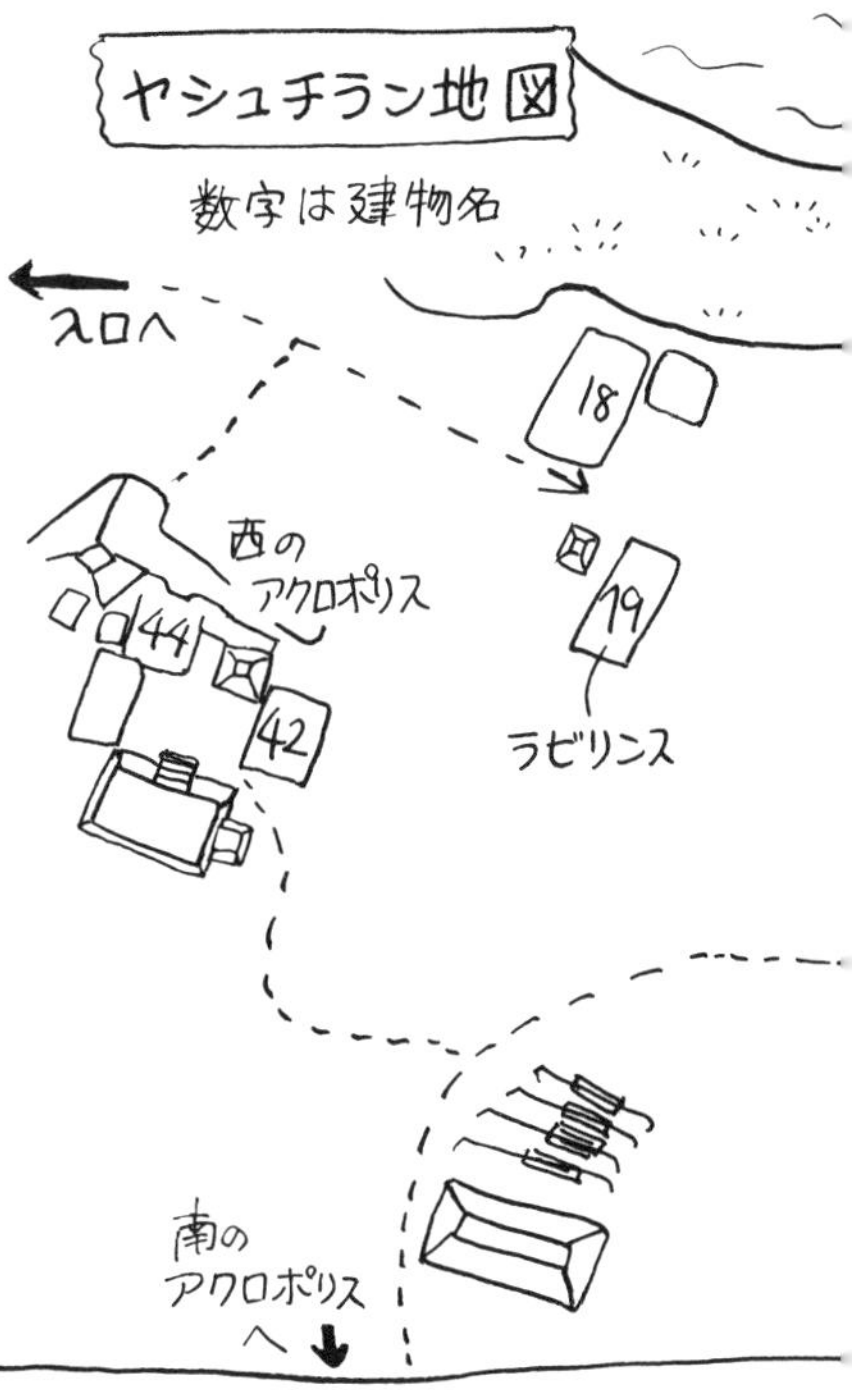
ヤシュチラン地図
数字は建物名
入口へ
18
19
ラビリンス
西のアクロポリス
44
42
南のアクロポリスへ

南のアクロポリス（頂上）

10分の山道。3つの神殿あり。建物40は鳥ジャガー4世作、建物41は楯ジャガー2世作。（登る）労力ほどには見合ってなかったな〜。

西のアクロポリス
建物44

かつて楯ジャガー2世の戦勝記念碑があった。この建物の内外から、奉納品なのか、槍先がたくさん見つかっている。建物42は鳥ジャガー4世作。

内部に首の取れた坐像

頭も置かれてます
おそらく鳥ジャガー4世

これはヤシュチラン発見後、軽いイタズラなのか、誰かに壊されてこの姿に。修復で簡単に直せるものの、ラカンドン人が「この首が体に戻るとき人類は滅びる」と信じているため、その気持ちを汲んで、あえてそのままにしてるそうです。

建物23の有名なリンテルの1枚はこういうもの（大英所蔵）

楯ジャガー王の嫁、ショク王妃がクスリでトランス状態になり、ヤシュチランの守護神（ヘビ）の口から戦士が出るという幻を見てる図。

豆知識

マヤのサメを表わす言葉「ショク」は英語「シャーク」の語源だそうです。

ボナンパク

「彩られた壁」の意味

トニナーと同様にバカデカい基壇がひとつあって、その段々に神殿がいくつか載ってるシンプルなところ。ここの売りは、その神殿のひとつに描かれたカラフルな壁画（遺跡名の由来）。

彫刻もうっすら残ります
入り口のリンテルも色は残ってるしとても保存状態がいいですよ～
1番目の部屋 盛大な儀式。順番から考えると「出陣前の盛り上げ儀式」
2番目の部屋 戦争シーンと捕虜への拷問&処刑シーン。最初にここの壁画が描かれた。
3番目の部屋 盛大な儀式。おそらく戦争あとの「戦勝儀式」

大の大人がマジメな顔してかぶりもの
王チャン・ムアーン2世
命乞いする人。
もう、この捕虜の方たち、爪はがされてるし（おそらくこのあとは生けにえに）。
ぐったりする人
斬られた首

1番目の部屋には、不気味な方たちが。
劇をやってるところ、と推測されてます。
本当かぶりものの好きな方たち
もう、カラーったら、カラー、すんげーカラー!!すみずみまですき間なくカラー。
でも磨耗でよく見えない。
おまけに入り口50センチくらいしか入れない。
マトリックス・ポーズ(古)で鑑賞しなくてはならず骨がおかしくなります

観光一口メモ

ちょっと前までここは、セスナに乗ってこなければならないような、大変なところだったらしい。その滑走路が一部残されており、記念なのか、セスナも飾られている。

遺跡を背にしてセスナのあるところを左に行くと滑走路の終わる部分にささやかな遺跡が現われ"エウレカ!"気分を味わえる。ラカンドンの人たちの捧げた香や供物もあり、そういった信仰の心と、木洩れ陽によるきらめきの相乗効果で、自身の汚れきってしまった心が洗われ、万人に優しくできるような気分になりました(まぁ3分ほど)。

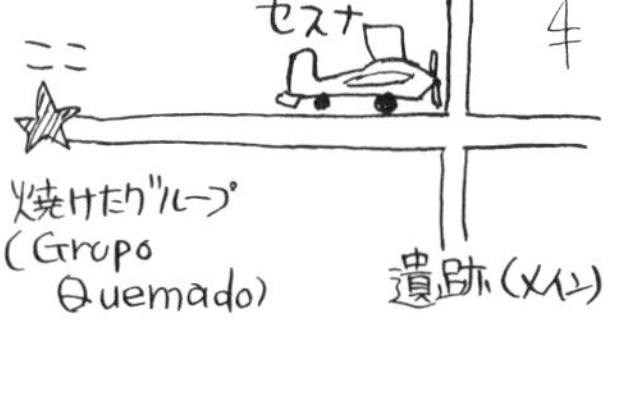
出入口
北
セスナ
ここ
焼けたグループ
(Grupo Quemado)
遺跡(メイン)

ボナンパク概要

さほど力のない小国で、トニナーやヤシュチランなどの手下の国として生きる。776年に即位したチャン・ムアーン2世は、ヤシュチラン王、楯ジャガー3世の妹と結婚したり、ヤシュチランの戦争に付き合うなどして、固い信頼関係を築き(もとからヤシュチラン王家の流れをくむ、ともいわれる)、栄華のおこぼれに与り、このようにすばらしすぎる壁画の神殿や、自身の肖像を入れた大きな石碑を築くことができた。しかしマヤ文明崩壊の波に呑まれ、壁画は完成することなく、ボナンパクは放棄される。

この壁画が世界に知らしめられたのは1946年。発信者はラカンドン人のドキュメンタリー映画を撮りにきていたアメリカ人ジャイルズ・ヒーリー(外人で初めてこの神殿に足を踏み入れた)。

ラカンドン宿にて
ヤシュチラン、ボナンパクの観光を終え、ラカンドン人（マヤの一集団）経営の宿へ。
宿にはここまでで何度か会ったさわやか韓国青年たちが。
またまたこんにちは〜
2人はちょうど去るところであり
ボクらはつぎジャングルツアーです
宿の子供らと別れを惜しんでいた。このスキンシップの様子から相当仲良しだったことがうかがえる。
エライな〜。私にはぜったいムリ
で、部屋に案内されたが、私らと同じツアーのベルギーの女子2人は
コンクリートの白いきれいなロッジで
私らは木切れのロッジ。
わ〜♡『3匹の子豚』みたい
なんでー!? おんなじコースのはずなのに! まさか見た目に合わされた？
……ベルギーの子らとはけっこう仲良くなってたが、ここでフォッサマグナ級の深い溝が横たわっているのを感じ、ちょっと悲しくなって、シャワーの準備をしていると、宿の4人の子供らが勝手にドカドカ入ってきた。
どよ〜ん
ガルル
ガルルル
グウワー
……。
これは……さっきの青年たちの仕事を引き継ぐということなのか？
ピョーン
ポイッ
ポイ
ゴソゴソ
アジア系の仕事なのか？

えく〜っ、困りますよ〜!!
私にはそんな裁量はありません。
ギャハハ
アー、でも子供たち、すでにヤル気マンマンだよ〜。
ご尊父であろう宿のご主人も、遠くから「よろしく頼んだよ〜」みたいな顔して優雅にしてるし
もしかして、こういう「交流」みたいなものも売りにしてんのかな〜。もうしょーがない、乗っかって、少々遊んであげましょうか。
ハーメンドくさい○○。
でも、この兄7歳ときたらとことんやんちゃでかなわない。
犬をぶっつけて
ドガッ
咬ませるし
ガブッ
イテー
またこの犬こそ7歳のエジキで
見て見て〜
キャイン
キャイン
キャイン
キャイン
口は裂かれそうになるし
耳も引きちぎられそうになるし
ギャオン
ギャオン
あまりにも不びんで
さすがに私も耐えられなくて
ヤメレ!!
と怒鳴ったが
犬はどんな痛い目に遭わされても、このDV男のそばを離れない。
ビシ
ビシ
クーン
クーン
見て〜
好きで好きでたまらないという感じ。
しかも犬も7歳をガシガシ咬んでて
イテー
ガブッ
ガブッ
7歳も咬み返したりして同じ動物の兄弟といった態。

でもとにかく7歳は疲れる。男兄弟たちが風呂タイムになって、やっと平和が訪れた。
女子は楽だわ
つーか私こそ風呂入りてー
日本の子のようにおもちゃをいっぱい所有。
とはいえ、女の子もなかなかのものである。
見て見て〜
まぁきれいねー（なげやり）
とつかまえたチョウチョを見せたと思ったら
バリバリ
ヒー
バリバリ
はいプレゼント
これが彼女流のおもてなし。
あ……ありがとう……
ハーもう、真っ暗になってきたのにぜんぜん夕食も始まらず
腹減った
子供も一向に離れず疲れ果ててると
とつぜん大音量の音楽が
もしや夕食かしら
子供らもコーフンしだし
引っぱられるまま
音の場所に行くと
バーン
ゲッ 教会じゃん!
部外者が入っては申し訳ないと、退散を試みる。
が
入って入って
ようこそよくいらっしゃいました
皆さん、拍手で外国の兄弟を迎えてください
牧師さんの熱烈な歓迎で入らざるを得なくなる。
しかも一番前に座らされちゃった。
コッソリ去ることもできないよ〜。
きょろきょろ

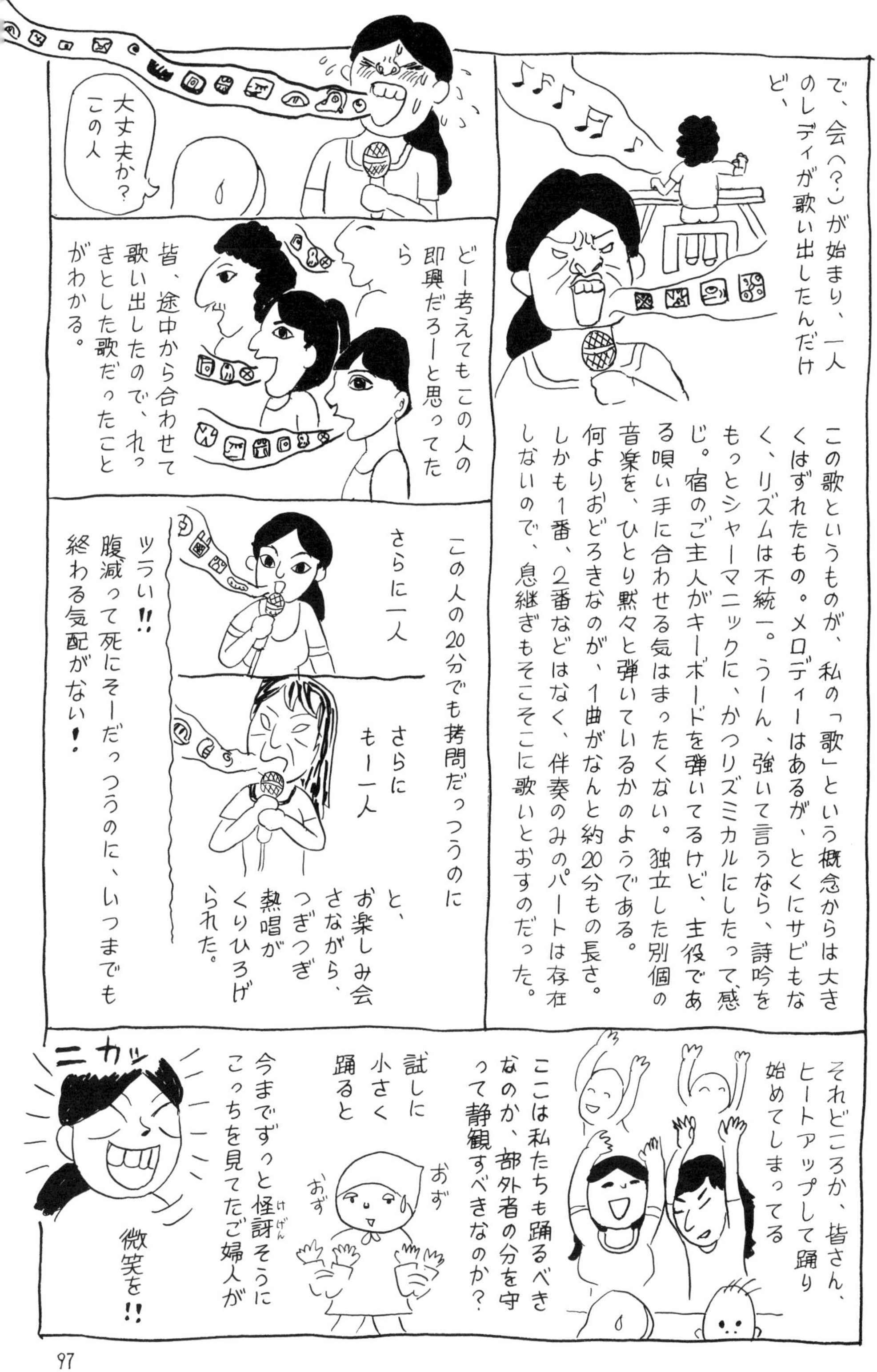
で、会(?)が始まり、一人のレディが歌い出したんだけど、
大丈夫か?この人
どー考えてもこの人の即興だろーと思ってたら
皆、途中から合わせて歌い出したので、れっきとした歌だったことがわかる。
この歌というものが、私の「歌」という概念からは大きくはずれたもの。メロディーはあるが、とくにサビもなく、リズムは不統一。うーん、強いて言うなら、詩吟をもっとシャーマニックに、かつリズミカルにしたって感じ。宿のご主人がキーボードを弾いてるけど、主役である唄い手に合わせる気はまったくない。独立した別個の音楽を、ひとり黙々と弾いているかのようである。何よりおどろきなのが、1曲がなんと約20分もの長さ。しかも1番、2番などはなく、伴奏のみのパートは存在しないので、息継ぎもそこそこに歌いとおすのだった。
この人の20分でも拷問だっつうのに
さらに一人
さらにもー一人
と、お楽しみ会さながら、つぎつぎ熱唱がくりひろげられた。
ツラい!!
腹減って死にそーだっつうのに、いつまでも終わる気配がない!
それどころか、皆さん、ヒートアップして踊り始めてしまってる
ここは私たちも踊るべきなのか、部外者の分を守って静観すべきなのか?
試しに小さく踊ると
おず
おず
今までずっと怪訝《けげん》そうにこっちを見てたご婦人が
ニカッ
微笑を!!

うわ〜！ 笑顔は最高の褒賞だわ！
ご婦人の笑顔のためなら、ワタクシ、目いっぱい踊らせていただきますよ！
ーーって、でもこれも30分が限界。
腹減った〜 腕が痛い
お願い、早く終わってください。
で、やっとこマヤのゴスペル大会が終わり、神父が静かに説教をし、そのあと献金タイムとなったので
やった〜 これで帰れるよ
うれしさで寄付もふんぱつ
と思いきや、
ここからが本番で、神父の本格的な説教タイムとなったのだ。
神はいつも私たちを気にかけてるアーメン
アーメン
アーメン
アーメン
アーメン
アーメン
アーメン
寄せては返す波のごとく、永遠に終わらないパワフルで芝居がかった牧師さまの説教に意識が遠のいていると
バタン
ひゅっ
宿の女主人とベルギーの子らが迎えに来てくれたよ〜。
すごい心配した〜
ずっと捜してたんだよ
もう夕食なんでこの人たち帰らせてください
(宿の女主人)
そしたら
どーぞ どーぞ
あっさり放免。なんだ、べつに途中退席できたのか。そしてありがとうベルギーの美女たちよ。あまりの待遇の差に、一瞬憎しみを覚えてすみませんでした(そもそもツアーの内容も料金も何もかもがちがっていたことが判明)。

つぎの朝、昨日一番長く歌っていたご婦人が、宿に遊びに来てりて
おおっ
昨日はすごく楽しかったです。歌がすばらしぃー
などと調子のいいことを言うと
なんかジーザスのことをいっぱいしゃべっては
抱きつき
うおっ
しゃべっては
抱きつき
ガバッ
をバスが来るまでの間、エンドレスでくりかえされ、今度こそ朝食にあぶれた私だった。
アーもー私のバカバカ!! 昨日と同じパターンを自分で招いてしまって
ジーザスはいつもあなたの心にいます
アディオス!!

ラカンドン人 一口メモ

このラカンハ村には現在800人ほどのラカンドン人が住んでいる。古代のうちからマヤ文明社会を離れて独自の道を行った人たちだったとか、パレンケにいたマヤ人の末裔《まつえい》とか、イツァー人（この人たちもマヤ人）によってペテンを追われた人たちとか、いろいろいわれてる。ジャングルの奥地に住み、昔ながらの生活を守ってきたが、最近は観光で生計を立てる人が増えてきたそう。パレンケでみやげものを売ったり、このように宿を営み、わりと物質的に豊かに暮らしてる人もいる。

　私たちが行った教会はスペイン征服がもたらしたカトリックの教会ではなく、最近、中南米全域に活動の場を拡げてるエバンゲリコ（福音派。英語でエバンジエリカル。アメリカでは大勢力。ブッシュもそうだとか）の教会。ずっとキリスト教を拒んでたラカンドンの人たちをもこんなに熱狂させるとは……。その手腕を垣間見させていただいた。

国境越え
グアテマラへ
ラカンドン宿から、ウスマシンタ川を越えてグアテマラのフローレス（兼サンタ・エレナ）へ。旅行会社のコーディネーターに言われるままに、バスや船に乗り換えるラクチンなものである。
おおっ ひさびさの日本人!!
ギャー うれし〜〜♥
元気でした〜?
一度、宿がいっしょだった楽しい方たちに再会。いろいろしゃべり倒したかったけど
グアテマラ
→フローレスへ
ウスマシンタ川
メキシコ
•ラカンハ
そのツアーは日本人4人と韓国人1人というものだったので、必然的に内輪日本語トークは控えられ、
どこを周ってるの?
韓国の娘さんメインに他愛もない質問をくりかえす。
そもそもその娘さんは頼りなげではかなげで
守ってやらにゃ〜
などと思わせる可憐な容姿。
が、アメリカ人とのハーフでほとんど米国在住。旅の達人で、すでに地球を2周してる。グアテマラは3度目。スペイン語もペラペラ。
グアテマラ入って、フリーの両替商と交渉し
この人のレートがいいですよ
税関業務もササッと終わらせ、モタモタしてる日本勢に
ペソ払いで大丈夫ですよ
えーっと
ゴソゴソ
そのほか、「ホテルは絶対サンタ・エレナ（陸側）じゃなくて、フローレス（島側）がいい」などの観光情報やら危険なところなどの有益な情報を教えてくださる。
いやー参った。お見それしました。一瞬でも保護者気分になってたのバレてませんように……。

ところでグアテマラ入ってからのコーディネーターは、ほぼ完璧なアメリカ英語を話す、なーんか自信まんまんなポニーテールの男。
ここに至るまでほとんど英語を話す人(現地の人で)に会っていなかったので、すこし違和感を覚えた。しかものっけから攻めの姿勢。
フローレスには何泊するんだ?
ホテルは決まってるのか?
グアテマラではどこに行く?
一人ひとりのスケジュールを詰問し
グアテマラはティカル以外、ツアーじゃないとどこにも行けないよ
ヤシュハ遺跡は1人30ドル。動物がたくさんいる
営業トーク炸裂! つぎからつぎへとツアーを売り込んでくる。ただの輸送のみのバスと思ってたんで、フィ打ち食らった気分。メキシコではすっかり忘れてた、観光地ならではの感覚。
しかもけっして下からではなく、オレはこんないいものを勧めてやってるんだ感謝しろ、という尊大なネットワークビジネス口調。
「ティカルの朝日を拝もう」ツアーは参加しないと!!
キミたちなんのためにここに来たの?
たった一度の人生なんだ。トライしないと何も始まらないよ
こーいう自己啓発的な説教をからめてくる。
ちなみに韓国の達人は音楽で徹底無視。
とことんさすがだわ~
でも、途中スーパーに寄ってくれたり、私たちが両替の話をしていたら
ん? 今日は日曜日だよ。銀行お休み! ATM行ってあげるよ
くるっ
などと気を利かせてくれたりもする。まぁ、営業につなげようとしてるんだろうが。で、お金をおろそうとしたら
このATMは使用料として1ドルいただきます
ありゃ
と出たので

常日頃、ATM手数料を払わないことに命をかけてる私は
ここは1ドルかかるのであとでちがうとこに行きまーす!
するとポニーテール
えっ!? 1ドルの使用料を払いたくないって!?
大ゲサにおどろき
プハッ
こりゃー傑作だ! そんな話聞いたことない。1ドルで!? たった1ドルで!?
って狂ったように笑い転げる。
なんてケチな人間がいるものか! 1ドルで! 1ドルごときで!!
うわーっはっは
ムカ〜。
って、
私はケチじゃない、声を大にして言いたいが、けっしてケチじゃないんだ!! いや、たしかに日本でも私のATMへのかたくなさを笑う人はいるけどさ、納得いかないことには金を使いたくないだけだ。
反論しようとも思ったが、達人が
グアテマラのATMはぜんぶ1ドル取りますよ
とすまなさそーに教えてくれたので
やっぱおろしまーす
と、なんかもーとにかくかっこ悪い。
クルッ
しかもそのあともバスの中でずーっと
信じられない! 1ドルで!!
1ドルを惜しむなんて
クックックッ
1ドルで!!
と、人を世界のケチ選手権第一位のように、バカにし続けるのだった。べつに1ドルを惜しんでるんじゃないが……、いやいい、仮に1ドル惜しむとして、それの何がおかしい、1ドルって大金ではないか。前述したが、日本人の私にだって100円はデカいんだよ。
※情報ノート。ちっ。ATM、メキシコもすべて1ドルかかりました。ホンジュラスは無料ですばらしいー。あと、手数料の点からいくとアメックスのトラベラーズ・チェックが最強。手数料無料の銀行多し。

★キリグアーの宿、ポサダ・デ・キリグア(美宿!)の女主人 桑田真幸さん

このときはグアテマラでは1ドルってたいした金額じゃないのかも、という思いもあって言わすがままにしておいたが、あとでグアテマラに住んでる人★に聞くと、たとえば大工さんは1日働いて、40ケツァル(約600円!!)、棟梁クラスでその倍という話であった。やっぱり、1ドルってどの人にとっても大きい金額じゃないか!
だいたいポニーテール、商売人としてツメが甘すぎる。こんなに客をバカにしてツアーなんか申し込むわけないだろー。
それでも、ぜんぜんふつうにツアーのプッシュし、
ぜったい電話するように! 最高の旅にしたいならな
強気に締めくくる。
はーもーどっと疲れた。ポニーのせいでグアテマラの印象わるっ!
ポニーテールだけじゃなくていた人全員が「たかが1ドルで」ってあきれてただろーねー
プププ
でもフローレス着いてもホッとするどころか、つぎからつぎへと刺客が現われるし、
明日ヤシュハ行かない?
君たちツアー決まってる?
サンタ・エレナ、フローレスにはフリーの観光人種がうじゃうじゃ。皆さん会社に属さず、会社に連れて行くともらえる手数料が目当て。
うっかりみやげもの屋に入ると
アミーガ(友だち)
これ見て♡
アミーガこれも素敵よ
アミーガにはこれがピッタリ
美女たちにネットリ絡みつかれるセールス攻撃が始まり、まったく帰してもらえない。
中米NO1遺跡の拠点となる街の、観光地としての底力を見せ続けられ、1日目からげんなりしてくる。
この先のことを考えると暗雲が……。
メキシコで甘やかされすぎた~

ティカル

「池のあるところ」「水たまり」というマヤ語。当時はムタルと呼ばれてた。

広い!!
重厚!!
いぶし銀!!
男の中の男!!

と、
そんな印象の
ティカルで
ございましたよ。

入り口付近に博物館2つ
あまりに地味すぎる建物の中に、少なすぎる展示品。そのくせ、写真撮影はダメというプライドの高さ。かといってパンフレットみたいなもんも売ってないし……。
外人の入場料はグアテマラ人の10倍、と堂々と書いてるところに、隣国メキシコとの大きな経済格差を、感じた。

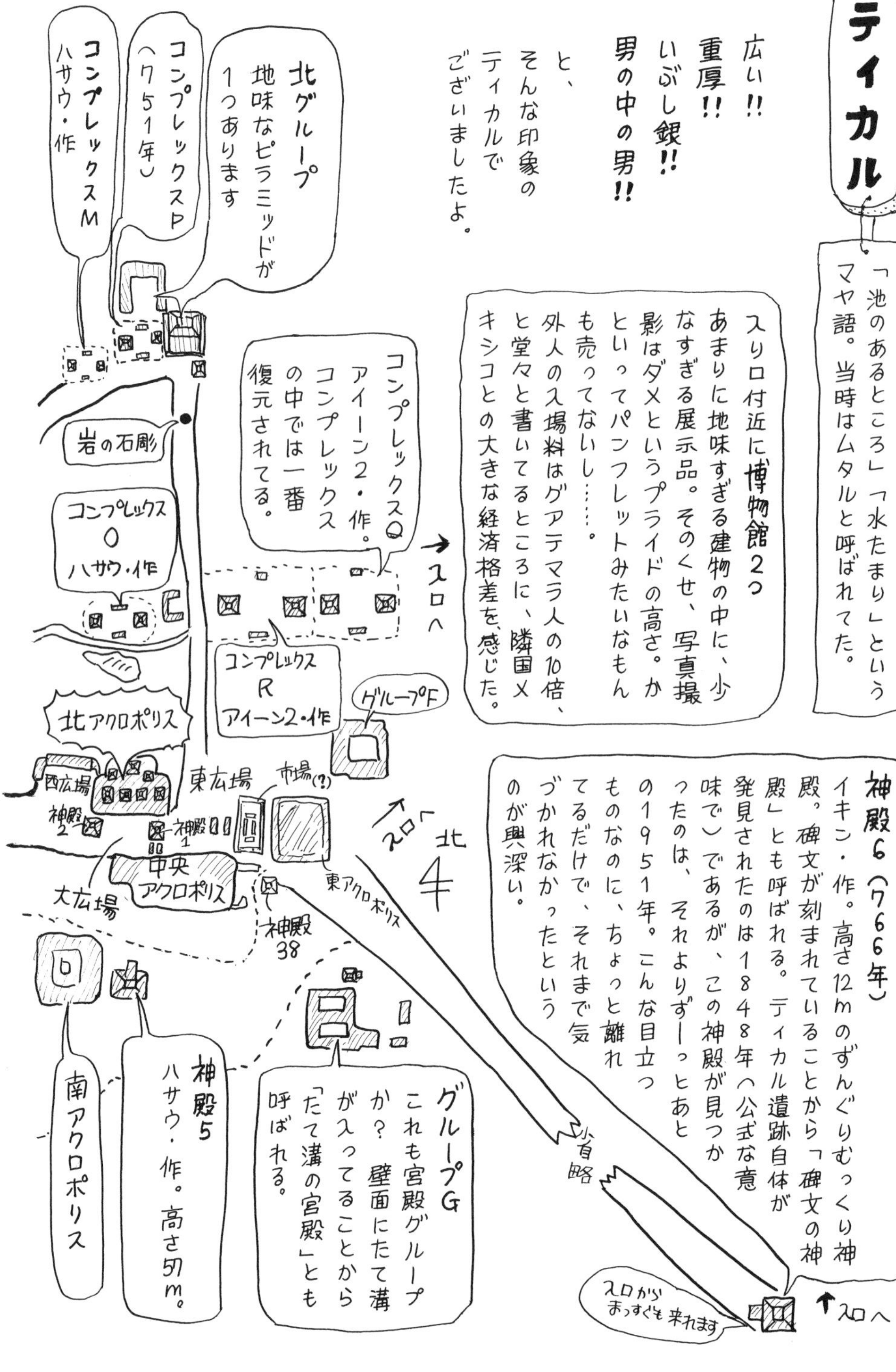
コンプレックスM
ハサウ・作
コンプレックスP（751年）
北グループ
地味なピラミッドが1つあります
岩の石彫
コンプレックスO
ハサウ・作
コンプレックスQ
アイーン2・作。
コンプレックスの中では一番復元されてる。
入口へ
コンプレックスR
アイーン2・作
グループF
北アクロポリス
西広場
神殿2
東広場
市場(?)
神殿1
中央アクロポリス
大広場
東アクロポリス
神殿38
入口へ
北
南アクロポリス
神殿5
ハサウ・作。高さ57m。
グループG
これも宮殿グループか？ 壁面にたて溝が入ってることから「たて溝の宮殿」とも呼ばれる。
省略
入口からまっすぐも来れます
入口へ

神殿6（766年）
イキン・作。高さ12mのずんぐりむっくり神殿。碑文が刻まれていることから「碑文の神殿」とも呼ばれる。ティカル遺跡自体が発見されたのは1848年（公式な意味で）であるが、この神殿が見つかったのは、それよりずーっとあとの1951年。こんな目立つものなのに、ちょっと離れてるだけで、それまで気づかれなかったというのが興深い。

主な登場人物

第26代王ハサウ・カン・カウィール1世
略して**ハサウ**
長いこと暗黒時代が続いたティカルだったが、ライバル、カラクムルを打ち負かし、再びティカルを栄光に導いた立役者。

第27代王　イキン・カン・カウィール
略して**イキン**。ハサウの息子。

第28代王
名前わからず。イキンの息子。

第29代王　ヤシュ・ヌーン・アイーン2世
略して**アイーン2**。イキンの息子。

ティカルで目立つピラミッドはだいたいハサウからアイーン2までの100年ちょっとの間（後682〜794年）に造られたものばかり。

神殿4（741年）
イキン・作。高さ65m。近代に入るまで、アメリカ両大陸N02の高層建築物だった（N01はエル・ミラドールのピラミッド）。でもここも絶賛工事中。鉄枠でがんじがらめにされてるし、青いビニールシートで建物自体の鑑賞は無味乾燥なものに……。眺めを楽しむのみ。イキンの墓は見つかっておらず、この神殿が一番の墓候補となっている。

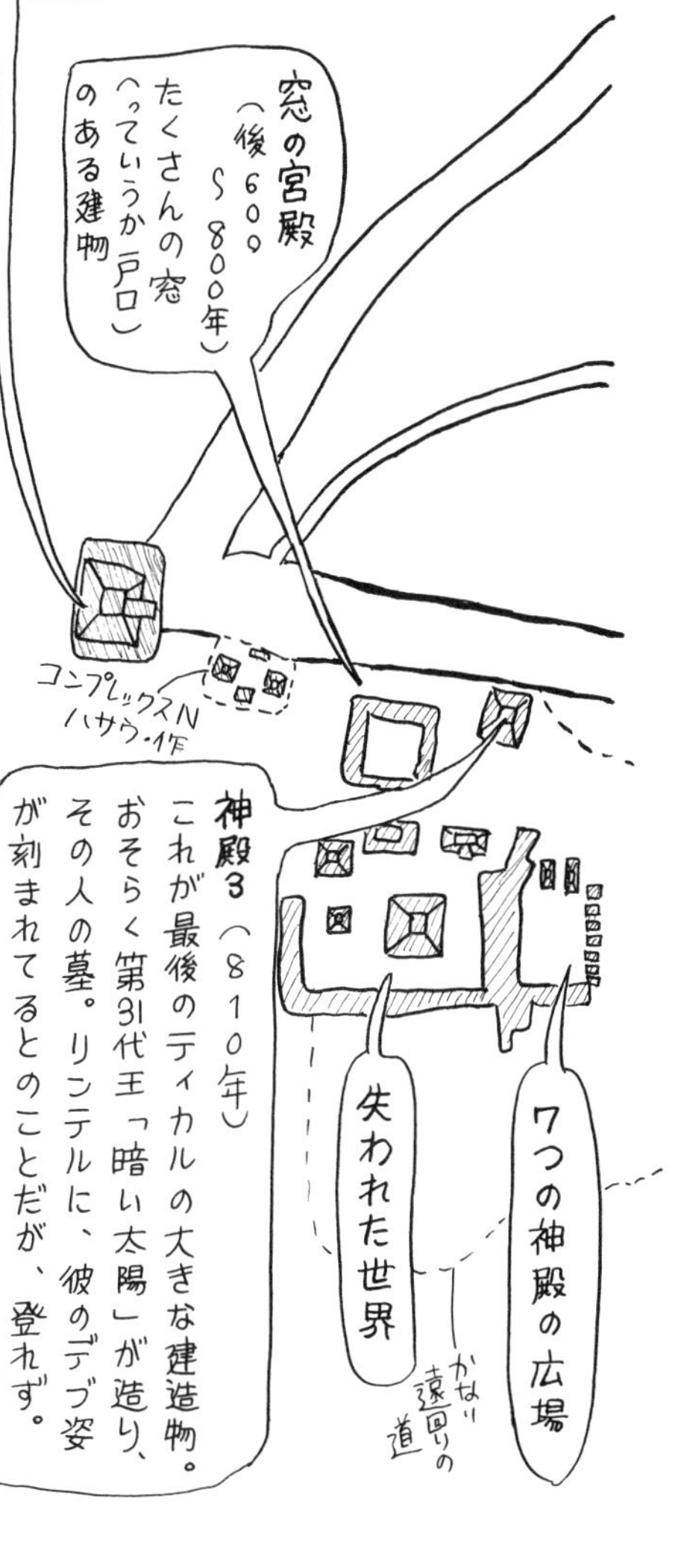

窓の宮殿（後600〜800年）
たくさんの窓（っていうか戸口）のある建物
コンプレックスN ハサウ・作
神殿3（810年）
これが最後のティカルの大きな建造物。おそらく第31代王「暗い太陽」が造り、その人の墓。リンテルに、彼のデブ姿が刻まれてるとのことだが、登れず。
失われた世界
7つの神殿の広場
かなり遠回りの道

ティカルは神殿4や神殿5から眺める特異な景色——ジャングルの中にピョコピョコと神殿の頭が出ているあの景色が有名ですが、これはマヤの王たちが見てた景色とはまったく違ったようです。このジャングルはこの1千年間、ティカルが忘れ去られたことにより育まれたもので、都市があったときは、森林は伐採され、細かい建物が一望のもとに見られたということです。

でもあまりにうまい感じにピョコピョコしてて計算されてるとしか思えない!!
ぜったい昔もこの景観だったはずだね！

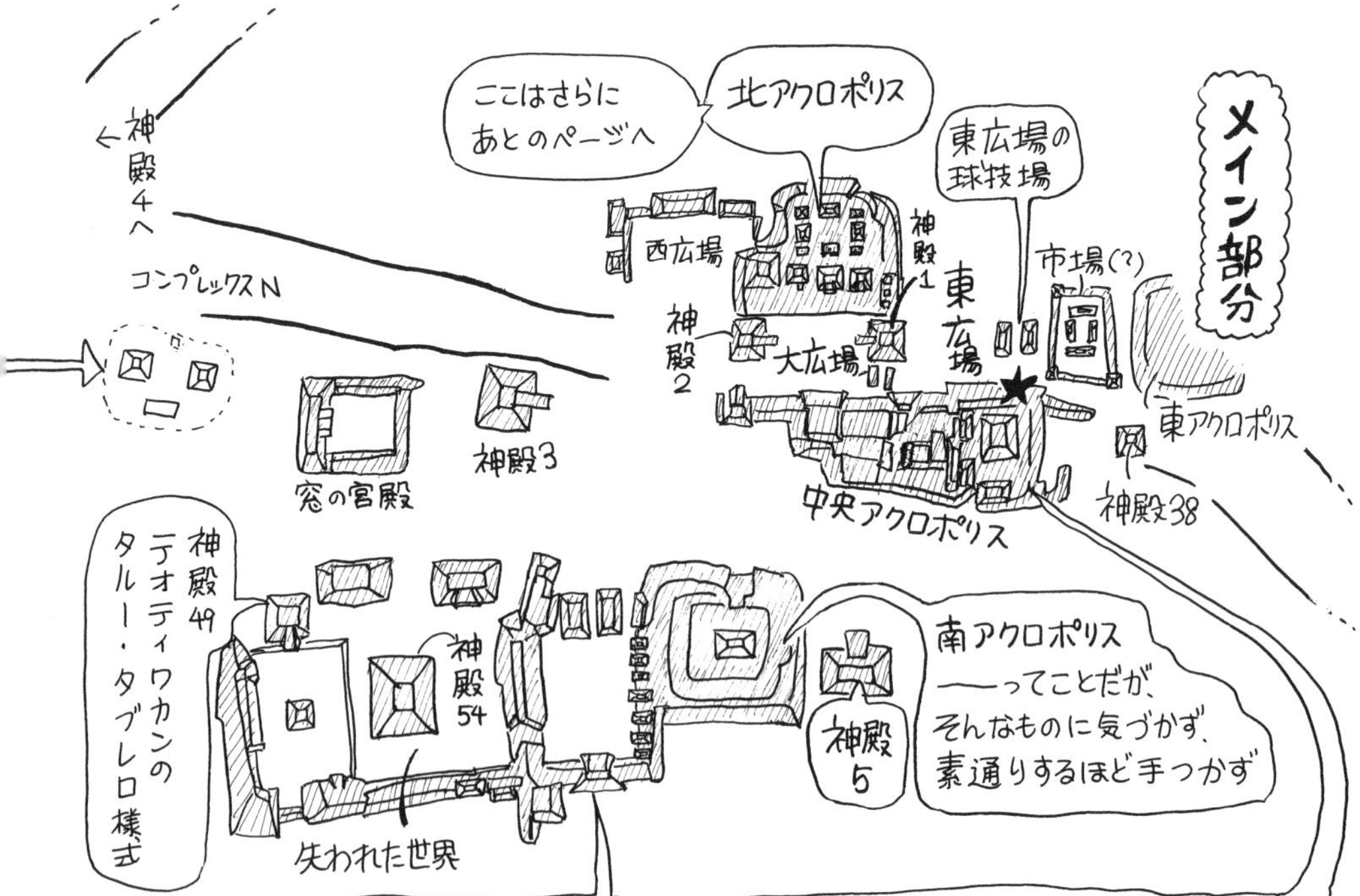
メイン部分
北アクロポリス
ここはさらにあとのページへ
東広場の球技場
←神殿4へ
コンプレックスN
西広場
神殿1
東広場
市場(?)
神殿2
大広場
東アクロポリス
神殿3
窓の宮殿
中央アクロポリス
神殿38
神殿49
ーテオティワカンのタルー・タブレロ様式
神殿54
南アクロポリス
ーーってことだが、そんなものに気づかず、素通りするほど手つかず
神殿5
失われた世界

中央アクロポリス

今ある建物は、後550〜900年ごろのもの。東側は宮殿調の建物群。合計43棟もあるそうだ。支配者、貴族などの住居や政治を司るところと考えられている。部屋一つひとつは小さく、住み心地は悪そうだが、ちゃんとベンチやベッドが備わってる。実際、100年前に考古学者のマーラーさんはここを住居にしていた。

大通りに面した東北端の建物（★の位置ら辺）にテオティワカンの丸めがねが！↓

ちょっとドキッとしました。

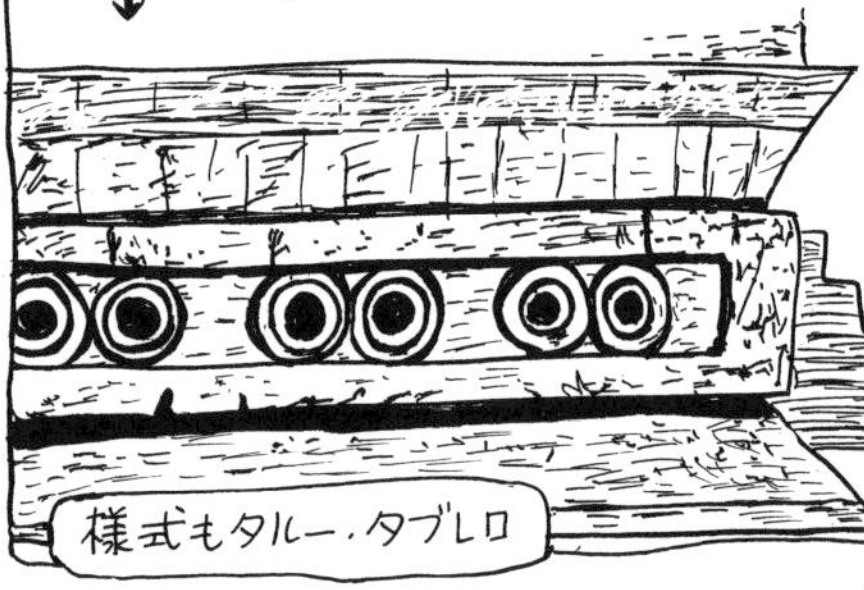

様式もタルー・タブレロ

7つの神殿の広場

この広場の歴史自体は古いけど、今見られる建物は後7〜9世紀のもの……ということだが、ゲゲッ、すごい勢いで絶賛大修復中！

つうか、どう見ても新たに造ってるとしか思えないんですけど……。

一生懸命工事してる人には悪いけど、ここでかなり興醒め、5マス下がるの気持ちになりました。

ここもワクワクするネーミングなのに……。

7つの神殿が（東側面）にズラリと並んでたということだが……。

コンプレックスN

ハサウ・作。

ここにある石碑16にハサウの姿。また大きなまんまるの祭壇5にはハサウと他国の王がある女人の墓を開けて、その骨を取り出している場面のレリーフが。

こういう墓の掘り返しはなんらかの宗教的な儀式としてよく行なわれたようです。

失われた世界

く〜〜！ なんてそそられるネーミングの場所か!!

コナン・ドイルの古典SFから付けたそうだが、……

…うーん、幻想的なふんいきも太古っぽさもまったくなし。

当時はあったんだろうか。今はこざっぱりして、さわやかなところ。

東側の神殿のうちの、3つの神殿から豪華な墓が（遺体も）いくつか発見されたそうだ。

前700〜前600年という大昔に、すでにここに神殿らしきものがあったとか。ここと隣の「7つの神殿の広場」はすんごい古くから重要な場であった。

ティカルのコンプレックス

ティカルでは小さい双子ピラミッドの複合体が6つ見られるが（ほとんど塚状態だけど）、これはティカルオリジナル製品。ティカル以外では、ティカルの支配下に置かれた2国でしか見られない。

マヤの人たちにとって、重要な時間の区切りのひとつであるカトゥン（約20年）の終了のたびに造られた。

遺跡ではコンプレックスQのみが、ある程度復元されている。

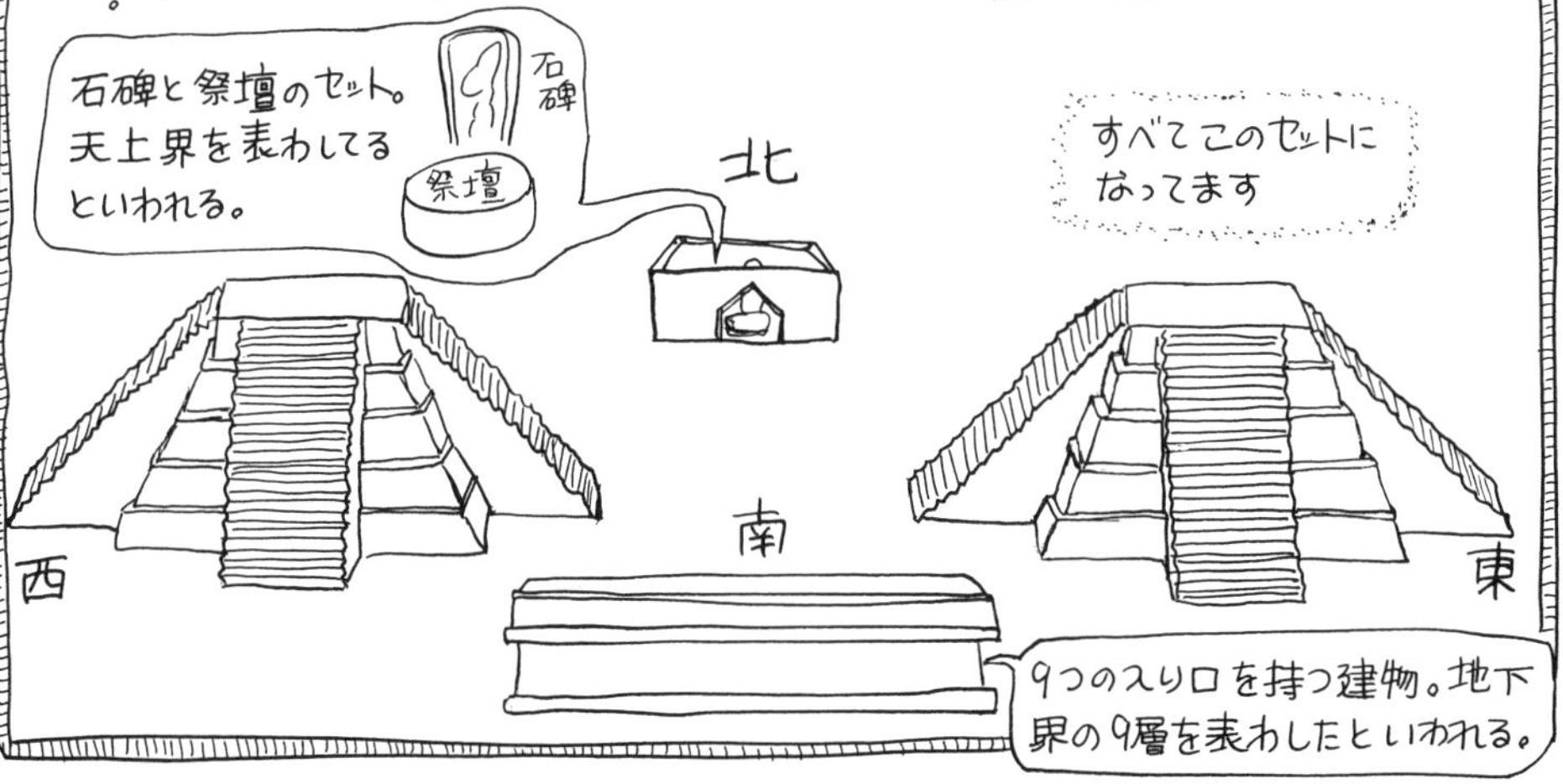
石碑と祭壇のセット。天上界を表わしてるといわれる。
石碑
祭壇
北
すべてこのセットになってます
西
南
東
9つの入り口を持つ建物。地下界の9層を表わしたといわれる。

圧巻！大広場

大ざっぱ復元図

神殿はすべて真っ赤。
さぞ派手派手しいもの
だったでしょう。

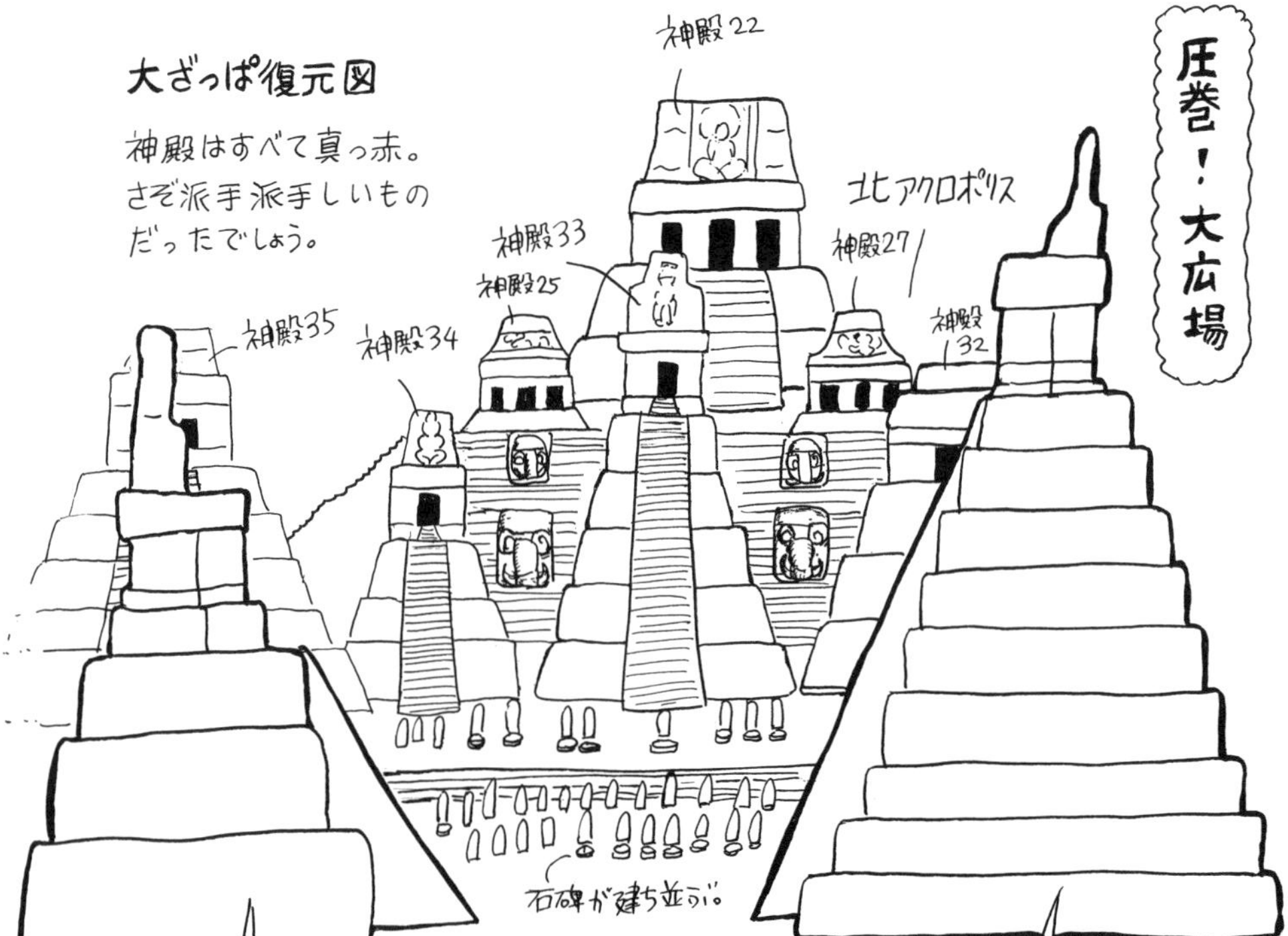
神殿22
北アクロポリス
神殿33
神殿27
神殿25
神殿32
神殿35
神殿34
石碑が建ち並ぶ。
地面には漆喰が張られてた。

神殿1

ティカルを代表する神殿。上に上にググーッと伸びてます。高さ47m。9層（マヤの地下世界の数）のピラミッドでハサウの墓。ハサウの息子イキンが造る。地下の持ち送り式天井の墓室から、七スイやらのふんだんの副葬品に包まれたハサウが発見されている（1962年のトンネル調査によって）。

神殿2

高さ38m。ハサウ・作。

屋根飾りは今はただのかわいい黒ずきんだが、ちゃんとこのようなレリーフがついてました。

ハサウの嫁に捧げられた神殿とも考えられているが、墓が見つかってないことから純粋に神に捧げられたものという意見もあり。

今も、うーっすらと見える。ほかのもこーいう感じだった。

北アクロポリス
～ティカル王家代々の霊廟群～

大きな基壇に16の建物が載っかってる。紀元前350年ごろから建築が始められ、古いものの上に新しいものをかぶせていくというメソアメリカではポピュラーなやり方で総計100以上の建物がここに造られた。ここからいくつもの墓が見つかっている。

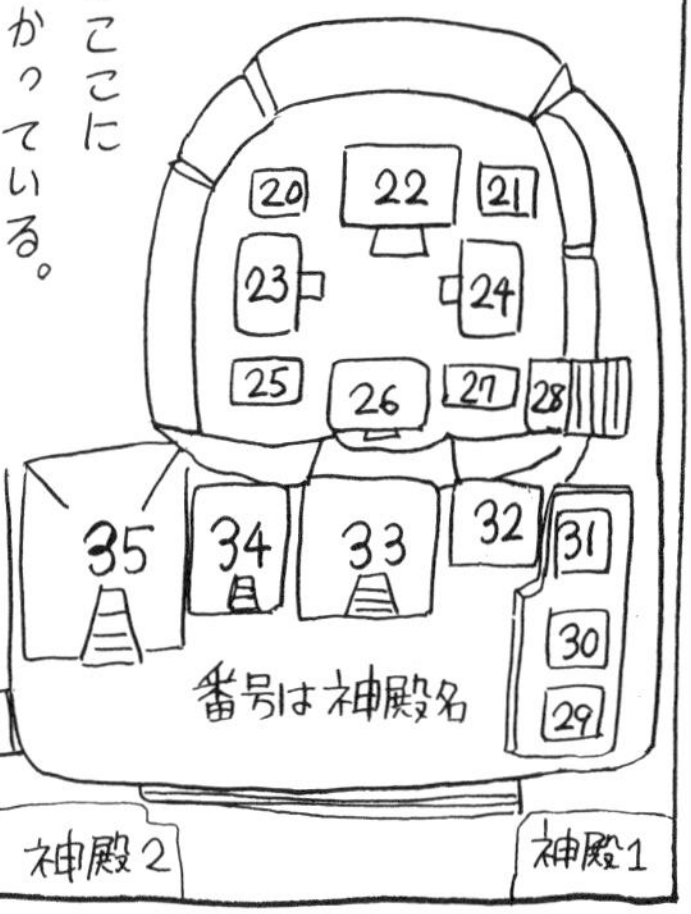

20
22
21
23
24
25
26
27
28
35
34
33
32
31
30
29
番号は神殿名
神殿2
神殿1

神殿33の下に埋まっていた古い神殿部分が露出していて、そこにすばらしい"顔"がいます！

戸口
二番目の神殿の顔（復元図）
～部分的にすこーし残る
カビ(?)でよく見えず

一番古い神殿の顔

かんぺき!!な顔

やはり、"顔"はいい。"顔"は命。

この迫力！　この、人を居心地悪くさせる異様なたたずまいは、わたくしが個人的にティカルで一番心にきた一品。

このほか、"顔"は神殿32と33の間にもいます。

※神殿33はハサウたちよりずっと古い王「嵐の空」(後411～456年)の霊廟。またその隣の神殿34は「嵐の空」の父で、テオティワカン文化大好き王アイーン1世の墓。

観光一口メモ

圧巻の大広場はともかくとして、「宮殿」系も非常に面白い。とくに中央アクロポリスの宮殿はたくさん部屋があるうえに、階段を上り下りしてるうちに、どういうわけか、べつの建物に行き着くなんてこともあり、広いし、迷えるし、細かいしで、子供時の「基地探検」気分を味わえます。

ところで、**大危険情報**～～！

ティカルの土は粘土質。人の出入りの多いところは石化してるけど、そのほかはつるんつるんに滑りまくる。私は計5回転んだ。一度なんて頭を岩で思いっきり強打し何分かの記憶を失い、また最後に転んだときは、腕に焼けるような異常な痛みがあり、見ると、ドデカいアリがみっしりと！　この凶悪アリどもに噛まれた毒っぽい痛みは1日中続きます。皆さんもぜひ気をつけて行かれたし。

ちなみに私は一度も転んでませんよ
フン
あせりすぎなければ大丈夫ですよ

結局ツアーに頼るのだー
憎たらしいポニーテール（1ドルを笑う男）の言うとおり、本当にこの辺の遺跡は、公共の乗り物でポーンと行けるような甘いものではなかった。
バスはあるにはあるけど、極端に本数少なかったり（ワシャクトゥン遺跡）、バス停から10キロ以上も歩かなきゃいけなかったり（ヤシュハ遺跡）する。
ガイドブックにもそう書いてるけどどうにかなると思ってたよ〜
ハー
ツアーは嫌いだが、もーしょうがない。
でツアー会社を何軒か回るがどこもあまりにも高いし
サンファン
最大手
人数集まんないと催行しなかったりする。
ごめんなさい
そりゃーそーです
あーもー考えてみればポニーテールが一番安かった
と、プライドをかなぐり捨て、ヤツに電話をかけようとしたが、硬貨は使えず、テレカが50ケツァル（約750円）だったので
これください
ちょっと待ちな!! 1本の電話で750円も!? 冗談じゃないよ!!
得意のドケチ根性（もーやっぱケチ認めまーす）で、買うのをやめた。
そしたら、その商店の目の前に、小さなツアー会社があり、
THE MAYAN PRINCESS
TOUR OPERATOR
マァ、私におあつらえ向きの名前だわ
入ると、なぜかここすべて相場の半額だ。
ワシャクトゥン ー 35ドル
ヤシュハ 30ドル
セイバル 45ドル
エル・ミラドール （4泊5日） 250ドル

しかも1人からでも催行し、朝、好きな時間に迎えに来てくれて、ガイドはおらず、何時間でも遺跡に居ていい、という。要するに輸送のみ。これだよ、これこそ、私の求めてるもの。
お願いしマース!!
ここでやけに威厳のあるアメリカ人紳士に会う。
ここはいいぞう! なにしろ社長が英語しゃべれるんだから
ワシは全部ここまかせ
生まれながらのVIPオーラ
オハイオの人で、ここの上客なのだろう、王様の態。なんでも1ケ月半もここフローレスで過ごすんだとか。
ぜったい相容れないタイプの方だが、人なつっこいところもあり、誘われるままにごはんをごちそうになるも
当たり前のようにお店の人に英語でしゃべり
お勧めはなんだ?
解さないと
ったく
使えない
などとあきれたり
おい水だ!!
パンパン
水!
パンパン
何やってるんだ
しぐさの一つひとつが支配者的なので、やはり好きになれない。まあこの先、かかわることはないだろうからいいや、と思ったのだが……。
それはともかく
つぎの朝まずはヤシュハへ
1人30ドルなら
運転手はハリーさん。
ハリー・ポッターのハリーだよ
決めゼリフらしー
とてもマジメな30歳。時間に正確。適度におしゃべり。適度に沈黙。そしてこの時期「時の人」でもあった。
運転中
「あれはボクだよ」「あっ、そっちもボクだ」と町中のポスターを指差すので
そーいうギャグでも流行ってんのか、と思っていたら

本当にハリーさんだった。
フフフ
なんで!? ハリーさんはもしやモデルなの?
そんなオーラぜんぜんないけど
なんで運転手やってんの!?
エキなんか、もー
いや、よく見りゃー整った顔立ちだよ。モデル顔だよ
ボソボソ
Usted es muy guapo, ハリーさんは超ハンサムですね!!
とまで言い出すも
ビールの懸賞で
おわっ
車が当たってそれで広告に使われたんだよ
だそーで。
…うん、やっぱ普通の人って感じ……
日本語→
だとしてもスゴい。全国で3台しか当たらないのに、その1人になるなんて、どんだけラッキーな方なのか。
しかも3人のうち、こうしてポスターになってるのはハリーさんだけ。ポスターどころか、新聞広告、テレビCMにまでなってるらしー。
すごいよすごいよスターじゃん! こんな人の車に乗れてラッキー
キャッ
やはりイケメンだからひとりだけ広告になったのですね
などとはやし立ててたら
写真でも撮る?
クルッ
?
キュッキュッ
も、もちろん

とポスターとともに写真を何枚か撮らせてくださった。
さらに
キキー
そこに特大のもあるけど写真行く？
ぜひ…
なんてことをやっていると
キキー
ゲッ また写真？
ハイ、通れませーん
ゲゲッ
デモだよ!! 木を倒して道路封鎖をしてるのだった。
しかも何分か前に始めたばかりとのこと。
ooo
ハー、写真大会さえなければ、通れてたかも……
でも我らがハリーは職務に忠実。べつの道で行ってくれる。
湖
ヤシュハ
べつの道
デモ
フローレス
本当の道
ところがこれがもんのすごい大回り＋悪路で、1時間で着くところに3時間もかかってしまった。
この間に、ハリーからグアテマラ事情などを教えてもらう。
これからあと5日後の日曜日に、グアテマラの大統領選挙があるから、皆、興奮状態にあり、政府への不満をぶつけるためのデモは珍しくないこと。
大統領候補
ハト派
VS
タカ派
この人が勝った
今のグアテマラはわりと景気がいいこと。アメリカに出稼ぎ（不法入国で）に行く人が増えていて、その人たちの仕送りが200〜300ドルらしいんだけど、それでかなりぜいたくに暮らせるのだそうだ（貯金はしないで、ぜんぶ使ってしまうらしい）。

えっ、200ドルで？
ボクも車持ってたから当たったのは売ったよ

だからか皆さん、値段は日本と変わらないというのに、携帯電話は当たり前だし、電化製品もいいのを使っているし、パソコン持ってる人もけっこういる。子供たちもピカピカのマウンテンバイクに乗っている（純粋の先住民以外のことですし。と言ってるうちにー

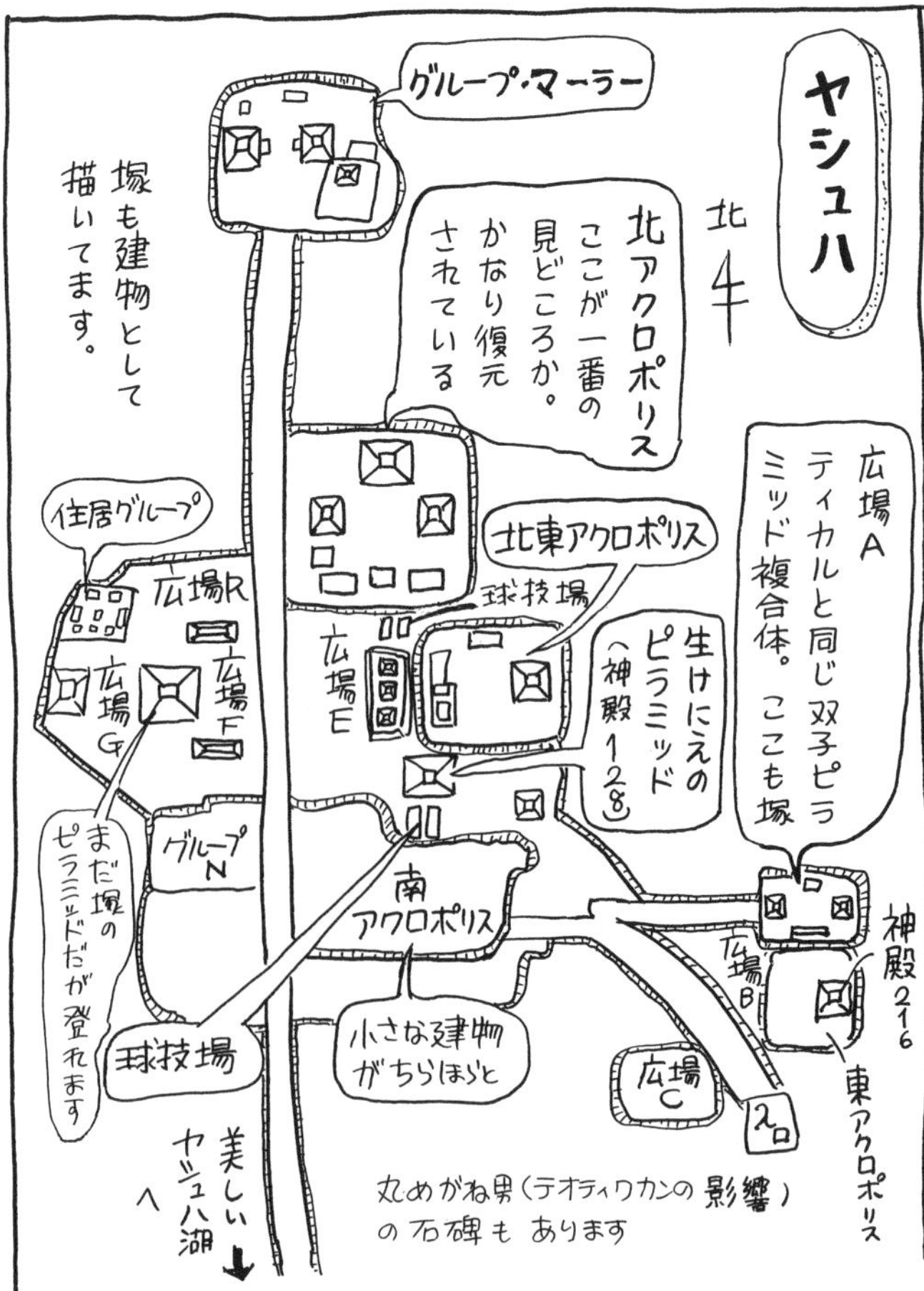
ヤシュハ
北
グループ・マーラー
塚も建物として描いてます。
北アクロポリス ここが一番の見どころか。かなり復元されている
広場A ティカルと同じ双子ピラミッド複合体。ここも塚
住居グループ
広場R
北東アクロポリス
球技場
広場E
広場F
広場G
生けにえのピラミッド（神殿128）
まだ塚のピラミッドだが登れます
グループN
南アクロポリス
神殿216
広場B
球技場
小さな建物がちらほらと
広場C
入口
東アクロポリス
美しいヤシュハ湖へ
丸めがね男（テオティワカンの影響）の石碑もあります

湖がおだやかなふんいきを醸し出し、人もあまり居《お》らず、落ち着くところです。グアテマラではエル・ミラドール、ティカルに次いでNo3の広さ。500以上の建物があるということだったが、まだ塚のままのものが多く、あまり脳も疲れることなく、あっさり見られた。

かなり保存のいい石碑もあるが、ここの歴史はよくわかっていない。建物はだいたい後600〜900年のものばかり。ここはマヤ時代でも「ヤシュハ（緑の水）」と呼ばれていたことが判明している（古典期≪後3〜9世紀≫の中部マヤ都市では唯一のところ。ほかは、ティカルにしても、ワシャクトゥンにしても、すべて近年に付けられた名前）。

またここは考古学者（オーストリアのマーラーさん）が見つけた数少ない例外でもある（マヤ遺跡はチクレハンターや、伐採業者が偶然発見することが多かったのです）。

★チクレハンター（チクレロ）
チューインガム（チクレ）の原料となるサポジラという樹の樹液を集めて、ジャングルの中にひるむことなく入っていく方たち。

デモは帰りもやっていたが、大木の反対側に旅行会社の社長ウィリアンが迎えに来てくれて、すぐ帰れた。
ハリーは置いてけぼり
この時間になるとおやつや飲み物を売る人、タクシーやトゥクトゥクなども客待ちしていて、商魂たくましい人でいっぱい。
「デモの人も
写真撮ってよ！
とか、もうなんかお楽しみイベントみたいになってるし……。
つぎの日は
セイバル
ツアーで1人 45ドル
サヤスチェという町までハリー車で行き
ニコ
そこで船の人に引き渡される。
ハリーは置いてけぼり
で、1時間ほどで着く。
たのしー♡
パシオン川

すごーく小さな遺跡（模型を見るととんでもなく大きなとこだけど、観光コースはほんのちょっと）。いちおう神殿もあるけど、メインは石碑（15くらいあり）。

ここの石碑が名高いのは保存状態がいいだけではなくメキシコ側文化の香り漂うその奇妙な内容にあります。

メキシコ風に枠で囲んだ暦文字
フキダシ
サル人間（神）もいるよ

セイバル一口メモ

古典期マヤが崩壊に向かいバタバタ倒れ放棄される中、最後の最後にとつぜん花開いた都市。たくさんある石碑もそのころのもの。

セイバルはスペイン語で、「セイバ（パンヤノキ）のあるところ」という意味。セイバはマヤの人々にとっての魂の木。実際、目立つ木であり、生命力が溢れていて、出くわすたびにいちいちハッとさせられ、うれしさで胸が締めつけられる。マヤ地域に入るとあちこちにセイバがあるが、とくにここのはデカい。

日を改めて

アグアテカ

サヤスチェまでバス。そこから船チャーター、船頭さんに50ドル

前日セイバルに連れて行ってくれた船頭さんに直接交渉し、行ってもらった。旅行会社に頼むのの半額になったとはいえ、すでに会社に情が移ってるし、飲み屋で本指名の子からヘルプの子に指名替えしたような後ろめたさを感じる。

でもセイバルもこーすりゃーよかった

パシオン川の支流のペテシュバトゥン川というのに入るのだがこれがとても狭いところを縫うように行くもの。

川下りは今回の旅行中、ここが一番たのしー!
脳内BGMは『ワルキューレの騎行』

アグアテカは遺跡の職員が案内してくれるようになっていて、私らの担当はイケメンのロニーくん。

地獄を見た目って感じの眼光の鋭さ。坂口憲二似。つーかグアテマラには坂口憲二顔がゴロゴロいる。坂口憲二がこの国来ても目立たないだろーなー(余計なお世話)。草を刈りながらじゃないと行けないとマチューテ(山刀)持ってるのが怖えぇーー。

シャッ
シャッ

マチューテといえば、私の中では自動的にウガンダ虐殺が思い浮かぶようになってるし、加えてグアテマラ内戦の本を直前に読んでたこともあり、どうにも居心地が悪い。

そのロニーくん、のっけからやる気マンマンでディープに説明し出す。もちろん、スペイン語オンリー(ツラい)。樹の1本1本、葉の1葉1葉、種のひと粒ひと粒、ぜんぶ説明しそうな勢いだ。

この根っこは〜
この葉は〜
これは胃薬になるよ

3歩歩くごとに何かしら、ひと植物説明するので、ぜんぜん進まない。船頭さんは「職員の人には缶ジュース代くらいのチップあげればいいから」なんて言ってたけど、これじゃーそんなはした金ではすまされないよ!! 船頭さんやハリーも、船や車上でやたら植物の説明してたが、この国の人は皆、植物に熱い思いや誇りを持っているのだろう。

突然ですがグアテマラ一口メモ
グアテマラという名は、その昔、アステカの人々が現在のグアテマラ地域を「木の多いところ」を意味する"クアウテマリャン"と呼んでいて、それをスペイン人がなまってグアテマラと呼んだことから付いたものでした。
でもそんな怒涛のごとく植物名や効能を教わっても、もともと興味ないので脳がパンクしそーだし、退屈で死にそーになってきた。が、キッとした目で
グアテマラは貧乏な国だ。でもこの緑、自然の豊かさはどこにも負けない!!
などと胸を張って言う姿を見ると、ツラいとかつまらんと思うなんて失礼だ、と襟を正し、がんばって聞いた。
そう、私がガイドをつけたり、ツアーに入ることで一番つらいのが、リアクションを取ることなのだ。一生懸命説明してくれるのだから感心したりびっくりしなきゃ、といちいち脳みそをフル回転して最適なリアクションを選択するのが面倒くさいのだ。
へ〜
オドロキ
いやはや
なるほどね
まさか!
それ本当!?
夜のバイトが長かった弊害
興味ないことはちゃんとボケーーッとすりゃーいいじゃん
私のよーに
そんなんできないよ
皆さんはどうですか?
ガイドがいると、こーやってコミュニケーションの取り方ばかりに気を取られ、遺跡への集中そっちのけになってしまう。またすべて相手まかせで歩くため、今自分がどこにいるのか把握できないのもイヤだ。あぁ、自分タイミングで歩きたい。
さらにロニーくん、いつの間にか話題をサッカーの話にすり替えてるし……。なんとかってチームのメンバーの、一人ひとりのプロフィールを話し始めちゃったよ。自分が好きなことを話したくてしかたのない年頃なんだろうね。でも、サッカーだったらまだ植物のほうがいいよ!
しかも
ハイ、じゃーキーパーは誰?
と小テストまで始める。
ええと…
ダメだよちゃんと覚えないと!
ひーーもう勘弁して欲しい。これじゃー子供と、お母さんの会話だよ。

でも、やっと森の道を抜け、遺跡に来たら、ロニーくん、ぜんぜん歴史に興味ないようで、言葉数が急に少なくなってくれて助かった。

Casa de Ni

説明看板の文章を朗読するのみ

さて、ロニーくん、たっぷり3時間案内してくれて、まったく興味のないことばかりだったとはいえ、（こづかい目当てだろうと）本人はすごくがんばったつもりだろうし、その熱意を考えると、いくら渡せばいいのか見当も付かず。キリのいい100ケツァル（約1500円）渡したが、少ないと見たのか、相応と見てくれたのか……。

どうも…
無表情（でもつねに）

ただ、最初、やたら買わせようとしていた民芸品のことは忘れてるようなので、「足りてた」と思うことにする。

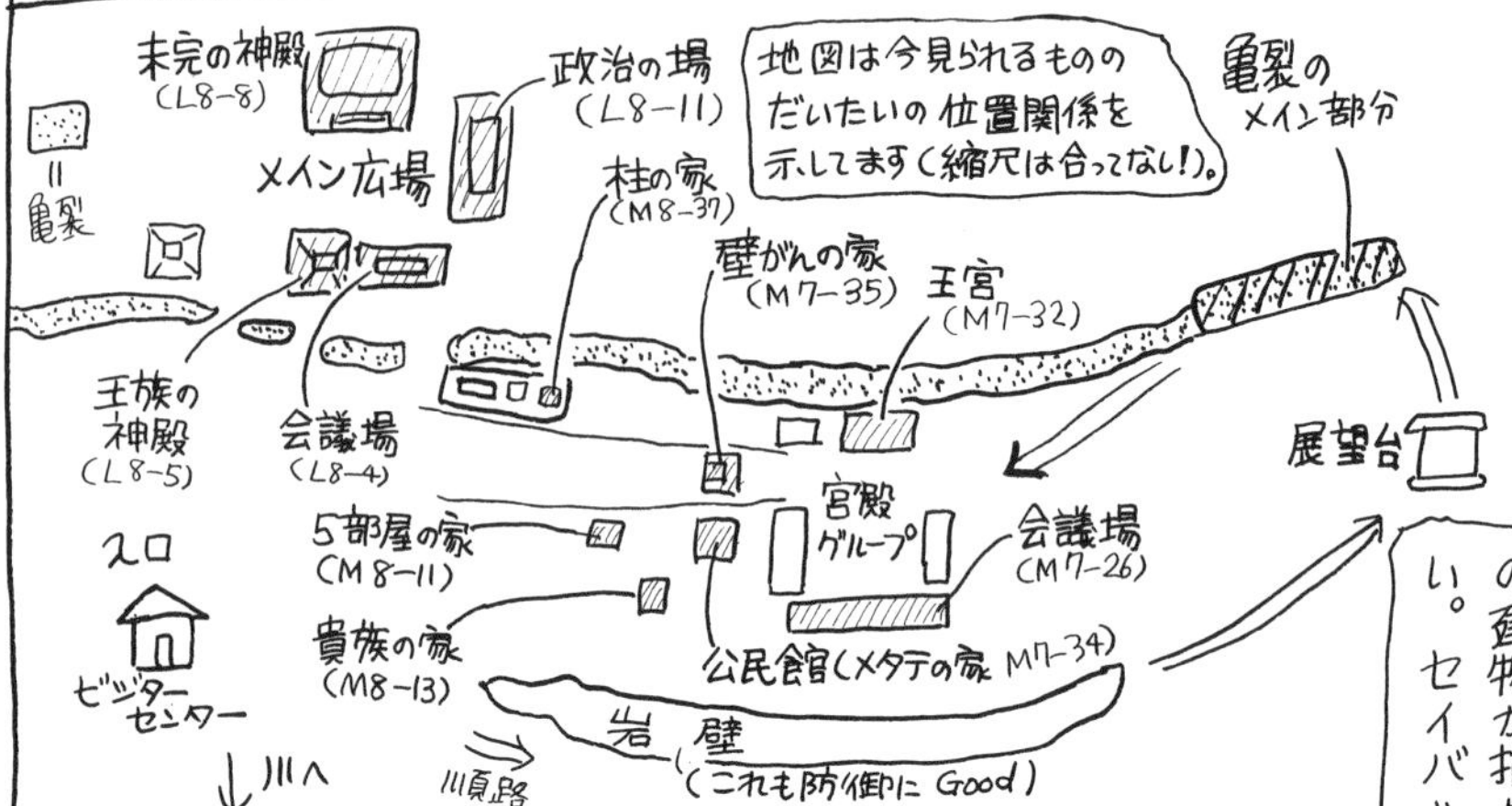
アグアテカ
地図は今見られるもののだいたいの位置関係を示してます（縮尺は合ってなし！）。
未完の神殿（L8-8）
政治の場（L8-11）
＝亀裂
メイン広場
柱の家（M8-37）
亀裂のメイン部分
壁がんの家（M7-35）
王宮（M7-32）
王族の神殿（L8-5）
会議場（L8-4）
展望台
宮殿グループ
5部屋の家（M8-11）
会議場（M7-26）
入口
貴族の家（M8-13）
公民館（メタテの家 M7-34）
ビジターセンター
岩壁（これも防御にGood）
川へ
順路

建物は、セイバルよりは残ってる気がしたが、やはり小ぢんまりした印象。ここも看板の地図にはすごい数の建物が描かれてるが、まだそんなに発掘されていない。セイバル並みにくっきりはっきりの石碑もある。

ここの最大の見どころは

亀裂（断層）！

ここを見ただけでここを通ったことだけで、本当に来てよかったと思わせられた。

長さ100m（→見られるメイン部分。全長は860m）

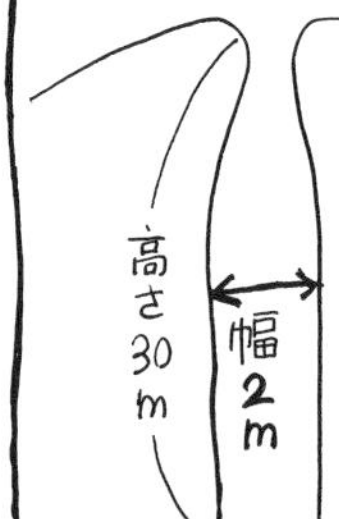
高さ30m
幅2m

私の絵ではとても伝えられません

都市は亀裂に沿って作られている。というか、この亀裂があったからこそ、この場所が都市に選ばれたようである。防御に適していたこともさることながら、それより宗教的な意味でマヤ人を魅了したにちがいない。実際、ここで宗教儀式がなされた形跡も見つかっている。霊性とか神性がみなぎっているような幻想的な場所で、ただただうっとり。

アグアテカ 一口メモ

ティカルをおん出てきた王家の分派によって作られたドス・ピラスの双子都市。後8〜9世紀ごろ、ペテシュバトゥン川流域は、激しい戦争により、つぎつぎ崩壊。ドス・ピラスも焼かれ、王族はアグアテカに逃げてきた。防御に力を注ぎ込んだアグアテカであったが、ここもまた襲われ、住民は持ち物をすべて置いてあわてて逃げたことや、その後、都市に火が放たれたことが、発掘でわかっている。

さらにつぎの日

ワシャクトゥンへ

ツアーで
1人30ドル

ここはティカルから北にわずか20キロ行ったところ。バスはあるけど、2泊も現地に泊まらなければならないような、旅行者泣かせのスケジュールだし、すこしでも安く上げたいと、また旅行会社を裏切ってタクシーに尋ね回るが

えっ ワシャクトゥン? ぜったいヤダよ〜

100ドルもらわないと行きたくないね
プイッ

最大下げてもらって、旅行会社と同じ値段。

またいつもの旅行会社に泣きつくことに。

またハリー
しかもディスカウントもしてもらったよ。暗躍してたのに申し訳ね〜

いや〜、でもタクシーにあんなに嫌がられたわけがわかった。ティカルからのたった20キロの道のりは、まったく舗装されてない細っこい砂利道で、

しかも雨でグチャグチャ

ところどころ大きな深い水たまりがあって

水深をいちいち計る（イライラするほど）慎重なハリー
これじゃー な〜

すごく時間がかかる。

ワシャクトゥン

全体的に苔《こけ》で覆われてふんいきあります。

グループB

いくつかの石碑とあとは塚。ここの建物B−8から、王族一家と思われる多数の遺体が出ていて、これがティカル（かテオティワカン）によるワシャクトゥン王家殲滅の状況証拠になってる。

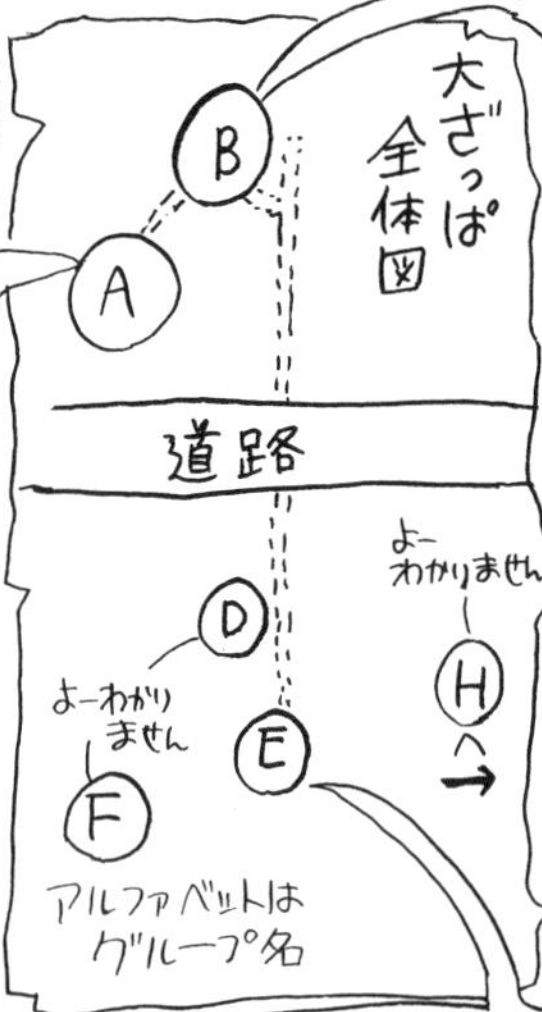

大ざっぱ全体図
B
A
道路
D
よーわかりません
F
E
よーわかりません
H
へ→
アルファベットはグループ名

グループA

一番広くて、見ごたえある。「宮殿」と呼ばれる建物がいくつかあり、そのうちの「宮殿5」は後3世紀から後9世紀ごろまでという長きにわたって8回以上増改築され続け、どんどん複雑になっていった建物。ちょっと不思議な造りで楽しい。ここは村のウマの集会所なのか、放たれたウマたちが楽しそうに跳ね回っていた。

グループE

太陽観測に使われた神殿群が有名。いつも決まった時期にこれらの位置から太陽が昇るのがA地点で観測できる。

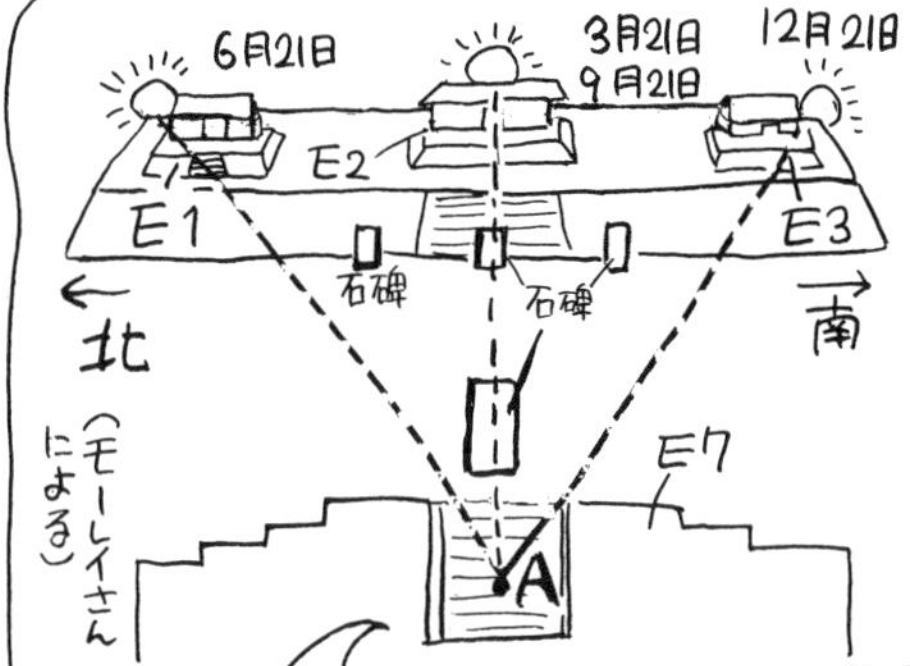

6月21日
3月21日
9月21日
12月21日
E2
E1
E3
石碑
石碑
←北
→南
（モーレイさんによる）
E7
A

E−VII下層神殿

出た！巨顔付き神殿!!

あえて復元図
横図
はな
これも復元図

E−VII−sub
（前2〜後2世紀のどこか）

この神殿はべつの神殿に覆われていたのですよ！
取り去られてる

最初あまりにも藻っぽくなっていたので気づかなかったけど、顔がひとつ見えたら、3Dマジック・アイのようにとつぜんぜんぶの顔（18個）が見え出したよ。

一口メモ

紀元前からある古い都市国家。ティカルとタメ張る大都市だったが、後4世紀からティカルの子分国に。ワシャクトゥンという名は考古学者（モーレイさん）がここで見つけた石碑《石＝トゥン》に8《ワシャク》の字（暦の数字）が書かれてたことから。ちなみに現在のワシャクトゥンはもうだいぶ少なくなってるチクレ・ハンターさん（P114）たちの村です。

コパン・ツアー攻防戦
主要な遺跡も見たし、もうフローレスに用はない。最後の夕飯を食べながら、エキとフローレス振り返り会をしていると
うひゃひゃひゃー わら半紙に鉛筆で書かれたバスチケットを買うなんてどんなだまされ方だよ
パン
パン
ムカムカムカ
1時間前のできごと
旅行会社社長の甥っ子が来て
大ニュースです! コパンに安く行ける方法が見つかったから とにかく来て!
社長ウィリアンは、私がこのあとコパンに行くのを知り、ちょいちょい軽めに営業していた。
2人で400ドルでどうかな?
キラーン
気さくで何でも頼みやすい男
ムリです
やはりウィリアンも商売人。安いツアーで客を釣り、最後は大物ツアーで儲けたいという商売心があるのだった。
もちろん、いくら安くしてくれても、バスで行けるのだしツアーを頼む気は毛頭ないが、世話になったしあいさつだけでもしようと会社に向かった。
そしたら
オハイオのふんぞり金持ちがいて
やあやあ君たち その後はどうだったかーい?
ゲェ めんどくせー
キミたちラッキーだよ。このリチャードさん(仮名)もコパン・ツアーに参加するから
1人150ドルになったよ
運転は私ね
よろしく頼むよ 4人で仲良くやろう

ええーっ！なんか話が勝手に進んでるよ。イヤだよツアー。ツアーだけでもイヤなのに、この人と3日もいっしょなんてありえないよ。完全に接待になるの目に見えてるよ。
いや 150だって 無理です！
「金がない」の一点張りでやり過ごそうとしたが、オハイオが
ったく しょーがねーなー 貧乏人は
わかった、私が300出す。キミたちは75ずつ出しなさい
などと言い出し、しかも最終的に私らは1人25ドルというタダのような値段になってしまった。
ウィリアンも大口仕事を逃すものかとオハイオとタッグを組み、かつてない猛攻をかけてきた。
キミたち!! 明後日は大統領選だよ!! バスとかどうなるかわかんないよ。この間のデモを思い出してごらん
バスが普通に動いたって何回もミクロバス乗り継いだり、大変なとこなんだよ コパンは
キミたち2人でどうやって行けるの？ こんな英語の通じないところ危険だよ！ ウィリアンがいれば言葉も通じるし安全だよ
いやー キリグアーにも行きたいから
じゃー みんなで キリグアーも行こう
値段 そのままで いいよ
いや 遺跡見るの遅いから
合わせるよ
って、もう、なんか私1人のわがままでゴネてみんなの楽しみ奪ってるみたいな空気になってきちゃって
エキも
ここまで求められたら もうムリだよ 参加しようよ〜
などと言いやがり四面楚歌。

さらに
ワシはもう 独りは イヤなんだよ!!
みんなで 行こうよ! ぜったい 楽しーよぉう!
さびしーんだよ!
とあまりにもかわいい発言まで飛び出して、オハイオのことが嫌いじゃなくなる。
でも
いや キリグアーの 友人と秘密裏に やんなきゃ いけない ビジネスがあって
と苦し紛れに言うと
私のそんないかにもな嘘に、ついにシラけてくださり
キミは本当に 意志の強い人だ ナイスファイト!
ワシも降りるわ。 独りはつまらんもん
オハイオ撤退。
ウィリアンも
じゃー明日の バスの切符 手配して あげるよ
力なく最後の仕事をしてくれる。
ウィリアンから 大きな儲け仕事を 奪ったようで なんか後味悪し。
チクチクチク
しかも発券の手数料は取らず(バス停で買うのと同じ値段)、バス停まで車で送ってくれた。いったいこの会社はどーやって利益を出してるのだろうか。それが最後まで謎だった。まぁ「また戻ってきて、つぎはエル・ミラドール(大物。料金一番高い)に行くかも」などと私も調子のいいことを匂わせていたから、サービスしてくれたのかもしれない。と、この会社とはこのように狐と狸の化かし合いのごとく、お互い裏をかきあいながらも、うまく利用しあっていたように思う。
この人は 悦に入ってますが このように 客に得したと思わせる ウィリアンは まさに プロの商売人でしょう
フムっ

参考までに。
"The Mayan Princess"
住所 calle 30 de Junio Flores. 同名の会社あり。こっちは何しろ社長がウィリアン(Willian)。

キリグアー

遺跡は石碑の野外博物館。
建物はほんのちょっとしかなく、
石碑をゆっくり鑑賞するところ。

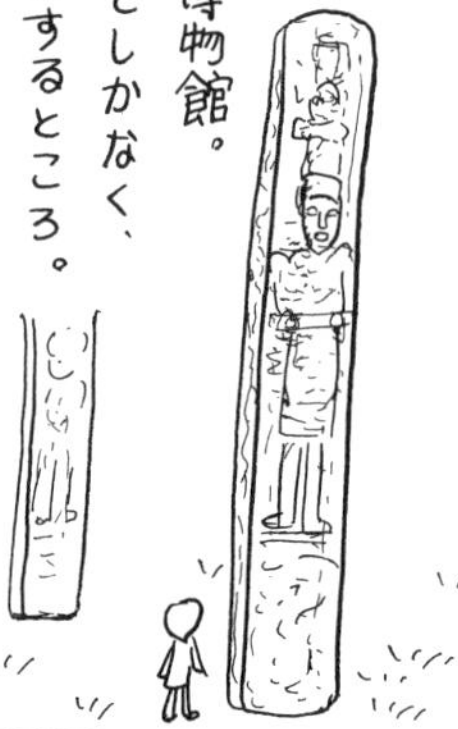

石碑はたしかにデカい（つーか長い）。
そしてすごいくっきりはっきりの彫りもの。
でもデカいことより、王の肖像のレリーフよりも、
マヤ文字一つひとつの面白さ、奇妙さ、遊び心、
ディテールの細かさに目を奪われる。

← 石碑Dより

このページの像は
オレらも含めてぜんぶ“文字”だよ

獣形神

ここは、岩の形を生かしたような形の彫り物、通称獣形神が有名。怪物の口から飛び出す王が彫られてるが、私にはどうも、なんかの罰で未来永劫岩に閉じ込められた人とか、都市伝説のダルマ女的なものが思い浮かんでしまう。でもこの獣形神P←はそんな黒いイメージはいっさい湧かず、壮大さを感じるもの。宇宙ボールって様《さま》。

獣形神P
第15代王「空ジュル」・作

しっぽ側にはこんな方

楽しそーに音楽を奏でる(?)方

キリグアー一口メモ

コパンの完全子分国だったのに、738年、コパン王「18ウサギ」を捕らえ斬首、という無茶で一発逆転。以降コパンはしぼみ、キリグアーはスターダムにのし上がった。このドラマチックな史実により人口、多くても5千人ほどの小さなキリグアーはマヤ文明の本では必ず紹介される有名国となっている。

今見られる石碑はほとんど18ウサギを殺した王「カワク空」のもの。石碑Jに事件のことが誇らしげに語られている。そのほかは、自分がいかに神とつながってる者かというアピールなどが記される。石碑Cにはマヤにおける世界創造の日である前3114年8月13日に当たる日の暦と、そのときの神々の儀式が書かれている。

石碑Dに4億年以上前の、石碑Fに9千万年以上前の日づけが書かれてるというのも、とても刺激的。

キリグアー天下は70年(3人の王の治世)しか続かず、810年ごろ終了、都は捨てられた。

第14代王カワク空・作は石碑A、C、P、E、F、H、J、S、獣形神B、祭壇L、M。

そのほかは、カワク空のあとに続いた2人の王のもの。

小さな話 in キリグアー
キリグアー遺跡に行く途中
んっ?
ワー
ワー
ワー
向かいの道路の人たちがやたら手を振って騒いでる。
ありがたいね〜。外人であるだけで、こんなに歓待してくれるなんて。
はじめまして皆さん
調子こいて応えてたら
なおも騒ぐ。
見ろ見ろ
うしろを振り返ると
ぬおっ
なんと!カバン全開で中身がすべて落ちてた。
ヘンゼルとグレーテルのパンのようにきれいに……。
助かった感でいっぱいに。
いやーカメラもサイフもぜんぶ失くすとこだった。すんごいセーフ感
ドキドキドキドキ
皆さん、なんと正直な方々なのでしょう。
またもありがたすぎる人々の善意。
気をつけろ!
本当に君はガイドブックでよく怒られてるバカ旅行者のサンプルそのものだね
シンジラレナイ
自分がサイフを失くしかけたことを完全に忘れて大喜びでバカにするエキ

国境越えてホンジュラスへ

コパン

入場料の金額にあぜん！

遺跡	15ドル
トンネル	15ドル
博物館	7ドル

なにこの高さ
合計1人37ドル!?

もともと高いのはわかってたが、最新のガイドブックに書かれたものより、さらにそれぞれ4～5ドルずつ値上げしてる。

ちょっと前に上がりましたの

ここまで来るような客なら大きく値上げしても払わない人などいない、と踏んでの足元見すぎのやり方である。しかも、ここ数年で何度もやっているのだ。値上げにも腹が立ったが、もともとの値段設定にも怒りを覚えてきた。そーだ、こんな高いのは見たことがない。まったく何様のつもり？ どれほどごたいそうな遺跡なのでしょうかあなたは。遺跡保護や修復に金が必要なのもわかるが、外人イコール金づるっていうのが、こうもあからさまだと萎《な》える（ホンジュラスとその近郊の人々は外人の10分の1以下の値段）。金取るなら、もっとオブラートにくるんだやり方で、取って欲しいもんだ。のっけから出鼻くじかれ、ものすごくクサクサした気持ちに。

彫刻博物館

ロサリラ神殿まるごと復元！

ぐひゃーーっ！ こりゃーすごい！ こりゃー7ドルぜんぜんOK。つーか安いほどだよ！

1991年に神殿の中から発見された神殿。この写真はよく見たことあったが、いやー、やっぱり、ナマはすごいねー。って、レプリカにナマも何もないんだけど。しかもここにはコパンの本物の彫刻が一堂に集まってるだけじゃなく、建物の正面部分をまるごと持ってきたりもしていて、あまりのスケールのデカさ、内容の濃さに興奮で酸欠起こしそうになる。

コパン メインの遺跡

ウックシーーーッ!!
そして面白すぎる!
これも入場料の価値
ぜんぜんあるよ〜。

神殿18

ヤシュ・パサフのレリーフがあります(戦争の儀式で踊ってる姿)。墓室が見つかっており、ヤシュ・パサフの墓と推測されている。すでに中は盗掘され、空《から》であった。

神殿16

第16代王ヤシュ・パサフが完成させる。中にロサリラ神殿など7基以上の神殿が埋まっている。コパンを拓《ひら》いた初代王ヤシュ・クック・モの霊廟であり、ヤシュ・クック・モやその嫁と思われる人物の遺体も見つかる。

東広場
次ページで

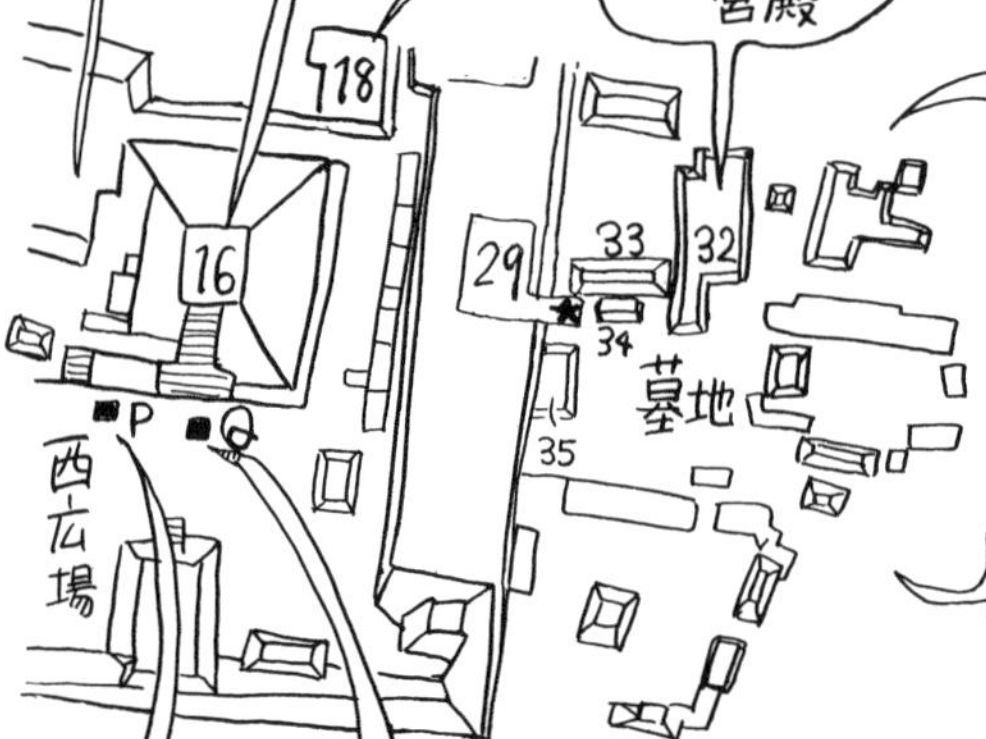

墓地

この辺になると誰も来ない。幽玄って感じのいいとこなのに。呼び名とちがってここは王族の居住区と考えられている。
★のとこ(建物29)にシブい おっさん彫刻。

主な登場人物(遺跡内の重要順)

第13代王 18ウサギ

一番栄華を味わったコパンの建築王。キリグアーの「カワク空」王に殺されるという屈辱的な史実で有名。石碑で作者名を振ってないのはだいたい18ウサギのもの(石碑A、B、C、D、F、H、J、4がそれです)。

第16代王 ヤシュ・パサフ

最後の王。母はパレンケ王家出身。

第12代王 煙イミシュ

コパンの版図を最大にした人。18ウサギの父。偉大な人物の子はだいたいにして残念に仕上がる、という世の習いを思うと、18ウサギは暴君のバカ王だったゆえに殺されたのかな〜、とも思えてくる。

第15代王 煙リス コメントとくになし。

祭壇Q

ヤシュ・パサフ・作。初代王ヤシュ・クック・モと自分を中心に、歴代の16人の王が彫られている。下から、先祖たちの王に捧げられた生けにえのジャガーの骨が見つかってる。ちゃんと人数分の15匹……。

石碑P 第11代王ブッ・チャヤンの肖像

神殿11
煙リスの墓があると考えられている。有名な怪人がいます（あとのページ）。

ここら辺に日本人考古学者中村誠一氏の活躍を示す看板が！
勝手に目頭を熱くする。

神殿26
シートに覆われ、暗くてよく見えず。
約2200のマヤ文字の書かれた長い階段（最長のマヤ文字記録）。階段下部は18ウサギ・作。煙リスが増築して完成させる。階段にテオティワカン風の戦闘服を身に着けた5人の王の彫刻がある。この神殿内部には5基以上の神殿が重なっている。墓所でもあり、何人かの遺体が見つかっている。コパンで一番豪華な墓もここに（18ウサギの父「煙イミシュ」のものと思われる）。

石碑Iと1と2と3
煙イミシュ・作

祭壇G1
ヤシュ・パサフ・作（後800）。
双頭のヘビ

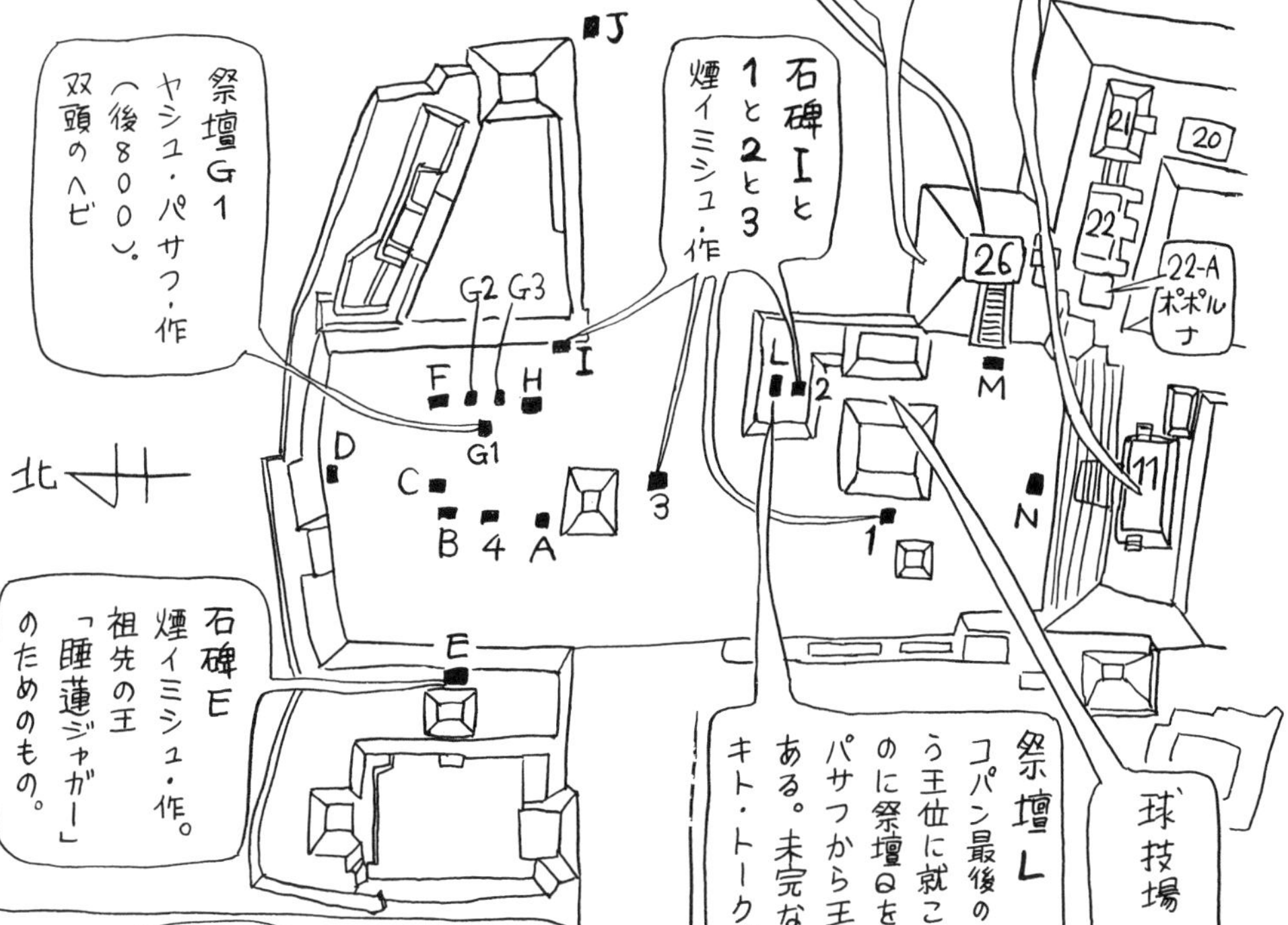
J
G2 G3
I
F
H
G1
D
C
B 4 A
3
北
L
2
M
1
N
26
21
20
22
22-A ポポルナ
11
E

球技場
球技場の美しさはマヤ随一！
18ウサギ・作

祭壇L
コパン最後の王の死後、ウキト・トークという王位に就こうとした男が、王権を主張するのに祭壇Qを真似して作ったもの。ヤシュ・パサフから王権を譲り受ける図のレリーフがある。未完なことから、短期間のうちに、ウキト・トークが失墜したことがわかる。

石碑E
煙イミシュ・作。
祖先の王「睡蓮ジャガー」のためのもの。

入り口
動物サービス。コンゴウインコやあまりかわいくない山ねずみのような動物（アグーチという名）がいます。

入口
高い料金払ってんだからこれくらいはしてもらわないと
入り口付近ではまだ金のことばかり考えてる

東広場

（前ページ地図の真ん中上部あたり）

神殿20、21
川に浸食されてて
ほとんどない。
18ウサギ作。

トンネル

ロサリラのトンネル（↘）よりはぜんぜん長い。
19世紀にガリンド大佐という探検家が発見した墓や、眠そうなコンゴウインコの顔、埋められた神殿の基部（6世紀のもの。ティカル・スタイルの装飾だそう）などが拝めます。

ロサリラのトンネル

中に埋まってるロサリラ神殿が見られる。って、あっけなすぎ！　あまりにもあっという間に終わる。
くもったプラスチック窓から太陽神の顔が拝める。

神殿22ーA

「ポポル・ナ」（「ゴザの家」の意味）と呼ばれている会議場。第14代王煙サルの時代のもの（後746年）。コパン近郊にいくつか小さい地方都市があり、その支配者と思われる9人の姿が上部に彫刻されていた。キリグアーにやられたあと、コパンは絶対的支配者の座から転落し、このように地方支配者との話し合いの場を設けるまでになっていた。

この広場には、こんな方たちがいます。

ポツンポツンと置かれた顔たち

でも凶悪ヅラ

かわいいポーズを決めるジャガー

肉球もかわいい〜

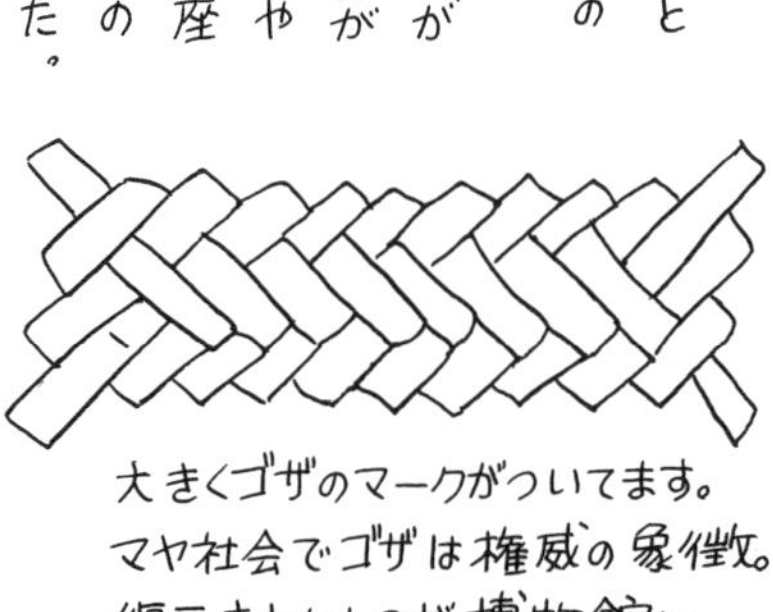

大きくゴザのマークがついてます。
マヤ社会でゴザは権威の象徴。
復元されたものが博物館に。

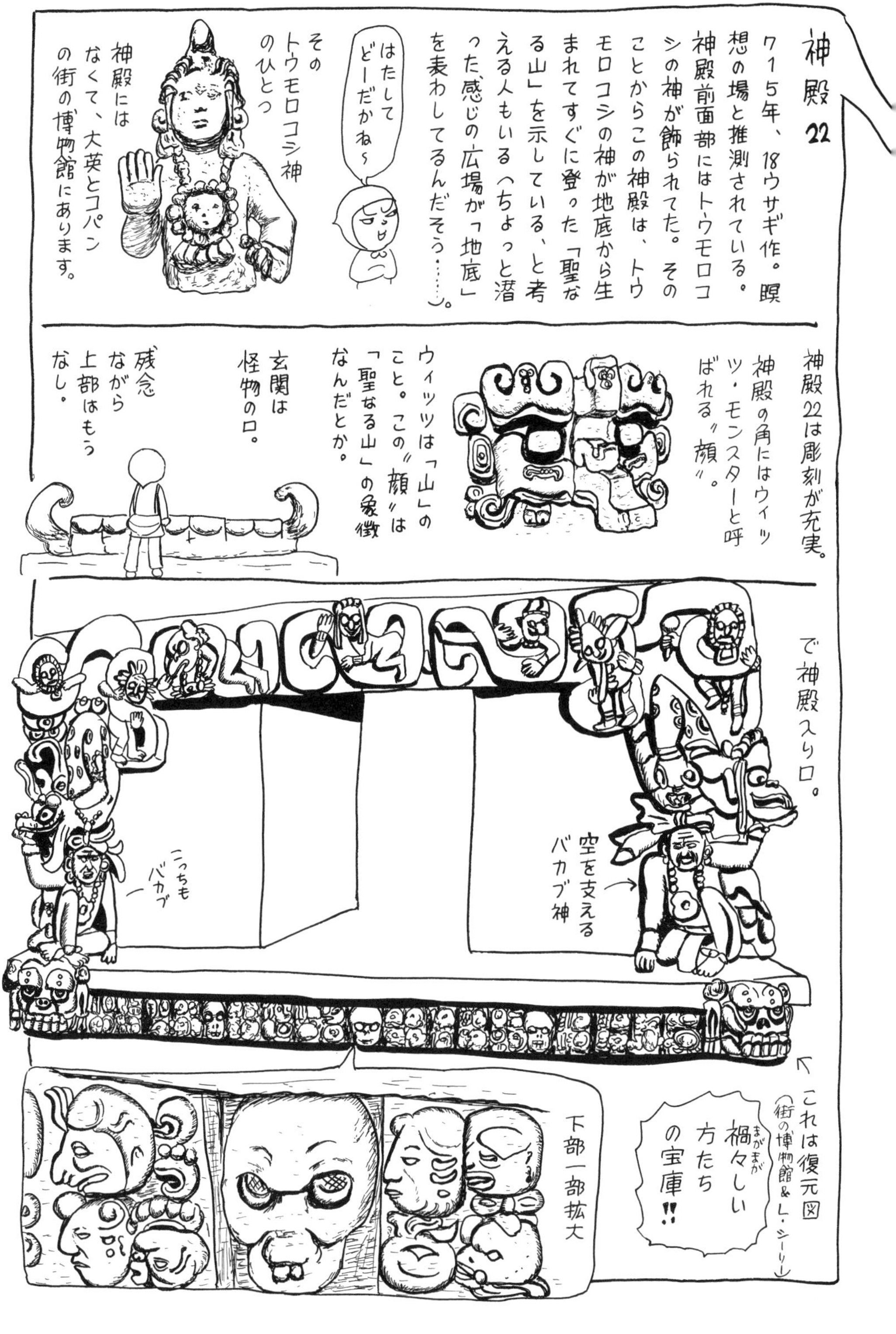

神殿22
715年、18ウサギ作。瞑想の場と推測されている。神殿前面部にはトウモロコシの神が飾られてた。そのことからこの神殿は、トウモロコシの神が地底から生まれてすぐに登った「聖なる山」を示している、と考える人もいる(ちょっと潜った感じの広場が「地底」を表わしてるんだそう……)。
はたしてどーだかね～
そのトウモロコシ神のひとつ
神殿にはなくて、大英とコパンの街の博物館にあります。
神殿22は彫刻が充実。
神殿の角にはウィッツ・モンスターと呼ばれる〃顔〃。
ウィッツは「山」のこと。この〃顔〃は「聖なる山」の象徴なんだとか。
玄関は怪物の口。
残念ながら上部はもうなし。
で神殿入り口。
空を支えるバカブ神
こっちもバカブ
これは復元図(街の博物館&L・シーリー)
禍々《まがまが》しい方たちの宝庫!!
下部一部拡大

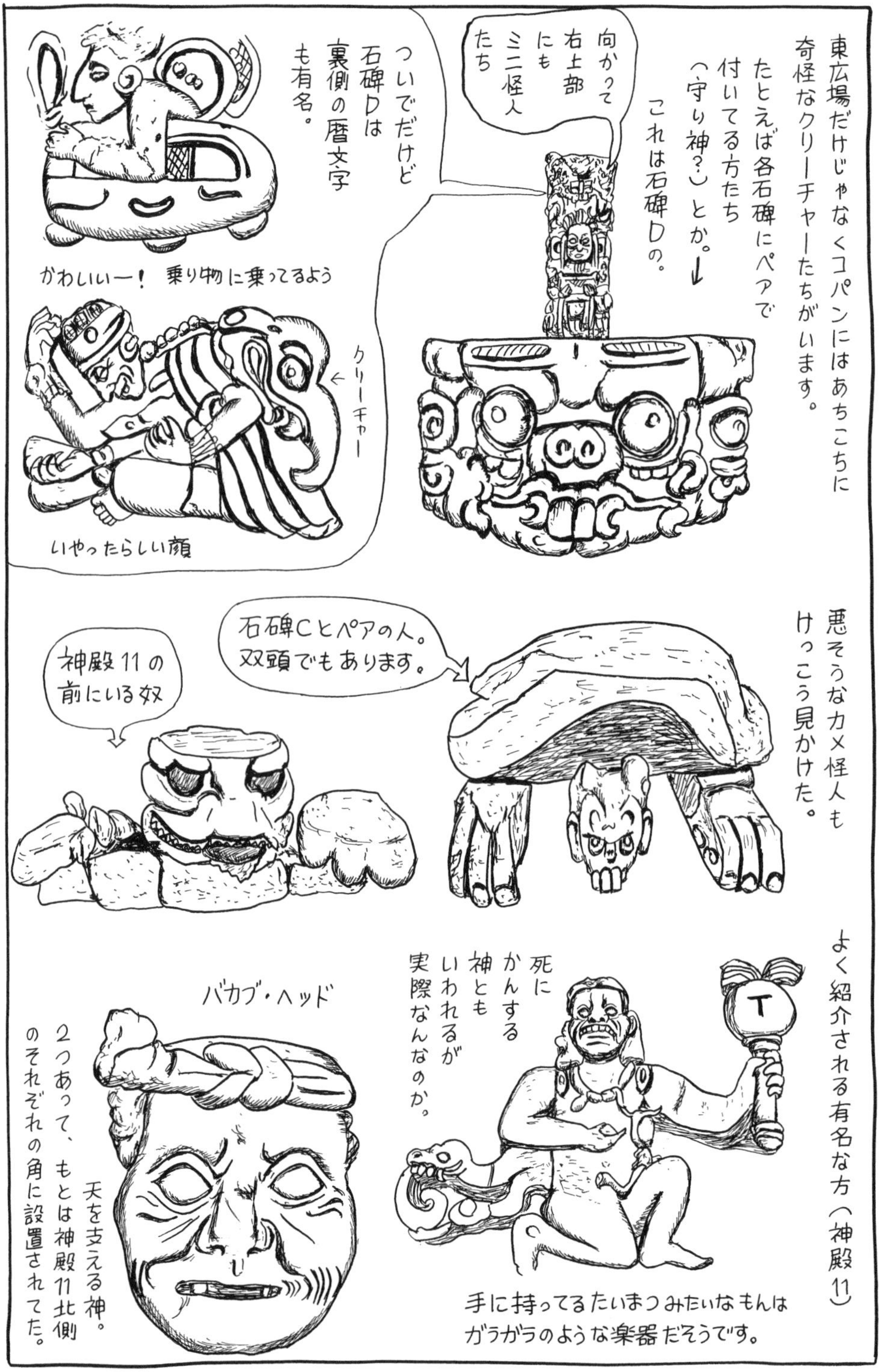
東広場だけじゃなくコパンにはあちこちに奇怪なクリーチャーたちがいます。
たとえば各石碑にペアで付いてる方たち（守り神？）とか。
これは石碑Dの。↓
向かって右上部にもミニ怪人たち
ついでだけど石碑Dは裏側の暦文字も有名。
かわいいー！ 乗り物に乗ってるよう
←クリーチャー
いやったらしい顔
悪そうなカメ怪人もけっこう見かけた。
石碑Cとペアの人。双頭でもあります。
神殿11の前にいる奴
よく紹介される有名な方（神殿11）
死にかんする神ともいわれるが実際なんなのか。
手に持ってるたいまつみたいなもんはガラガラのような楽器だそうです。
バカブ・ヘッド
2つあって、もとは神殿11北側のそれぞれの角に設置されてた。
天を支える神。

セプルトゥーラス

コパンのメイン遺跡を出て東へ1キロ

コパンの歴史最終章で力を持つようになった貴族たちの住居跡といわれるところ。
心洗われるおだやかな場所。緑の中にいくつもいくつも住居群がある。
広い！　奥までずんずん行っても、なかなか終わらず幸せ。
ベンチやベッド付きの建物はどれも似かよってるが、たまに彫刻付きのも現われる。

入り口入って最初の建物（8N－66）のベンチは「空の帯のベンチ」と呼ばれる。レリーフが天体の様子を表わしてるんだそうです。こんな方たちが彫られてます。たしかにうっすら天の匂いが。

広場A内の建物（9N－82）にある、バカブ神が支えるベンチのレリーフもすばらしい（遺跡のレプリカより、コパンの町の博物館にある本物のほうが見やすい）。

バケモノ満載よ
ケツァルコアトル？
カウィール神

金の話？　　みんな たのしそー

お散歩アトラクションもあり！

コパンのメイン遺跡の入り口前に、森のお散歩コース。ひたすら（20〜30分ほど）森林歩くだけ。奥に球技場がポツンとあり、それが唯一の遺跡。

切符売場
北
ここら辺入口
メイン遺跡入口

コパン遺跡総評

石碑でも建物群の展開でも、とにかく楽しませてくれるあまりにすばらしい遺跡。面妖なバケモノたちをいろんなところに配置するその悪趣味さもスバラシー。「もっとも芸術性の高い遺跡」といわれてるだけのことはあります！

メイン遺跡以外でも、動物ふれあいコーナーや、森林コース、セプルトゥーラスと、盛りだくさんの内容であるが、それでもトンネル入場料が遺跡と同じ料金というのだけは納得いかん。どう考えてもトンネルはおまけ的なものであり、トンネルも入場料に含めてこそ、完璧なホスピタリティーを感じられるものを……。人数制限したいなら、せめて3ドル（最大許して7ドル）くらいにして欲しい。

ほんとに金にウルサイねー

ついでに街にある考古学博物館

公民館風のあまりに質素な建物の博物館だが、本でよく見る有名なもの←なんかもちょろーんとあって、なかなかの充実ぶり。コパンの全16王の説明や、最近、中村誠一氏が発見した王墓（10J-45）のレプリカなどもあり、「良心」「誠実」といったものを感じる博物館。

有名なもの

サル顔の書記の神

とか、

歴代コパン王をかたどったフィギュアみたいな香炉のフタなどなど。

祭壇T　ヤシュ・パサフ作。冥界での先祖の王たちが描かれる。

バケモノ（神だけど）がチャッカリって感じで紛れ込んでるのがかわいい！

ふたたびグアテマラへ
早朝コパンの街の博物館↗を見て、なんとかこの日のうちにベリーズに入ろうと、さっそくグアテマラに再入国。
さよーならホンジュラス、コパンの街。コパンだけ見てさっさと帰る客（私ら）が多いせいか街の皆さんもとてもクールでした。
チキムラという大きな街で2等バスに乗る。
ガタ
ガタ
汚く、乗り心地が悪い。
私のうしろでは、見た目、荒くれた男らが、犬や猫のものまねで大盛り上がり。
キャンキャンキャンキャン
ギャハハ!!
ニャオーンニャオーン
ワン!! ワンワンワンワン
ねー、何がそんなにオモシロいの？ それとも笑いを極めすぎちゃってこういうとこに戻ってきちゃった高度な方たちなのか？ でも、30を過ぎた男たちのこのくだらなさに、だんだん心が和ませられていく。
しかし、平和は警察の査察によって打ち破られる。それも何度も何度も何度も。
そのたびに全員降ろされたり、荷物チェックされる。それでいて何ひとつ見つかるわけでもなく、ただ警察の権威を見せつけるためにやってるとしか思えない。女はフリーパスなのか私に害はなかったが、エキは何度も
外人は10ケツァルのなんだか税を払え
などと金をせびられた。
わからんフリしてたら、面倒と思ったのか、すぐあきらめてくれた。
？
？
？
？
？
最後の査察は目をつけた人間を個別に小屋に呼ぶもので
ちょっと事務所に顔を出せ
ちっヤクザかよ

えっ
オレ?
犬のものまねで一番はしゃいでた男が連れてかれた。
しばらくして皆戻され、バスが走り出したが、犬ものまね男はすっかりおとなしくなり、明るさが戻ることはなかった。
しーん
重苦しい空気まんえん。自分がやられたようなみじめでつらい気持ちになる。授業中調子に乗って騒いで先生にボコ殴りされたときの教室の空気を思い出す。
ちっ、警察の足止めをまったく計算に入れてなかったせいで、深夜になってもまだグアテマラ。サンタ・エレナ(フローレスの陸側)で余計な一泊をする羽目に。
この国の警察は腐ってる!
つぎの朝、今日こそベリーズへ、と勇んでバスターミナルに行くと、やけにずうずうしい男が。
それならこっちだよ
イラッ
こーいうのは危ないと思いつつも案内され
2人で75ケツァル(約1125円)ね
このような前払いはよくある
相場よりちょっと高いが少しくらいのボリは大目に見てやろうと、払ってやることにした。100ケツァル(約1500円)しかなかったので
ツリくれ
男は「ツリを持ってくる」と消えた。
そのうち客が乗ってきて
ミクロバスです
運転手も来て
バスは発車。
あの…おツリがまだ来…
わかってる大丈夫
と運転手。
15分ほど経ったときに

皆が金を払い出した。
イヤな予感。
あのう……さっき私ら払いました
えっ誰に!?
出たーーっっ!
やられた。さっきの奴はなんでもない奴だったんだ。こんな初歩的なダマしにひっかかってしまったーーっ。
こーであーでと説明すると
何!? じゃー100ケツァル持っていかれたのか?
そもそも1人25ケツァルだよ!
と、すごい剣幕で怒り出し車を停め、飛び出して電話をかけ出す。
なんかバスターミナルに電話してるようで、かなり長いこと話してる。
大ごとみたいになっちゃって、皆さんを待たせてるのが心苦しい。
電話を切ると
ごめん! その男見つからなかった
本当に許せん!
続けて
話聞かないでバス出してごめんね
バス代要らないから
それから足りないけどこれでどーにか…
と、自分のサイフに1枚入ってた20ケツァルを差し出してくる。
って人が好すぎるよーー。なんで1ミリも悪くない運転手さんが損を被ろうとするの?
ちょっ……要りません! バス代も払います
ここまで怒ってくれただけで充分、つーか、ありがたすぎます。こんなに親身になってもらえたの人生で初めてだよ。
会計時のオバハンのように「払う」「要らない」の押し問答の末に、やっと金を引っ込めてもらうが、バス代はどうしても受け取らない。もう金盗った奴は憎いが、こっちのミスなのに。
くそ〜 私もツリの分まで儲けさせて
自分にも腹立つ!
こんな人もいることがわかったからよかったのかも……。

ベリーズ入国
グアテマラからベリーズに足を一歩踏み入れると、面白いように様変わり。
Hi! Is everything O.K.?
イミグレ
うわー、イングリッシュだ、ありがたいよー。ここまでほとんどスペイン語オンリーでやっぱキツかったよー。これほど英語を身近に感じるときはないよー。母語のようにすら思えるよー。
でも国境付近の町はまだスペイン語も飛び交う。住民はスペイン語と英語のバイリンガル。
これまでの3国は言葉も人の顔もいっしょなので、そんなに国境越えたーーって気がしなかったが、ここの〝越えた〟感はすごい手応え。
ブラザーやシスターたちがどっさり。カラフルなラスタマンや大量のフルーツを持つ皆さんからカリブのトロピカル・ムードが伝わってきて胸躍る。
歴史
さっきのさっき、1981年にイギリス領から独立国になったばかりの新しい国だからか、ぜんぜん〝国〟感がしない。
スペインの統治以降、ベリーズの場所は（ジャングルによってグアテマラから隔てられてるもんだから）ほとんど放っておかれてた。
現ベリーズ
グアテマラ（スペイン領）
いちおうグアテマラ領土
そのスキを突いてイギリス人が勝手に住みつき
何度追い出されても戻ってきて住みつく、をくりかえす。
スペインからグアテマラが独立したとき
いいかげん返せや〜
グアテマラ
イギリス
まあまあまあ 道路造ってあげるから落ち着いて
と約束を交わし、なだめた。
それから、どんどんイギリスから人を流入したあげく、約束の道路も造ってあげず、なんだかんだ結局、英国流の舌先三寸と物事をうやむやにする戦法で、いいように自分らのものにしてしまった。
とにかくこの人たちのルールは、先手必勝、なんでもやったもん勝ちの世界ですね。

ベリーズ簡単プロフィール

名前はマヤ語で「ぬかるみ、泥水」を意味するベリスという言葉から（諸説ありますが）。

とても小さく、とても人が少ない国。人口は古代マヤ時代より少ないっつうのもすごい。現在約25万人。古代マヤ時代は推定100万人（とはいえ、グアテマラのペテン地方はもっとひどくてマヤ時代の10分の1の人口）。人口少ないのをなんとかしようと移民を呼びかけたので人種はさまざま。

白ハットにオーバーオール（or サスペンダー）

メノナイトという人々もいます。

もとはアーミッシュと同集団。物質文明社会を拒み、質素な生活をする方々。馬車に乗ってる。

ブラザー&シスターたちは、スペイン人やイギリス人が無理やり連れてきた奴隷の末裔や混血の方々。

カラコル

サン・イグナシオで車を借りて（50ドル）カラコルへ。途中、森林警備隊の基地に寄って、軍の護衛をつけてもらわなきゃならない。

グアテマラの人が国境を越えて山賊行為をするのを警戒してのことらしい（あくまでもベリーズ側の言い分）。

といっても物々しいふんいきはなく、毎日のことなんで軍人さんたちは機械的にいっしょに来るだけ。

遺跡内は自由行動。

いい人ファイル その38

頼れる女ソルジャー、リン

最近読んだ本にヒロコという日本人が出てきたよ

「これなんかも「だからどーした」って話題だが、自分の中の日本関連話を脳の中からなんとか引っ張り出して、会話をふくらませてくれようとする優しい優しい人でした。

カラコル一口メモ

ティカルをいっとき衰退に追いやった実績を持つ。大国カラクムルの腰ぎんちゃくとして栄華に与《あずか》ったが、カラクムルが崩れると同じようにしぼんだ。そんなことから、小さな二流国と思われていたカラコルだったが、じつは広大な土地を有し（177km²!!）、40以上のサクベを四方に張り巡らせている、なかなかたいした国だったことが、最近の発掘でわかってきている。

サクベ

マヤ語で「白い道」の意味。マヤ時代のおそらく宗教儀式用の道路であり、友好都市同士を結んでいた。道路部分には漆喰が張られ、また両わきに石壁をこさえるような、手間ひまかかるものなのに、100kmを超すものもあった。

カラコル地図

カーナ基壇

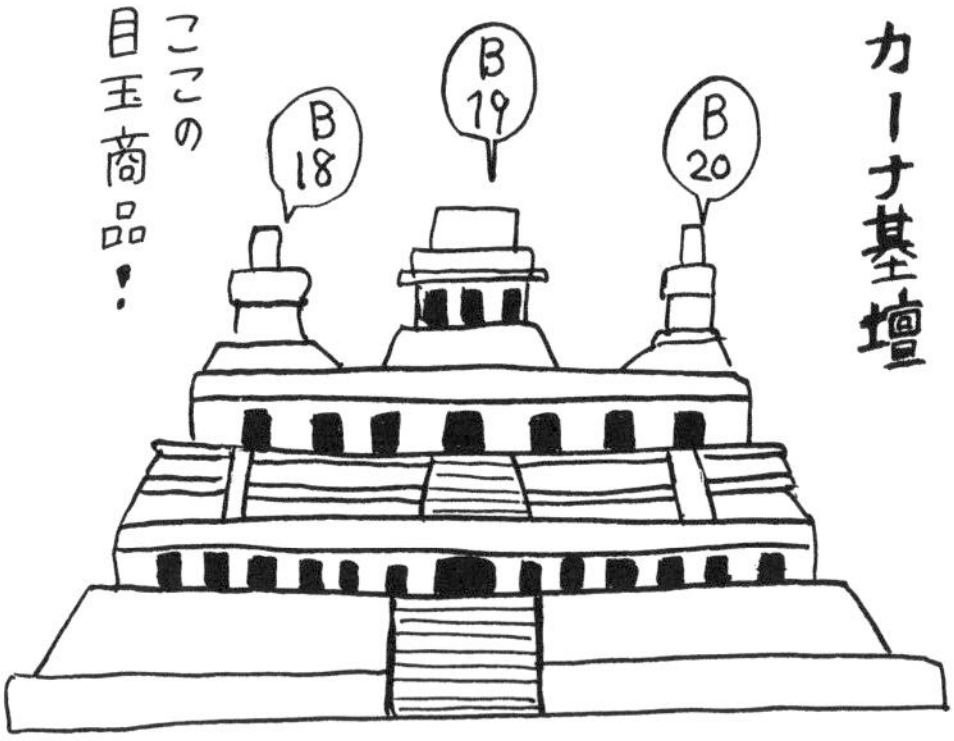
ここの目玉商品!
B18
B19
B20

カーナはマヤ語で「天空の場所」の意味（研究者による命名）。

B19

ここにはバッ・エク王妃の墓が入っていた。こんな一番てっぺんでど真ん中の重要な感じのところに葬られるなんて、どれほどの権勢だったのでしょうか。息子カン2世のマザコン度もうかがえます。

B19の右隣の★ら辺にも部屋と墓。

Bグループ
ここら辺に石碑がいっぱい集められてる。
球技場
B5
貯水池跡
中央アクロポリス
見落しそうなさびしいところ
B5
両わきに立派な怪物の大顔彫刻
北
入口
ビジター・センター
ローリー・グループ住居群
バリオ・グループ
居住区と考えられている。どこでも見られるホエザルであるが、ここは木が低いので、わりと近くでじっくり見られる。
木に生ってる状態
ヤツらは本当、ヒトだね。たまたま毛深いだけの
ここら辺
森のお散歩コース入り口
ささやかな住居群（ローリー・グループ）、双子のセイバなどが見られます

B 20

これも発掘で、何度もかぶせ増築したこと、墓を4つ内包してることがわかっている。一番古い墓は537年の日づけ。裏からこの調査の穴ぐらへ入れる（暗く狭いうえにコウモリだらけ）。

墓
墓
墓
墓
裏

主な重要人物

ヤハウ・テ・キニチ2世（在位　後535〜599年）
ティカルを裏切り、カラクムルにティカルをやっつけさせた王。

バッ・エク王妃（後634年没）
→の女房。第一婦人ではなく側室。

結び目アハウ（後599〜618年）

カン2世（後618〜658年）
この王の時代がカラコルの絶頂期。

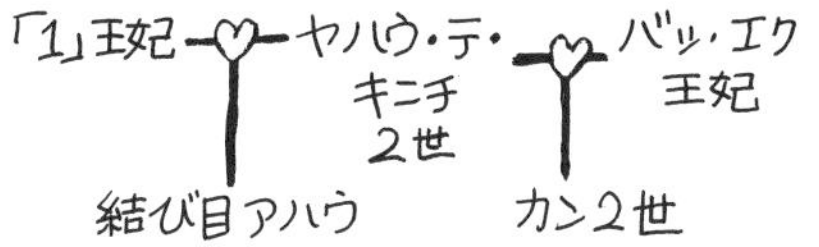

「1」王妃
ヤハウ・テ・キニチ2世
バッ・エク王妃
結び目アハウ
カン2世

ここら辺にでかセイバ
A3 ここからも墓が見つかった
A2
A6
A グループ
A1
球技場
石碑5 結び目アハウの姿
貯水池
南アクロポリス

古い時代のモニュメント（石碑など）が多数埋納されていた重要そうな基壇。

A4
A5
A6
A7
A8
ここからも墓

A6（木のリンテル神殿）
ここも代々の王たちによって、かぶせ増築されている。

最初の神殿から見つかった供物は後70年という古さ。

石の箱にヒスイのマスクなどを入れ、フタをしたもの。

貝
貝

J.Ballayさんによる再現図より

総評

うーん度★★★☆

いや、面白いんだけど何かさわやかすぎるというか……。

ここら辺の気持ちやベリーズのすべての遺跡の感想はあとのページの「ベリーズ総評」にまとめてあります。

カル・ペチ

「ノミのいる場所」の意味

サン・イグナシオの町から坂道を南へまっすぐひたすら登る（徒歩15分くらい）。

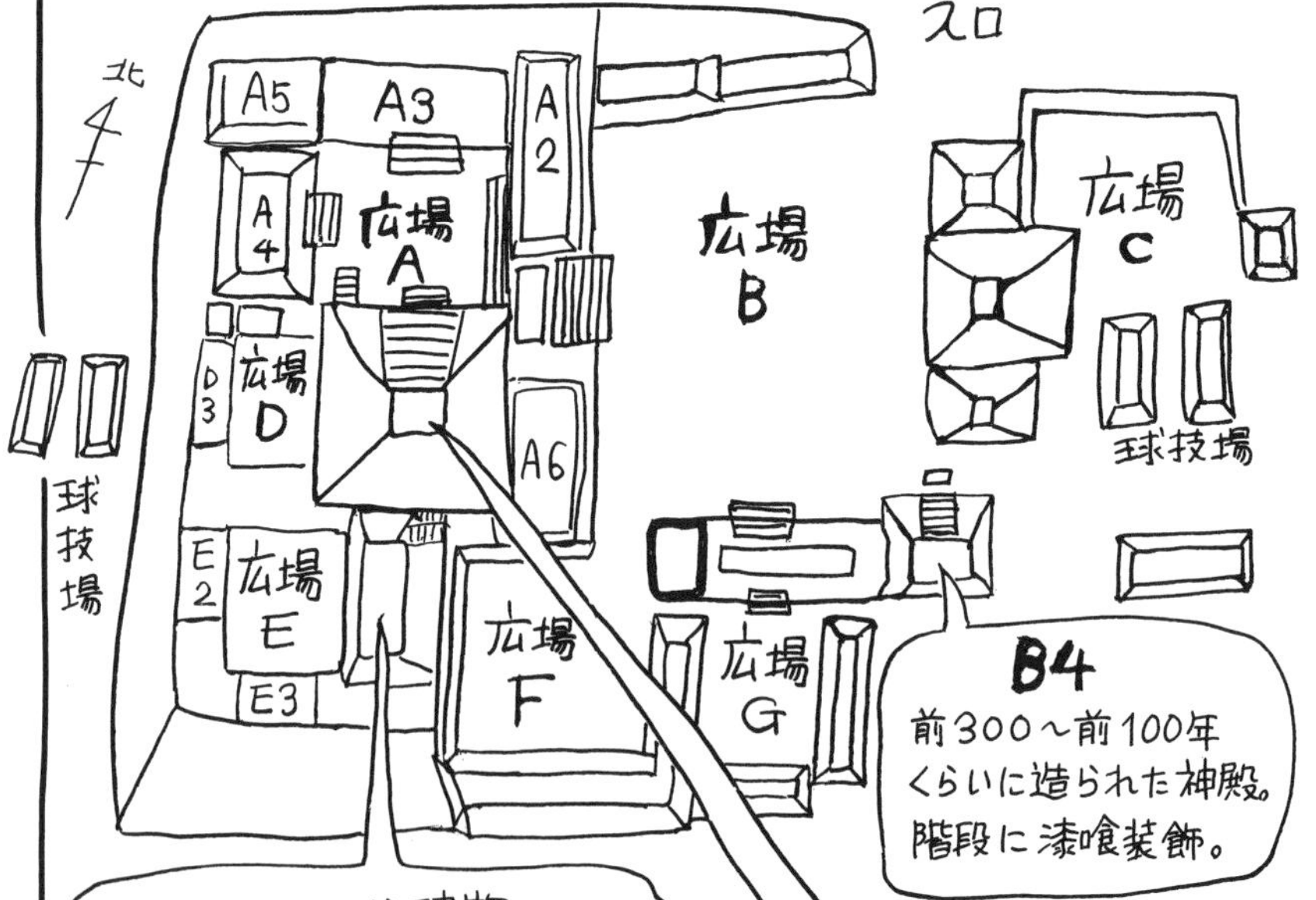

B4
前300～前100年くらいに造られた神殿。階段に漆喰装飾。

フォトジェニックな建物

A1
ここで一番高い建物（約25m）。この下に古い神殿（前300～前100年）が埋まっていて、そこから墓と石碑が出た。
そのボロボロの石碑9は付属博物館に。

すごーい古い遺跡!!

日本でこの遺跡のことは、旅行のガイドブックにしか載っていないので、たいして期待もせずに行った。ところが付属博物館によると、なんとここは前400年ごろにはすでに神殿も造っていた、大変に古いところだという。

そんな方とは存じ上げず失礼いたしました

都市は9世紀ごろまで続き、今見られるものは、ほとんどが最後の時期の建物らしいが。

遺跡自体はなかなか立派。マヤ・アーチがそこここにあって、それがどれも美しい。しかも建物は読めない入り組みかげんで、探検気分が盛り上がる。

でもやっぱりコンパクトだね度 ★★★★

静寂度 ★★★★★

町からすぐでお手軽だ一度 ★★★★★

シュナントゥニッチ

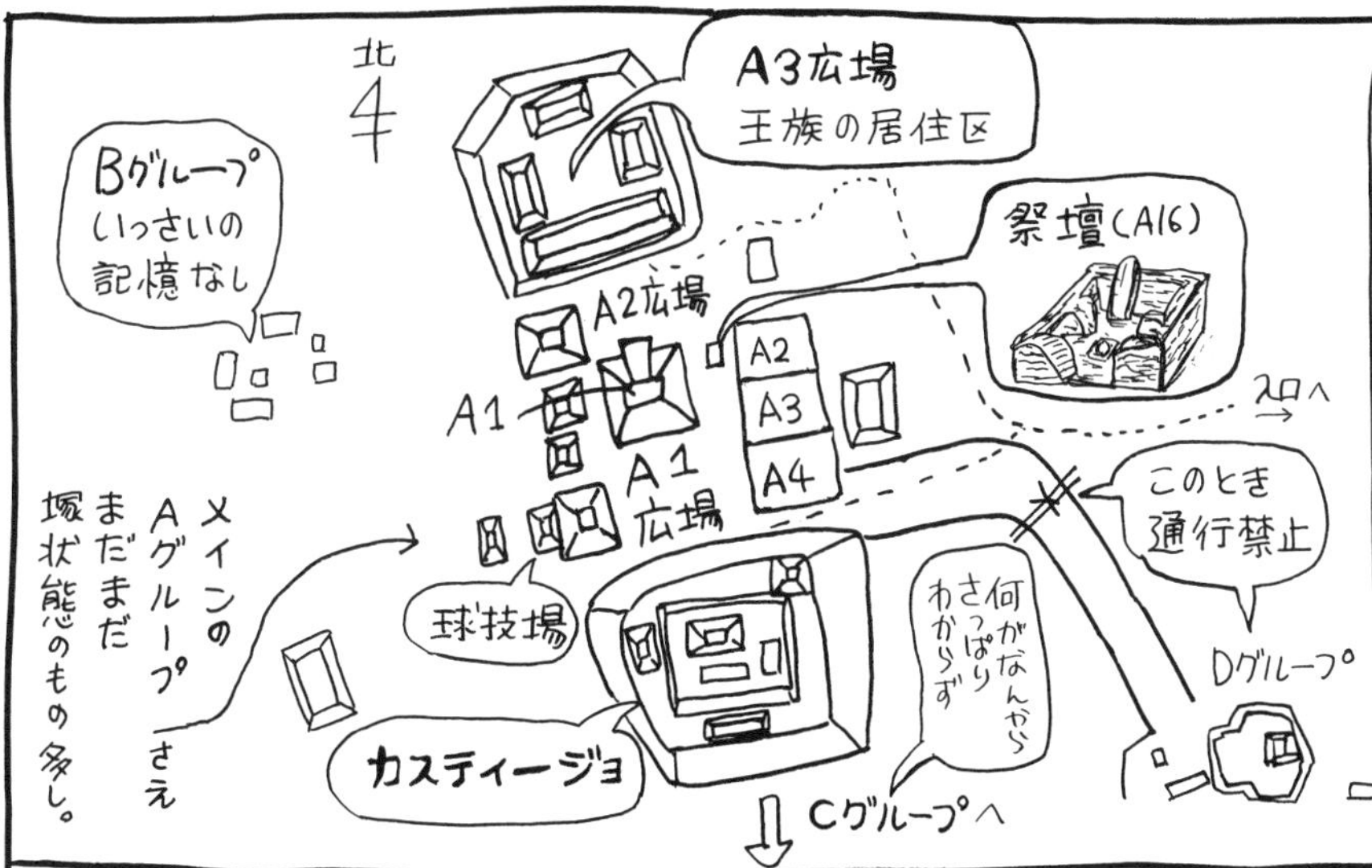
北
A3広場
王族の居住区
Bグループ
いっさいの
記憶なし
祭壇(A16)
A2広場
A1
A2
A3
A4
A1
広場
このとき
通行禁止
メインのAグループさえまだまだ塚状態のもの多し。
球技場
何がなんだかさっぱりわからず
Dグループ
カスティージョ
Cグループへ

目玉はカスティージョ。高さ40m。シュナントゥニッチ王家の霊廟と考えられている。

お札にも描かれている
ベリーズのシンボルピラミッド

両サイドにレリーフ(800年ごろのもの)。かつては四面にあったそうだが、もう東と西側しか残ってない。これらはあとの時代の建物に覆われていた。ここまでの調査で3回以上のかぶせ増築があったことがわかっている。

図は西側レリーフの方々(1993年の発掘)。東のレリーフは1950年に発見されている。この時間差に興味を覚える。

破損してるけど玉座に座る王

シュナントゥニッチ 一口メモ

遺跡の名前はマヤ語で「石の娘」という意味。それは今から百年以上前のある夜、村の男が見知らぬマヤの娘を見かけ、あとをつけると、その娘がカスティージョの石に吸い込まれていった、という妖しい目撃談による。

シュナントゥニッチは、古典期後期(後600〜900年)に栄えた小さな都市。北西13キロにあるナランホの支配下にあったと考えられている。古典期マヤの崩壊期(9〜10世紀)を生きのびたが、950〜1000年ごろに都市は捨てられた。900年ごろに大地震があったことが調査からわかっているが、それがどのように都市の寿命にからんでるかは不明。

ベリーズ・シティ
えっ、なにこの小ぢんまりさは!!
ここは旧首都で、ベリーズ一の大都会って話だけど……。日本のどの地方都市よりもショボッ。イギリスの田舎町って感じ。ビルみたいなのはない。
やる気もない。
国一番の博物館は
土、日お休み。
OPEN Monday to Friday
一番のかきいれ時に信じられん。ベリーズの働いてる皆さんはいつ行くの？誰も行かないの？
キー
5時ころになると店がガンガン閉まります。
トラベルなんたら
close
くそう！ツアーのこと調べそこなった
ホテルはどこも〝小屋〟っぽい。中心部の一番マシなとこに泊まったが
あのー電球が点きません
ハハハノープロブレム
フフフ
と角材持ってきて
ドンドンドン
パリッ
パラパラ。
ねー
ベッドには天井からの得体の知れぬゴミが
これ置いといてあげるから今度はセルフでね

レストランでご飯食べてたら
客のひとりがとつぜん激昂。
サノバビッチ!!
ガタン
もー限界！やってらんねー!!
最初はテーブルで仲間たちになんやら悪態ついていたが、そのうち興奮し出し、
席を離れてわめき散らす。
ファック
ユーマザーファッカー
Fワード連呼。
なんたらファッキングかんたら
しかも一つひとつのテーブルにやって来て吼《ほ》え立てる。
お前たちは何もわかっちゃいない!!このマザーファッカーめヘラヘラしやがって！
もしかしてヤバい状況？女とはいえ、ゴリラ並みの腕力ありそうだし、危害加えられたらどうしようと身構えるが、皆さん、注目はしてるものの普通に食事を続けてる。
そもそもの仲間の人たちも、しょーがないなーって苦笑浮かべてるくらいで……。そのうち演説の内容がだんだん
誰も私を愛してくれない
誰も私をわかってくれない
などせつない心情吐露になってきて
もらい泣きしそうになる。
結局、このご婦人、私たちがご飯食べてる間中ずっと泣いたり怒ったり叫び続けていた。
そんなことないよ！私もいるから！
？
？
この人のように、知らん人にも怒ってくる人はいなかったが、街のあちこちでキレてる人を見かける。深夜も怒鳴り声はひっきりなし。
ファーック
ガチャン

何しろとにかく言葉が汚い。こんなにファックを連呼する人々は初めてだ。とくにシスターたち！

〜ファック〜ファック〜ファック〜
ファックメン〜
ベリーズの人って感情そのまま表わすね〜

グアテマラやメキシコの人は、怒りは表に出さず、耐える印象があったので、これにはカルチャー・ショックを覚えた。しかも怒りや悲しみといったマイナスの感情は激しく表明するが、「喜」や「楽」といったプラスにあたる感情は控えめ。笑顔も少なめ。
だけど親切で世話焼き。聞いてもいないのに、どこへ行きたい？と、いろんな人が道を教えたがる。

でもず――っと無表情

アルトゥン・ハ

マヤ語で「岩石の池」の意味

ものすごーくねぶるように見ても1時間半で終了―。

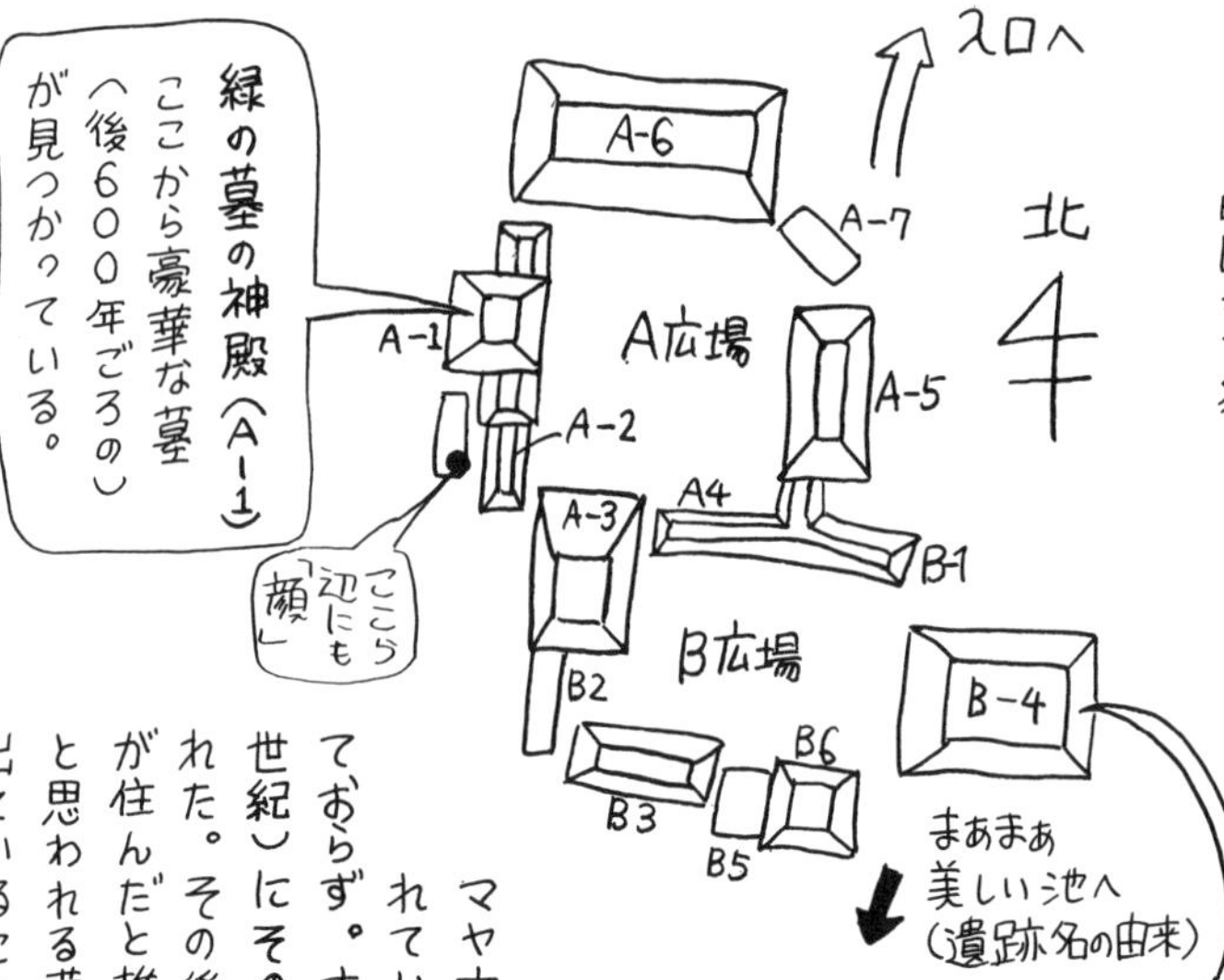

スロへ
北
A-6
A-7
A-1
A広場
A-5
A-2
A-3
A4
B-1
B広場
B2
B-4
B6
B3
B5
まあまあ美しい池へ（遺跡名の由来）
緑の墓の神殿（A-1）
ここから豪華な墓（後600年ごろの）が見つかっている。
ここら辺にも「顔」

太陽の神殿（B-4）
頂上の大きな石段の発掘から、後7世紀ごろの墓が見つかっている。王の遺体と、今のところ中部＆北部マヤで一番大きなヒスイの像が出てきた。
太陽神キニチ・アハウ
ベリーズ政府の保護下にあるため見られません。

15cm
重さ約4.5kg！

このほかにも、ここからいくつか墓が見つかっている。階段にもキニチの顔。

タクシーチャーター、90ドル。ベリーズ・シティから片道1時間半。バスで行くと、降りたところから17キロ歩くうえ、帰りのバスは朝なので野宿しなくてはならない。

マヤ文字のある石碑がまだひとつも発見されていないので、王の名前は誰一人わかっておらず。古典期マヤ文明が崩壊する際（9〜10世紀）にその波に呑まれ、都市はいったん放棄された。その後、1200年以降にまたどなたか人が住んだと推測されている。後3世紀ごろのものと思われる墓からテオティワカン製品がたくさん出ていることが、ちょっと注目されている。

愛される中国人
ベリーズでありがたいのは、何しろメシのウマさ！ってこれは中国系移民のおかげ。中華料理屋がどこに行っても軒を連ねている。
ベリーズに来て毎日中華三昧。目に見えて肥えてきました。
てか
てか
ぬらぬら
想像したのとまったく違ったものが出てくるのもオツなもの。
Fried chicken with sweet & Sour Sauce 甘酢ソースのフライドチキン
MENU
とあるので
油淋鶏《ユーリンチー》と思ってたらハムカツ並みの薄いトリのフライ。
それも大量
しかもウマい！
中国人は飯屋のほかにスーパーなども営んでいて
ゼロ・コーラください
ギロッ
（鉄格子で完全防備の店も多くてビビる）
「ハンハンハンハン」としか聞こえない中華風イングリッシュを堂々と使い、誰に遠慮することなく、たくましく生きている。
オレンジ・ウォークの中華料理屋に行くと
ハンハン？（何？）
「何」って食べに来たんだろーが
中国人特有のつっけんどんさ。
注文すると
ちっ
大きな舌打ち
それ時間かかるんだよやめな！
その下の○○にしな！
ってこれはよそ者、ましてや日本人だからこの態度かと思いきや、地元の人にも同じ態度。
あ〜!?
ハンハンハンハン！（もう一回言いな）
どんなコワモテにもつっけんどん。だけど客はそんな態度取られても、コビるように機嫌を取り続けるのだ。
今日は暑かったねー
あ〜!?
この間食べた○○サイコーだったよ
あ〜!?

中華屋の娘がカウンターで本を読んでいたのだが、この子にも
学校楽しいか
好きな教科はなんだ？体育か？
あー!?
デカい態度を取られる。
どーでもいいよ。邪魔しないで！
それから私が
トイレどこですか
あら!?
なりよっ
怖えええー
と思ってテーブルに戻ると客が来て
この人たち本当はとってもいい人だから気にしないでね
とフォロー。
おおおお。人の心の綾を機敏に察知。ベリーズ人の意外な繊細さにびっくりだ。
で、料理来て、食べたら
うまいうますぎる
しかも今まで行った中華屋のどこよりも格段に安かった。
この人たちがなぜここまで大切にされ、チヤホヤされてんのかがわかった。
この安さで、こんなうまいもの出してくれる人たちだもの、芸は身を助く、主従関係にもいたく納得だ。
フン
しかもべつに、この「不機嫌な感じ」もこういうもんだと思えばすぐ慣れてくるし。
ベリーズに住んでる人曰く
ここほど人種差別がなくかつ、いろんな人種が仲良く暮らすところはありません
あとに出てくるアキヒトさん
ということだそーで、その言葉の一端をここでもしかと見させていただいた。

ラマナイ

オレンジ・ウォークからのツアー（1人35ドル。川下り付き）に参加。

マスクの神殿（N9-56）

わきに大顔！

当時は4つあった。

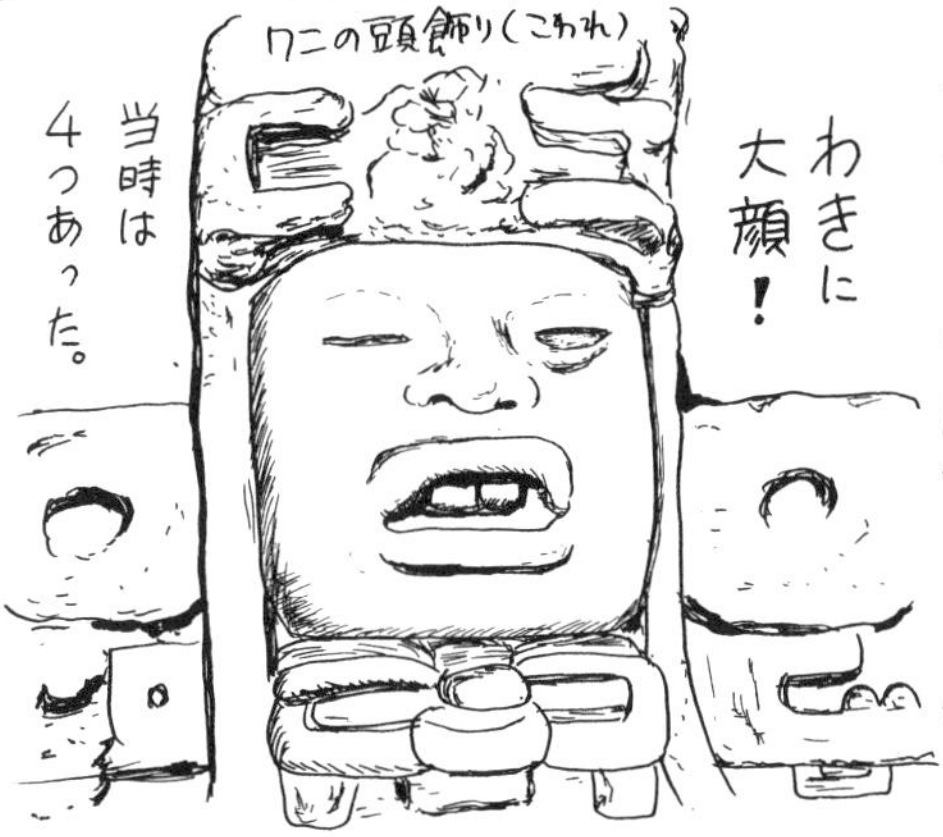

ワニの頭飾り（これ）

死んだ瞬間の魂がパッと抜けた瞬間！って感じのご表情。

これは後5世紀くらいのもので、あとの時代の建物（7世紀ごろの）で覆い隠されていた。その時代の2つの墓も内部から見つかっている。この下にさらにもうひとつ、マスク付きの神殿（前100年ごろ）が埋まっている。この神殿自体は900年ごろまで利用された。

川下りでは、ワニとかきれいな鳥をかなり近くで見られる。あまりにうまい具合に現われるので、「仕込みでは？」という黒い考えが終始まとわりついた。

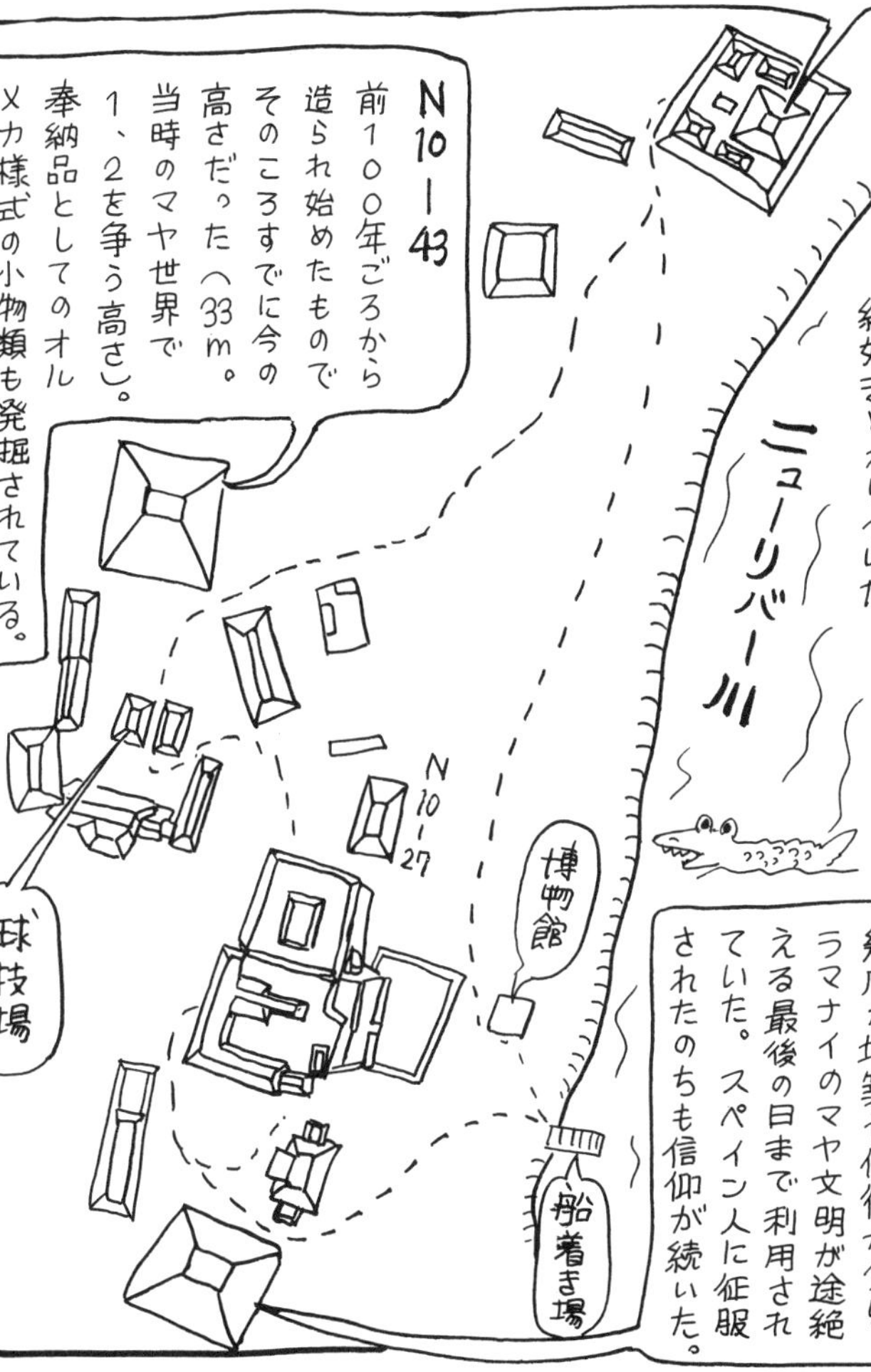

ニューリバー川
N10-27
博物館
球技場
船着き場

N10-43

前100年ごろから造られ始めたもので、そのころすでに今の高さだった（33m。当時のマヤ世界で1、2を争う高さ）。奉納品としてのオルメカ様式の小物類も発掘されている。後古典期（900年以降）には役目を終え、捨てられる。下方にうっすらと"顔"が見える。

ジャガーの神殿（N10-9）

高さ20m。ジャガーの"顔"付き。後500年以降に造られ、幾度か増築や修復が入り、ラマナイのマヤ文明が途絶える最後の日まで利用されていた。スペイン人に征服されたのちも信仰が続いた。

滅亡ばかりが能じゃない！

隠れた大物ラマナイ

マヤの国で一番の長寿国。マヤ文明的活動（神殿造ったり）が始まったのは前300年くらいで、後250年ごろ、同じ古参仲間の国が崩壊していくなか生き残り、さらに後9〜10世紀の大崩壊をも乗り切り、スペイン人が来るまで存続した。こんな例もあるんだねー、マヤ文明には。主役のティカルやカラクムルが圧倒的な栄華を誇り、お互いを叩き合ってる間、東の片隅で、我関せずとマイペースにやってたんでしょうかねー。しかもけっこう規模も大きな国なのだ（人口4万〜6万で、建物は730以上あったと推定されている）。

他を見なければ―見ても気に留めなければ、羨望もなく、あせることなく、自滅もせず、それなりに幸せに暮らしていけるという実例を見せてくれてるようです（心から見習いたいわ〜

ラマナイとはマヤ語で「潜ったワニ」の意味。ここも珍しく当時の名がそのまま使われている都市のひとつ。

その名が示すように、ワニはここのシンボリック・アニマルで、ワニをかたどったコップなどの小物類や彫刻などが見つかっている。

オレンジ・ウォークのホテル

アキヒトホテル

JAPANESE RESTAURANT
AKIHITO HOTEL
ツイン 15ドルから
おりょう？

ホテルの名といい、デカデカと「ジャパニーズ・レストラン」とあることといい、

ようこそ いらっしゃいました
→日本語

すわっ、日本人!? と思ったら台湾の方だった。「明仁」という名を日本語読みしてるのだった。

日本語があまりにうまいので「日本占領時代の爪跡か」と暗い想像が頭をよぎったが、そこまで歳はイっておらず（スゲー失礼）、

奨学金もらって〜
東京大学に〜
留学〜
してました〜
→説明しづらいが、日本語のイントネーションと独特の間がとてもかわいいのだ

ということで、気分は楽に……。

奥さまのベン（下泊仲）さんも同じく東大に留学してたということ。

やはり女は順応性が高い。ベンさんは日本語を完全に忘れていて、美しい英語を完璧に話す。

しかも青島《チンタオ》海洋大学で、2人して教鞭《きょうべん》をとってたということで、そんな方々がなにゆえこんなところでホテル業を、と好奇心を刺激される。

2人ともおだやかな物腰でとても親切。

なんでもすぐネットで調べてくれるけど……。

ヒイイイ!

すぐいっぱいウィンドウ出しパニクる明仁さん
また?

パパッと戻すスマートなベンさん
ベンさんは空気を読む天才で、一を聞いて十を知る人。こっちの気持ちを機敏に察し、最良の意見を言ってくれたり、明仁さんがとりとめもなく長々と話し続けると、さえぎってべつの話題を振ったりもする(非常にありがたし)。

豪華な内装が施された大きな日本食レストランは失敗だったのかツブし、代わりにスロット4台を片隅に置いて、ミニ賭場を営んでいた。

これがかなり繁盛していて、客がひっきりなしにやってくる。

客は荒くれ者ばかり。

もー20(ドル)!!

こんなアルカイック・スマイルを終始浮かべてる温和な2人が大丈夫か、と心配するも、
手馴れた感じで淡々とさばいていく。

ファック!! ぜんぜん出ねぇ～ どーなってんだ!!

理不尽なクレームは能面フェイスで無視!

ホテル業より、こっちの方が実入りは良さそうだが、
そんなに～ 良く～ ない～ でーす～

最近も～ 6000ドル～ 持ってかれ～ ました～

もと大学教授がカジノ経営っつうだけでもシブいのに、犯罪で国を追われた人を雇ってあげたりもして、けっこうハードボイルドな生活を送っている。

しかもアキヒトさん、ホテル&カジノだけでは飽き足らず、今度はレジャー施設を作ろうともくろんで、セノーテを購入していた。

セノーテ
簡単にいうとユカタン北部にたくさんある巨大な水たまり。

セノーテを買ってうれしくてしかたがないようで、私たちにも見せたいらしく幾度となく
セノーテ見たいですか～？
もじもじ
ええっと……
もじもじ
めんどくさい
を口にする。
オレンジ・ウォークを発つ日に、ついに逃げ切れず車で連れて行ってもらったが、たしかにスゴい。東京ドーム2個分の土地の中に湖レベルのセノーテがあった。こりゃー見せびらかしたいでしょうよ。
ポニーやロバを走らせます
スパ造ります
大ホテル造ります
日本や台湾じゃー小さな土地買うのも大変だけど
ここは夢の叶う国です
アキヒトランドぜひ成功してほしー
クンクン
セノーテ、藻臭いけど大丈夫？
セノーテ見たあと、アキヒトさんは私らをクエージョ遺跡に連れてってくれた。私はここへ、バスなどを使って自力で行こうとしていたのであるが、それをアキヒトさんは知っていて、何も言わずにこんな粋な優しさを！ セノーテ、面倒がってすみません。
クエージョ遺跡は古い部分は前1000年にさかのぼるというマヤ最古の遺跡。ラム酒工場の中にあるので許可がいる。
でも
今、猛毒のハチが大量発生して
危ないから立ち入り禁止だよ
とソッコーで断られる。どーも、面倒くさいから、テキトーに言い訳してるっぽい。そしたら2人は
ごめんなさいねぇ
と何度も謝ってくる。
そんな謝らせて、こっちこそすんません。まったく悪くないのに謝罪を口にするメンタリティーは日本人だけじゃないねー。
いや、もうとにかくアキヒトさんとベンさん、人に敬われる権威職をポーンと捨て、レストランもダメと見なしたらすぐツブして、つねにつぎからつぎへと新しいことを考え、電光石火で行動に移してかっこいいー。
よい旅をねー
そんなことをバスでつらつら考えてるうちに、ベリーズ最後の土地へ。

コロサル
ガイドブックに載ってる安いホテルに入ろうとしたら
そこはだめよ！汚いし危ないわ
というご婦人。
あなたたちはどこから？
ジャパンです
じゃー、同じチャイニーズがやってるホテルにしなさい。安心でしょう。
ん？
で、案内してくれる。
こっちよ
すみません
マージン狙いというやつでもなく、ベリーズ人に多いただの世話焼きの人のようだ。
歩いてる途中で
そこのご主人はコリアンなのよ
あれ？ さっきチャイニーズって言ってたのに。
その宿に着くと
うちの主人は台湾人ですが
ね〜！
誇らしげ
楽しんでー♡
この方はどーやら、チャイニーズという人種が韓国やら日本やらを作ってるとか、もしくは、それらも中国の一部であると思ってるようだった。
いやー、そう思われてなんの不思議もない。むしろわかってらっしゃるほうだ。ちゃんとジャパンとかコリアとか名前だけでも知ってるからね。私こそが、ベリーズなんて国、最近知ったくらいでよっぽどの無知野郎だ。中南米のそれぞれの国がどの位置にあるとかも知らんし、国の名前も都市の名前もごっちゃになってるし……。
でもなんだろう、このうれしい感覚。マリナルコで、日本も中国も知らない先住の人に会ったときもそうだったが、なんかホッとするんだよねー。
まぁそれはいいとして
タン
宿にエキを残し、おやつを買いに行く。
戻ると若いアジア系がいたので
宿のご主人ですか？
そーだよ

南方アジア顔の、まぁイケメン。
宿の庭を見てってよ
ぜひ
と、庭の植物や作物を一つひとつ丹念に説明し出す。それはいいとして、さぁ部屋に戻ろう、とするもいつまでも立ち話を終えてくれない。
オレはね旅するみんなにハッピーになってもらいたくてこの宿を作ったんだよ
みんなのスマイルがオレの糧《かて》なんだよ
ヤバい!! この人、〃アニキ宿〃の人だ。
オレたちはひとりで生きてるんじゃないんだ ペラペラペラペラ 地球に恩返しするときなんだよ
ハァ
さようですか
この世に生きるものすべてに意味があるんだ なんたらかんたら
はずかしすぎるありきたりの人間賛歌、地球賛歌が続いたあと
オレほどおもしろいヤツはいないってみんな言う
↑こー言う人でおもしろい人に会ったためしはありません
どーしてそんなに明るいの? なんでいつも笑顔なのって聞かれる
でもそれがオレだから。苦しいときも笑顔でいると自分も周りもハッピーになれるだろう。ハッピーの輪を広げなきゃ
「オレのライフスタイル オレってどれだけ輝いてるか篇」に突入。この時点で2時間経過。
立ち去るにも、まったく話に継ぎ目なく、海女《あま》のような肺活量で息継ぎもコンマ1秒で終わらせ自分トーク浴びせまくるので、「じゃあ」の一言が切り出せない。目を泳がしたり、リアクション少なめにしても、自分に酔いしれてるからまったく平気でしゃべり続ける。
もちろんこっちにいっさいの質問はなし。語りのための道具に過ぎないから、一片の興味もないのだ。
ペラ
ペラ
ペラ
ペラ
ペラ
ヒー エキの野郎ちょっと見に来いや!!
そのころのエキ
グガ〜

もーひたすら人形になって機械的にうなずきをくりかえしてたけど
旅っていうのは日常を抜け出て自分を解放するもの
女房とは愛があって結婚したわけじゃない
あれ、なんか変な方向に……。
常識にとらわれる奴は人生終わってる
冒険に飛び込まないでどーする?
セックスってエネルギーの交換で陰と陽がうんたらかんたら
いい波が来たら乗らないと! タイミングとフィーリングを信じなきゃ。アジア人同士はセックスの相性がやっぱりいいんだ
これってもしや……。
いや、でも奥さん、離れにいるし……。
ひゃー暑い暑い
ゲッ
ムキ
ムキ
オレは毎日筋トレ欠かしたことないよ
触ってごらん固いから
ヒー
さらに
君は縛られたことってある?
キラーン
ゲーッ、キモーーッ。
ーって、そういうこと?
しかし初質問がそれかよ!
よもや、まだ自分が性処理対象になれるなんて思ってもみなかった。旅行ってスゲー。つーかこんな手順で落ちる女いるのか? それにしてもなんだよ、困った人だけど善意の人だから、とまだガマンしてたのに。
ちょっと連れの様子を見てきます
ギロッ
言おうにも君がまったく言葉を挟ませなかったんだよ。
えっ連れいたの!?
やっと脱出できたものの
なに寝こいてやがる!!
ドスッ
ハウッ
夜中にトイレ行こうとしたら、廊下にまっぱだかで寝てた。
ヒュ
なんで!?
ヘンタイにもほどが……。

ここコロサルに来たのはサンタ・リタ遺跡とセロス遺跡を見るためだったが、

サンタ・リタは小さな建物がひとつあるだけのとこで

セロスは大雨でタクシーも船も出なくて観光中止となり

かわいいデカ顔が居るのに。

まったく来た甲斐がなかった。で、この宿……。

ほうほうの体でベリーズ脱出。

※サンタ・リタ

先古典期から栄える古い都市。中断があったかどうかはわからないが、スペイン人が来たとき、ここはチェトゥマル（終盤時のマヤの一国）の首都でとても栄えてたらしい。マヤに身も心も捧げたスペイン人ゲレロは、ここの長（チェトゥマル）の娘と結婚し、マヤのためにスペイン軍と戦った。

今見られる遺跡は古典期のもの。墓が2つ見つかっていて、1つに女の遺体、もう1つに王とおぼしき男の遺体があった。

※セロス

先古典期の前300年から後150年ごろに栄えた古い国。（ながやり）

ベリーズ総評

ベリーズって国は、皆さん、感情激しく、全員ドラマ・クイーンって感じで個人個人のキャラは濃かったんだけど、「国」としてはなんか無味で手応えがない、という印象だった。それは海風や気候のせいなのかも（グアテマラは内陸だったせいか、とにかく濃いギラギラした漆黒の国のイメージだし）。

遺跡がこれまた薄味。整備の仕方が統一されてるからかもしれないが、ぜんぶ似かよっておどろきがないのだ。

喜びアイテムであるデカ顔マスクもそここにあるのだが……。

アルトゥン・ハ
太陽の神殿の
キニチ・アハウ
（太陽神）

ベリーズのキニチにはイヤな顔がいない

遺跡に行くのもやたら金がかかる。

これがバスなどで簡単に行けたら「いいとこだった」と思えるかもしれないが、手間と金をふんだんにかけたすえの見学だと、「これだけ金使ってこれ？」と、がっかり感が強くなってしまう。

やはりここは遺跡の国ではなく、リゾートの国なんだろうなー。

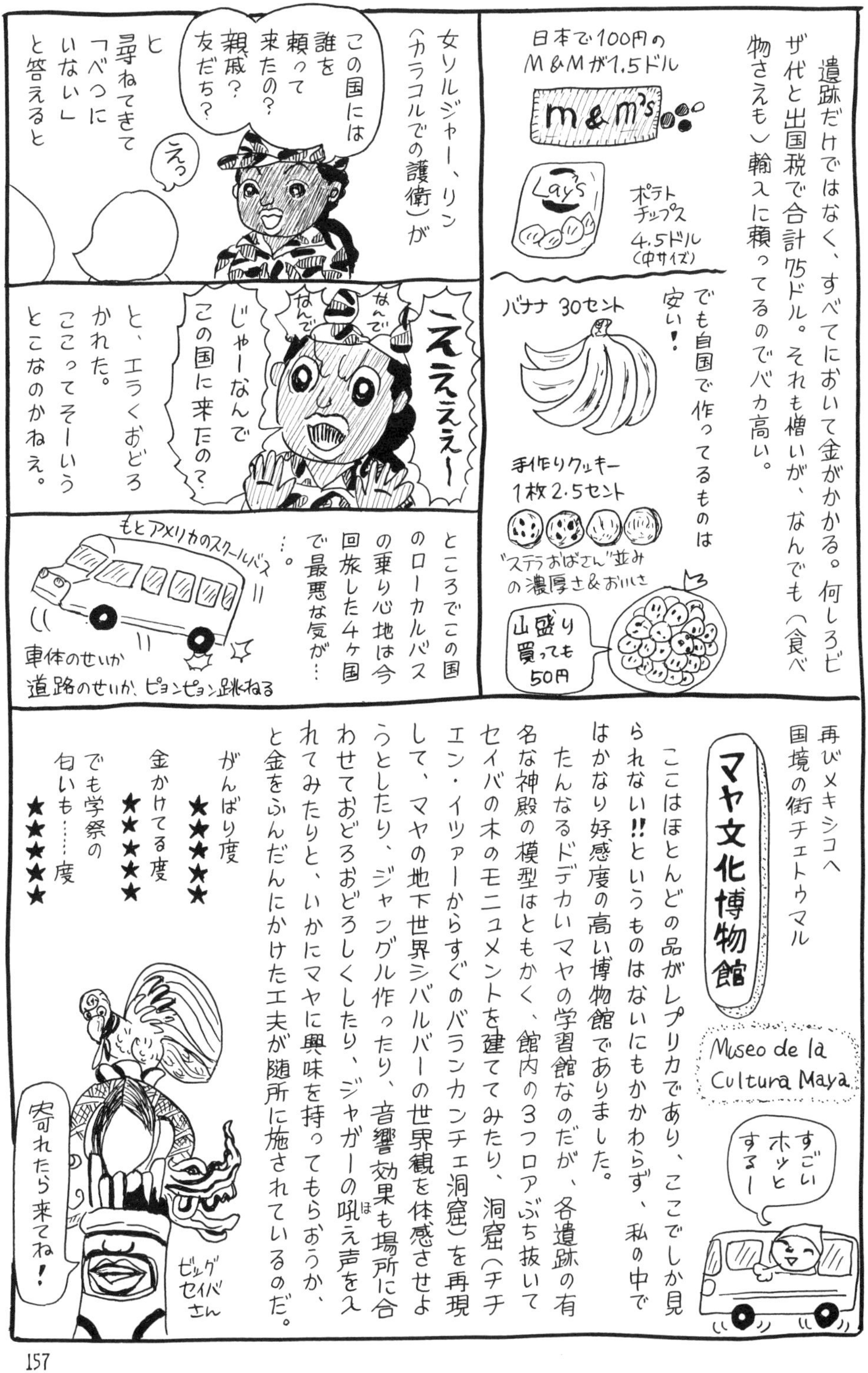
遺跡だけではなく、すべてにおいて金がかかる。何しろビザ代と出国税で合計75ドル。それも憎いが、なんでも（食べ物さえも）輸入に頼ってるのでバカ高い。
日本で100円のM&Mが1.5ドル
m&m's
Lay's
ポテトチップス
4.5ドル
(中サイズ)
でも自国で作ってるものは安い!
バナナ 30セント
手作りクッキー
1枚2.5セント
"ステラおばさん"並みの濃厚さ&おいしさ
山盛り買っても50円
女ソルジャー、リン（カラコルでの護衛）が
この国には誰を頼って来たの? 親戚? 友だち?
と尋ねてきて「べつにいない」と答えると
えっ
えええぇ〜
なんで なんで
じゃーなんでこの国に来たの?
と、エラくおどろかれた。ここってそーいうとこなのかねえ。
ところでこの国のローカルバスの乗り心地は今回旅した4ケ国で最悪な気が…。
もとアメリカのスクールバス
車体のせいか道路のせいか、ピョンピョン跳ねる
再びメキシコへ
国境の街チェトゥマル
マヤ文化博物館
Museo de la Cultura Maya
すごいホッとする〜
ここはほとんどの品がレプリカであり、ここでしか見られない!!というものはないにもかかわらず、私の中ではかなり好感度の高い博物館でありました。たんなるドデカいマヤの学習館なのだが、各遺跡の有名な神殿の模型はともかく、館内の3フロアぶち抜いてセイバの木のモニュメントを建ててみたり、洞窟（チチェン・イツァーからすぐのバランカンチェ洞窟）を再現して、マヤの地下世界シバルバーの世界観を体感させようとしたり、ジャングル作ったり、音響効果も場所に合わせておどろおどろしくしたり、ジャガーの吼《ほ》え声を入れてみたりと、いかにマヤに興味を持ってもらおうか、と金をふんだんにかけた工夫が随所に施されているのだ。
がんばり度 ★★★★★
金かけてる度 ★★★★★
でも学祭の匂いも……度 ★★★★★
ビッグセイバさん
寄れたら来てね!

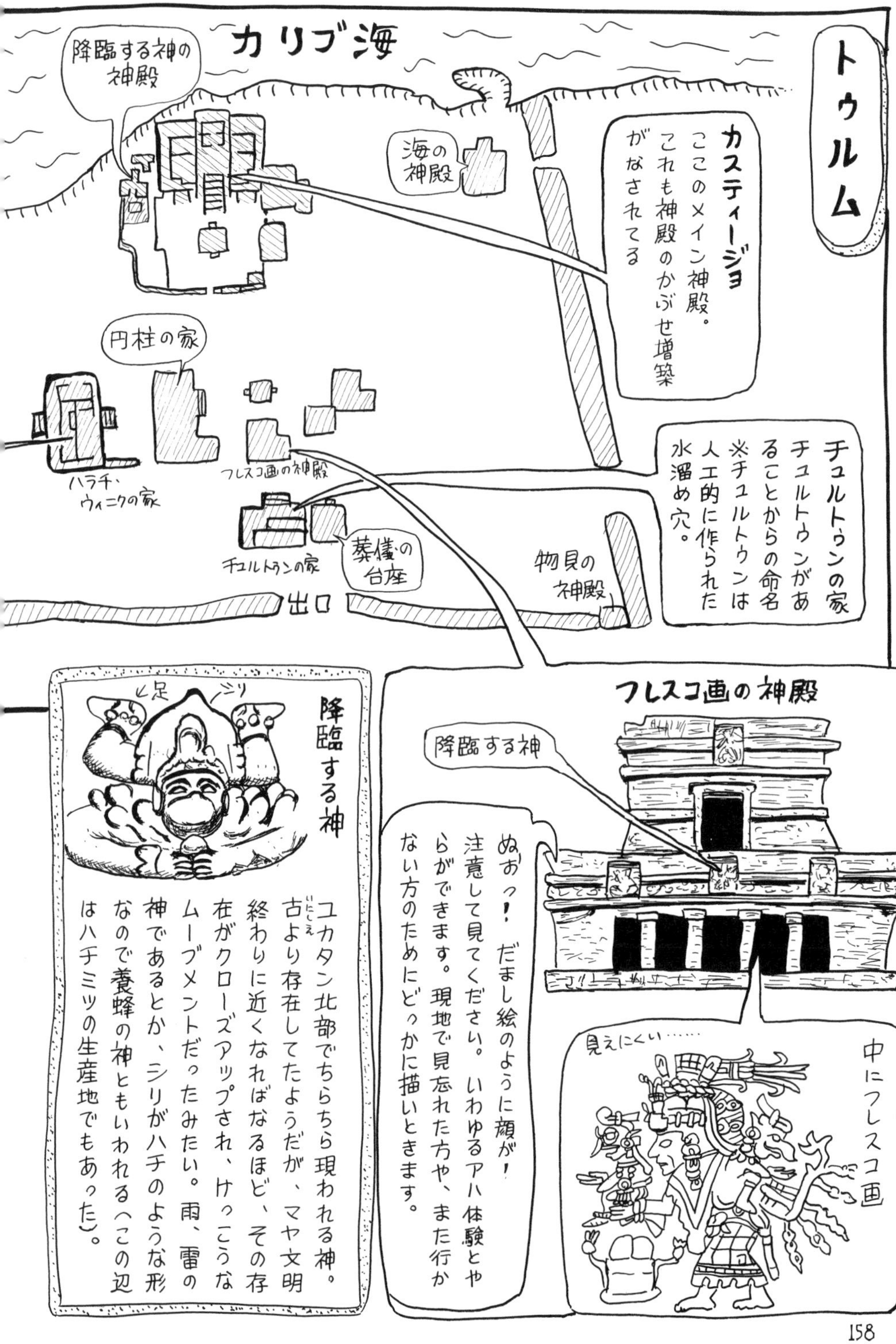
カリブ海
トゥルム
降臨する神の神殿
海の神殿
カスティージョ
ここのメイン神殿。これも神殿のかぶせ増築がなされてる
円柱の家
ハラチ・ウィニクの家
フレスコ画の神殿
チュルトゥンの家
葬儀の台座
物見の神殿
出口
チュルトゥンの家
チュルトゥンがあることからの命名
※チュルトゥンは人工的に作られた水溜め穴。
降臨する神
足
シリ
ユカタン北部でちらちら現われる神。古《いにしえ》より存在してたようだが、マヤ文明終わりに近くなればなるほど、その存在がクローズアップされ、けっこうなムーブメントだったみたい。雨、雷の神であるとか、シリがハチのような形なので養蜂の神ともいわれる（この辺はハチミツの生産地でもあった）。
フレスコ画の神殿
降臨する神
ぬおっ！ だまし絵のように顔が！
注意して見てください。いわゆるアハ体験とやらができます。現地で見忘れた方や、また行かない方のためにどっかに描いときます。
見えにくい……
中にフレスコ画

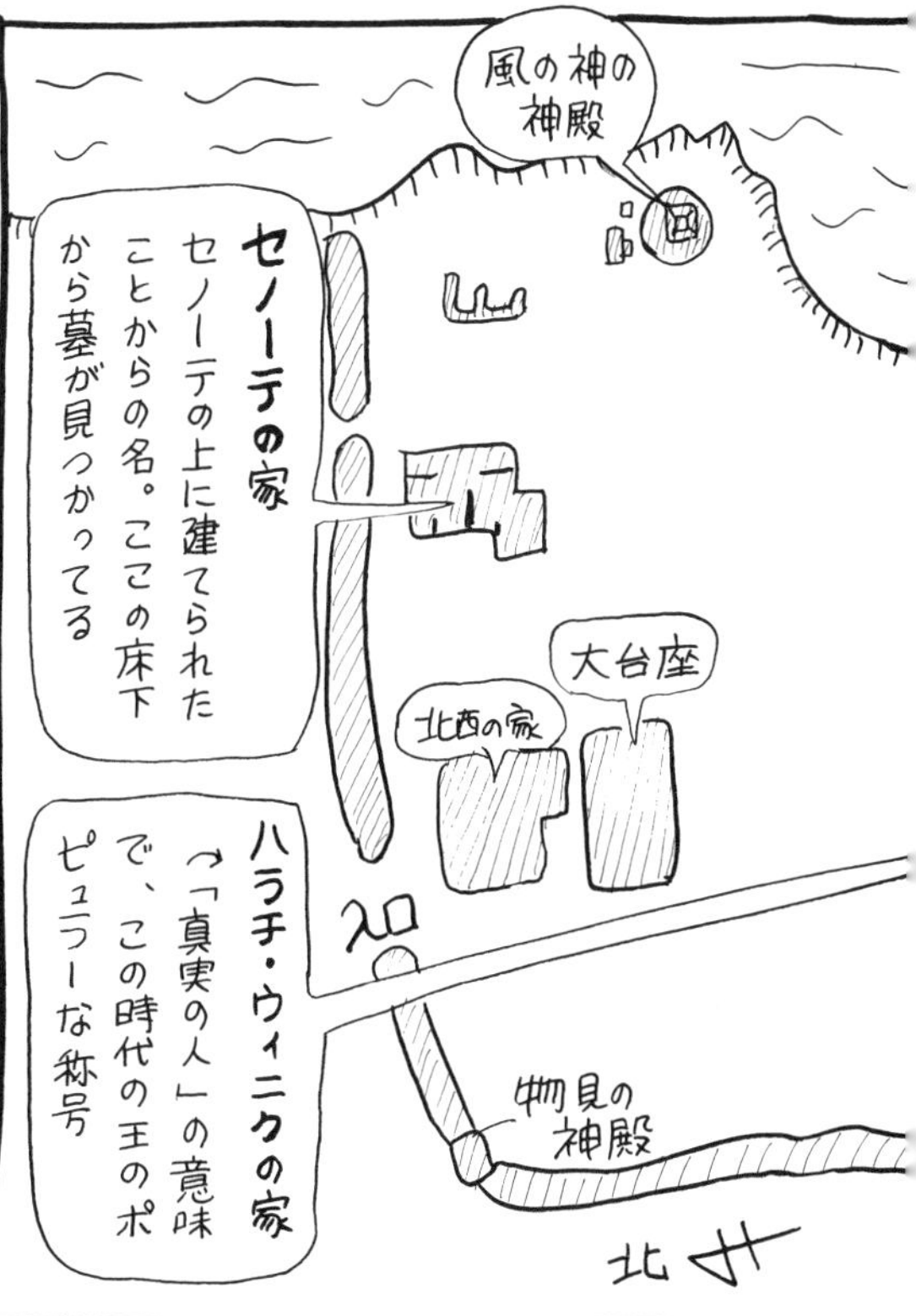

風の神の神殿
大台座
北西の家
入口
物見の神殿
北

セノーテの家

セノーテの上に建てられたことからの名。ここの床下から墓が見つかってる

ハラチ・ウィニクの家

「真実の人」の意味で、この時代の王のポピュラーな称号

トゥルムーロメモ

1200〜1542年まで栄えたマヤ文明も最後も最後の組の都市。もともとはサマ（夜明けの場所）という名前であった。トゥルムは「塀」の意味で、ここが塀で囲まれてることから付けられた（これもマヤ語）。

第2次スペイン探検隊の隊長グリハルバが、船から「セビリアに匹敵する大都市がある」と、感嘆したのは、ここだったろうといわれている。

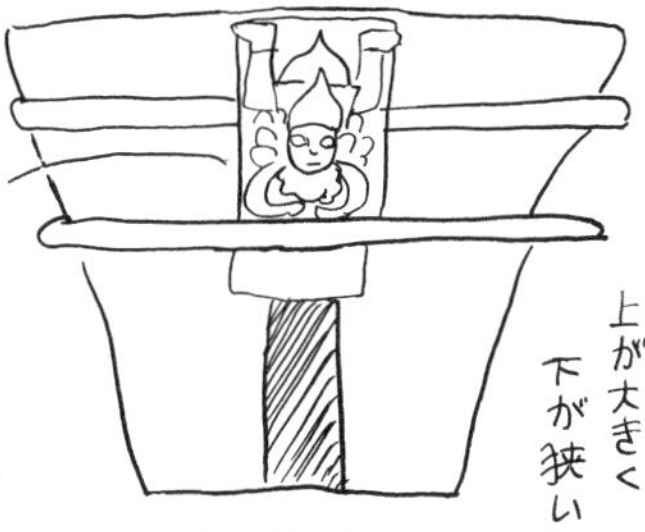

トゥルムの建物は
上が大きく
下が狭い
あちこちの戸口の上に
"降臨する神"

大げさ図

とにかく美しいー。カリブ海とマヤ遺跡のコラボレーションがたまらん美しさを作り出してます。しかも泳げます！

……でもいかんせん興をそがれるのが、ロープ。ほとんどの建物に張り巡らされ、遠巻きに見るしかないのだ。

フン！お高くとまっちゃって

また10時ごろからいきなり異常な数の団体ツアー客がやってきてディズニーランド・レベルの混雑状況に。ここで初めて観光地ユカタンの実力を思い知った。

フォトジェニック度★★★★★
イグアナ度★★★★★
イグアナー!!
あっちこっちにハエのようにウジャウジャいる
この方たちには狂喜乱舞！

コバー

4つの離れた遺跡グループを自転車などで回るところ。

ノホッチムル・グループ

ノホッチムル（「大きな山」の意味）という高さ42mのピラミッドが!! その崩れた急な階段はスキー場のジャンプ台を思わせる。頂上から見る景色はティカル同様、絶景。頂上の神殿に「降臨する神」がいる。後1100～1400年のどこかで造られた。

球技場

メキシコ中央部の球技場はあまり心にコなかったが、マヤの球技場はどれも美しい。コバーのは、その中でも上位に入る気がする。

ところどころ意味深なレリーフのパネルがはめ込まれてる。

自分の首を持つジャガー（？）

もっと道はありますがわかりやすいのだけ残してます。
この辺自転車組織②
神殿3
神殿1
マカンショク湖

シャイベ

マヤ語で「交差点」の意味の建物。4つのサクベが交わるところに建てられているので、この呼び名。

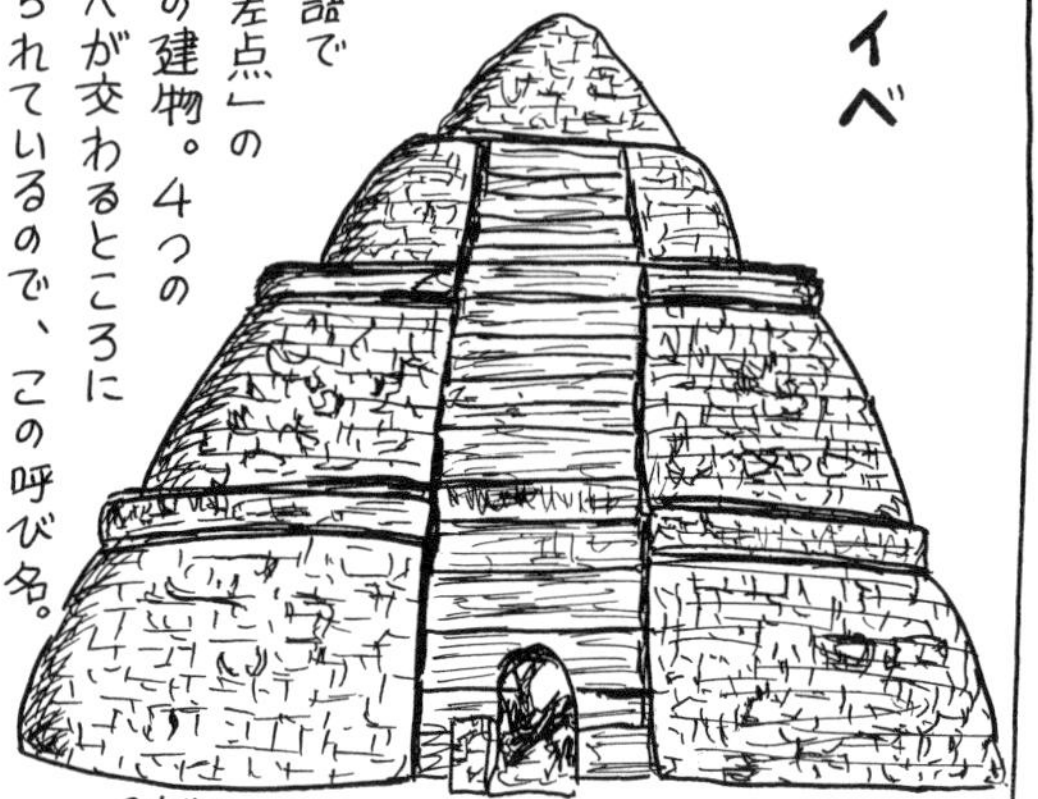

独特の丸っこいフォルム

壁画のグループ

時代は後古典期（後900年以降）のものらしい。メインの一番高い建物（神殿1）の上部正面とリンテルにうっすら壁画（文字付き）がある。そのすぐ前方に小さな柱が残る建物（神殿3）と13のミニ祭壇があり、それらがささやかでかわいらしい。

マカンショク・グループ

一番ボヤケた感じのところ。コバー全体に言えるのだが、ここの石碑はあまりに磨耗しているし、そうじゃなくてもすべて同じようなポーズで、あまり面白味がない。

レンタル自転車&人力車屋
その組織力、商売のうまさに敬服！200台ほどの自転車が入り口付近にあるだけでなく、徒歩で行く頑固者たちの疲れを計算し、一番遠いグループ付近にも100台近くを配備。さらに人力車(風自転車)も各グループに何台か待機させ、客(徒歩脱落者)を1人もとりこぼさない!!

自転車サイコー!!

昔のマヤの人たちがこさえた道を、風切って走るこの爽快さったら!!(一部、見学しやすいように現代の人が作った道あり)

そして遺跡はといえば、ひっそりとした中に凛とした美しさ。樹々に侵食され、根が建物にからみついてるさまは、まさに思い描いていた「ザ・マヤ遺跡」。

と、しかしその寂たるたたずまいを味わえるのは早朝だけ。やはり10時くらいからまたものすごい数の観光バスがカンクーンから押し寄せ異常な人口密度に。サクベは中国の朝といった風情で自転車の大渋滞となり、いっさいの情緒は消えるのだった。

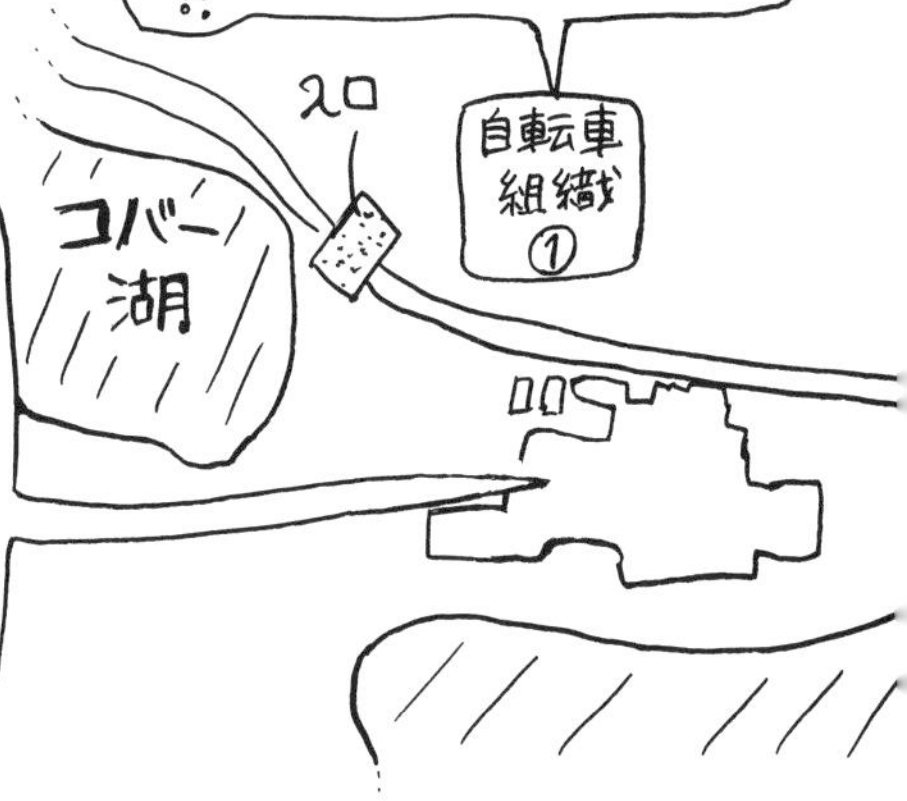

コバー・グループ
イグレシア(教会)と呼ばれる高さ24mのピラミッドあり。グループは古典期前期(後250〜600年)に造られたもの。あとの時代も修復され、ずっと利用されていた。
ここの球技場も美しい。木がガッツリからんでます。

コバーとは「さざなみの寄せる湖水」(なんと美しい訳!!)という意味で5つの湖のほとりに作られた都市。ティカルやカラクムルなどの中部文化と、チチェン・イッツァー、トゥルムなどの北部文化が混在する遺跡。古典期特有の日づけ入りの石碑(後780年までの日づけ)もあるし、全体の印象は北部ユカタンの遺跡っていうより中部マヤのイメージ。

後300年から発展し、9世紀ごろからの古典期マヤ文明崩壊の危機は乗り切った。が、10世紀から12世紀のどこかでいったんこの都市は捨てられる。で、また12〜13世紀あたりに人が住み始めたそうだ。

ここも隠れた大物。63km²の広大な土地を持ち、推定人口は5万5千人(8世紀で)、建物は6500あったとされる。46本のサクベを張り巡らせ、そのうちの1本は100キロもあり(これがマヤ最長のもの)、チチェン・イッツァーの目と鼻の先にあるヤシュナという都市につなげていた。コバーはチチェン・イッツァーのライバルだったようだが、最終的に敗北したのか、ユカタンNO1の都市の座はチチェン・イッツァーのものとなった。

カンクーンのマヤ遺跡
エル・レイ
スペイン語で「王」の意味。ここから出土した王っぽい人の像による。
人気薄っ!!
HILTON
あまりに小さいからか客は1人もいない。俗の象徴であるヒルトンをバックにしていてなかなか味わい深いとこでもあるのに。
年代は後1200～1500年ごろのもの。トゥルムと同じで白いし、柱廊もあるので、写真だけ見るとギリシアの遺跡と言っても通用しそう。
ここでなんといってもうれしーのはイグアナたち。元来臆病なくせに、ここのは人馴れしててなつっこく
にょにょ〜♡
ヒザに乗ってくる奴までいるのだ。
職員の方が「これをやれ」とパンをくれたので（なんでも食べるらしいーし）、あげてると、すごい数が集まってきて、
森の動物たちに説法するブッダになったようで至福。
カンクーン、恐るるに足らず
世界のゴージャス・リゾートの王者であるカンクーン。こんなみすぼらしいヤツが行って大丈夫なのかしら、差別を受けたりしないかしら、と忍び足で入ったものの、有名なゴージャス・ショッピングモールに入ったらひと安心。
世界の名だたるブランドショップが立ち並ぶなか、階段とか角とかが、ところどころペンキ剥がれ落ちてそのままになっていたり、ドアが壊れてるのをそのままにしたりと、メキシコらしいスキがあって、緊張を一気に緩めてくれた。
ホテルゾーンも、どうも毒を抜いて思いっきり淡白にしたラスベガスって感じで、敷居の高さを感じない。出るころにはすっかり上目線の客になってるくらい、フランクなとこだった。
なんだ中野ブロードウェイじゃん
って1日しかいなかったくせに……
この人は本物のサービスを知りません
カンクーンなんぼのもんじゃい

エク・バラム

天使のような像が有名。

ウキ・カン・レク・トク王の墓所

入り口は怪物の口で、上部に7人の彫刻が彫られてます（1人破損）

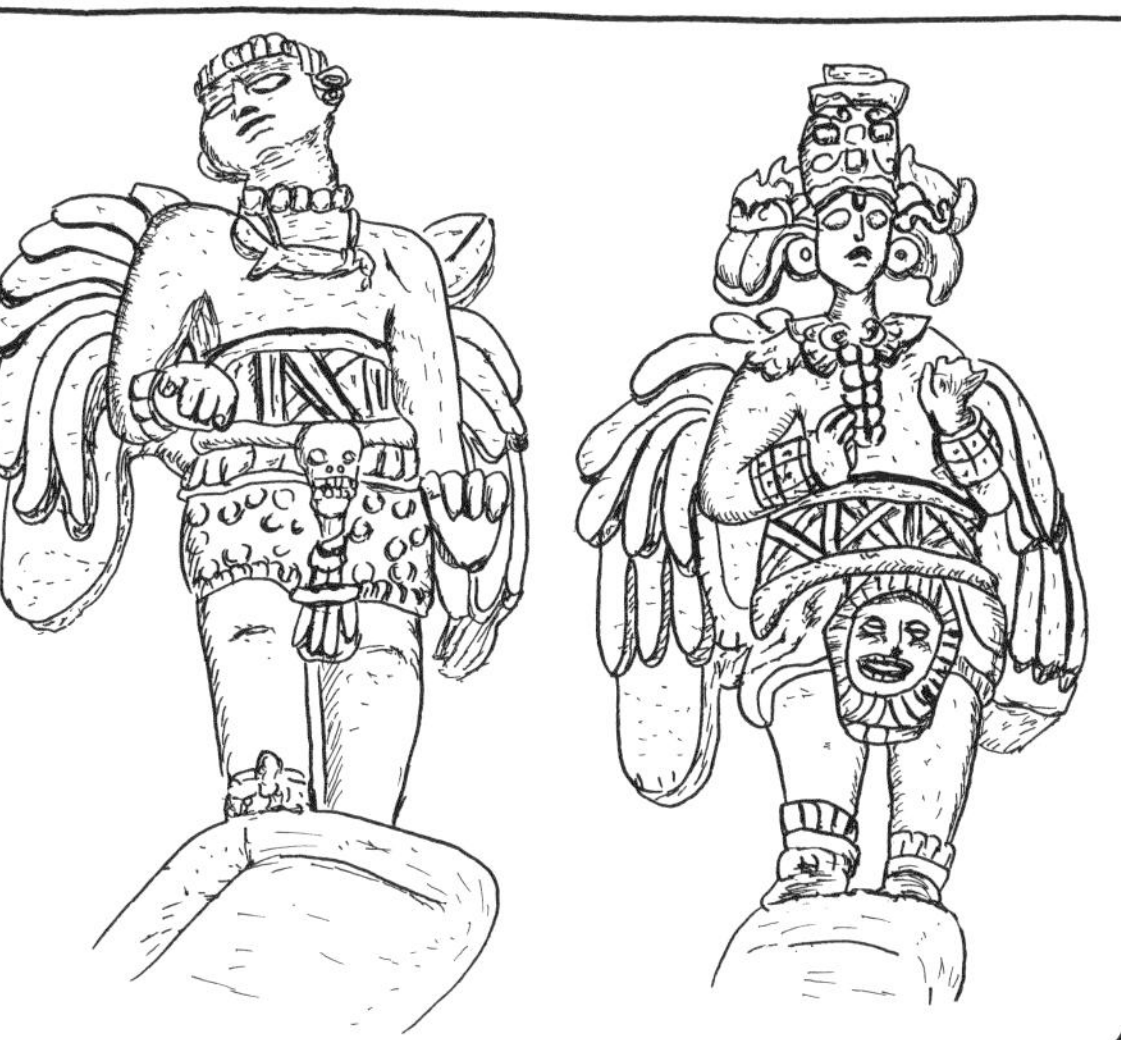

自分にはどうもゲームキャラー真・女神転生の悪魔キャラなんかをほうふっとさせる。

こんなはっきりくっきりの丸彫り人物彫刻はとても珍しい。さらにいろんなキャラ←が彫り込まれている。

1
2
3
4
5
6
7
なし

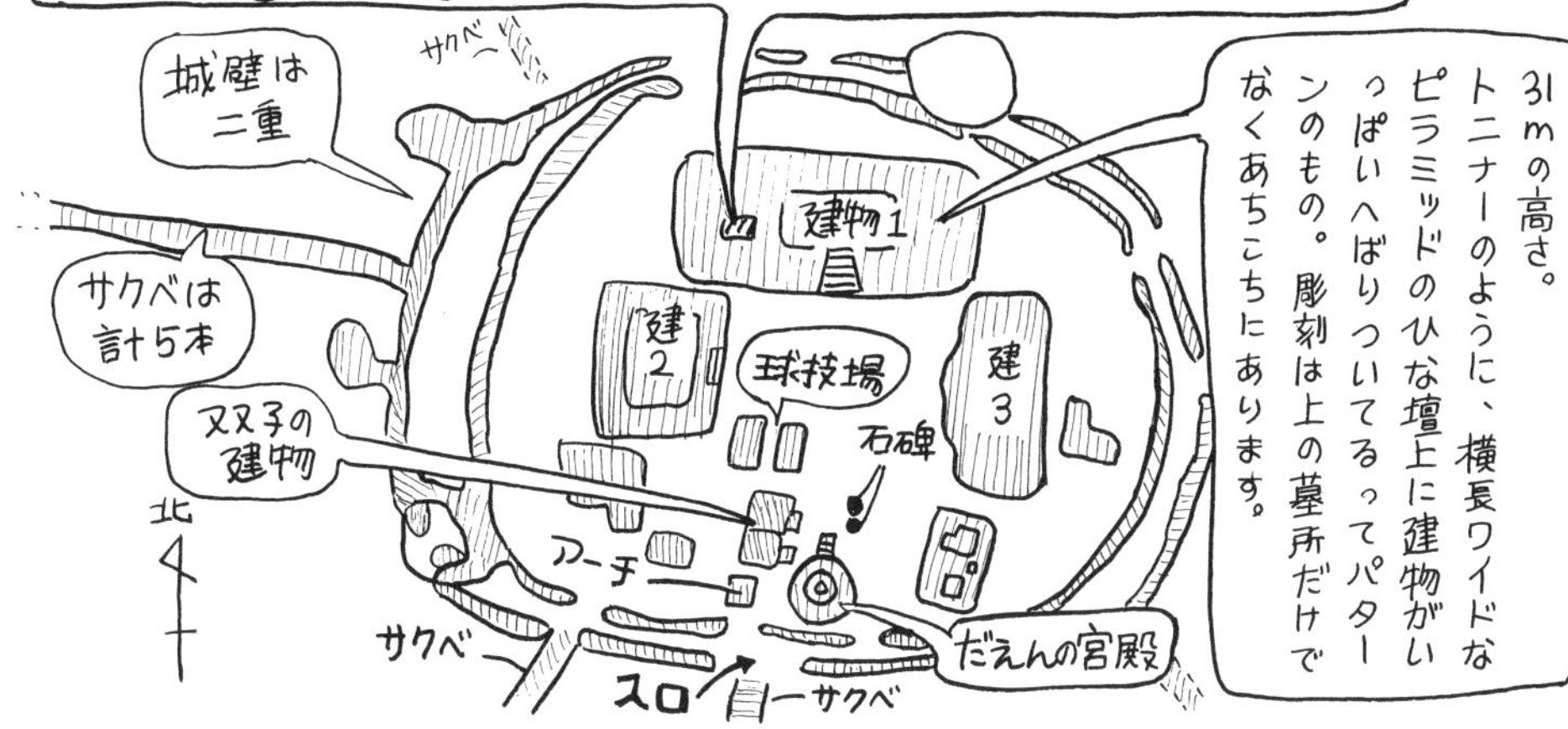
31mの高さ。
トニナーのように、横長ワイドなピラミッドのひな壇上に建物がいっぱいへばりついてるってパターンのもの。彫刻は上の墓所だけでなくあちこちにあります。
城壁は二重
サクベ
サクベは計5本
双子の建物
建物1
建2
建3
球技場
石碑
アーチ
サクベ
スロ
サクベ
だえんの宮殿
北

エク・バラムとはマヤ語で「黒いジャガー」または「輝く星のジャガー」の意味。この都市を拓《ひら》いた王の名前だそうだ。

古典期マヤ文明（後3〜9世紀）に参加。マヤ文字入りの石碑も出ている。9世紀のウキ・カン・レク・トク王（ややこしい名）の治世時が最盛期。↑→の石碑もこの人・作。肖像も彫られてる。11世紀くらいから過疎が進むも、（新たな人たちが移り住んできたのか）スペイン人が来たときもいちおう都市は機能していた。

建物の下部や核の部分は古典期のもので、上のほうは部分的に新しい年代（1200年〜）のものが入り混じる。

バジャドリッド

エク・バラムやチチェン・イッツァーの拠点の町

小さな小さなコロニアル都市のバジャドリッドはセノーテでも有名。

またなぜか食べ物屋は少なく、やたらアクセサリー屋とか宝石屋とかのおしゃれグッズ屋（モサい感じの）が多い街だった（なぜならば↓）。

2つあるセノーテの1つ、セノーテ・ザチは街の中にあって行きやすい（もう1つは街から西へ7キロ）。チチェン・イッツァーのセノーテよりふんいきあって、セノーテを照らすスポットライトのような陽光と、水面《みなも》の深い青さにうっとり。

虫もいっぱい浮いてます

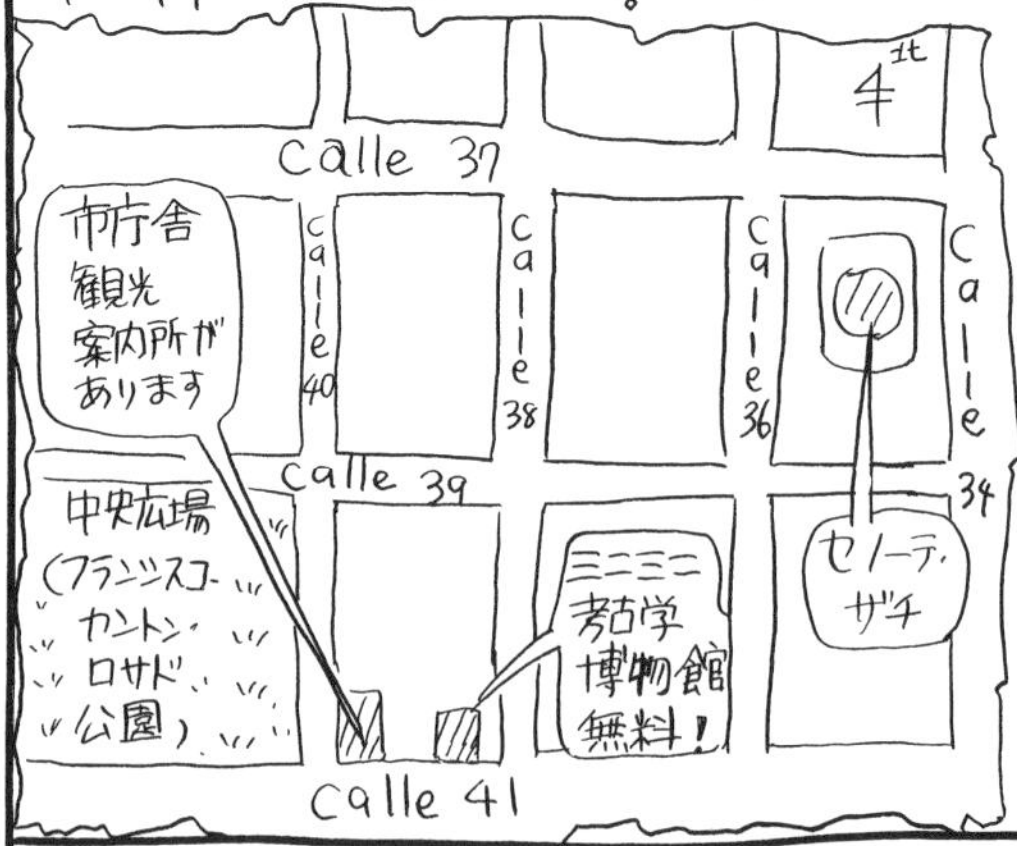
北
Calle 37
Calle 40
Calle 38
Calle 36
Calle 34
Calle 39
Calle 41
市庁舎
観光案内所があります
中央広場
（フランシスコ・カントン・ロサド公園）
ミニミニ考古学博物館
無料！
セノーテ・ザチ

身だしなみ万全のメキシコ人

ファッション的にINとかOUTとかそういうことは抜きにして、全体的に皆さん、とにかく清潔でキッチリしてらっしゃる。

髪の毛はキレイにそろえられ、デップで固めスキがない。

服も新品って感じにパリっとしてる。

また人体の匂いにもたいへん気を遣っている。デオドラント製品の種類もハンパなくバスや電車を始めあらゆる閉鎖空間でつらかったことは一度もない。

フローラルな香り

また鼻を人前でかんだりしない。すする音も出さない。

もちろん、ハナクソほる人がいたりとか（前述）、例外もありますよ。

ある意味見栄っ張りなのかもしれないが、エチケットを重視し、人を不愉快にさせない努力をつねにしてるって感じで、これも意外なことのひとつでした。

IN チチェン・イッツァー
ウナ・ダラー・マヤ
さすがメキシコ一の観光地なだけあって遺跡内のみやげもの屋の数がハンパない。
遺跡を見に来てんだかみやげを見に来てんだかわからないほどの多さである。
決め口上らしく
パンパン
パンパン
ウナ・ダラー（1ドル）
パン
パン
オールウナ・ダラー
の呼び込み文句を唱えている。
ウソー あんたぜったいなんかまちがえてるよ
いや本当なんだって!! 何度もしつこく確かめたもん
もちろん1ドルなわけはなく、私はそんなものに惑わされず遺跡に集中ー。
ホヘー
そしてやたら「売ってる人の手作り」だとか「かっこいい」とか「みんなに喜ばれる」とか、しつこく言い続けるのだ。
ぜったい買ったほうがいいって
そしたらエキが
ダダーッ
大変だよ!! ほんとにぜんぶ1ドルだったよー
もー、ぜんぜん集中できないので、「じゃあよかったら買う」と、エキについていく。
ハー

エキがベタ褒めする人のとこに行くと
でーん
えー、これー!?
こんなデカい石像、1ドルでもいらないよ。
でもみやげ売りは「わざわざ戻ってきた客=大いに脈あり」と、それこそ本領発揮で営業トークを始める。
そりゃーそーだよな~
私の家は代々シャーマンをやっていてこれを置いておくと~~~~
すごく小さい方
マヤ人男子の平均身長は152cmらしい。女子は140cm
だいたいこんなのが1ドルなわけがない。1ドルなんてそんなバカにした金額払えるわけがない。
はい!
これがウナ・ダラーなんですか?
ウナ・ダラー・マヤです
えっ
ウナ・ダラーじゃないんですか?
はいウナ・ダラー・マヤです
目、思いっきり動いてる
なんだ? さっきから小さな声で「マヤ」って。
アメリカの1ドルじゃないんですか?
はいウナ・ダラー・マヤです
マヤとはなんですか
…はい……私たちの……お金の単位です……
しどろもどろ
やっぱり……。
ほら見ろ!
ギロ
ペソに直すといくらですか?
400ペソです(約4000円)
→消えるよーな声
でもすごく安いです作るのに1ケ月かかります、ふつうですと1000ペソは~~(すんごい早口)
……

ごめんなさい
私には
重いので
と
私は退散。
エキはつかまったまま。
で、しばらくしたら
バーン
買っちゃったよー♪
ってあんた2個も!!
君の分も買ってあげたんだよほら!
いらないよ!!
だってすごいんだよー
結局あれからドンドン下げてくれて2つで350ペソにしてもらったんだから
なんか申し訳ないよ
本当あいついい奴だよ
まぁたしかに相場より安いし、目を泳がせてた辺り、悪い人間ではないだろうが。
おめでたすぎる男
それからのエキは上機嫌で
ウナ・ダラー!マヤ♪
ウナ・ダラー・マヤ♪
と自分が釣られたフレーズ気に入ってエンドレスでリピート。
ウルセー
もうさっきの場所にはみやげ売りの姿はなかった。
売上達成で早々と店じまいしたのかねー
そして私たちにはまだまだ長い旅期間が残っているのだった。
送ればいいじゃん。1万円以上かけて
ププ
ぜったいヤダよ!
壊れたらどーするの!!こんな価値のあるもの

聖なるセノーテ（生けにえのセノーテ）
底に雨神チャークが住んでいると信じられ、干ばつ時の雨ごいのために、金目のものや生けにえが投げ込まれた。現在までに127体の遺体が見つかっている。
直径60m。セノーテまで22m。水深6〜12m。
省略
北
大テーブルの神殿
金星の基壇
戦士の神殿
カスティージョ
（ククルカンの神殿）
球技場
球技場
千本柱のグループ
球技場
蒸し風呂（900〜1200年）
焼き石に水をかけて蒸気を出すというシステム。リラクゼーションというよりは、宗教儀式の際の身を浄めるためのもの。
シュトロク神殿
サブ入口
セノーテ・シュトロク
最初にチチェン・イツァーに居を定めた人たちはこの周りに集まってきたそう。シュトロクはトカゲの意味。
マヤランド・ホテル
市場（通称）
実際の用途は謎。
高く細い柱が建ち並ぶ

チチェン・イッツァー

とにかく、人！人！人!! 中米文明の遺跡で一番の集客力のこの遺跡。どこもかしこもエレクトリカル・パレード並みに人が集まってる。悲しいことに、目玉のカスティージョを始め、すべてのピラミッドが登頂禁止。ほとんどの神殿はトゥルムのようにロープ張られて、遠巻きに眺めるだけ。それでも、そんなマイナス面を補って余りある美しさ、面白さ、フォトジェニックさ。さすがNo1なだけのことはあります。

尼僧院

正面右側の大きな穴はトンデモ探検家ル・プロンジョンがダイナマイトで吹き飛ばして人々のひんしゅくを買った穴。遺跡への被害度でいったら落書きどころの騒ぎじゃないが、実際は、中に埋まってた神殿が覗けて面白かったりする。呼び名は部屋数の多さから、スペイン人が自分らの建物を連想し、つけたもの。すぐ近くにある「教会」という建物も、「尼僧院の近くにある＝《イコール》教会」という単純な発想でつけられた。

蒸し風呂（小）

生けにえの方たちを浄めるためのもの。
ところでセノーテまでの道（271m）はみやげもの屋がワッサワッサと軒を連ね、情緒なし。気持ち高めたくても無理。

ツォンパントリ（頭がい骨の壁）

ぎっしりとドクロ・レリーフ。メキシコ中央部でポピュラーな建造物。ここからは本物の頭がい骨が発掘されているし、実際生けにえの方々の頭がい骨を並べていたと思われる。また2つのチャクモールも見つかっている。

ミニ金星の基壇

北側にあるものをひと回り小さくしたもの。中から2つの墓が見つかった。

シカの家

半分崩れてる。シカの壁画があったことからの名。（もう崩れて、なし）

赤い家

神殿の前面部とか、中のアーチ状の天井部分が赤く塗られていたとかでこの名前。中には入れないが、チチェン・イツァーの支配者カックパカルを始め、3人の名前のある碑文が見つかってるそう。伝説の3兄弟か？ 後870年の日づけが刻まれていたので、「シカの家」とこの建物はその時代ら辺に造られたと考えられている。

チチェン・ビエホ（古いチチェン）への道

ここから2・5キロほど歩くといくつかの神殿群に出合えるそうだが、通行禁止。そこにずっと捜し求めていた「男根の神殿」があるのをあとで知り地団太を踏む。それは部屋の壁にポコッとチンが突き出ているという幻の神殿（私にとっては）。ツアーなどがあるそうですが、行かれた方はチンの様子や感想をぜひお教えください。

大球技場
ワシとジャガーの基壇
入口
納骨堂（高僧の墓）
メタテの家（メタテとは粉挽き台）
カラコル
アカブ・ジブ
壁パネルの神殿
尼僧院
サクベ
ここら辺拡大図
アカブ・ジブへ
壁パネルの神殿
教会
尼僧院
東館
サクベ

チチェン・イッツァー 一口メモ

後400〜700年ごろから都市化が始まり、後900〜1100年ごろに大隆盛した。その領地25km²に5万人いたと推定される。サクベは69本でマヤ最多。名前は「イッツァーの泉の口」の意味。目立つ大きなセノーテからついた名（イッツァー人はいつのころか、この地の主になったイマイチ正体がわからぬ集団）。

とにかくここは謎だらけ。チチェン・イッツァーが栄える以前にもマヤ地域はテオティワカン、オルメカなど西の影響を受けてきたが、こんなにもあからさまにメキシコ側文化が入り込んできた例はない。もう何がどんなことになってたのやら。

カスティージョ、または ククルカンの神殿

スペイン語で「城」の意味

息を呑む美しさ。
この優美さは
タージ・マハール
に匹敵する。
どこから見ても、
どの角度から
見ても
問答無用の
完璧な美!!

建物自体も
見事だが、
ほかの建物から
大きく引き離して
広大な空間の中に
ぽつねんと
置いたことが、
さらに美しさを
際立たせている。

絵や写真では
ぜったい
伝わらない
実物の美しさ

言わずと知れた カレンダー神殿

カスティージョには、マヤ、いやメソアメリカ全土の大事な暦の数字が詰まっていることは、よく知られていますが、念のためおさらいを。

4つの側面の階段はそれぞれ91段であり、合計364段。これに上の神殿を1段として足すと365という数字になる。ピラミッド自体は9層となっていて、これは地下世界の層の数、夜の神の数といっしょ。階段によって2分割されることで18となり、これは365日暦の月数といっしょ（メソアメリカの365日暦は20日×18ヶ月です）。まあこれはこじつけっぽくも感じるけど。また壁面装飾のくぼみは1面に52個あり、これはメソアメリカの循環暦の1世紀（＝52年）にあたる。

羽毛のヘビ
ククルカン。
ヘビ頭は
北面のみ。

壮大なしかけ

毎年、春分と秋分の日（3月21日、9月21日近辺）に羽毛のヘビが地上に降りてくる。夕方3時半か4時くらいの、太陽が西へ沈む時間から1時間ほど、ピラミッドの層の影が羽毛のヘビの胴体を作り、それがグネグネと這《は》う。

★これも4時半から5時半とか、いろいろ変動があります。

雨の到来を教え、種まきの開始を告げてくれる壮大な装置なのである。ピラミッドを真北より東に17度ズラして造ったことで、この現象を起こすことができた。すんごい緻密に計算されてるのだ。

この現象は1928年に遺跡の修復作業をしていた職員によって発見され、それ以降、何万人もの人を集める大イベントと化した。

また北にセノーテがあることから、天から降りてきた羽毛のヘビは、そのままセノーテへ直進し、のどを潤すとか、飛び込むなどの解釈もされている。そのほか細かい天文現象は数多く起こっている。冬至の日は朝日が南面を直射するとか、夏至の日には沈む太陽が北の面を照らす、などなど……（これら天文現象の情報は『中南米の古代都市文明』（狩野千秋著）より）。

さらに

これもメソアメリカ特有のマトリョーシュカ人形方式で中に神殿が入っているというどこまでも（観光客に）サービス精神旺盛なピラミッドなのだ〜。とはいえ、このとき入場禁止。ちっ。

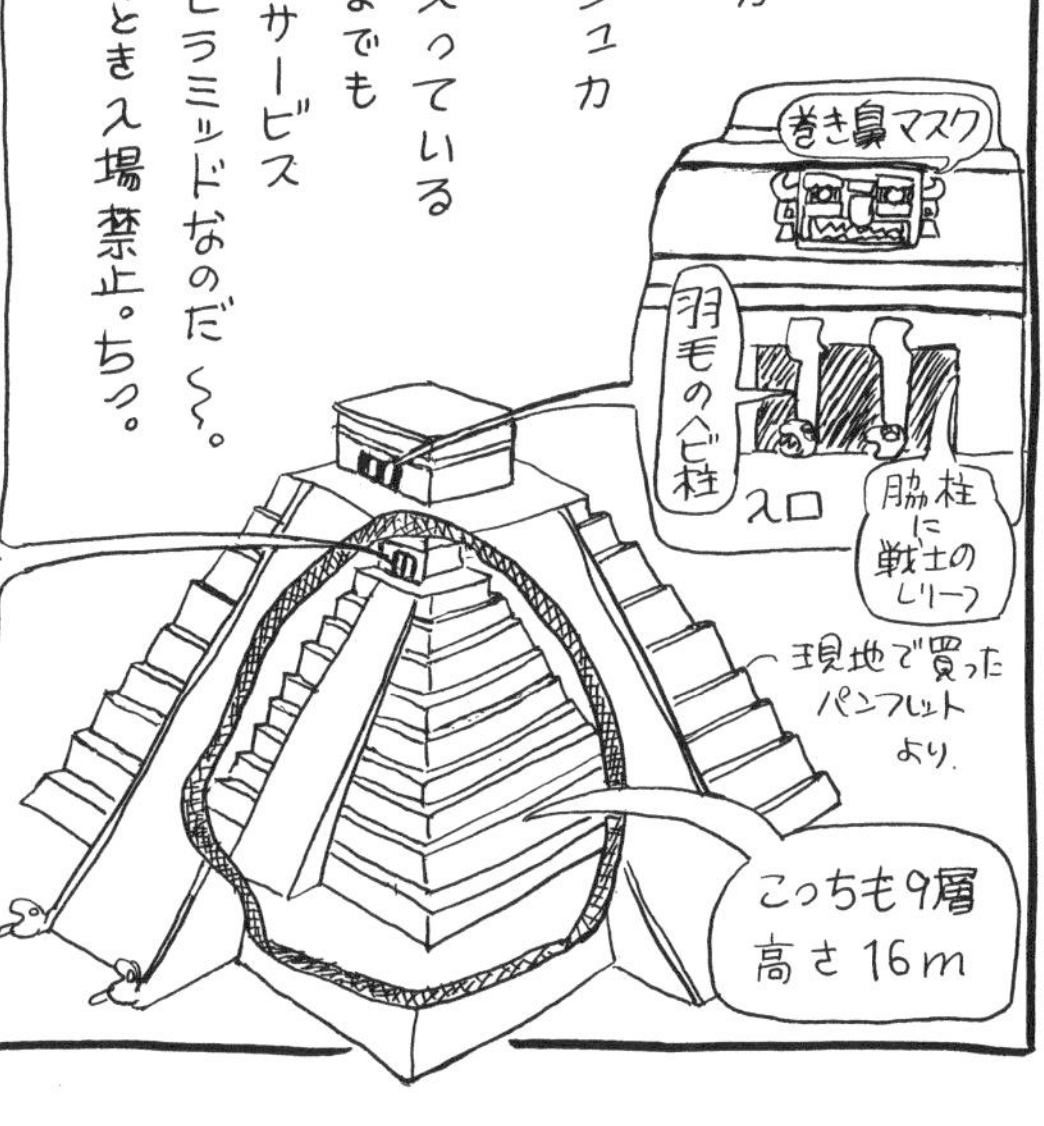
巻き鼻マスク
羽毛のヘビ柱
入口
脇柱に戦士のレリーフ
現地で買ったパンフレットより。
こっちも9層
高さ16m

この神殿内にはチャクモールとジャガーの玉座があります。

斑点はヒスイ
という豪華さ
でも、おもちゃっぽい

大球技場

メソアメリカ最大の球技場！（長さ168m、幅50m）
デカすぎるせいか、大味な印象。
音響効果が有名で、あちこちで手を叩く音が響き、南北それぞれの神殿に分かれて会話を試す人たちで大にぎわい。チチェン・イツァーは13も球技場があるそうだが、完璧に復元されているのはこれだけ。

ジャガーの神殿1F（球技場外側）

中は細かいレリーフでぎっしり。色も残る。近くでじっくり見られないのが残念。

外側正面左側に好色そうなジジイ。亀の甲羅のコスチューム着てて変質者感UP。神らしいが。

ジャガーの神殿2F（球技場上部）

かつて中にカラフルな戦争の壁画があった（今は崩れて破片しか残ってないそう）。それは「侵入者（トルテカ？）が町を攻めて大合戦」という興味深いもの。

北の神殿（あごひげの男の神殿）

マヤの図ではまぁまぁ珍しい、あごひげをたくわえた男らが彫刻されてるということだが、遠目からはとても探せない。植物やこんな人↓がいるのだけがわかった。

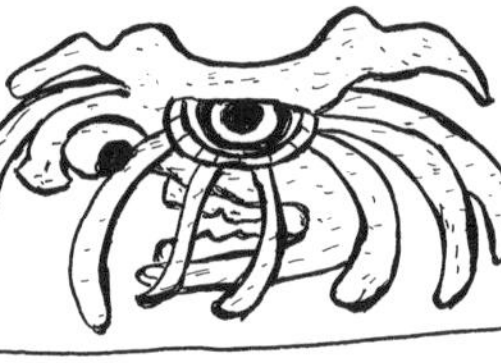

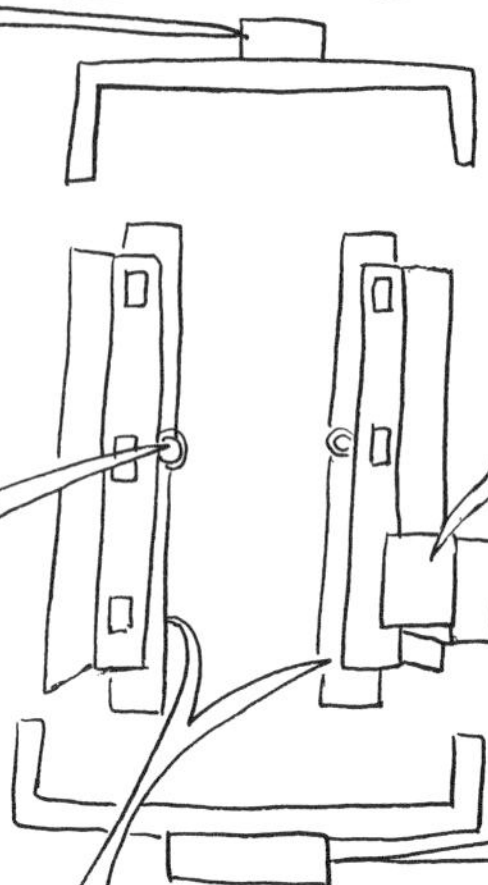

7mもの高さに取り付けられた輪っかには2匹の羽毛の生えたヘビがクロスする姿が彫られている。

南の神殿
ここの柱にも戦士像。

両側下部に、負けたチームが首を斬られるレリーフがくりかえされている。

勝者
植物も生まれる↓
噴き出す血をヘビで表現
首

ボールの中に頭がい骨。死の神ともいわれるが、ここのボールは頭がい骨を芯にしていたのでは、と恐ろしいことを考える人も……。

戦士の神殿

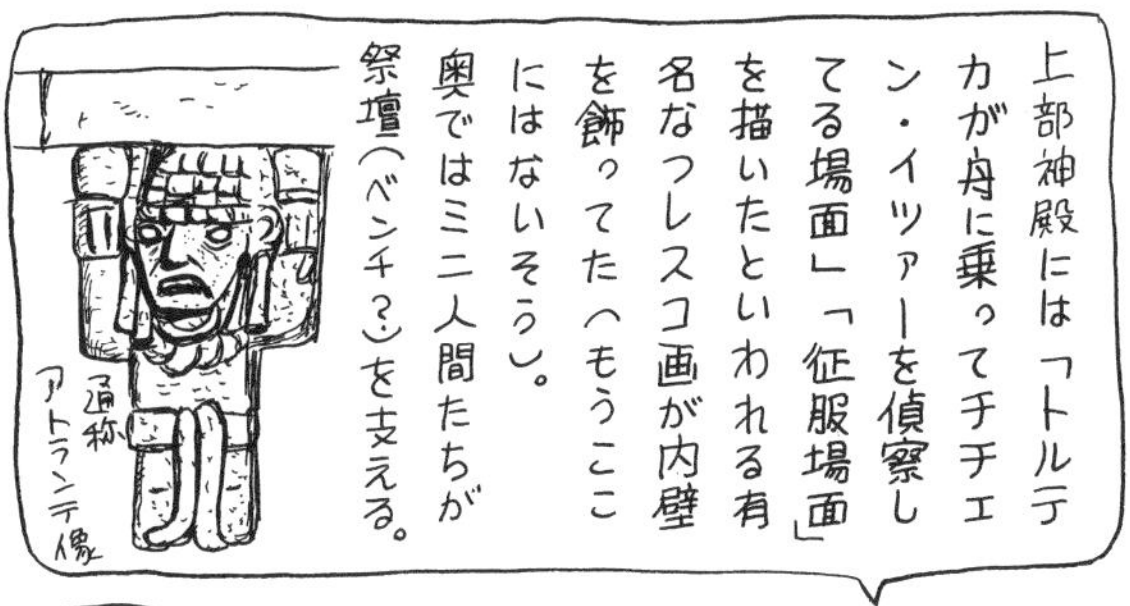

上部神殿には「トルテカが舟に乗ってチチェン・イッツァーを偵察してる場面」「征服場面」を描いたといわれる有名なフレスコ画が内壁を飾ってた(もうここにはないそう)。奥ではミニ人間たちが祭壇(ベンチ?)を支える。
通称アトランテ像

旗手(旗持ち)像
ちっこくてかわいい
←羽毛のヘビ

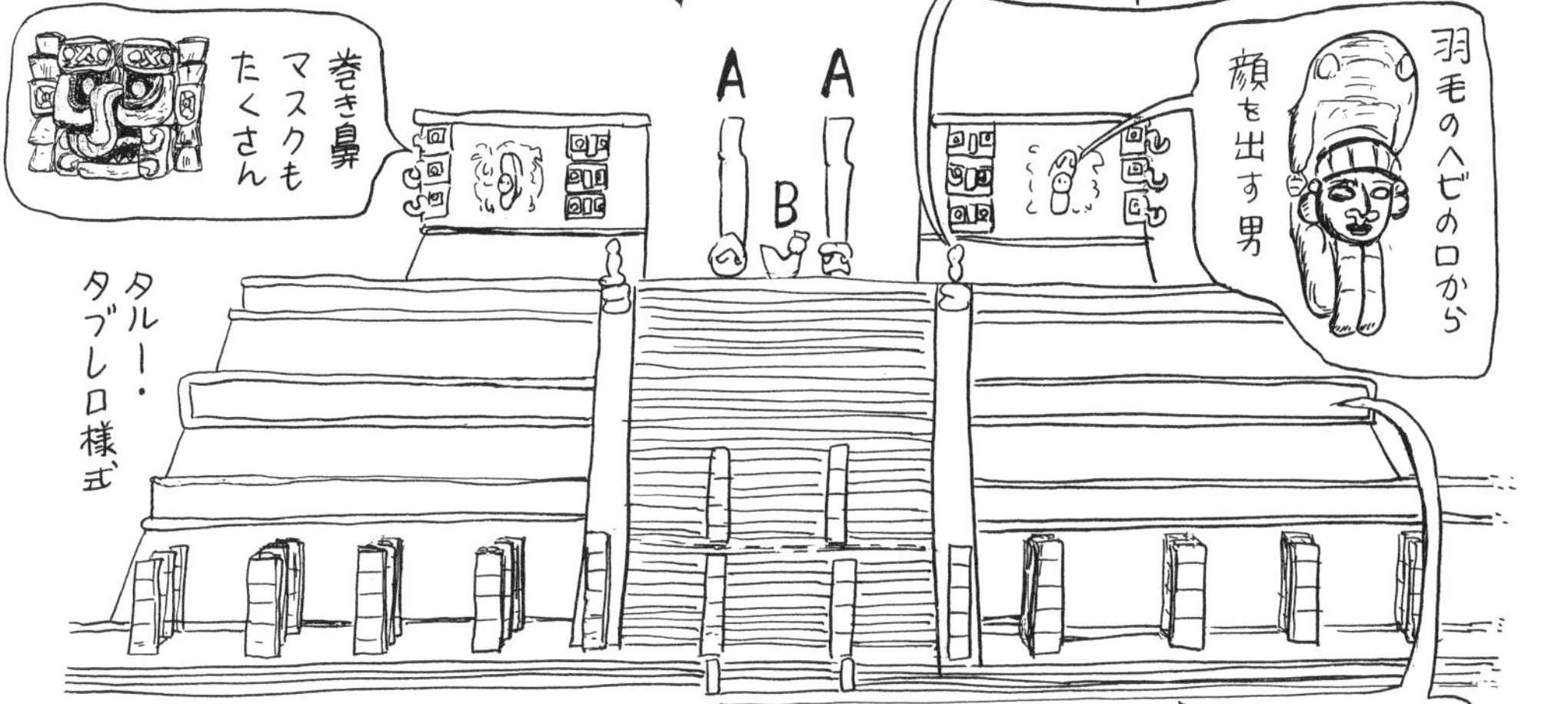

巻き鼻マスクもたくさん
A
A
B
羽毛のヘビの口から顔を出す男
タルー・タブレロ様式

2段目のパネル(タブレロ)部分にもぎっしりレリーフ
このメガネとワシとジャガーの3体がくりかえされる。

前面の柱にはすべて戦士が彫刻されていて、そのいちいちさにいちいちおどろく。ここも中に古い神殿(通称「チャクモールの神殿」)が内包されているのだが、やはり入場禁止、ハ〜〜〜。中にはレリーフのついた2つの長イスがあった。戦士の神殿自体も登頂禁止で、有名なチャクモール(B)との対面は叶わず。しかし遠くからでもヤツの虚無オーラはぞわぞわと伝わってきて、寒ざむとした気持ちにさせられる。すごい存在感。

ここの羽毛のヘビ柱(A)は
この部分がサナギの質感で気持ち悪い。
しっぽ→

カラコル

スペイン語で「カタツムリ」の意味

これも写真より実物のほうがずっと美しい。円形の建物の内部にせまい階段がらせんを描いていることから付いた名前。天文所でありここから神官が星や太陽の動きを観測していた。

崩れているけど てっぺんには天文現象に合わせて作られた小窓がある。

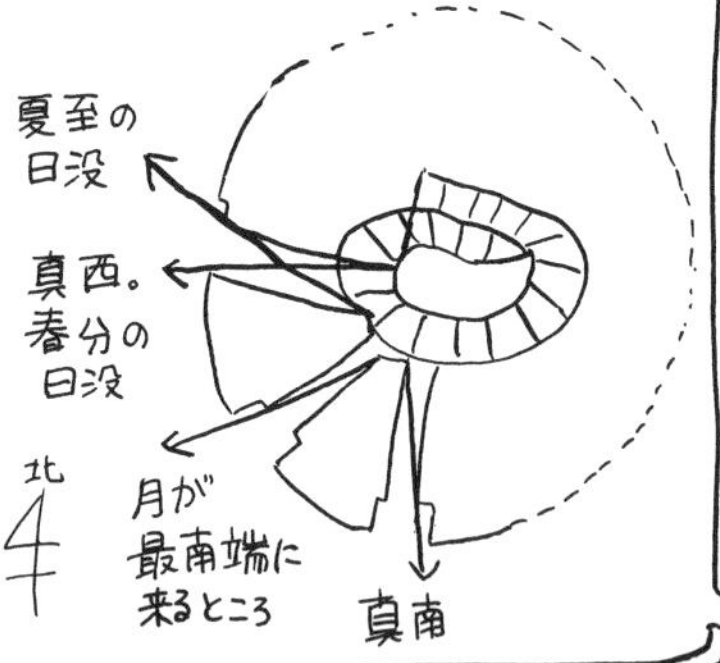
夏至の日没
真西。春分の日没
北
月が最南端に来るところ
真南

巻き鼻マスク
人間の頭がポンポンと！
美しい建物にもちゃんと悪趣味が散りばめられてます。
正面入り口は、一番北にあるときの金星に照準が合わされている
羽毛のヘビ

納骨堂 もしくは 高僧の墓

洞窟の上に建てられているという興味深いもの。

洞窟内からは何人もの遺体やヒスイのお供えものが見つかっていて、そこから「納骨堂」の呼び名が付いた。発見者はセノーテにもぐったことでも有名なアメリカ領事のトンプソン《ザ・不運》さん。

ちゃんと中に階段があり、当時は上の神殿から洞窟へ入れた。

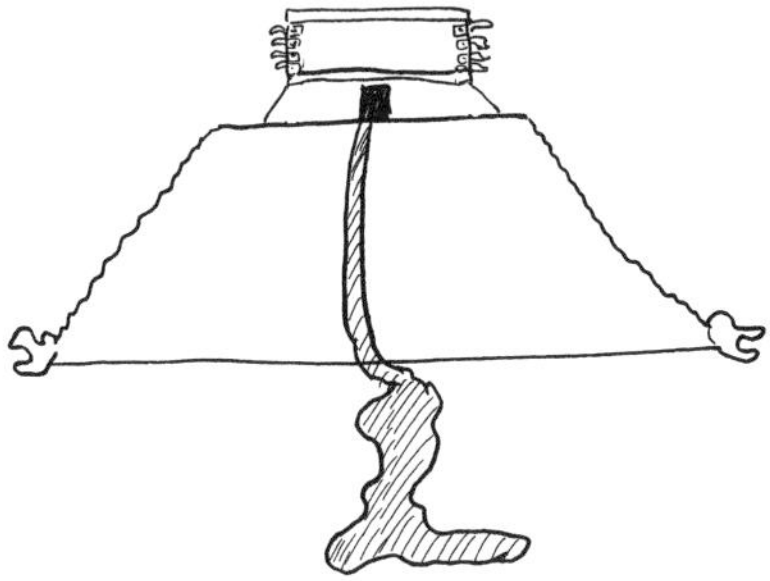

上部の神殿の角に4つずつ「巻き鼻マスク」。階段の両側は羽毛のヘビになってて、これまたマヤとメキシコ文化の折衷もの。9～10世紀ごろ造られた。

巻き鼻マスク

横顔

いろんな建物にかわいくへばりついて自己主張してるこのマスクは、雨神チャークといわれたり、P131のコパンのウィッツ・モンスターに似ていることから、同じように「山」を象徴するマークだといわれたりする（今は後者のほうが主流っぽい）。

美しさといえば、この2つも相当美しかった。

教会
プウク様式

この2つは700〜1000年ごろに流行した建築様式で造られている。両方、巻き鼻マスクや過剰な装飾が施されてるのが特徴。双方の違いは、プウクは建物上部に装飾はあるが下部にはなく、チェネスは上部も下部もがっつり装飾があるということ。チェネス、プウクの名はそれらの建物が多く見られる地方名から。

大きな羽の頭飾りをかぶっている人。おそらく神(王ともいわれる)。
尼僧院東館
チェネス様式
リンテルには日づけが刻まれている。
入り口はコパン、エク・バラムにもあったモンスター口(以降、どんどん出てきます)

アカブ・ジブ

「謎の文」の意味

立ち入り禁止になっていたが、職員のおじさんが粋なはからいでロープをくぐらせてくれた。
横長の普通の建物で、中に18の部屋。おじさん待たせちゃいかんと、あせってパッと見て帰ってきちゃったけど、いくつかの入り口のリンテルに、王のような人物と未解読の文字（建物名の由来）が彫られてるとのことで、ちゃんと見なくて後悔。また、天井に赤い手の跡がある部屋もいくつかあり、それはマヤの創造神イツァムナーを表わしてるんだとか。北部ユカタン・マヤの建物には、こういう赤い手の跡がよく見つかっている。

イツァムナーなんて考えすぎなんじゃないのかねー。ただペタペタ記念にやったんじゃないの

ワシとジャガーの基壇

チチェン・イツァーではレリーフの残り方にもびっくり。
ジャガーとワシたちが人間の心臓を喰らってる図がワンサカ。それらの絵は軍の象徴で、ここで兵士たちの気合を高めたり戦勝を祝ったりなどの儀式がなされた、と考えられている。後900～1200年くらいのもの。

メインのアニマル、ワシ＆ジャガー

トゥーラと同じモチーフで、より写実的。
（ここ以外にもジャガーとワシはあちこちに現われます）

2匹の上部は
気になるメガネのくりかえし

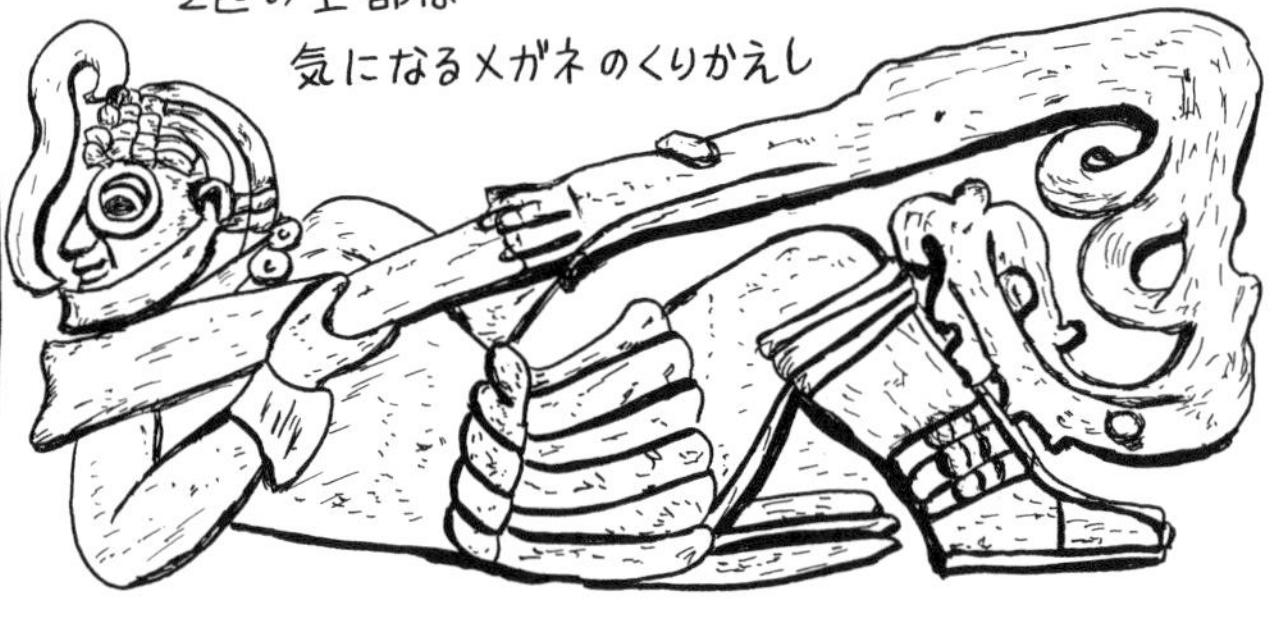

戦士の神殿でもトリオ組んでたけど、この方は何者か。
トラロック？　戦争の神？　天界に行った戦死者？

大テーブルの神殿

高さ10mの小ピラミッド。神殿の中にテーブルっぽい祭壇がいくつもあることからこの名前。神殿のわきに上部神殿を飾っていたレリーフが展示されている。

カラーです！
これもトゥーラのジャガーそっくり

金星の基壇

羽毛のヘビから顔を出す男のレリーフで飾られた基壇。トゥーラにもそっくりなレリーフあり。
かつてこのレリーフは金星の神の姿（＝ケツァルコアトル＝ククルカンの一形態）と見なされてた。

19世紀のトンデモ探検家ル・プロンジョンがここからチャクモールを発掘したので「チャクモールの墓」とも呼ばれていた。16世紀の宣教師ランダによると、ここと「ワシとジャガーの基壇」の上で儀式の踊りや芝居などがされたそう。

チチェン・イッツァーでやたら目につくのが戦士と羽毛のヘビ。
北半分の建物のほとんどにいる。

皆、トゥーラの戦士風衣装。
投槍器と槍を持つ。

戦士は目が孔になってるのが多く
それが「虚」を感じさせて怖い。
魂がない人たち風。

大バーゲンの羽毛のヘビ

崩れて怖くなってるのも

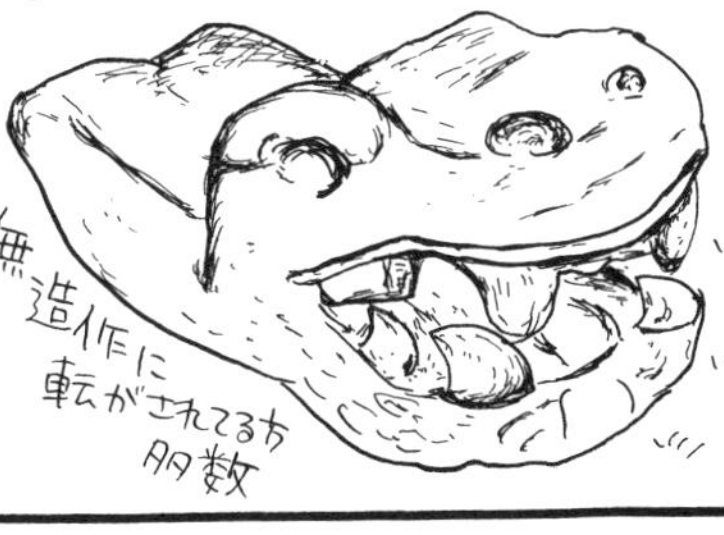

無造作に転がされてる方多数

ウシュマル

とにかくフォトジェニック！　写真撮るのをやめられない！

……と、すこぶるつきの美しさなんだけど、そんなに楽しくないんだよねー。

装飾はともかく、建物の造りがシンプルで規格内、想定内で、冒険魂はしぼむ。

オアハカのミトラ同様、「ザ・古代文明」感が薄いのだ。

北グループへ
鳥の中庭
★印ら辺の建物の上部に鳥の飾りがあることからの名前
尼僧院
魔法使いのピラミッド
（小人の）
北
入口
球技場
カメの家
上部にカメが何匹もへばりついてる。
バカっぽくてかわいい。
チェネスの家
双頭のジャガー像
チン像
マヤでは珍しいいきなりの男根信仰
いったい何が起こったの!?
総督の館と同時期のもの
（900〜1000年）。
とてもリアルに作られています。
総督の館
この辺！

年老いた女（魔女）の家

エウレカ!!

人気薄のさびしい小道を進むと、まずすばらしいチン展示スペース（←）。続いてすぐに草ボーボーの中から、にゅっとピラミッドが顔を出す。これだよ、これ!!　この発見者気分こそが僥倖。このピラミッドに年老いた女神のレリーフがあり、スペイン征服後のマヤ人は、それを伝説の魔法使いの老女（あとのページに）と見て、こう命名した。

チン展示スペース

「総督の館」前のチンにおどろいてる場合じゃない！　なんと12、3本のチン先が一堂に会してましたよ!!

この辺のことを非常に知りたいが、ほとんどの文献が無視を決め込んでる。それも謎。

墓地

中庭にいくつかの基壇があり、そこにドクロと交差する骨のレリーフが刻まれてることから、墓地と呼ばれる。

ハトの家

鳩舎のような見た目からの名。薄っぺらい建物で舞台のかきわりのよう。うしろ（南側）に中庭があり、宮殿のような建物が四角く囲っている。9世紀ころのもの。

南の神殿

ところどころ建物の角《かど》が見え隠れする程度のとこ

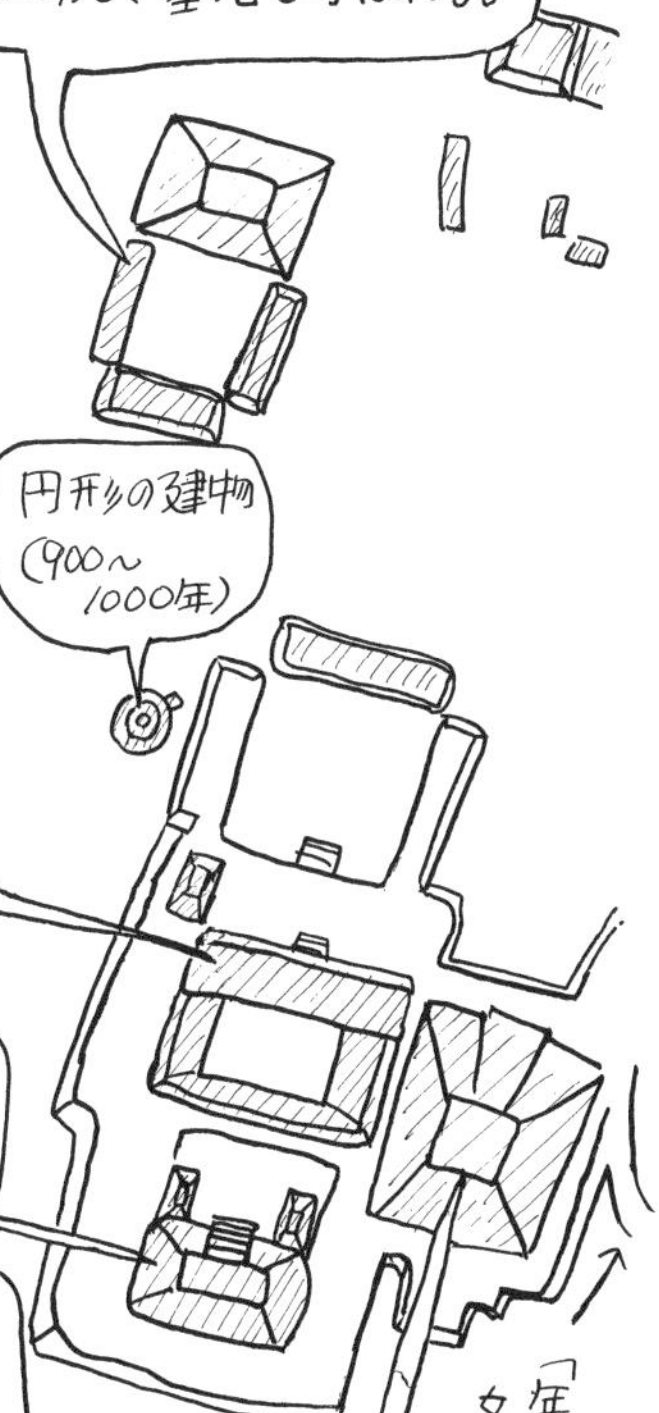

円形の建物
(900〜1000年)
「年老いた女の家」への道

ウシュマル 一口メモ

ウシュマルはマヤ語で「3回作られた」の意味。後500年ごろ都市化がスタート。11〜12世紀ごろに放棄された。年代を示すマヤ文字も出ているし、王の名も1人はわかっているが、あまりにもマヤ文字記録は少なく、情報不足。伝承も混乱してるし、謎の遺跡のひとつである。建築面ではプウク様式の大親分的な存在。

大ピラミッド（8世紀半ばころのもの）

高さ32m。上部に「コンゴウインコの神殿」と呼ばれる建物。名前のいわれとなったコンゴウインコのレリーフ（↓）は小さく、やはりここでも巻き鼻マスクが断然目立つ。

かわいい〜

目を回す巻き鼻

「大時計の内部」のような装飾。歯車みたいのは「花」だそう。クッキーにも見える。

※一番チン像について説明してくれてる本『マヤ文明の興亡』（E・トンプソン著）でも、半ページしか割いてない。そこでは、チン文化はイツァー人が持ち込んだものと見なされていた（イツァー人は〈再度の説明だが〉、いろいろ謎の多い人たち）。

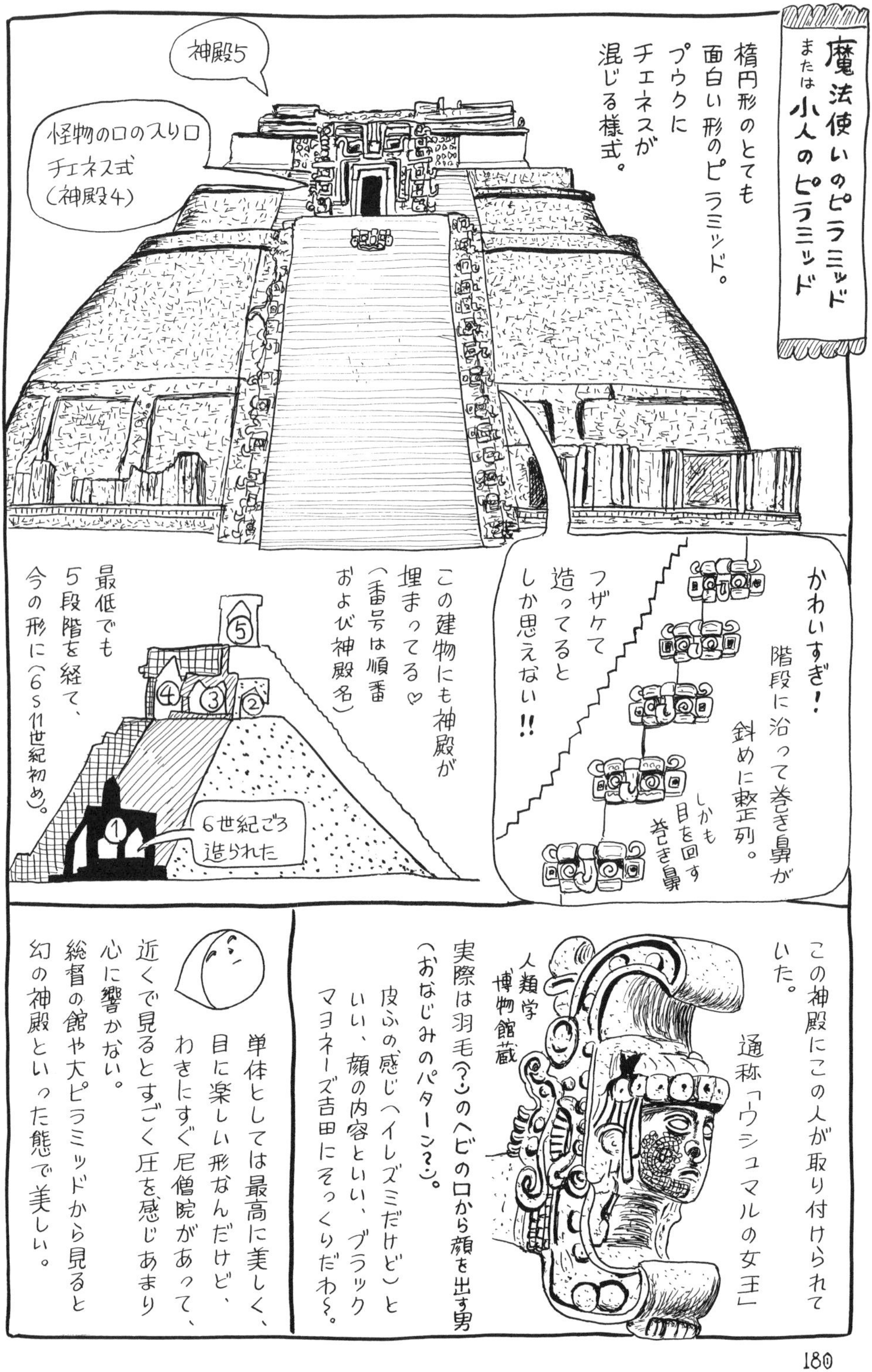
魔法使いのピラミッド
または小人のピラミッド
楕円形のとても面白い形のピラミッド。プウクにチェネスが混じる様式。
神殿5
怪物の口の入り口
チェネス式
(神殿4)
かわいすぎ！
階段に沿って巻き鼻が斜めに整列。
しかも目を回す巻き鼻
フザケて造ってるとしか思えない!!
この建物にも神殿が埋まってる♡
(番号は順番および神殿名)
最低でも5段階を経て、今の形に(6〜11世紀初め)。
5
4
3
2
1
6世紀ごろ造られた
この神殿にこの人が取り付けられていた。
通称「ウシュマルの女王」
人類学博物館蔵
実際は羽毛(?)のヘビの口から顔を出す男
(おなじみのパターン?)。
皮ふの感じ(イレズミだけど)といい、顔の内容といい、ブラックマヨネーズ吉田にそっくりだわ〜。
単体としては最高に美しく、目に楽しい形なんだけど、わきにすぐ尼僧院があって、近くで見るとすごく圧を感じあまり心に響かない。
総督の館や大ピラミッドから見ると幻の神殿といった態で美しい。

小人の伝説

このピラミッドの名前は、その目的も歴史も忘れた後代のマヤ人たちがつけたもの。

19世紀前半にマヤ地域を旅して回った★ジョン・ロイド・スティーブンズが、マヤ人からその名の由来となった伝説を聞き、紹介している。

ひとりの老女が総督の家の前に住んでいた。

老女はおだやかに暮らしていたが、子どもがいないことだけが悲しみの種だった。ある日、ひとつの卵を毎日温めてるとそこから小人が生まれた。老女はその子を息子として育てた。

小人が成長すると、老女は彼を王にしようと画策、ウシュマルの王に勝負を挑ませる。王はつぎつぎと難題を出すが、老女のアドバイスで小人はすべてクリアしていく。すると王は

「じゃあ、一晩でウシュマルのどの建物よりも大きいものを、お前造れるか。できなきゃ殺す」

小人は老女に泣きつくが、老女は「安心してぐっすり寝ろ」とただ一言。

そうしてつぎの朝、勝手に出来上がっていたピラミッドが、このピラミッド。

……と他愛なさすぎるお話。なんか西洋のおとぎ話くさい。

このあとどうなったかもいちおう記しておきます。

大きなピラミッドを見て、青ざめた王は、今度は石頭コンテストを申し出る。それは堅い木をたがいの頭に打ちつけて、ちゃんと割れるか試す、というもの。

老女は息子のために、トルティージャの帽子を作ってやり、帽子のおかげでどんなに打たれても平気。

王はじかに打たれたことで、頭が割れて死亡。

小人は晴れてウシュマルの王になった。

なんつー主体性ない主人公！
すべて親まかせ。

これはおそらく最初に活字になったもの。ほかにも、もっと脚色されて面白くなってるのもあります。

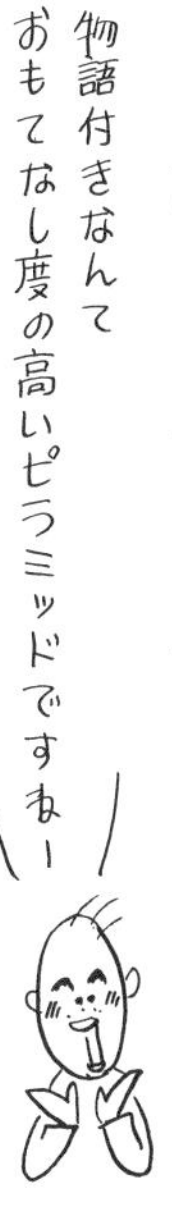

物語付きなんて
おもてなし度の高いピラミッドですねー

★いっしょに旅したフレデリック・キャザウッドの美しい挿絵がついたこの人の旅行記は大大ベストセラーになっている。それまであまり知られてなかったマヤの認知度が高くなり、興味を持つ人が増え、学問も発達したのはこの人らのおかげ。マヤ本ではかならず出てくるレジェンド・ネーム。

尼僧院

9～10世紀くらいのもの。どこから見ても美しい建物。ヨーロッパの匂いもする。でも上部レリーフは、レギュラーの巻き鼻マスクはもちろんのこと、羽毛のヘビや不思議な方たちが大勢いらっしゃる。部屋は74あるという。用途ははっきりせず。

この尼僧院全体でマヤの宇宙を表わしている、という人もいます。北側の建物は入り口が13というマヤの天界の層の数になっていて（上に11、下に2つ）、南側の建物はすこし低く建てられ入り口の数が9で地下界の層の数。で、真ん中は地上であり、東、西で太陽がそれぞれ収まる、といった具合。

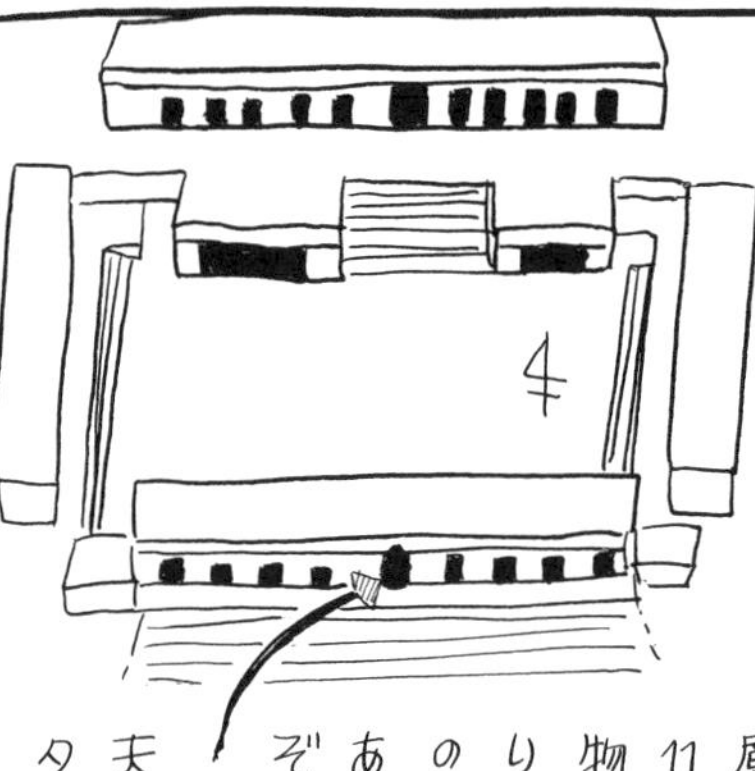

また、この入り口の内部天井にも赤い手形がペタペタあるそう（私は未確認）。

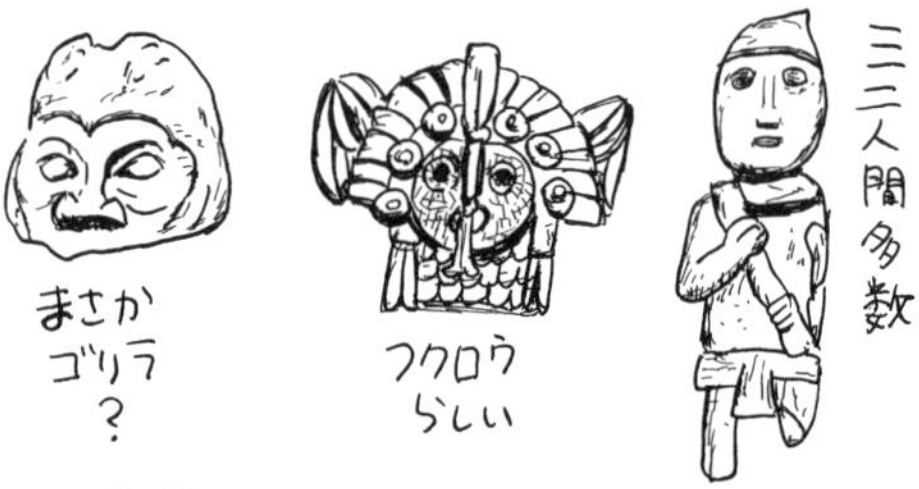

ちまちまと小っこい像が貼り付いてる。

総督の館

900～1000年くらいのもの。尼僧院同様、これもスペイン人がイメージで付けた名。「プウク様式の最高傑作」の呼び声高いが、そこまでか？ 尼僧院とそう変わらない気もするが……。

建物の真ん中にいる人物レリーフはウシュマルで唯一名前の記録されている王、チャークではないかといわれている。

入り口は8年ごとに昇る金星に照準を合わせてる。ここの入り口からまっすぐ数キロ先のところに25mの高さのピラミッド（in ノ★ーパト遺跡）があって、そのうしろから金星が昇ってくるように見えるんだとか。入り口とチン像、双頭のジャガー像、そしてノーパトのピラミッドは直線で結ばれているんだって。

★ノーパト遺跡はウシュマルとサクベで結ばれていておそらく兄弟国。

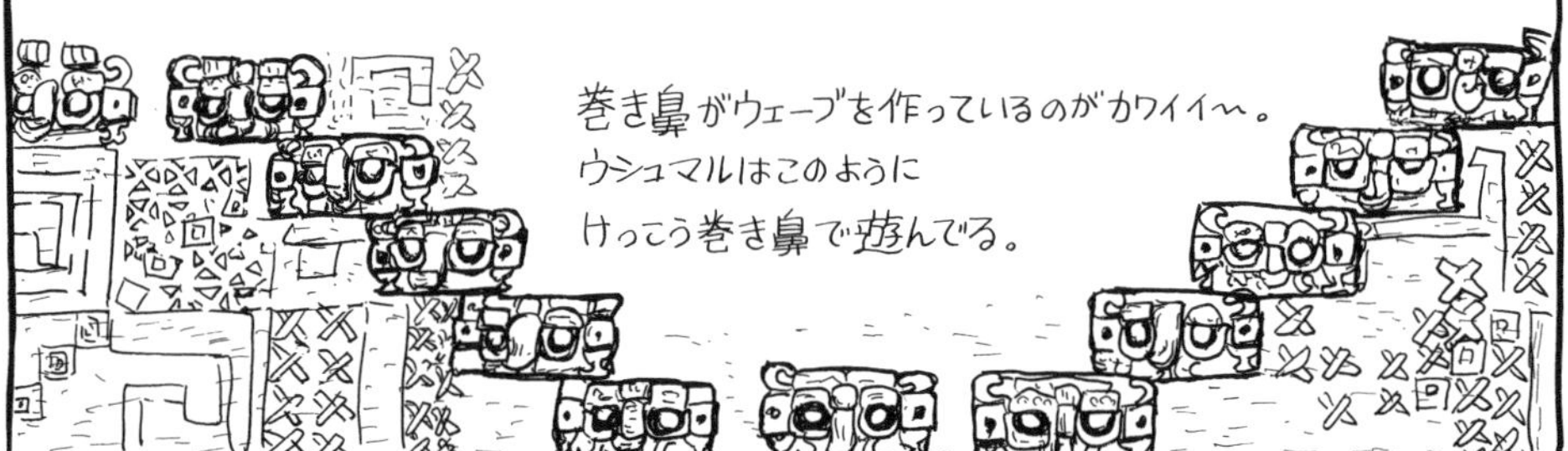

巻き鼻がウェーブを作っているのがカワイイ～。
ウシュマルはこのように
けっこう巻き鼻で遊んでる。

カバー

名前は「力強い手」という意味。ウシュマル同様、プウク様式の遺跡。後800〜1000年ごろがピーク。ウシュマルとは兄弟関係にあったと考えられている。その後**ウシュマル**が捨てられると、イツァー人統治下のチチェン・イツァーに支配されたご様子。そして、すぐ捨てられたみたい。

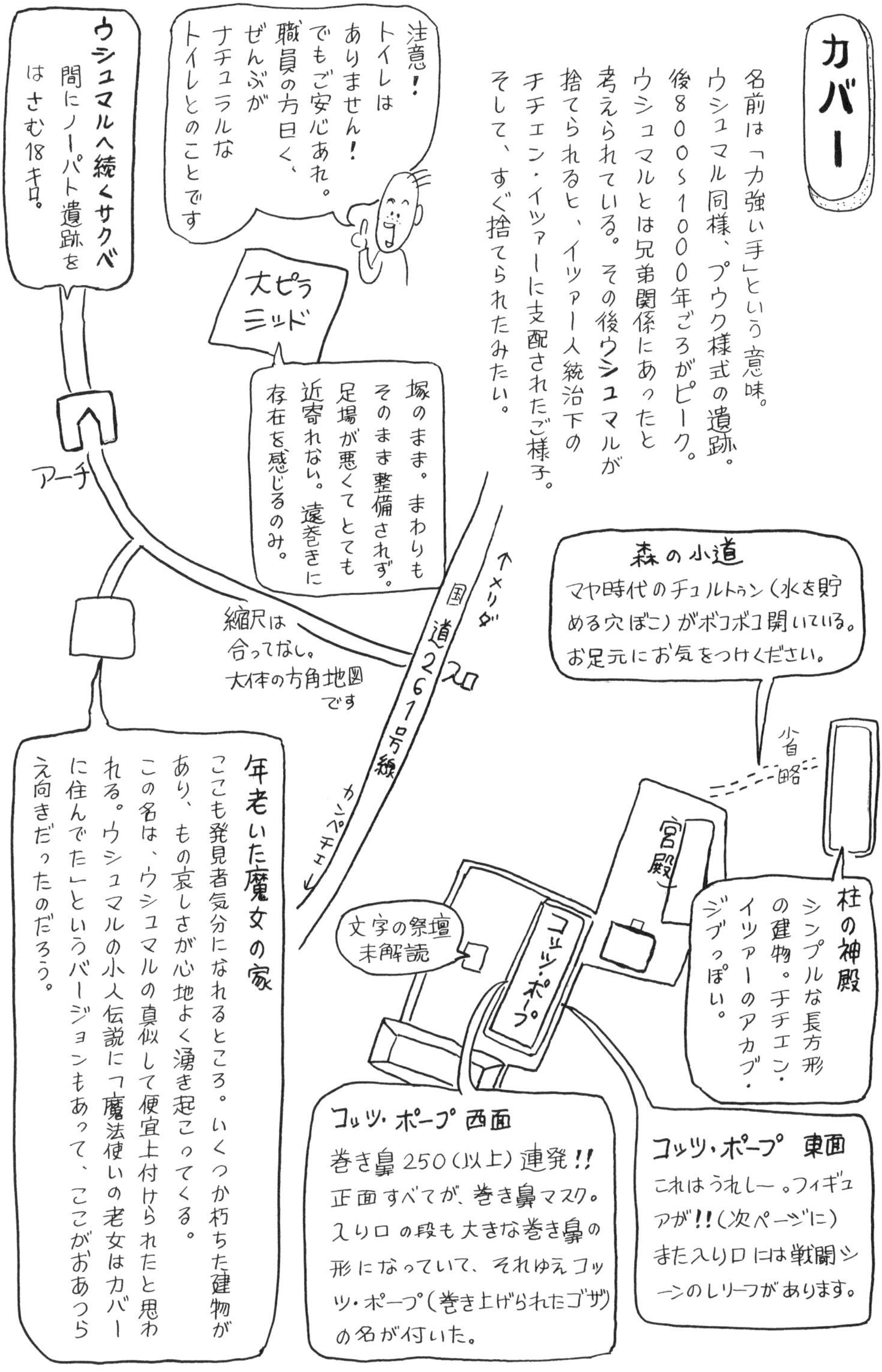

ウシュマルへ続くサクベ
間にノーパト遺跡をはさむ18キロ。
注意! トイレはありません! でもご安心あれ。職員の方曰く、ぜんぶがナチュラルなトイレとのことです
大ピラミッド
塚のまま。まわりもそのまま整備されず。足場が悪くてとても近寄れない。遠巻きに存在を感じるのみ。
アーチ
縮尺は合ってなし。大体の方角地図です
国道261号線
入口
↑メリダ
カンペチェ↓
森の小道
マヤ時代のチュルトゥン(水を貯める穴ぼこ)がボコボコ開いている。お足元にお気をつけください。
省略
宮殿
柱の神殿
シンプルな長方形の建物。チチェン・イツァーのアカブ・ジブっぽい。
文字の祭壇 未解読
コッツ・ポープ
年老いた魔女の家
ここも発見者気分になれるところ。いくつか朽ちた建物があり、もの哀しさが心地よく湧き起こってくる。この名は、ウシュマルの真似して便宜上付けられたと思われる。ウシュマルの小人伝説に「魔法使いの老女はカバーに住んでた」というバージョンもあって、ここがおあつらえ向きだったのだろう。
コッツ・ポープ 西面
巻き鼻250(以上)連発!! 正面すべてが、巻き鼻マスク。入り口の段も大きな巻き鼻の形になっていて、それゆえコッツ・ポープ(巻き上げられたゴザ)の名が付いた。
コッツ・ポープ 東面
これはうれしー。フィギュアが!!(次ページに) また入り口には戦闘シーンのレリーフがあります。

コッツ・ポープ東面のフィギュア。2体残る。
この不思議な手の像が、遺跡名のもとになった。

王といわれる。
古典期マヤのいでたち
レゴの突起のような指。ヘビを持ってたという話。
上部に取り付けられてます。

感想

なんか、もうプウク飽きてきたー。カワイイ巻き鼻もこんなにババーンとあると、たんなる模様にしか見えず、ありがたみがない。

プウク様式っていうのは、装飾は繊細で女性的で雅《みやび》やか〜なんだけど、建物自体はすごーくシンプルでパンチがなくて、そうだ、なんつーか、美人のつまんない友だち——自分から質問したり、話振ったりすることなく、つねに質問待ち——のようである。

カバー以南には3つの有名なプウク遺跡もあったのだが、もう、お腹いっぱい、行くのをやめた。

ロルトゥン洞窟

Grutas de Loltún

マヤ語で「石の花」の意味のこの洞窟には何千年前の大昔から人が住んでいたといわれる。またユカタン北部での最古のマヤ文字(後100年ごろとされる日づけあり)が発見されたということで、何かと「古さ」を誇るところ。

メリダからバスでオシュクッカブ(Oxkutzcab)へ。そこからタクシー40ペソ(400円。バスもあるそうです)

着くとガイドらしき男らがゴロゴロ転がっていた。

4時から最終ツアーが始まるから待ちなー。それまでそこの注意書き読みなー
グガー

その注意書きとやらを読むと

チケット代にはガイド料は含まれてません。ガイドはチップを大歓迎します!!

とある。
なーんかめんどくさそーなとこだなー。

この間に、陳列されてる石碑なんぞを見る。

おおっ！ここにもチンが！

しかもやっとチンの解説が！

男根崇拝は750〜950年ごろのプウク地方で見られる。

って、それだけかよ!!

客は私らだけかと思ったら、10分前に団体が到着した。

英国からのツアーだそう。

するとゴロゴロガイドたちも起き出して、そのうちの1人がチケットを売り、
いいか？この券にはガイド代は含まれてないんだぞ
わかってるよクドいな〜

君たちもいろんな遺跡でガイドに百（千円）とか2百ペソ払っただろう。

もし、いいと思ったら5百払ったっていいんだぞ
もう！チップのことをしつこくねっちりと念押され、げんなりしてきたよ。こんなふうに強要されるとかえってあげたくなくなるのに、わかってないなー。

メキシコ中央部と違って、ユカタンは観光で食べてるところでもあるから、ときどきこのように人々のがっつきが見られ、興がそがれる。

で、ガイドオヤジはイギリス団体客にも同じようにチップの説明始める。と、その人らをたばねる添乗員が
はーいはいはいわかってるから。私はここに何回も来てるのよ！

バッ
うわ〜感じ悪すぎのアクション。思いっきり「上から」って感じで、オヤジを制した。やっぱ白人って強ええ。

そして、英国の相当なご年配の紳士淑女たちとツアー開始。

まず入り口手前に戦士のレリーフがあり（これは古いので（前3〜後2世紀のどこか）磨耗して見づらい）、洞窟内には像があったりして興味深い。
ガイドオヤジの説明はちゃんとしてるが、
プウク地方の建物にはこういう手のペタペタがいくつも見つかっていますがここで珍しいのはエアブラシの技法で彩られてることです。おそらく口に塗料を含んでプシューっと噴射したのでしょう
どうも繊細さに欠けるというか、
おいおい
皆がまだ写真を撮ってるのに、かまわずライトを消す。
デリカシーに欠けるところもあり。
ここは「幼な子の部屋」と呼ばれてます。10歳くらいの子の遺体がありました
くわおーしぺっ
えっ？・
ほら！人がたくさんいるようでしょ？
くわおーしぺっ
「くわおーしぺっ」の大連続。ーーって汚すぎるよ、そこら中、タンまきちらしてーー!! ガイドしながらタン吐きってありえるのか？ しかもエチケットを重視するメキシコで。
マナーの国から来た英国人も動揺し、剣呑な空気に。
ヒソヒソ
それでも途中
頭気ヲツケテ
→完璧な日本語
おっ
ソコツルツル滑ルヨ
完璧な日本語
などと企業努力してるのが垣間見えたり
この2つは12ヶ国語言えるんだぞ
また危ない登り道のとき、ご婦人に手を差し伸べると
バシッ
年寄り扱いしないで！

と怒鳴りつけられたりしてさびしそうな顔してんの見てると、なんか胸が締めつけられてきて、嫌いじゃなくなってきたよ〜。
アイム ソーリー
最後の段になって
カスタ戦争のとき ここにマヤ人が たてこもりました うんぬんかんぬん
ってことで お付き合い ありがとう ございました
チップ渡しタイムになり、
オヤジ、好きになってきたけどやっぱなんかマイナス点もいっぱいだし、チップの国から来た英国の人たちからいっぱいもらえるだろうし……、
とジャッジし、50ペソ（500円）渡したが、やっぱり少ない気がして良心がうずいた。
で、英国人グループも3人ほどチップを渡し、皆一様にサイフを取り出してると
はーいはいはい、チップは私が全員の分をまとめて出しますからいいですよー
と言って
パン パン パン
英国グループの添乗員
はい、どーもありがとねー
ピッ
私たちと同じ50ペソを自信まんまんであげた。
ええ〜〜〜っ!?
30人以上の団体で50ペソ!?
私らも少ないけど、いくらなんでもなめすぎてないか？ なんで!? 「くわおぺっ」がいけなかったの？
それにしたって非人情すぎないか？
わかりやすくヘコむオヤジ
イギリス人たちはシャーーーっとかき消え、オヤジと3人で帰りの道を歩く羽目に……。
どれくらい旅してんだ？
今までどこ行ってきた？
なんか気を遣っていろいろ話しかけてくれるが、50ペソしかあげてないという負い目があって、逃げ出したい気持ち。
さらに仲間たちが入り口でオヤジを出迎え
「いくらだった？」
「ぜんぶで150ペソなんたらかんたら」
「えええーーー!?」
っていう会話をするので、ますます重圧がのしかかる。

そそくさと立ち去ろうとすると
オシュクツカブに行くのか?
オレもそうだから荷台でいいならオレのトラックに乗ってけよ
などと優しい言葉を!!
でも負い目があるし、針のむしろになるの必至。
あっ、でも送り賃としてお金払えばチップの少なさが相殺できる! もしかしてオヤジもそれを狙ってるのかもしんない
と思ってご好意に甘えることにした。
風が気持ちいいねー
しかも道路にはぜんぜん車走ってなくて、もしタクシー待ってたら、どーなってたことやら。本当に助かったなー。
で、バス停に着いて
ありがとうございます
ん?
行きのタクシー代に30ペソを足した70ペソを差し出すと
ダー 何やってんのダメだよ!!
いいよいいよ
お金は大事に使っていい旅にしろ
ブロロ
オ、オヤジ……。かっこいいーーっ!
でもってガーン、またまちがえたーー!!

オヤジは金にがめついわけじゃなかったんだ。仕事に誇りを持つ男だったのだ。自分の仕事に対する正当な対価としての報酬(=チップ)が欲しいのであって、それ以外は仕事じゃないからいらないのだった。でもオヤジ、いろいろ不器用すぎるよ!!

オヤジにはメキシコの漢気《おとこぎ》(=マッチョ)を見させてもらったぜ グラシアス
これからもその武骨さゆえに誤解され続けるんだろーなー。

でも「くわおぺっ」はやめようや

マヤパン

～最後のマヤ大国～

ここは「チチエン・イッツァーの劣化コピー」とか「ショボい」「建物は脆弱《ぜいじゃく》」などといわれてるところであるが、どーしてどーしてなかなかすごいではないか。

何しろ、びっくりしたのが「壁画」!!

こんな色鮮やかに残っているのに、なぜ大々的に宣伝しないのだ!? こんなものがあることすら知らなかった。彫刻だってわりとよく残っている。

また、ちょっと面白かったのが「足先」がいくつかの建物の床にあること。これは上の体部分がなくなって、足だけ残されたのか？ それとももともとがこういうもので、何かの象徴なのか？ その辺のことなんかも調べたくても調べようがない。何しろ、この国にはあまりにも遺跡があるので、こんなことまで手が回らないのだろう。

まあいろいろ感嘆したが、やっぱりすごくコンパクト。小さな土地にミニチュアの建物が詰まってるみたい。東武ワールドスクエアを思い出したし。

またマヤパンのイメージは「卑怯」「悪」だったけど、遺跡からはそんなマイナスイメージは感じられない。

何言ってるの？

ククルカンのカスティージョ
ここのてっぺんにも「足」が！
フレスコ画の広間
すごいカラフルな戦士たちの壁画が！
セノーテの神殿
セノーテ
マスクの広間
マヤパンの懐古趣味のひとつなのか、マヤパンの時代にはとうにブームが去ってるはずの〈巻き鼻マスクが単体で何人かいます（巻き鼻のピークは700～1000年ごろ）。こうして量が少なく、ポツンと置いてあると、巻き鼻に愛着が戻る。鳥のレリーフもあり。
王の広間
王っぽい人の頭像が出てきたので、この名前
円形の神殿
次ページ
ダンサーの基壇
足
戦士の神殿
壁がんの神殿
漁師の神殿
壁画!! 魚と人がパステルブルーの中で泳いでます。マンガ的な絵でかわいいことこの上なし。
「火葬場」
入口
北

ククルカンのカスティージョ

チチェン・イッツァーのカスティージョをコピーしたといわれる。って、あまりに小さいし（高さ15m）あの雄大な空間はなく、周りに建物が迫ってるもんだから、そんなことまったく忘れて、ふつうのピラミッドとして見てた。

そんなことより、この建物の下から昔の建物が出てきて、そこには変わった漆喰彫刻が!!

↖こんな方が3人いて頭の部分がポコッと抜けてるんだけど、そこから漆喰を塗られた頭がい骨の断片が見つかっていて、どうやらここは、生けにえの頭がい骨をお供えするところだったよう。

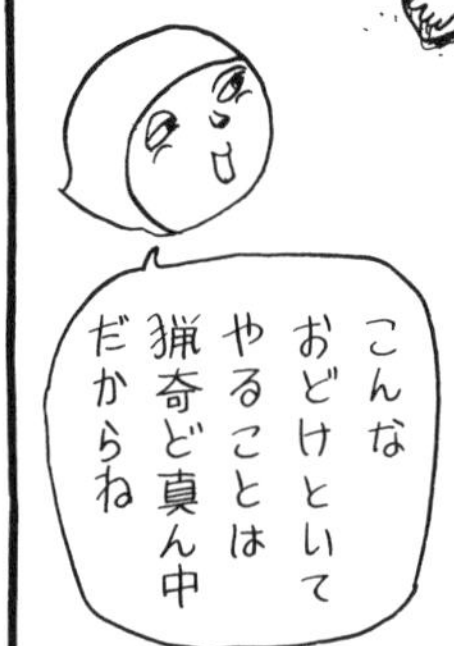
こんな
おどけといて
やることは
猟奇ど真ん中
だからね

円形の神殿

土台しか残っていなかったものを、復元したもの。復元は、建物がちゃんとあったころに記録された19世紀の探検家J・L・スティーブンズとF・キャザウッド（P181）らの詳細な報告書に基づいたもののようだ。見た目はチチェン・イッツァーのカラコルそっくりだけど、昇り階段も小窓もない。その時代のこの建物が、チチェン・イッツァーのように天文現象を観測するための実用的な建物か、たんに形だけ真似をしたものなのかは確めようなし。

マヤパン一口メモ

おそらく「マヤ」というあまりにも浸透してしまった言葉の由来は、この都市の名前から。マヤパンは「マヤの旗」という意味（マヤは「シカ」という意味ともいわれるがよくわからず）。13〜15世紀に栄える。推定人口1万2千人。メキシコ側から傭兵を雇い、暴力で周りの国を圧し、ユカタンを牛耳る。城壁で囲った4・2km²というあまりにもせまいスペースに、4千以上の建物がギューギューに詰め込まれていた（遺跡はメインの広場のみ）。

最後は、あまりのマヤパンの傍若無人さに怒った他国の王族が起こしたクーデターによって、王族は1人を除いて皆殺しにされ、都市は焼かれ、捨てられ、幕を閉じた。

ジビルチャルトゥン

この名はマヤ語で「文字の石のあるところ」という意味。実際壇の上に、文字の石（＝石碑）がモノリスよろしく虚無感漂わせて立ってる姿がいくつも見られる（今のところ19基見つかってる。後3〜10世紀ごろのもの）。

ここもまた、隠れた大物都市。前500年くらいから人が住み出し、幾度かの衰退はあっても、スペイン人が来るまで都市機能が続いた。コバーやラマナイ同様、息の長いところである。

古典期後期（後600〜900年）には19km²の土地に4万人が住んでいたと目算されている。ジビルチャルトゥンの発展は「塩」が一役買った。

塩の交易でずいぶん潤ったようですよ

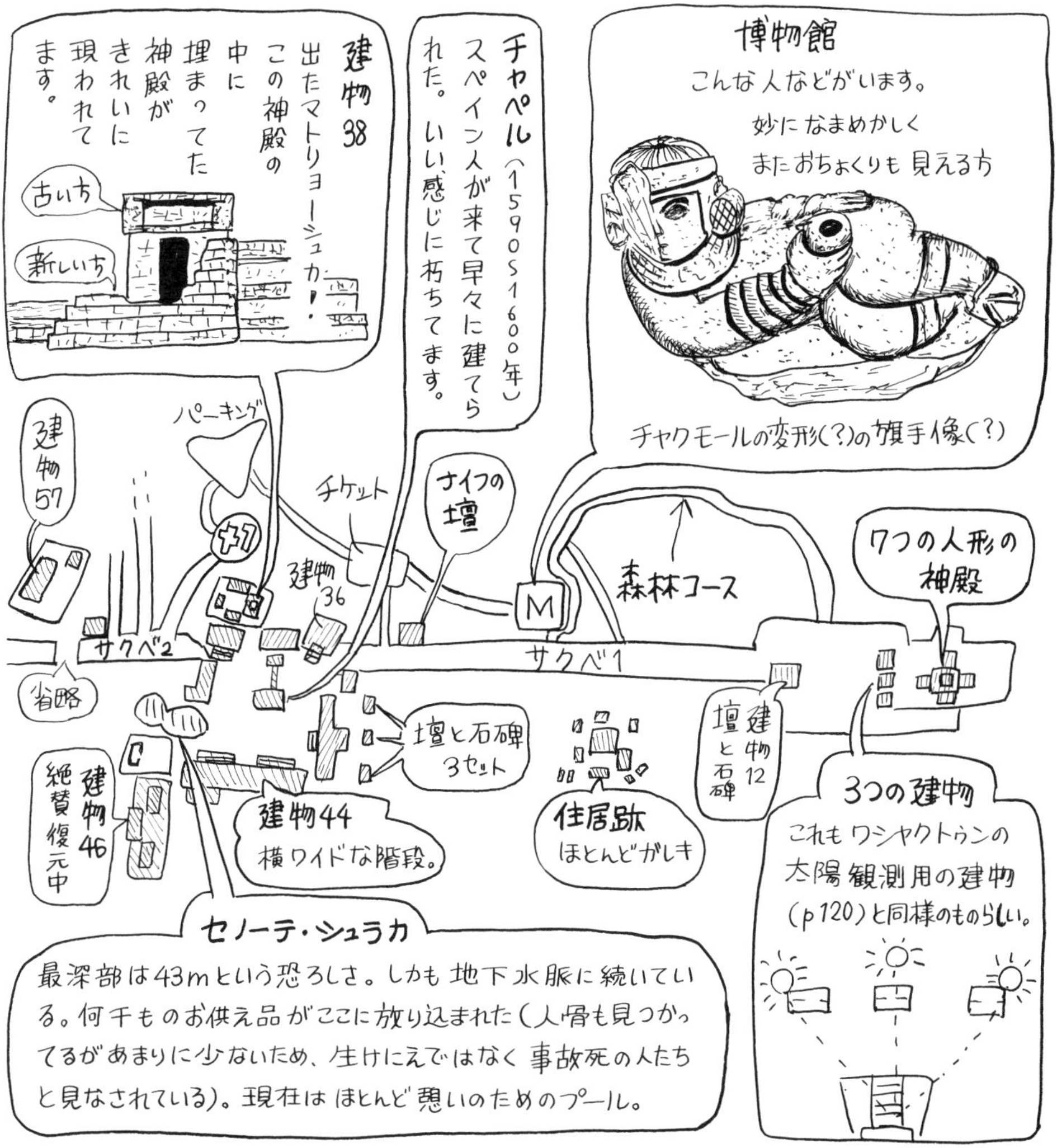
建物38
出たマトリョーシュカ！
この神殿の中に埋まってた神殿がきれいに現われてます。
古いち
新しいち
チャペル（1590〜1600年）
スペイン人が来て早々に建てられた。いい感じに朽ちてます。
博物館
こんな人などがいます。
妙になまめかしく
またおちょくりも見える方
チャクモールの変形(?)の旗手像(?)
建物57
パーキング
チケット
ナイフの壇
建物36
M
森林コース
7つの人形の神殿
サクベ2
サクベ1
省略
C
壇と石碑3セット
建物12
壇と石碑
建物44
横ワイドな階段。
住居跡
ほとんどガレキ
建物46
絶賛復元中
3つの建物
これもワシャクトゥンの太陽観測用の建物（p120）と同様のものらしい。
セノーテ・シュラカ
最深部は43mという恐ろしさ。しかも地下水脈に続いている。何千ものお供え品がここに放り込まれた（人骨も見つかってるがあまりに少ないため、生けにえではなく事故死の人たちと見なされている）。現在はほとんど憩いのためのプール。

7つの人形の神殿

春分と秋分には朝日が戸口にすっぽり入って奇跡のような光のショーを見せる。

8世紀ごろのもの

独特なふんいきを持つこの神殿は新しい神殿の下に埋まってたもの。これを覆っていたその新・神殿は破壊されたのか自然になのか、スペイン人が来るまでには崩れてしまった。

13世紀から16世紀のどこかで人々は、そのガレキと化した新・神殿の真ん中を掘って穴を作り、この神殿の床まで貫通させ、ふたたび信仰の場とした。神殿名の由来となった7つの人形が、ここに手向けられた(床に埋められた)のもその時代。

神殿内には、マヤ文字の書かれた祭壇もあったそうで、それは文字部分の上に漆喰を張っては新しく文句を書き記す、というのを何度もくりかえしたちょっと興味深いものである。

ネーミングの勝利

「7つの人形の神殿」なんて、なんとわくわくする名前なのでしょう。名の由来の人形は「グロテスク」(©ロンリープラネット『Mexico』)で「何らかの病的な奇形を示す」(©石田英一郎『マヤ文明』)ものだそうで、こりゃーぜひとも見なくては、とはりきって行ったけど、それらはこんな感じで↓。

現在、マヤ遺跡の神殿名は、先入観を排するため番号で呼ぶようにしてるということで、たとえばティカルなんかだと、昔の考古学者が「ジャガーの神殿」と名づけたものを「神殿1」と呼び直すなどしている。でもユカタンの多くの遺跡は無法地帯なのか、今さら習慣を変えられないのか、想像力を刺激する楽しげな名前をいまだ各建造物に付けている(とくにマヤパンはやりたい放題)。

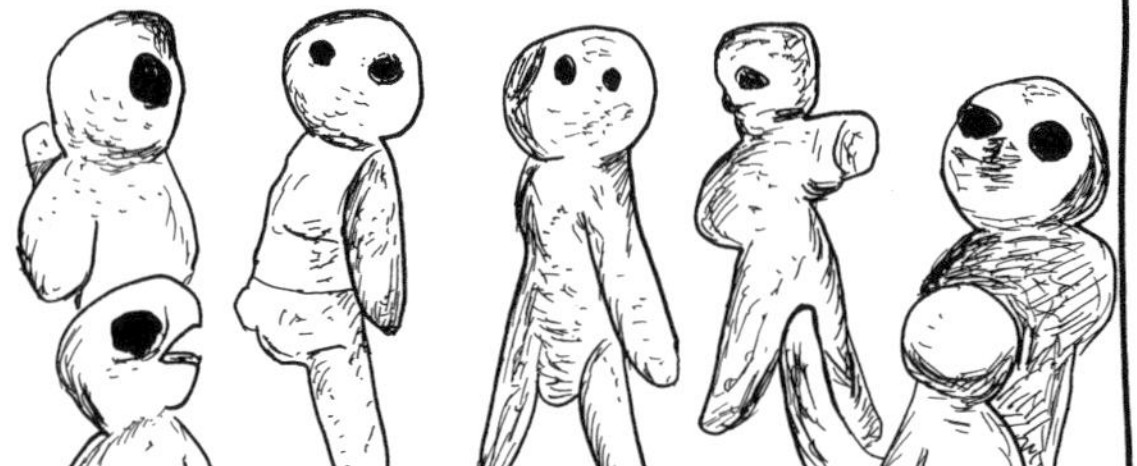

拍子抜け! 新しい時代のもののはずなのに、非常にプリミティブ。とてもあっさりしてらっしゃいました。

神殿1、神殿2って言われてもまったく頭に入んないし無機質でつまらない。でも名前を付けると固定したイメージがついて、それにしか見えなくなる
むーっ
どっちがいいのでしょーねー
別にどっちでもいいよう

ありがたき人々

メキシコも、ユカタンや湾岸地帯に入ると、遺跡への移動が滞るようになる。バスの本数がぐっと減り、ツアーじゃないとむずかしいところも出てくる。

バス待ち2時間とかロスタイムが増えてくる。

ボケー
カリカリ
カリカリ

こんなときはひたすら溜まってた日記書き

でもありがたいことに、不便なとこに来ると決まって、車に乗れと声をかけてくれる天使のような方々が現われる。

大型タンクローリーや、農作物のトラックに乗せてくれる人など、商売中の人もいるけど、

たいていは遺跡を見に来た人たち。

今見てきた遺跡という共通の話題があるので会話も困らずGOOD!

この間新発見があったよ

しかもこの国の人たちは、おどろくほど自分たちの国の歴史にくわしい。

そうした中で会ったメリダに住むご夫婦は、とくにおもてなしの心に溢れた方たちだった。

テレサ
フリオ
トトナカ人の血を引く

大学生にしか見えない30歳同士。

この国の人はスペイン人と先住民の血のブレンド具合によって、見た目年齢に大きな差が出る。

2人は、英単語をおりまぜながらのおだやかな口調、α波の声音で、いろいろ質問してくれたり、話題を振ってくれる。

日本はこんなに暑い?
この間TVで日本のひきこもりというのをやってたけど本当にそーいう人いるの?

自分たちの話は控え気味にして、ずっと我々に関連した話題で話を広げてくれる。それがわざとらしくなく、さりげない。こういった気遣いや会話のリズムから、言葉はちがえど外国人としゃべってる感じ、まったくなし。

わかるー
私もまったくいっしょ!
野菜嫌い!
海嫌い!

プラス、はにかみ具合とか、空気をよく読んでくれるところとか、反対意見を言わないでとりあえず「YES」とまず言うところが、日本人のメンタリティに近い気がして、非常に親近感を覚えた。

それはこのご夫婦だけじゃなく、ここまで出会った多くのメキシコ人に感じた。

遺跡にいるとき、知らないうちに禁止区域に入ってしまったことがあった。このとき職員は普通に世間話して、それとなく立ち入り禁止のしるしであるロープをチラチラ見て、私が自分で気づくよう仕向けてくれた。

ゲッ、ここ入っちゃいけなかったんですか？
すみません…
いやー、ハハハ

波風を立てたくないというか、人の機嫌を損ねるのを怖がるというか。

何より「おおっ」っと思ったのは、謙遜すること。自分たちをクサして、

オレたちはダメだ
根本的にだらしないのだ
日本人は勤勉で頭がいい。見習いたいけどまずムリ……

相手を立てる。

「謙遜」とか「謙譲」って日本だけのもんかと、うぬぼれていたけど、井の中の蛙だった。メキシコ人もそうだったとは……。どうも「マッチョの国」イメージのせいで、みんな尊大、自信まんまん、エラそーといった横暴イメージを持ってしまっていた。

オクタビオ・パスの『孤独の迷宮』という本に、メキシコ人の複雑にして卑屈な気性や防御心の強さなどが書かれている。

「メキシコ人というものは、己れの中に閉じこもり、身を守る存在のように思われる。その顔が仮面であり、微笑が仮面である」

この本の文章はあまりに深遠で私にはむずかしすぎるものなのだが、この部分だけは、言ってることがわかったような……。

メリダの街に着き、夫妻は「じゃあごはんでも」と誘ってくださる。

ここでうれしいのが、だらだらいつまでもおしゃべりせず、キリのいいところでスパッと終了してくれるところ（その際も、お金は頑としてこちらには出させず、ホテルまできっちり送り届けてくれ、最後までホスピタリティに手を抜くことはない）。これが同じようなフレンドリー大国、トルコだったら、家招き攻撃が始まり、非常に面倒くさいことになったはず。

この、距離を保って深く立ち入ってこないところにもパスさんの言う、メキシコ人の真髄を見た気がした。

高山智博、熊谷明子訳 法政大学出版局

メリダ

ザザッと2つだけ紹介！

ユカタン人類学歴史博物館

メリダはチチエン・イツァーを始めとする多くの遺跡の観光拠点なので、この博物館の内容もさぞすごいだろうと思ってたら、肩すかし。建物の外観はもと州知事の公邸で美しいのだけど、中は狭く展示物も少ない。その少ない展示物は磨耗してるのが多い。2Fは子供のための場所。おもちゃの歴史コーナーやマヤ語学習コーナーで、非常に唐突な感じを受ける。それでもポポル・ヴフの双子と怪鳥ヴクブ・カキシュが描かれてるとされる皿やら、貴重なものもあります（なげやり）。

モンテホの家

装飾の彫刻がなかなか面白いです。

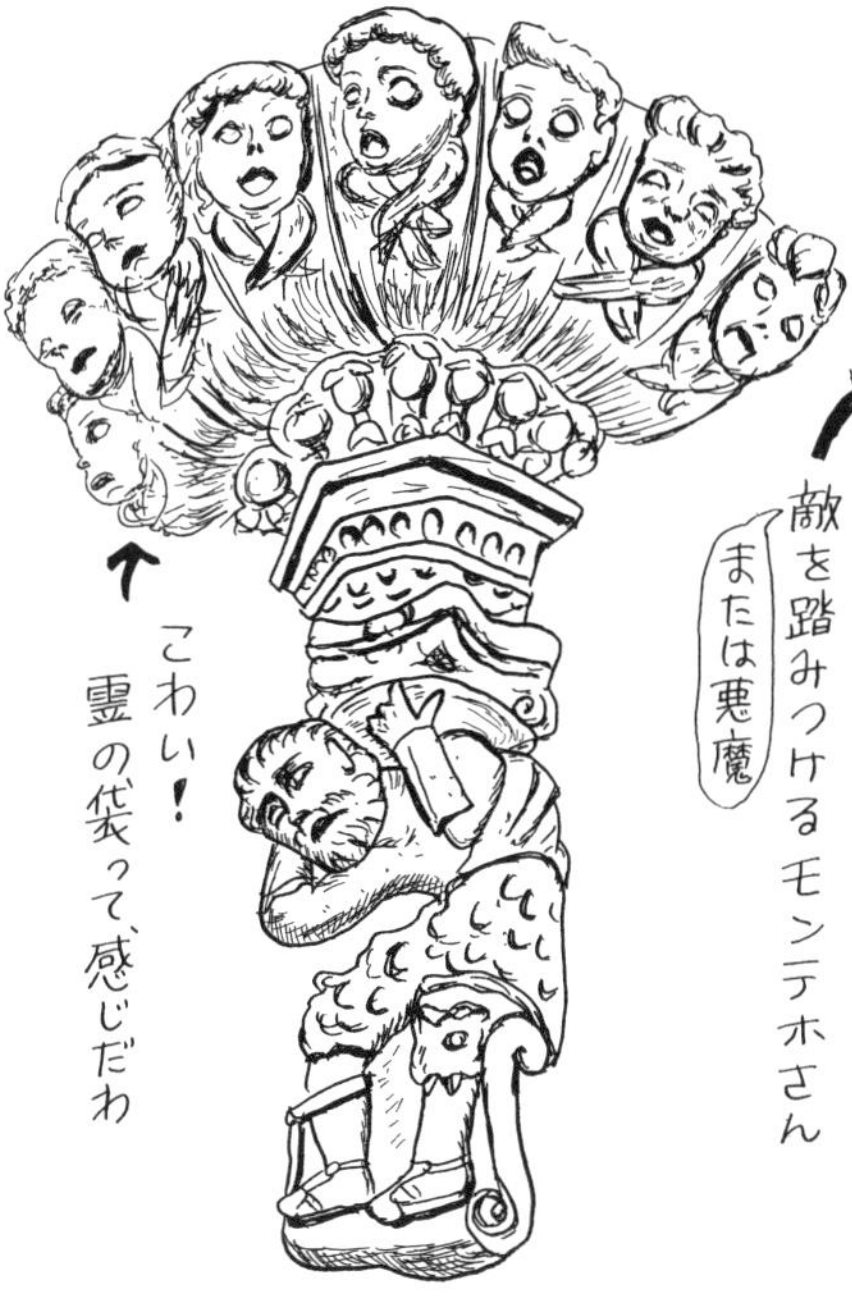
こわい！
霊の袋って感じだわ

敵を踏みつけるモンテホさん
（または悪魔）

WHO IS モンテホ？

コルテスとともにアステカ遠征に参加。

スペインがアステカを征服したあと、ユカタン征服の総司令官の地位に就くも、マヤ人の激しい抵抗に遭い、苦汁をなめつくした（征服事業は息子と甥っ子の代でなんとか完遂）。

中央広場の州庁舎にユカタン征服の歴史絵巻があります（フェルナンド・カストロ・パチェコさんという画家による。あんまり好みじゃない画風）。

メリダはモンテホ（息子のほう）が作った街。かつてはティホという名のマヤの大都市であった。3基のピラミッドやウシュマルの尼僧院のような建物（しかもウシュマルのより立派）があったことを宣教師ランダが記録している。スペイン人が来たときはすでに都市は捨てられていて、放置されていた神殿の石材を使ってメリダが築かれた。

カンペチェ
カンペチェは街自体が「世界遺産」。砦の中に街がすっぽりっていうのが売りらしいが
砦は
うーん……
街も
家はおもちゃのよう。カラフル！
うーん……
私には張りぼての街のように思えた。
砦の中だけ異様にきれいにしててしらじらしいというか……。砦を一歩出るといきなり汚いし
そして私には「あれ？」の連続の街であった。
まずつらいのが、砦のおかげでうだるような暑さ。湿気でサウナにいるように汗が滝のように流れっぱなしになること。
ほかの土地はすごいスムーズだったのに
イラ イラ
イラ イラ
イライラ
さらに郵便局で、ちょっと小包送るのに2時間もかかる。
estampillas
べつに人はそんなに並んでないけど
書類にちょっとの漏れがあったり軽いミスで失格。
その場でパッと書けるようなことなのに、いちいち机に戻らされる。
くっそーまた並び直し
これは外人だからってことではなく、皆がくらってる。
また戻ってきました～
ハー
4回やり直しのメキシコ人母娘

やっと合格すると今度は職員による入力業務。
ポーン
ケンカ売ってんじゃないかと思えるほど1文字1文字ゆーっくりと入力していく。
っていうか、この職員は本当、尊大な接客態度の奴だった（この国初）。
は〜？ 船便？
何言ってんのあんたっ
本を数冊送って9千円（まぁ4キロだが。でも日本よりはるかに高い！）。こんなに時間かかってイバられて、値段も高いし、やりきれない。
郵便業務のつぎはレンタカー屋探しで、これまた難儀を極める。
そもそもカンペチェには、レンタカーを借りる目的で来たのだ。カラクムルなどメキシコで一番交通が不便そうなとこを回るために。
ところが……。
まずほかの都市であちこち腐るほどにあったレンタカー屋がまったく見当たらない。あっても、ずーーっと閉まっている。
中心部から遠く離れて散在しているレンタカー屋を一つひとつ当たってみたが、
カンクーン
カンペチェ
シュプヒル
エスカールセガ
チェトマル
不便ゾーン
カラクムル
1日90ドル
69ドル
80ドル
4日ほど借り、保険料とガソリン代を入れると莫大な金額になってしまう。
なんなのここ!! メリダでは28ドルのとこもあったのに
それだけ借りる人がいないんだよ
仕方ないよう
どこも納得のいく金額じゃないので、いちおうツアーの金額を聞きにいくと
カラクムルともうひとつ遺跡見て日帰りで1人750ペソ（約7500円）
カラクムルと3つの遺跡つけると1泊して1人1650ペソ
とすまなそうに言う。

だめだ もう現地で タクシーと 交渉する しかない
自信ねー
とあきらめた。
これらの調査で10キロ以上歩いたのと、しかも何一つ得ることもなく徒労に終わったことで、公園でぐったりしていると
ハハハ また 空回りの 本領発揮 しちゃったよ
チワワが！ ワンサカと！
にょにょーー！ カワイーーーッ♡
ワン
年若の飼い主の人たちが来て、軽く犬話。
17歳
20歳
こっちは まだ2ケ月 なんですよ
しかも 英語♡
その子は クロガネって います
ふーん クロガネねー。 なんか日本語っぽいねー。
ビチビチ
まぁ散歩を中断させては悪いので、話を切り上げようとするが、いつまでもモジモジして、立ち去らない。
この子は サクラ っていいます
えっ、サクラ？
日本語？ さっきのも もしや日本語？
あの… ツバサクロニクル のキャラの名 なんですけど……
えっ、今はっきりとすばらしい日本語の発音で、聞いたことのある単語が聞こえたよ。
そう！ この方たちは すごい 「オタク」 だったのだ。
そこから堰《せき》を切ったように怒涛の「日本話」に。
なんでも小っちゃいころからTVでやってた『聖闘士星矢』や『ドラゴンボール』などで日本のアニメやマンガに興味を持ち、
CLAMP 全部 読んでます
『NANA』が大好きです
下を見て 小さな声で
はずかしそーに しゃべる

ボクは『DEATH NOTE』
『るろうに剣心』全キャラ完璧に描けます
すごいコアな「ジャパニーズ（サブ）カルチャー」マニアになったそうなのだ。マンガだけではなく
映画
『下妻物語』大好き！嶽本野ばら先生も……
もちろん『NANA』は1も2も観てます
このあいだ捕まってたね
すかさずマイナス話題を持ち出すエキ
ビジュアル系バンド
ガゼット、Dir en greyがスキ♡
この人には古いって言われるけど
ボクはずっとガクト！マリスミゼルサイコー！ラルクもスキ♡
えっ デイル……？？？
こっちはまだわかる
Jポップ好きはリア・ディゾンだけじゃなかったんだね〜。
その他
代官山原宿行きたいデス
ジェーン・マープル ベイビー・ザ・スターなんたらかんたらの服買いたいデス
いやー、本当におどろいた。ギニーピッグの男（冒頭のほうの日本好き）におどろいてる場合じゃなかった。
聞いてください。着メロは土屋アンナなんですよ〜♡
この娘さん、カンペチェで開かれたアニメキャラのコスプレ大会で優勝もしたそうだ。
すごいでしょー
もじもじ
もじもじ
ぜんぜんですー
日本語
優勝もすごいが、そんな大会がこんな小さな街で開かれてることにもっとびっくりだ。
しかもこの方たち、英語はともかく、日本語もかなりしゃべれるのだ。高校で日本語を習ったそうなんだが、カンペチェには日本語の科目がないから、わざわざカンクーンの学校に編入したんだって。

先週も日本人が市内に来てるって聞いたんで
あわてて2人で探したんですけどもう発ったあとでがっかりしてたんですよ〜
すんごーくうれしーんだけど
『ONE PEACE』のなんたらが
『NARUTO』がどーしたで
えっ、もしかして今もわざわざ日本人いるってことで来てくれたの？犬という餌アイテムまで持ってきてくれて？
なんのことやらさっぱりわかりません。おばはんの中ではジャンプはスラムダンクまでなのだよー。心が荒みすぎたこの身にとっては「友情と努力と勝利」はまぶしすぎるのだ。闇金マンがとか、負け犬がいっぱい出てくるようなマンがにしかもう共感できないのだよー。
せっかく日本人が来ていろんな話ができると勇んで来てくれたのに、本当申し訳ないわ〜〜。そしたら出たよ、腹黒大王エキの御業《みわざ》が
この人マンがを描いてますよ
ニヤリ
ヒッ
ヤメテ
当然色めき立つ若者に
マジデ？
日本語
スゴーイ！
お名前は？
なんてタイトルですか？
イヤちがいます！
あの、そんなマンがという立派なものじゃなくてなんつーの、ラクガキ添えてるだけっつーか……
誰も知らないし誰も買わない本をたった2冊で……
と、とにかくまったくの別物でこんなのマンがって言ったら殺されます
アウアウ
全身全霊で否定。
若者たちは空気を読んでくれて、それ以上質問はしなかった。
本当に優しい子らだよ
それにくらべて……
ニヤニヤ

あーなんで私は車田正美じゃないんだろー。このときほどCLAMPの1人や、ゆでたまご先生になりたかったことはない（不遜を承知で書いてます）。
せめて少年マンガやアニメにくわしかったり、ビジュアル系バンドがわかっていたら、どれほどこの子たちを喜ばせてあげられただろうか。そのことで心苦しい面もあったが、でもやっぱりうれしさのほうが大きい。こんなにも日本の文化が浸透していたとはねー。
最後まで礼儀正しくニコニコの子ら
この子たちは今もマンガやらの話ができる人を見つけに、公園をうろちょろしてるんだろうか。
この子たちほどコアじゃなくても日本のマンガファンやJポップ好きには何人も会った。
ドラゴン・アッシュが大好きで
ポケモン
こういう人たちは、ただ私たちが日本人である、というだけで喜んでくれ、無償の親切を施してくれる。
すこし前は電機メーカーや自動車メーカーが、今度はエンターテインメント部門が旅を助けてくださるとはねー。本当、文化の担い手の方々には頭が下がります
ペコり

本当に日本のMANGAはすごいことに

いやーもうTVとかでもバンバン取り上げられてるし、今さらな話なんだろうが、やっぱりリアルに見ると本当だったんだー、とおどろきます。

一番手応えを感じたのは、白人ばっかのバックパッカー宿に泊まったときで、皆さん、浦沢直樹とか高橋留美子とかの名前挙げて、あの本がよかった、これはイマイチだったとか、ふつうに細かい感想大会してたとき。

私がおどろいてると「えっ、なんでおどろいてるの？　日本の『マンガ』はスタンダードだよ」と、おどろいたことにおどろかれる。

20年前にアメリカに行ったとき『マジンガーZ』が放送されていて、これは日本のアニメだよ、と言っても誰にも信じてもらえず、ホラ吹き野郎呼ばわりされた。それを思うとなんたる認知度アップか。

私は一介のマンガ読みとして、つねづね昔から、日本のマンガは世界一、唯一世界に誇れるすごいもの、と思ってたひとりなんで、こんな日が来るなんて……とやたらうれしくなりましたよ。

なんかさー世界がどんどん自分の思いどおりになってきてこわいくらいだよ
何言ってんの？

エスナー

ここも紀元前から始まる古い国。すでに前150年ごろまでには(25km²の土地に)全長31キロもの水路を張り巡らしていた先進国。後600〜900年がピーク。それからじょじょに衰退し、スペインが来るころにはすでに捨てられていた。

エスナーは「イツァーの家」という意味で、800〜1000年ごろにイツァー人がこの地を支配したと推定されている。

プウク最南端の遺跡ともいわれるが、そんなにプウク色は強くない。王の肖像入りの石碑やマヤ文字があちこちにあることから中部の文化に近い気がする。でも薄味。

北の神殿
後300〜1400年の間に4回の増築が行なわれた。

ナイフの基壇
お供え用のナイフが多数見つかったことからの名。

大使の中庭
ヨーロッパの大使たちがエスナーに訪問したことを記念して付けられた接待ネーム。

年老いた魔女の家
メイン遺跡から800mほど一本道を進むとぽつんとさびしい広場が。木がたくさん生えたピラミッドもあり。ここもネーミングのおかげで楽しめる場所。これもウシュマルやらの流れを汲むものなんだろうが、メインの広場から離れた孤独な場所には、年老いた女が住むにふさわしいと考えられてのことだろう。って、よく考えてみれば失礼な話だ、年老いた女に対して。もとい、女全般に!!

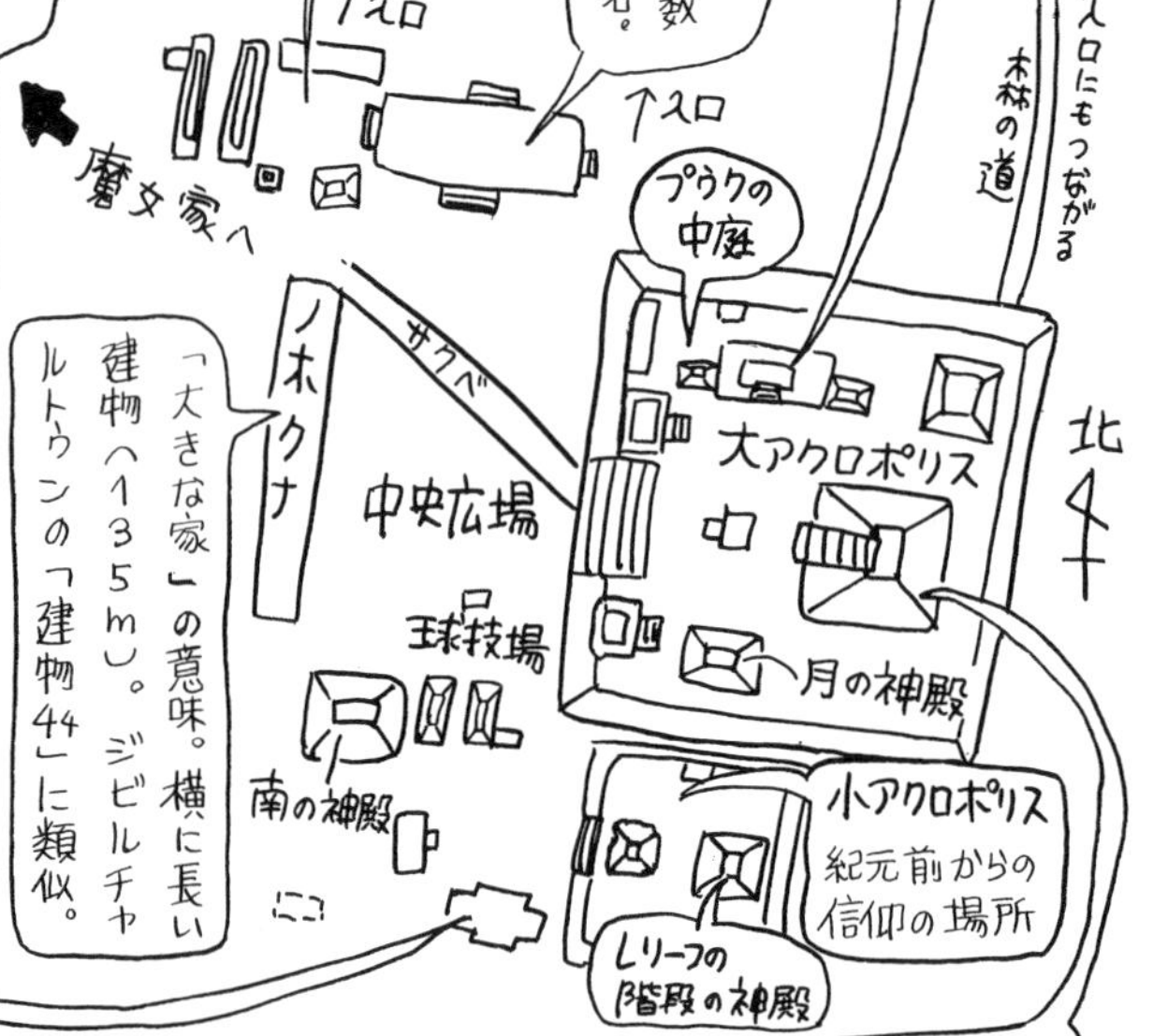
↑入口
↑入口
入口にもつながる
森の道
魔女家へ
プウクの中庭
サクベ
ノホクナ
「大きな家」の意味。横に長い建物(135m)。ジビルチャルトゥンの「建物44」に類似。
北
大アクロポリス
中央広場
球技場
月の神殿
南の神殿
ここ
小アクロポリス
紀元前からの信仰の場所
レリーフの階段の神殿

マスクの神殿
1988年に発見された太陽神キニチ・アハウのマスクがあります。向かって左(東)が日の出の顔、右(西)が日没の顔だそうだ(あまり変わらないけど)。

だいたいいつも腹立つ顔のキニチ

五層の建物
4世紀から1000年間何度も増築されてきたもの。細かく部屋が造られている(27部屋確認されている)。階段には保存状態のいいマヤ文字。側面部に、大きなカマボコみたいなのが付いてるのがユニーク。

側面にこわれマスクあり

ユカタン半島つけ根の遺跡へ

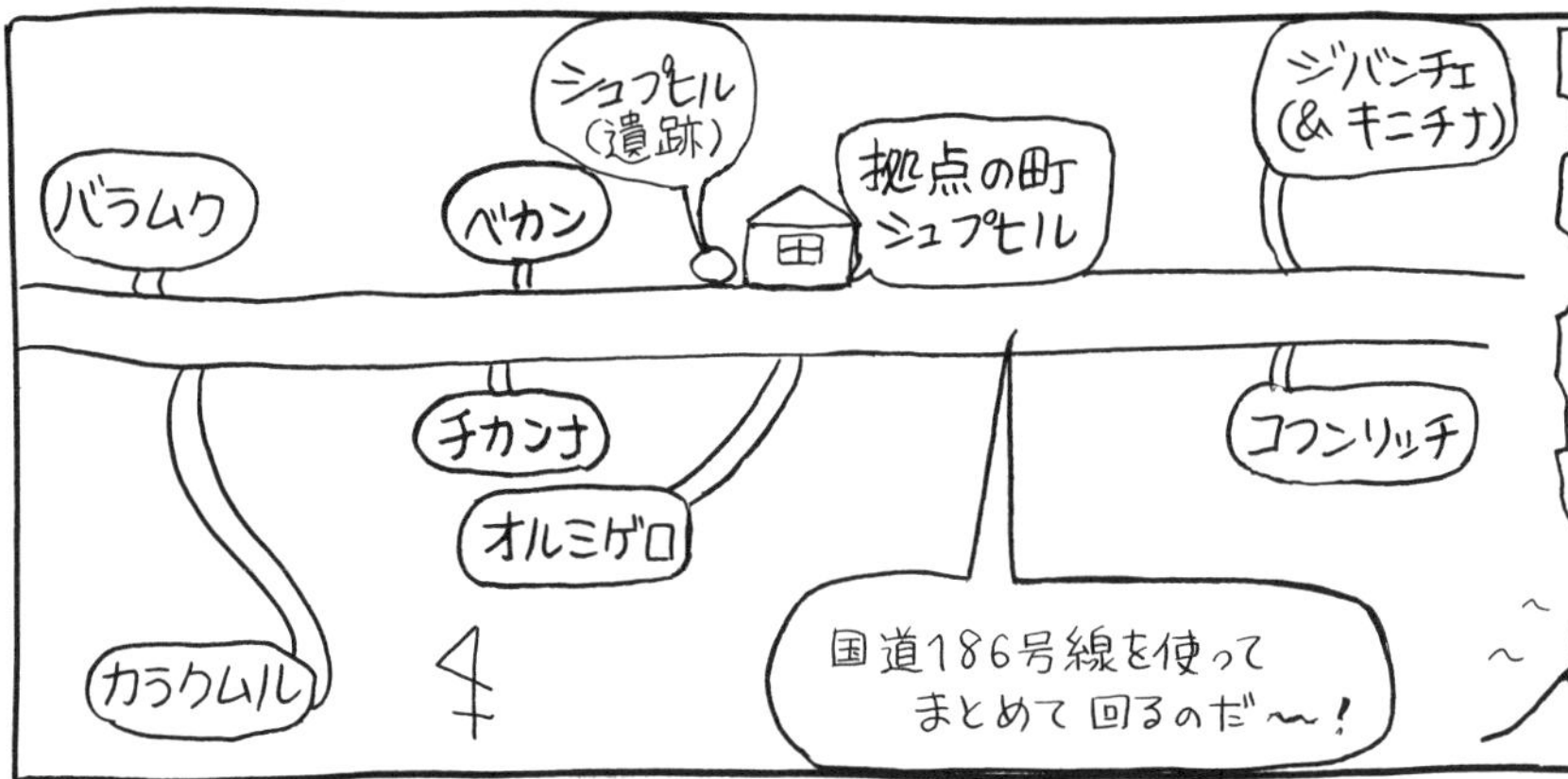

バラムク
ベカン
シュプヒル（遺跡）
拠点の町シュプヒル
ジバンチェ（&キニチナ）
チカンナ
オルミゲロ
コフンリッチ
カラクムル
国道186号線を使ってまとめて回るのだ〜！

ここ

案ずるより産むが易し。

タクシー交渉を恐れるあまり、カンペチェでレンタカーを借りようとして時間を浪費した私であったが、ぜんぜん心配する必要はなかった。

シュプヒルは、銀行もない小さな町だがローカルバスもあまりなく、人々の一番の足となるのがタクシーなので町の規模にくらべてタクシーがハンパなく多かった。

運転手さんが提示してくるチャーター代は、思ったよりリーズナブルで、しかもすぐディスカウントしてくれた。

おはよーございまーす
チューチュー
お菓子好き

毎朝10分前にはかならず来るマジメなイサヤさん。

顔立ちやいでたちから2日目まで46歳と思ってた。21歳と聞いたとたん、21歳にしか見えなくなった。歳って不思議だ。

つや つや
4時に出たほうが動物に会えるよ

とさらに早朝を勧めるイサヤさん。

タクシーチャーター代

1日目
オルミゲロ、ベカン、チカンナで
300ペソ（約3000円）

2日目
カラクムルとバラムク、600ペソ

3日目
コフンリッチとジバンチェ、
700ペソ

だいたい毎日、早朝5時から1日8時間〜13時間拘束させていただいてのお値段。
（2007年時）

ほとんどのお客さんはカンクーンからのツアーで来るよ
あんまりタクシー使ってもらえないよ〜

とのことで、もったいない話だ。

時間が短く楽な割に高い料金を取るベリーズのタクシーを思い出すとだんぜん安くて申し訳ないくらいに感じます。

東から

ジバンチェ

「木に書かれた文字」の意味。

① ジバンチェ・グループ

後300～900年に活動。古典期マヤ文明にバッチリ組み込まれる大きな国。でもおそらくカラクムルの子分国（碑文からの推定）。今はまだ、見学できる面積も小さく、ビジュアル的に目立つものはないけど、最近、つぎつぎと墓やヒスイのマスクなどのお宝が発見されているし、どんどん面白くなりそうなところ。

シバルバーの広場
南北にある宮殿の入り口の数がそれぞれ9つで、それはマヤの地下世界《シバルバー》の数であるので、この名前。

フクロウの神殿（後300～600年）
ここから立派な墓室が見つかった（1990年代というつい最近！）。それはパカル王の墓のように、上部の神殿から長い階段で墓室へつながるもの（でも墓は見られません。は～）。そこからは遺体と副葬品が見つかっていて、副葬品の中にフクロウのついた容器があり、それでこの名前。

リンテルの神殿
テオティワカンのタルー・タブレロ様式。この神殿の木製リンテルに733年の日づけのマヤ文字があり、それが遺跡名になった。肝心のリンテルは移されてもうない。

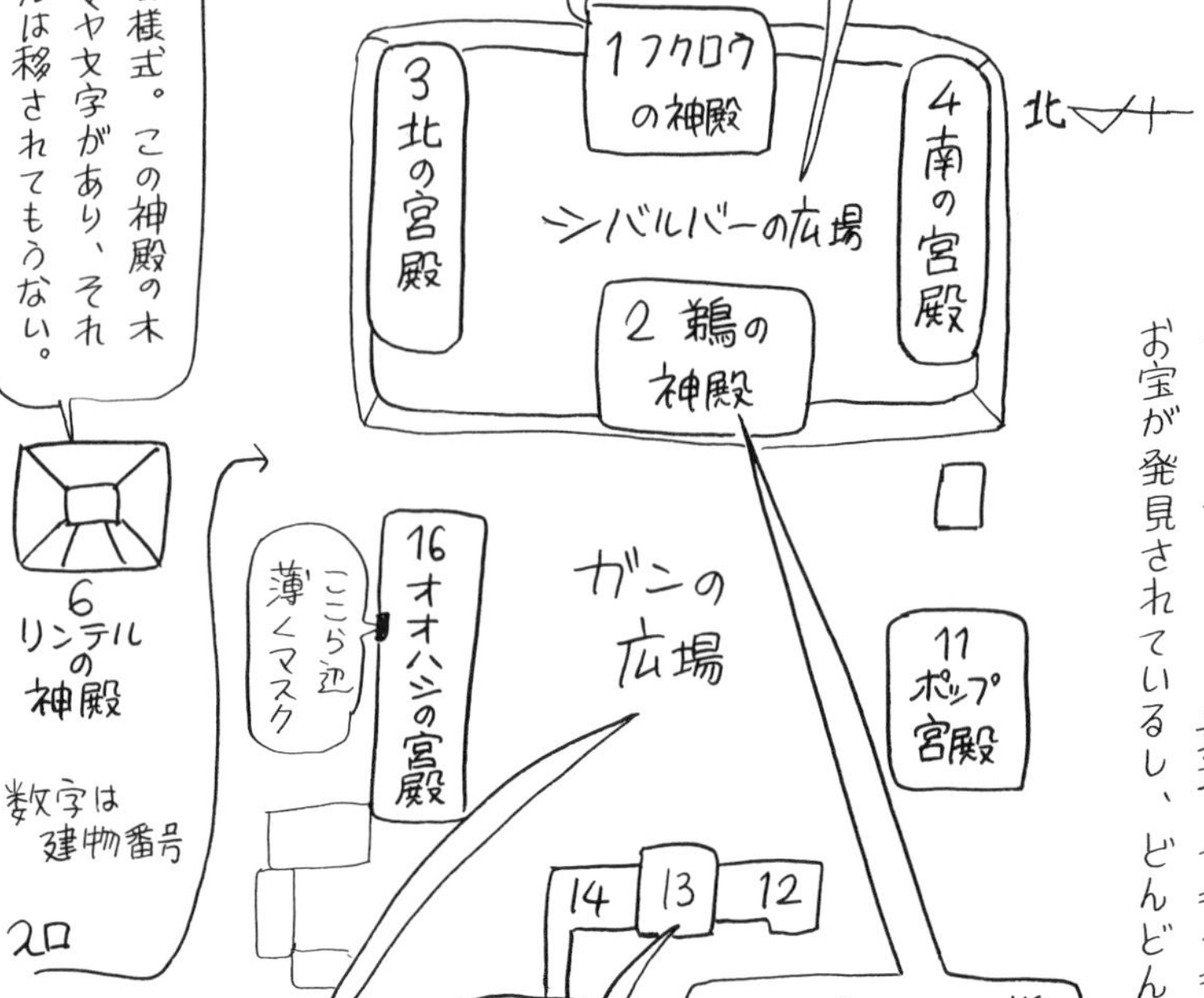

1フクロウの神殿
3北の宮殿
4南の宮殿
北
シバルバーの広場
2鵜の神殿
6リンテルの神殿
ここら辺薄くマスク
16オオハシの宮殿
ガンの広場
11ポップ宮殿
14
13
12
数字は建物番号
入口

鵜《う》の神殿（後600～900年）
中から3つ部屋が見つかり、そのうちの1つは王墓。王の遺体と副葬品が見つかった。フクロウの神殿と同じで、ここから鵜の絵の付いたコップが出て、この名前。

捕虜の神殿
階段部分にうっすらと捕虜のレリーフ。

ガンの広場
遺跡発見者、トーマス・ガンからの名（→イギリス人のアマチュア考古学者）。1927年に発見したそーです。

遺跡はいくつかのグループに分かれてる。

②キニチナ・グループ
2km
ラマイ・グループ
ドーンと大きな建物。外から見るだけ
1km
チケット売り場
①ジバンチェ・グループ

② キニチナ・グループ

キニチナ・グループは大きなピラミッドひとつを登るだけ。上に5つの神殿があり、一番上の神殿から2人の遺体と副葬品が見つかった。その神殿正面に太陽神キニチ・アハウのレリーフ1つがあったことから、キニチナ(=キニチの家)の名がついた。

コフンリッチ

目玉 マスクの神殿

太陽神キニチ・アハウであり王の肖像にもなってるそう。

好みじゃない整った顔なので心にこず。
好みの顔

階段の両わきに5つ"顔"(実際は8個あったそう)。これは後500年ごろの神殿の装飾で、700年ごろ新しい建物に覆い隠された。今はその新しい建物は取り去られ、下のほうにほんのすこしカサブタのように張り付いてるのを残すのみ。

後6世紀ごろ栄え出し、12世紀ごろ放棄される。コフーンというヤシ(日本名コフネヤシ)がバンバン生えてることからついた名前(「コフネヤシの峰」の意味)。その名のとおりトロピカルな遺跡。なかなか展開が読めなくて上下の動きもあり、小道に入ったり、と楽しい場所。

北
マーウィンさんは、ここの発掘作業に当たっていた考古学者。
11の入り口の神殿
ピシャーン複合体
石碑の宮殿
球技場
アクロポリス
石碑の広場
マーウィン広場
27段の階段グループ
北西の住居グループ
入口
王の神殿
観覧席
双子の柱の神殿
27段の階段を上ると大きな住居グループ。おそらく王族など、権力者らのお住まい。

ここからリオ・ベック様式の遺跡群へ

オルミゲロ

スペイン語で「アリ塚」の意味。

入り口は大地の怪物の口
巻き鼻たち
あれ!! こんだけ?

シュプヒルからの距離は地図上では短いけど、後半8キロほど、運転手さん泣かせの悪路（草ボーボーの極細のジャリ道。対向車来たらどうすんだろう）を経て、たった2つの神殿を鑑賞するだけ。でも初めてのリオ・ベック様式。ジャングルの中で異彩を放つ怪物とのファースト・コンタクトですもの。まったく損した気になりません。

こんな方もちょろちょろと

リオ・ベック様式

（後600〜1000年ごろ）

ここら辺の区域の建物は、明確な建築スタイルを持っていて、遺跡名でもあるリオ・ベックの名で総称されています（45以上もある）。遺跡にあった看板によれば「ペテン様式（ティカルやワシャクトゥンなどが代表）とチェネス様式が混じり合う様式。実用性の薄い高い塔、見せかけの神殿、とても上《のぼ》れやしない急すぎる階段を持つことなどが特徴」ということだそうです。実際見ればどんなものかすごーくわかるんだけど、

本だけだと普通は

プウクとかチェネスとかリオ・ベックだとかいっぺんに言われても、なんのこっちゃ、まったく脳に入らんわー
旅行前のわたくし

ですよね。

べつにこんなこと覚える必要もないけど簡単おさらい。

シュプヒル

後8世紀中ごろに造られた。

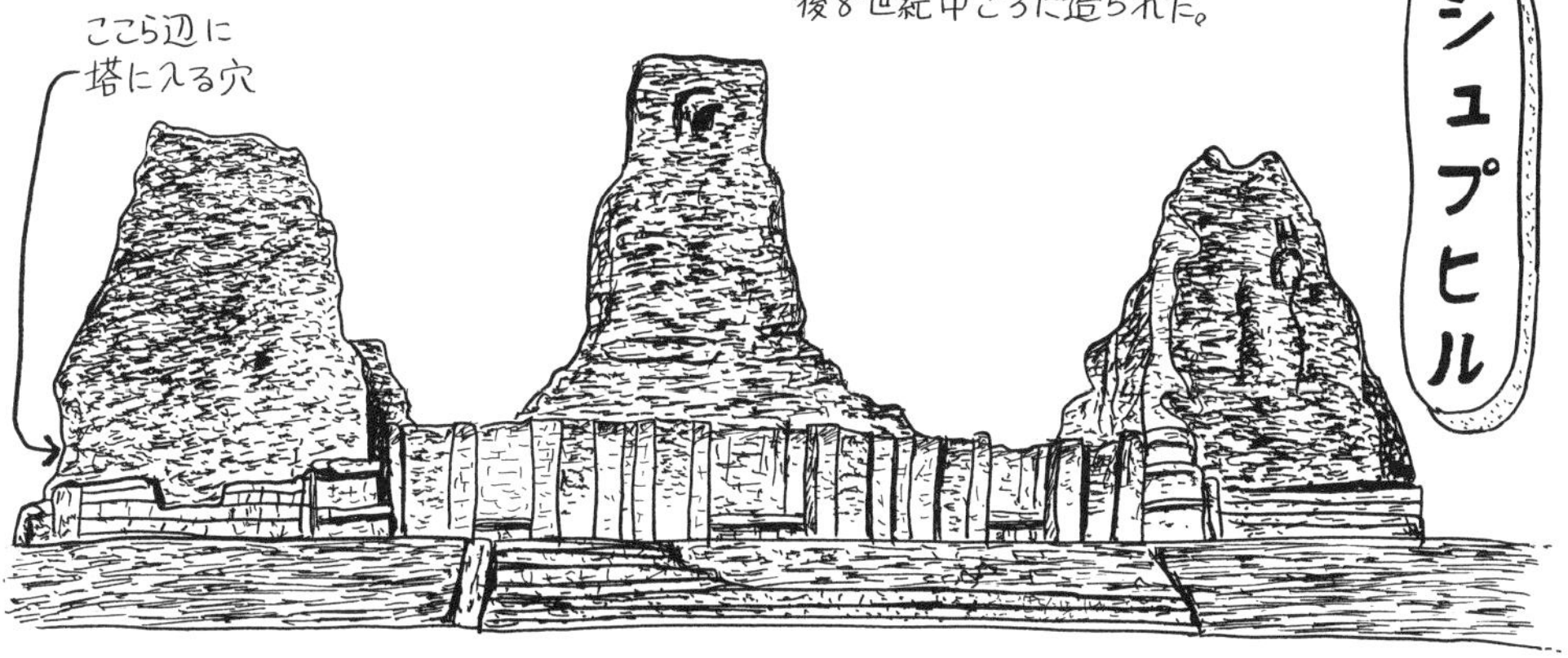

ここら辺に
塔に入る穴

とても小さい遺跡。まっすぐ一本道を歩き、3つ建物を越えると〈地図上では5個だけど〉、有名な3塔の神殿が!! 装飾は剥《は》がれ落ちていて、アリ塚のように見える。

3つの塔は、トワイライトな景色に映え、とても幻想的であった。

真ん中の塔の裏側上部に残るマスク。
眠そうなライオンのよう。

一口メモ

後500〜750年ごろまでがピーク。1150年ごろから衰退。シュプヒルはマヤ語で「蒲《がま》の場所」の意味。この遺跡の水辺に蒲が植生していることからの名。

スゲー粗いけどこんなんで充分です(独断)。

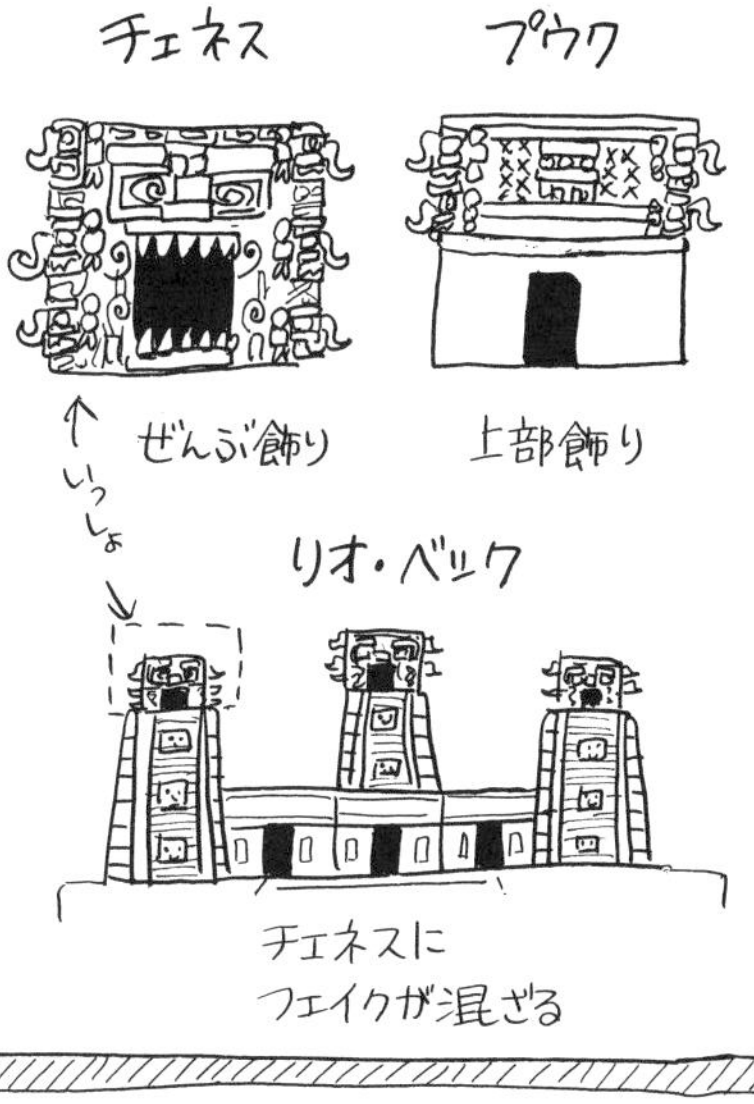

チェネス
プウク
ぜんぶ飾り
上部飾り
いっしょ
リオ・ベック
チェネスに
フェイクが混ざる

◎大地の怪物の口

チェネスとリオ・ベック様式といわれるものにいっぱい出てくる入り口のこれらは、マヤの最高神であり、創造を司る神イツァムナーの口でもあるという。

神殿は聖なる山で、その入り口は洞窟を模していて、その洞窟は冥界への入り口でもあり、ここに入ることは冥界を疑似体験すること、などといわれる。

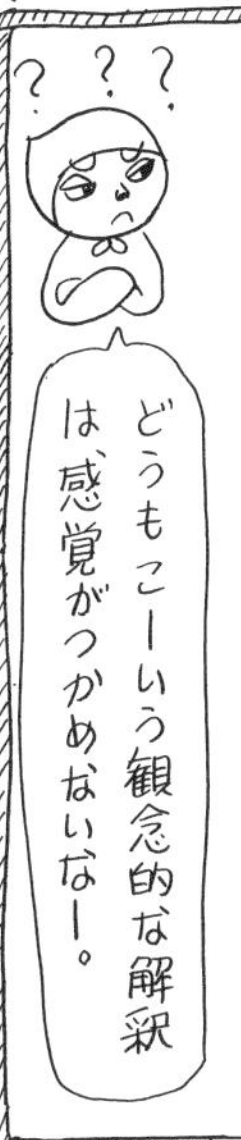

？？？
どうもこーいう観念的な解釈は感覚がつかめないなー。

チカンナ

マヤ語で「ヘビの口の家」の意味。

4つの小グループを小道に沿ってまわります。
小ぢんまりしてるけど 写真映えする 遺跡！

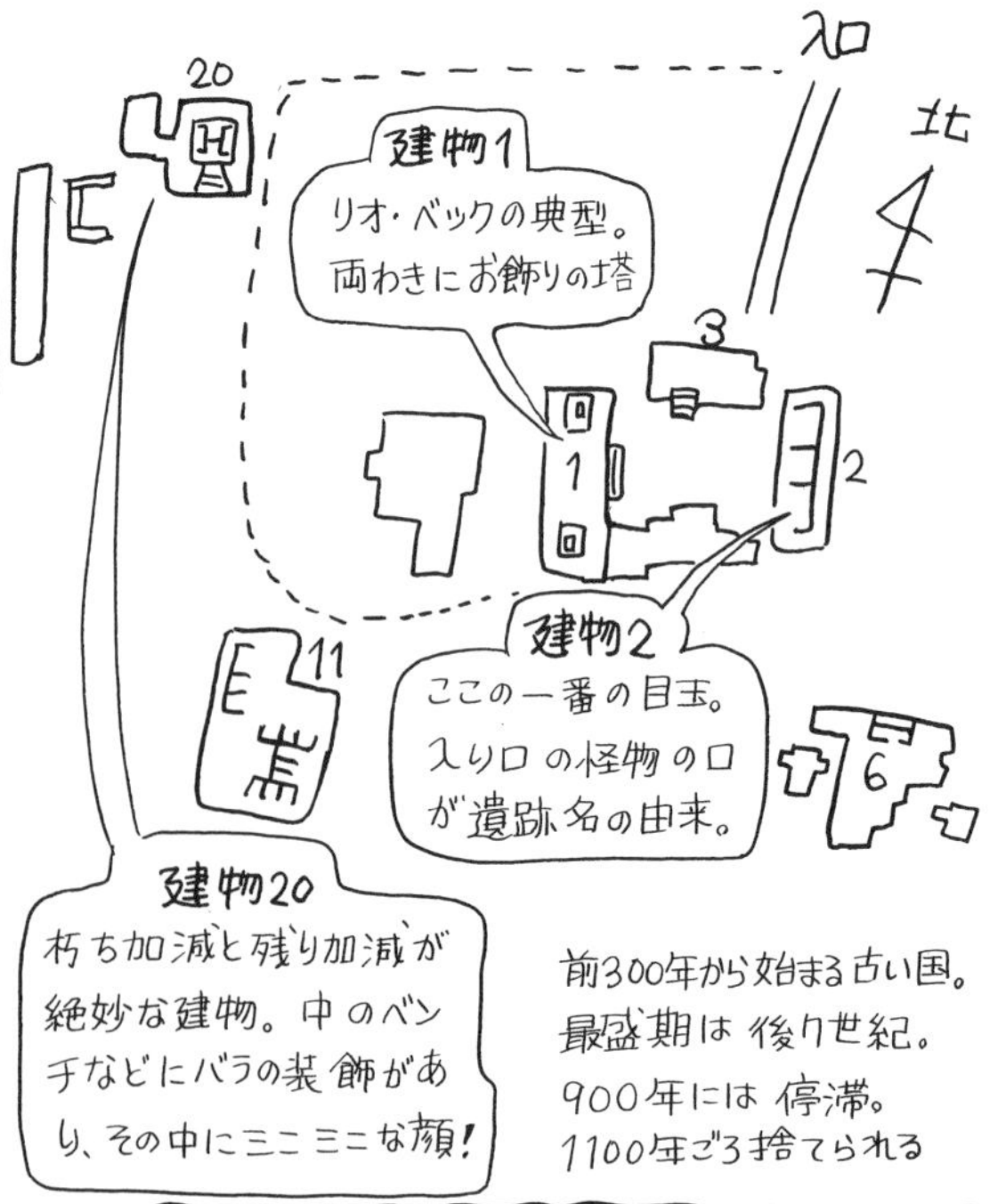

入口
北
20
11
3
2
6
1
建物1
リオ・ベックの典型。
両わきにお飾りの塔
建物2
ここの一番の目玉。
入り口の怪物の口が遺跡名の由来。
建物20
朽ち加減と残り加減が絶妙な建物。中のベンチなどにバラの装飾があり、その中にミニミニな顔！

前300年から始まる古い国。
最盛期は 後7世紀。
900年には 停滞。
1100年ごろ捨てられる

小さな話

建物2の前で太陽待ちしてるアメリカのカメラマン2人に

前から日本人に会ったら聞こうと思ってたことがある!! なぜ大阪人だけは、あんなにちがうのだ？
民族がちがうのか？ WHY？ WHY？
自分の写真展で何度も来日してるということで、まぁまぁ日本にくわしい

と神妙な顔で詰め寄られる。
ってそんなの私だって知らないよ。
そして知りたいよ。

ベカン

マヤ語で「ヘビの道」の意味。

建物4

年代ごとに増築されてきたので「中にも古い建物イン」ちょっと複雑。装飾やレリーフがすこし残る。

ベカンという呼び名はこの堀から。かつては水をなみなみたたえ、敵から都市を守っていた。後2〜3世紀に造られたもので、全長2km、幅16m、深さ5m。7つの橋で外部とつながる。さらにこの内側に3mほどの高さの城壁もあったということで、どんだけ守備に力を注いでたか、その心意気がわかります。

ここも古い！

前500年ごろから人が住み始め、全盛期は後600〜800年ごろ。900年ごろ建築事業はストップ。1200年ごろ捨てられる。

リオ・ベック群で一番大きい遺跡であり、充実の内容。上へ行ったり、下へ行ったり、アーチくぐったりが楽しいし、建物内にはたくさんの部屋が入り組んでて思わぬところに行き着くし、ひょっこりすばらしい彫刻がなんの注意書きもなく無造作にあるしで、かなり満足度の高い遺跡であった。楽しさもリオ・ベック一かも。

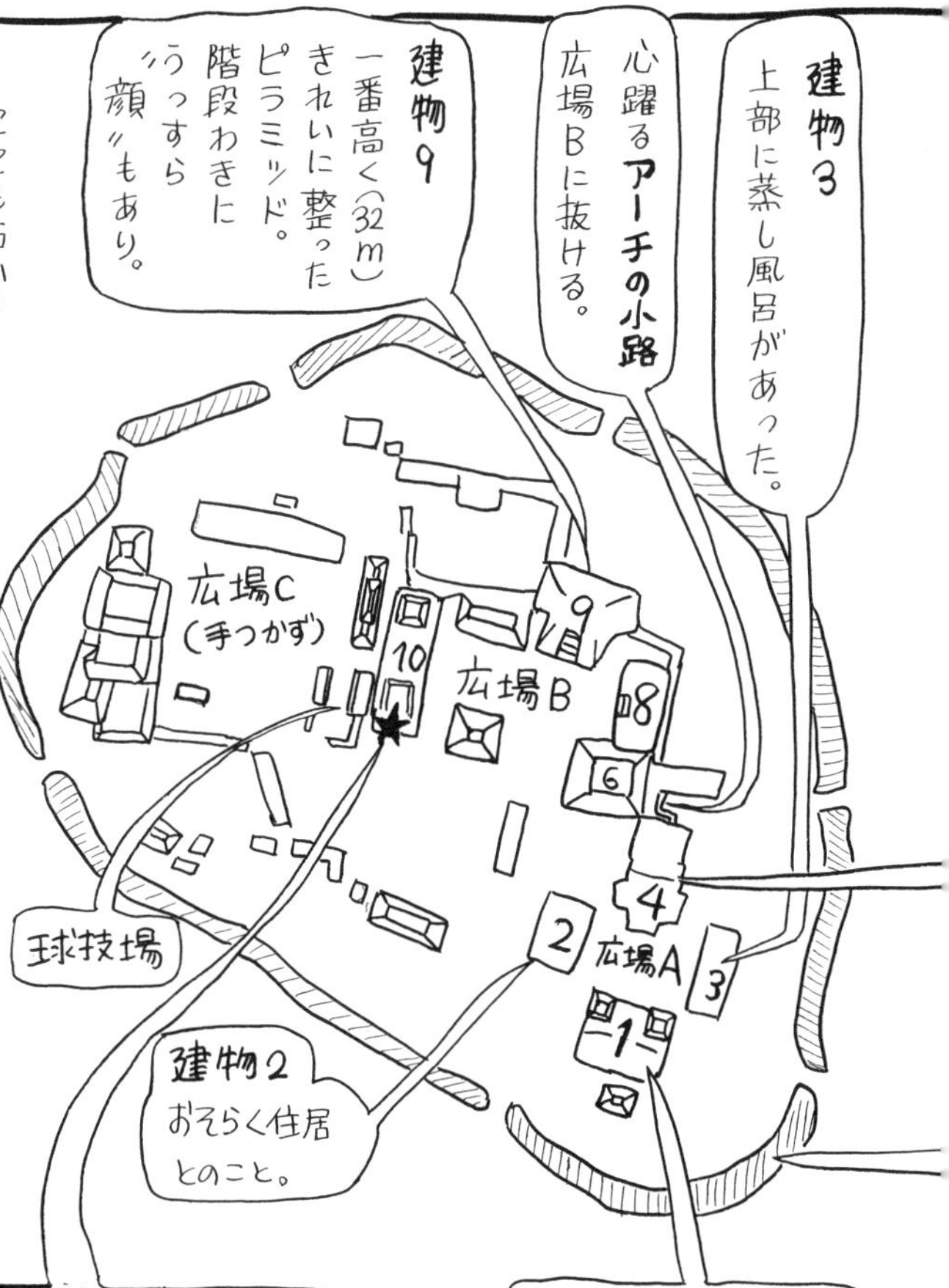
建物3
上部に蒸し風呂があった。
心躍るアーチの小路
広場Bに抜ける。
建物9
一番高く(32m)きれいに整ったピラミッド。
階段わきにうっすら"顔"もあり。
広場C
(手つかず)
10
9
広場B
8
6
4
2
広場A
3
1
球技場
建物2
おそらく住居とのこと。

建物1
両わきに巨大な塔。南側はベンチ付きの小部屋が規則正しく並んでいる(エク・バラムなどにもあるこの小部屋シリーズはワンルームマンションっぽい)。塔からは4つの小窓が見つかっていて、これも天体観測に使われたようである。
建物10
西側部分が入り組んでて、不思議な造り。
★ら辺にスバラシー彫刻が！
手が謎の表情を。

この人も魅力的↓

バラムク

マヤ語で「ジャガーの神殿」の意味。

すんごい彫刻があります!! それも神殿の内部に。（後500〜600年のもの）

王
ワニ
ヘビ
大地の怪物
歯みたいのもあるし、こっち側が口で、王を飲みこんでる、とされる（逆さにするとわかりやすいかも）。

この三者のセットが4つあった。

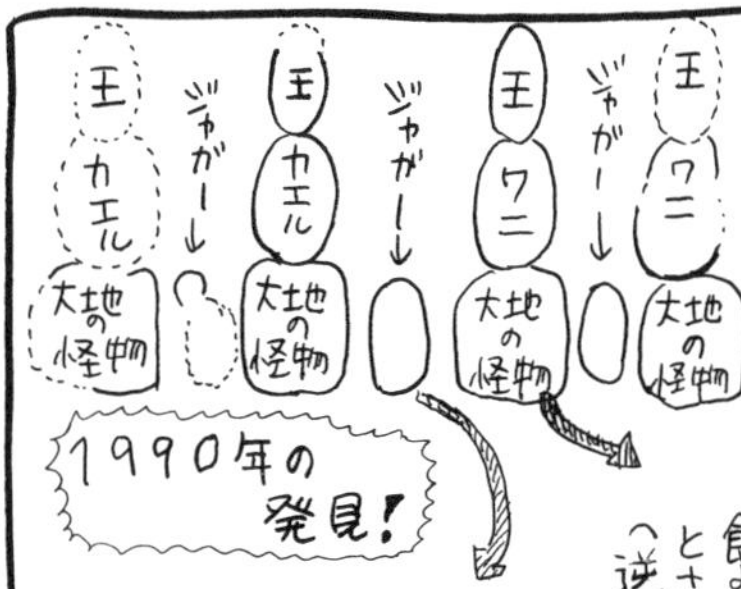

王
ワニ
大地の怪物
王
ワニ
ジャガー
大地の怪物
王
カエル
ジャガー
大地の怪物
王
カエル
ジャガー
大地の怪物
1990年の発見!

遺跡名の由来のジャガー

狂ったミッキーマウスって感じだわ

上のがワニでこっち←がヒキガエルってことだが区別つかん。

私にはディズニーのウサギに見える。

この彫刻の解釈はいろいろあるようだが（遺跡の看板では王が太陽として大地から出たり入ったりするうんぬんとか冥界の疑似体験がどーのと書かれている）、こういう宗教観のシンボル分析は観る人しだいだと思うし、なんか脳に入らず。

一口メモ

前300年から人が住み始め、後250年から盛り上がる古典期マヤ文明に参入。後1000年くらいに捨てられる。

3グループの建物群が確認されていて、このときは2つが見られた。といっても見る範囲は小さく、とくに面白い外観の建物もない。でも、上記のレリーフがあまりにもすばらしく、カラクムル観光のついでとしては大満足。

リオ・ベック群 総評

すべての遺跡に共通なのが、展開の読めなさかげん。それゆえ、怪物の口の連続が続こうが、似たような建物がたくさんあろうが、飽きることはなかった。

なにゆえこんなにも装飾優先 機能二の次の建物を造りまくったのかねー

カラクムル

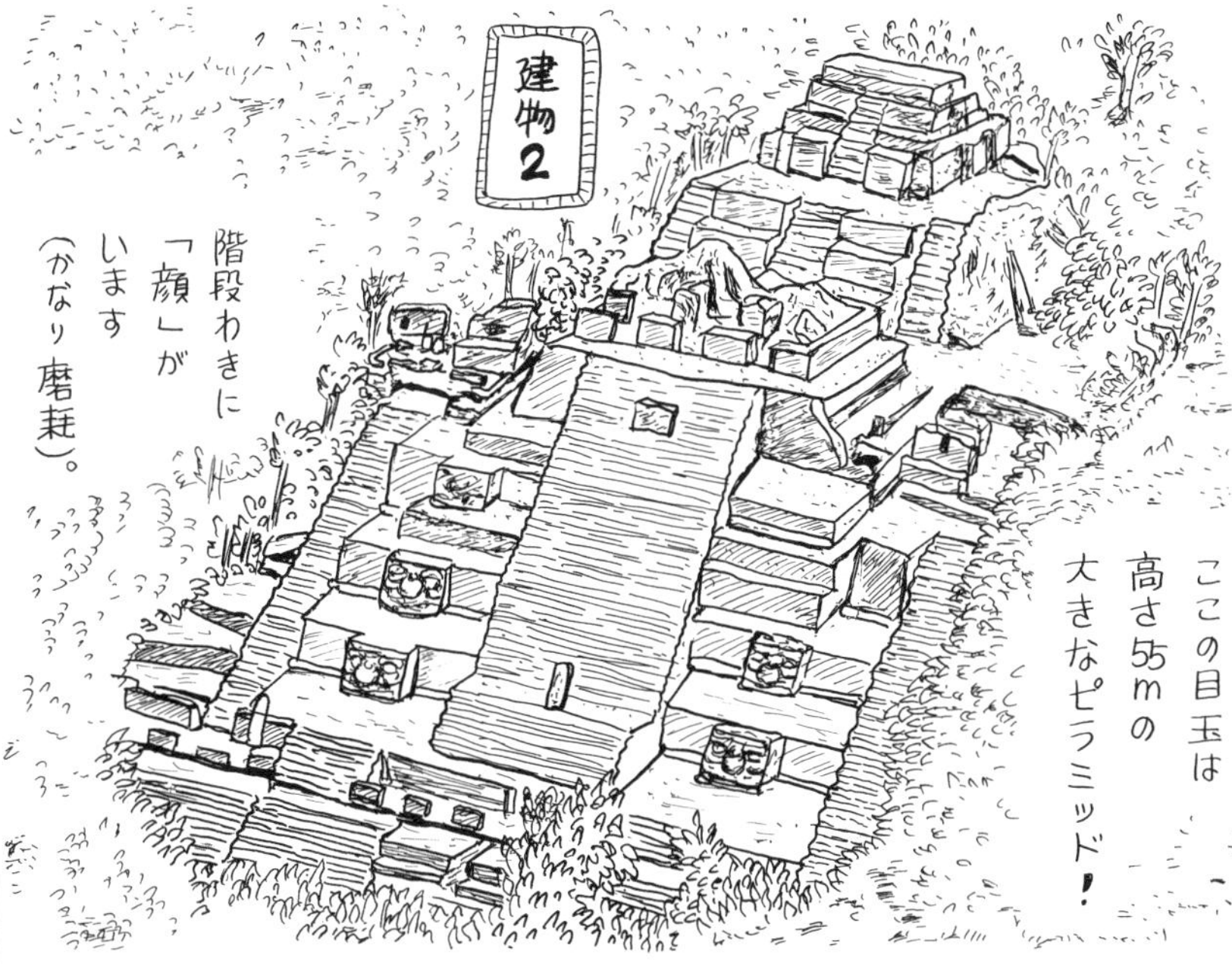

ここの目玉は高さ55mの大きなピラミッド！
建物2
階段わきに「顔」がいます（かなり磨耗）。

高さの上ではティカルの神殿4に負けてるけど、底面積は1辺140mで、体積ではエル・ミラドールのピラミッドに次いでN02を誇る（マヤ界で）。でも残念なことに、樹々が邪魔して全貌を見ることはできないので、その大きさ加減をイマイチ味わえない。

これも建物をいくつも内包している!! 一番古いのは先古典期（後250年以前）にさかのぼる。今見えるピラミッドも最終段階ではなく「顔」は新しい壁面に埋もれていた。

この下に埋まっている以前の神殿床下からは、7世紀後半の王「ジャガーのかぎ爪」王の未盗掘の墓が発掘された。

奥底のもっと古い神殿には、コパンのロサリラ神殿に負けないような漆喰レリーフや、色もしっかり残る大顔マスクもあるとのこと。それだけでもすごいのに、王朝初期の王たちの遺体も何体か出てきているという、あまりにもいろんなものが詰まった神殿。

現在も絶賛調査中で（そもそもこれらの発見はほとんど90年代からのもの）、情報はどんどん更新されている。

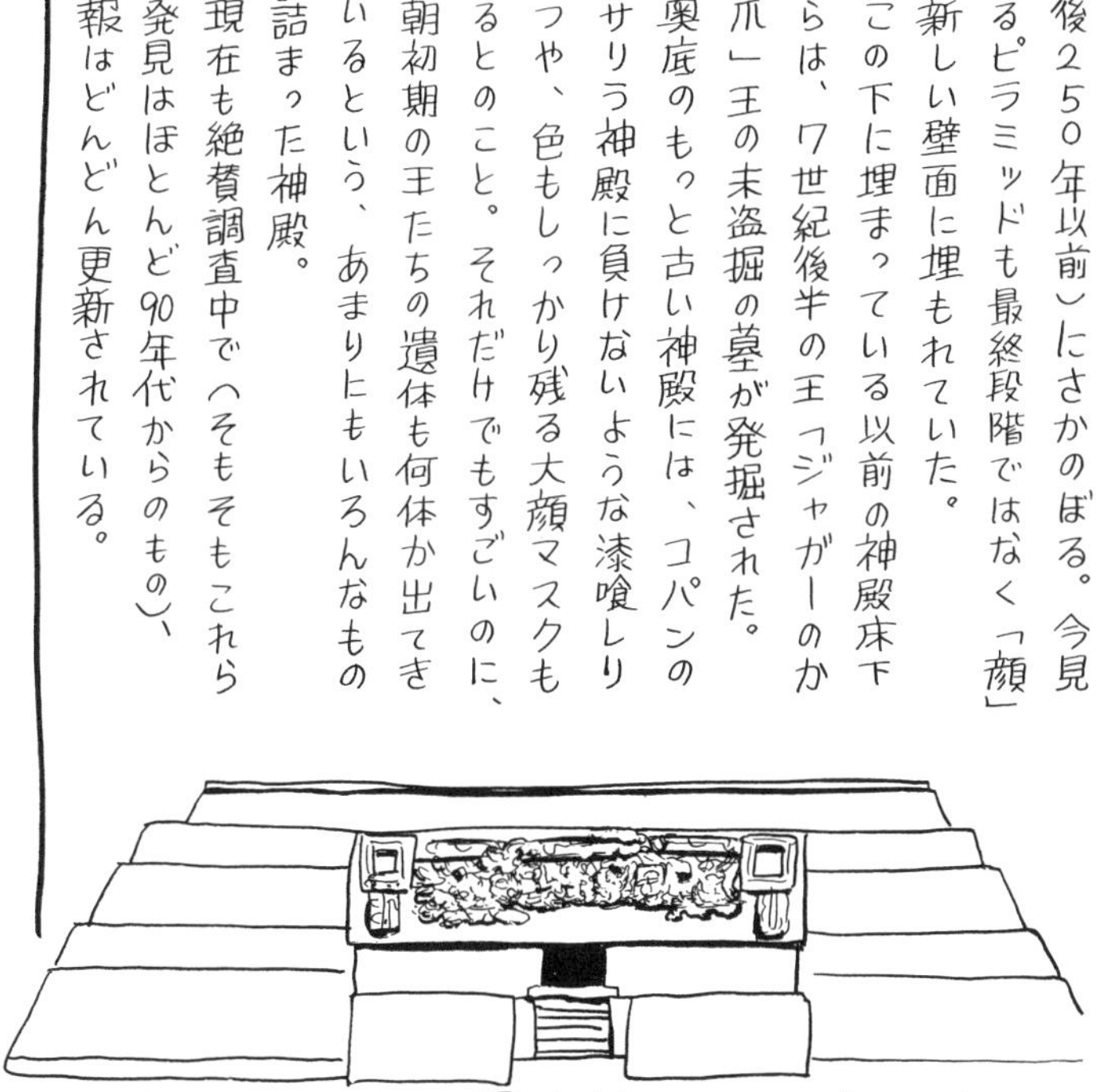
初期の神殿

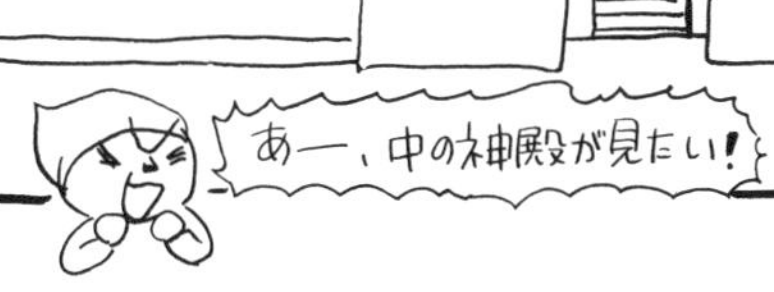

あー、中の神殿が見たい！

カラクムル地図

いやーもう迷う迷う。道しるべ看板、あるにはあるけど、そもそも今どこにいるかまったくわからない。現在位置の印付き地図看板はたまーにしかなく、そのくせ「ここにはこんなサルがいます」とかの動物自慢、植物自慢の看板は大量に。もうすこしニーズを読んでください。お願いします。

カラクムル一口メモ

超大物国!! でも石碑が読めないので、その歴史はうっすらとしかわからない歯がゆい国。ティカルとともに後250年ごろの先古典期の崩壊を乗り切り、10世紀まで存続する。そのティカルとは永年のライバル。パレンケとも敵。一度はティカルの天下を終わらせ、最高の栄華を手中に収めたが、130年後、今度は逆にティカルにやられ、おとなしくなる。

今のところ、中心の30km²の範囲には6345の建物が確認されているそうだ。

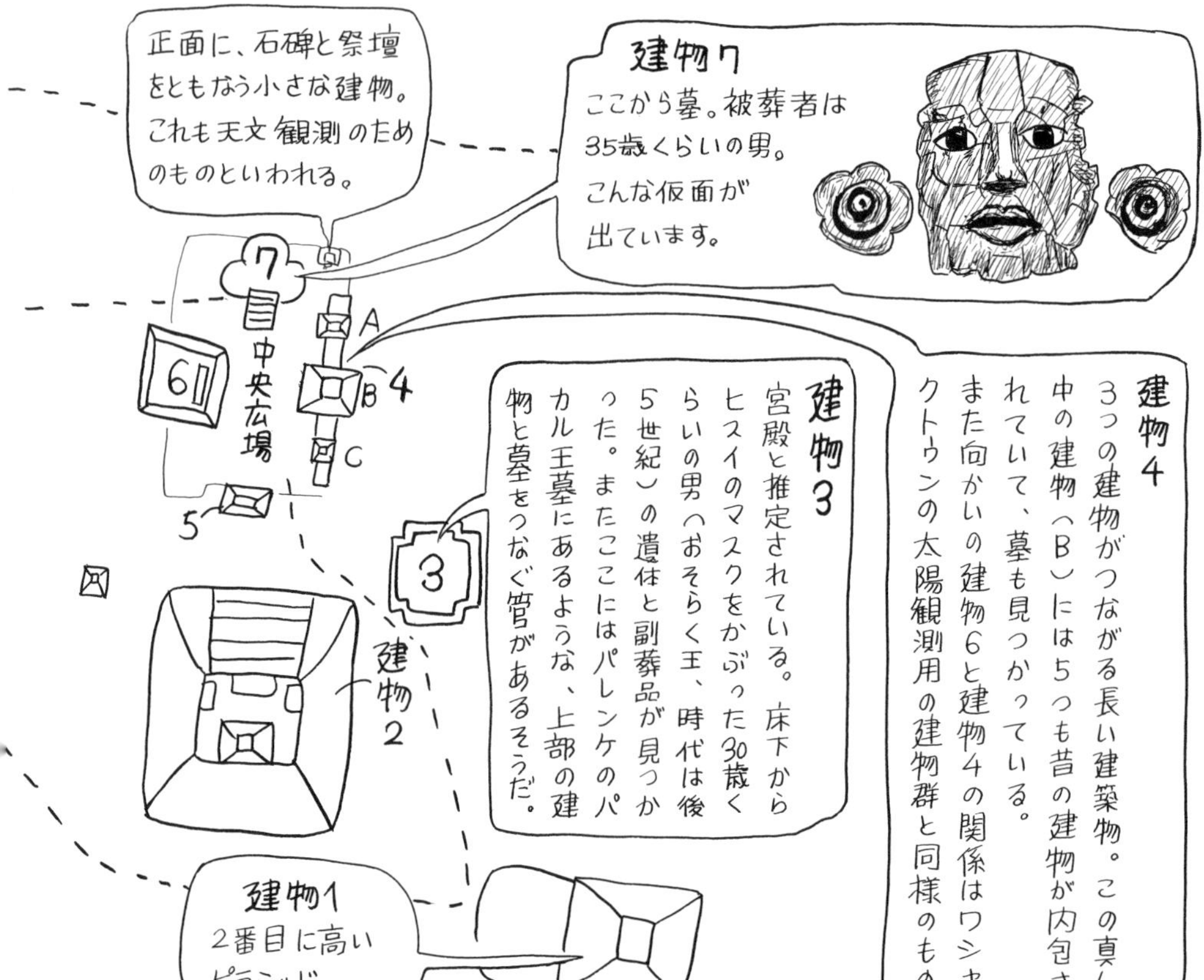

正面に、石碑と祭壇をともなう小さな建物。これも天文観測のためのものといわれる。
建物7
ここから墓。被葬者は35歳くらいの男。こんな仮面が出ています。
7
6
中央広場
A
B
C
4
5
建物3
宮殿と推定されている。床下からヒスイのマスクをかぶった30歳くらいの男(おそらく王、時代は後5世紀)の遺体と副葬品が見つかった。またここにはパレンケのパカル王墓にあるような、上部の建物と墓をつなぐ管があるそうだ。
3
建物4
3つの建物がつながる長い建築物。この真ん中の建物(B)には5つも昔の建物が内包されていて、墓も見つかっている。また向かいの建物6と建物4の関係はワシャクトゥンの太陽観測用の建物群と同様のもの。
建物2
建物1
2番目に高いピラミッド。

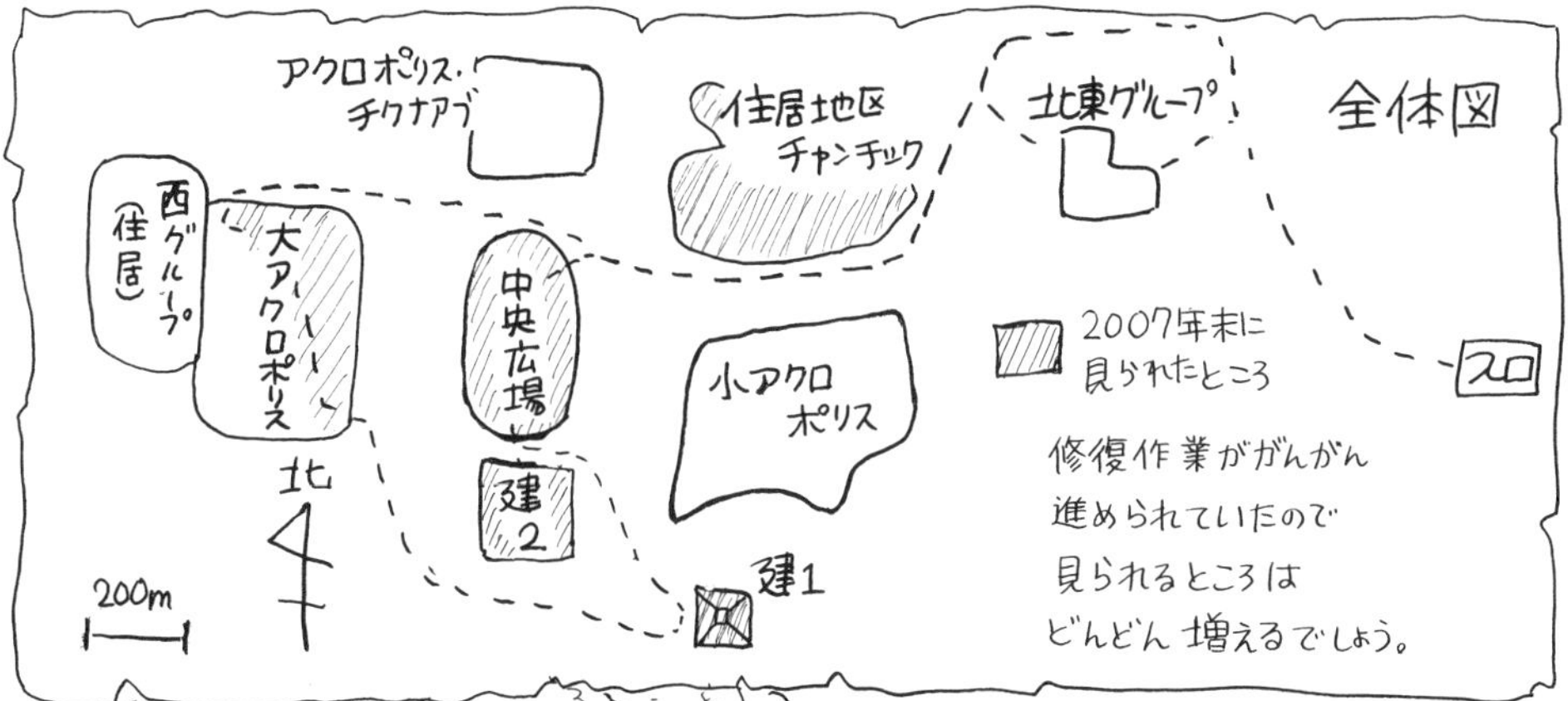
全体図
アクロポリス・チクナアブ
住居地区チャンチック
北東グループ
西グループ（住居）
大アクロポリス
中央広場
小アクロポリス
建2
建1
スロ
北
200m
2007年末に見られたところ
修復作業ががんがん進められていたので見られるところはどんどん増えるでしょう。

北
ここら辺がとくにむずかしくて迷う。
防御壁
大アクロポリス
13
12
14
10
16
15
17

もの哀しく生えている石碑たち

カラクムルの石碑は雨に弱い石灰岩で作られたため損傷が激しく、そのためせっかくの記録がほとんど読み取れない。117本ものモニュメント（マヤ最多！）があるというのに……。とはいえ、こんな磨耗した中から、なんとか何人かの王の名前や日付を抽出してるんだから、考古学者はすごい。（ここだけじゃなく、石碑はあらゆるところに生えています）

球技場

ここでやっと位置がわかる。球技場はどこでも本当いい目印です。

建物15

ここからも墓が出たそうだ。というか、もういちいち書いてるほうがバカバカしくなるほど、どの建物もふつうに墓が入ってる。

メキシコ湾岸
ロスト・イン・トランスレーション①
IN ビジャエルモッサ
ラ・ベンタ公園博物館のあるビジャエルモッサに着いたのは夜9時。ホテルはどこへ行っても
満室です
7軒まわってなんとか見つけたけど、そこは部屋の電気が点《つ》かず。
いろいろやってもらうがダメで
スタンドをもらう。
はぁ…
宿の方が
なんたらかんたらうんたらかんたら
説明してくれたが、理解できず。
ご飯でも食べようと外に出ると、コンビニ以外閉まってる。人はうじゃうじゃいるのに。
なんでやってないの？ビジャエルモッサって大都会だったんじゃないの？
それより気になるのは警官の多さ。
若者もたくさん歩いてる。
皆、徒党を組んでるようでこわい。
しかも奇声を発したり悪ふざけしたり、店や家を蹴ったりと、まるでフーリガンのふんいきである。で、目の前にいる警官はこれをまったく放置。
ピーピー
そもそも警官がこわい。今まで会ったメキシコの警官は向こうから調子よく話しかけてくる人ばかりだったのに、あいさつしても「なんだ」って目で見るだけ。
なんか物騒な感じのとこだなーと緊張しながら床に就く。

朝になってエキのわがままで
どーしても今日は服を洗濯に出したいの
ホテルの人に教えてもらって洗濯屋に行くが
※中米諸国では洗濯屋が重宝しました。5キロ出して30ペソ（300円）くらい。
シャッターが閉まってる。
歩いてる人が
そこはなんたらかんたらでやってないよ
と教えてくれる。
またさっぱりわからない言葉の中から聞き取れたのは
アグア（水）
プロブレマ（問題）
のみ。
なんだろー。洗濯屋が営業できないってことは日照りで水不足とかか？
お金をおろそうとATMに行くとどれも故障中。
ウッ
そして朝日の下で見る街の汚さったら!!
歩道はコンクリート割れまくってるしところどころガレキの山ができてるし……。
まったく何がビジャエルモッサ（＝美しい町）さ
店の中はグシャグシャに壊れている。
なんだここ改装中の店ばっかだね
ラ・ベンタ博物館に行こうとするも
タクシーまったくつかまらず。
いっぱい通るんだがどれもギュウギュウにお客さんを乗せている。
やっと便乗させてもらうが
みっしり
ここはなんにつけ不便なとこだわ
の感を強くする。

ラ・ベンタ公園博物館

参った、心底参りました。客に森林公園を歩かせながら、モニュメントを見せる、単純なんだけど大仕掛けな博物館。

　これらのモニュメントはもともとビジャエルモッサから130キロも離れたラ・ベンタ遺跡にあったもの。そのラ・ベンタが石油開発の波をかぶって、破壊されるってことになったので、ここにまるごとすべて持ってきた……ということで、いやー、スケールデカい！

　しかも普通の博物館に置くんじゃなくて、森を利用し、オルメカの重要なアニマルたちも集め、オルメカ時代の環境をも体感させようという心づくし満載のいたれりつくせり博物館だ。

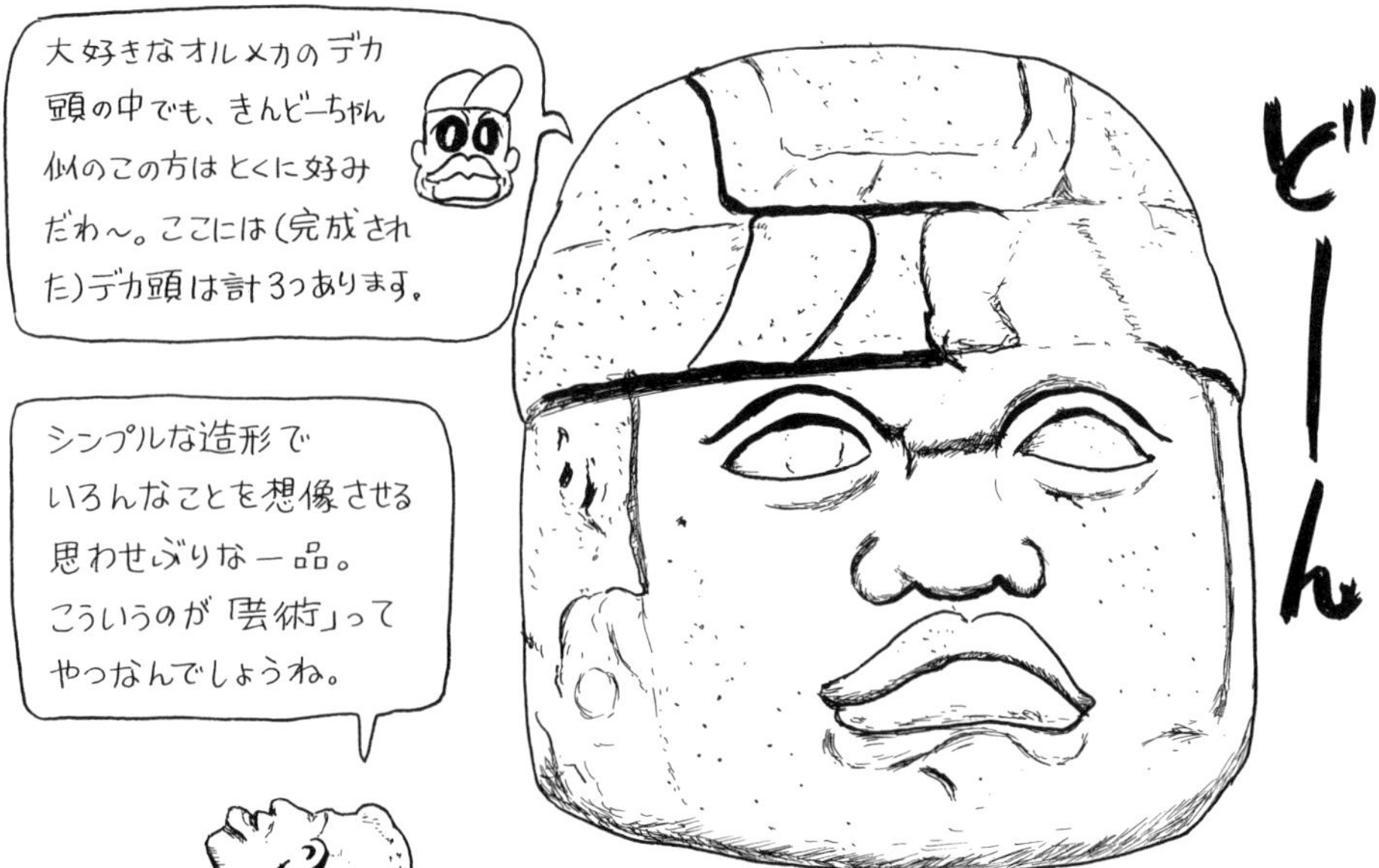

大好きなオルメカのデカ頭の中でも、きんどーちゃん似のこの方はとくに好みだわ～。ここには(完成された)デカ頭は計3つあります。
どーん
シンプルな造形でいろんなことを想像させる思わせぶりな一品。こういうのが「芸術」ってやつなんでしょうね。

㉖モニュメント1「戦士」

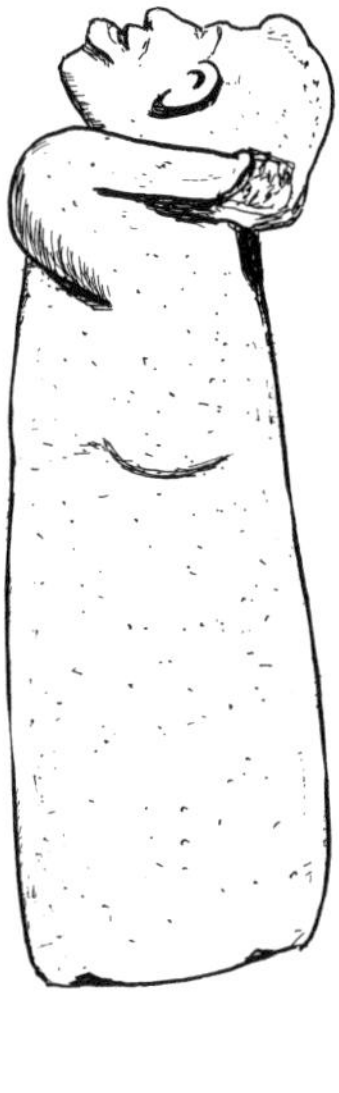

⑱モニュメント56「空を見上げるサル」

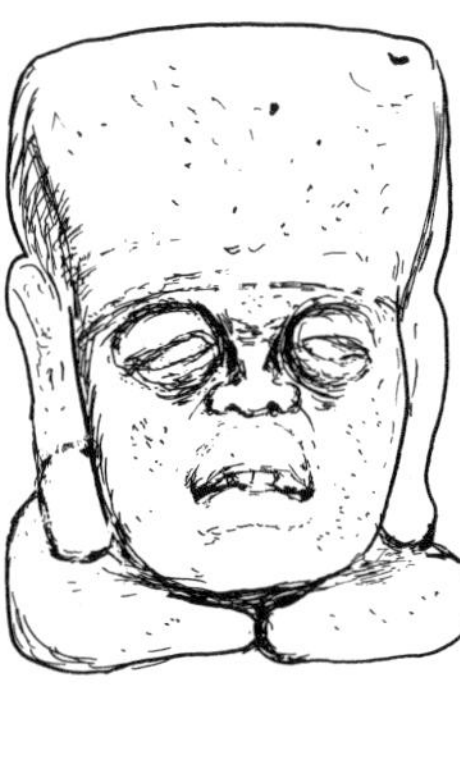

⑳モニュメント65「曲芸師」

水木先生の描く、なんかの妖怪みたい！実際は手が下で足が頭の上ってことだけど、私は、顔から手や足が直接生えてる方と見る！

彫刻は全部で32個、あと破片グループが1つで、計33個に出くわします。
一本《いっぽん》道でわかりやすいので地図は書きません。

①モニュメント13「歩く人」
②　〃　67「玉座」
③　〃　5「おばあちゃん」
④石碑3「あごひげの男」
⑤モザイクの大きな顔
⑥モニュメント7「墓」
⑦玄武岩の円柱の柵
⑧モニュメント3「若い戦士」
⑨　〃　4「年老いた戦士」
⑩　〃　68「未完成の頭」
⑪祭壇6「四角形の祭壇」
⑫　〃　5「子供たちの祭壇」
⑬　〃　77「支配者」
⑭　〃　1「ネコ科動物の祭壇」
⑮　〃　7「フクロウの祭壇」
（側面に人面疽《じんめんそ》のように何匹かのフクロウが浮き上がってます）
⑯モニュメント59「ジャガーの祭壇」
⑰モニュメント20「イルカ」
⑱　〃　56「空を見上げるサル」
⑲　〃　60「子供のジャガー」
⑳　〃　65「曲芸師」
㉑12の断片
㉒モニュメント78「タトゥー頭」
㉓祭壇4「勝利の祭壇」
㉔モザイクの大きな顔
㉕石碑2「王の石碑」
㉖モニュメント1「戦士」
㉗　〃　63「旗を持つ人物」
㉘　〃　64「裂けた頭」
㉙　〃　79「シルエット」
㉚祭壇3「対話の祭壇」
㉛　〃　2「浸食された祭壇」
㉜モニュメント66「彫り跡のある石」
㉝石碑1「若い女神」

工夫はあらゆるところに散りばめられている。動物園界で不人気NO1である鳥類も、巨大鳥かごを作り、その中に客を入れ鳥を間近で見てもらおうという試みがなされてる。

このすばらしすぎるコンセプトはビジャエルモッサ出身のカルロス・ペジセル・カマラさん（詩人。1897〜1977年）によるものです。

カマラさん本当にありがとう
ペコリ

世界で一番かわいい動物ハナグマ

200匹くらい放し飼いにされて集団で遊んでます。もー本当にカワイイーー。みんな同じ顔してるとこが、とくにたまらない。私の中では、ウリ坊がこの世で一番かわいい動物であったが、現在はハナグマがずっと1位キープ！

ロスト・イン・トランスレーション②
ラ・ベンタ博のあと、これまたカマラさんが作ったもーひとつの博物館（人類学地方博物館。通称ＣＩＣＯＭ）へと向かう。タクシー手配師のおかげですぐ乗れた。
行き先を聞いて、グループを作って乗らせる。
1組作ってタクシー運転手から5ペソ（50円）のチップをとる。
車窓から、異常に人が並んでるのが見えたので
運転手さんに「なんかのイベントですか？」とたずねると
いっしょうけんめい説明してくれたが、やはりわからず。
「トロ（雄牛）」という単語が聞こえたような気がしたので
ウシ？
ピーン
あっ闘牛場かも
で、エキに闘牛場だと教えると
すかさず
モウーーッ
ももーーう
ですね？
エキがウシに。
運転手さんは若干躊躇《ちゅうちょ》したが
Si, claro. そのとおり
と……。
同乗者たちは冷ややかな目。
あんたにみんな引いてるよ
博物館に着くと
なんたらかんたら〜〜だから入場はダメ
と断られる。

ここでまた「アグア・プロブレマ（水問題）」という単語を聞き、あと「電気関係が壊れてる」と「トイレが使えない」というのがわかった。
ふーむ。やっぱり水不足でトイレの水が流れないってことか。べつにトイレなんて使わないのに……
しょげて帰ろうとすると
いやちょっと待ってください
の声。
ひとりの紳士がみんなを説得してくれるようだ。
ときおり私たちに「どこから来たのか？」「飛行機代はいくら？」などと質問もし、
結局、紳士のがんばりで見学できることになった。
レオナルドさん
仏のようなレオナルドさんは見学させてくれるだけでなく、すべてを一つひとつ、丁寧に解説してくださった。
磨耗してるものも多かったがこのおもてなし心のおかげで終始胸が熱く、すべての遺物が尊く思えた。
レオナルドさんは入場料も取らず
メキシコに来てくれて私たちの歴史に興味を持ってくれてありがとう、本当に。またぜひ来てくださいね
こーいう定型的なセリフはわかる
と、最後まで優しすぎることを言って、送り出してくれた。
このあとタクシーが捕まらないので、宿までの道を歩いていたら
道路封鎖をしてる人々に遭遇。

こんにちは。どうしたのですか？
おーこんにちは
誰か英語しゃべれるヤツ！
で、連れてこられた英語のできる方がいろいろ説明してくれる。
いやーもー災害から3週間経つっていうのに政府がまだ援助金をくれないのです
災害って日照りのですか？
えっ日照り？
いやいや洪水ですよ大雨続きで川が氾濫してたくさんの家が破壊されたやつですよ
ええっ!!
知らなかったんですか？この辺ぜんぶ屋根まで水に浸かりました。ニュースでもバンバンやりましたよ
ワールド・ニュースにもなってるはず
そっちにオドロキ
まさか、そんな大災害があったなんて!! いやーもう、本当にびっくりしたーー。と、同時にハジの気持ちが……。ハジ成分が、ぴたっぴたっとすべての細胞にくまなく注ぎ込まれるのを体感。
ひー私ら、こんな大変なとこにチャラチャラ観光に来ちゃって～
あっ、そーいえばレオナルドさんが説明半ばで
これがグリハルバ川です
なんたらかんたらなんたらかんたら
この辺まで水があったのです
聞き取れたとこ
と言ってきて、
それを私は
ふーん、グリハルバ川って昔はもっと広くてこの辺も川だったってことを教えてくれてんだなー
と、取り

それは面白いですね
と満面の笑みで返しちゃってた！

このとき笑顔ながらレオナルドさん
今の本当にわかりました？

ちょっと怪訝な顔をしたのが気になってたのだ。

そーやって事実を知ると、街の惨状がクリアに見えてきて
家具があちこちに投げ出されてる。

あちこちに砂袋で作られた堤防の跡。

不思議に思ってたことが、パズルがはまっていくようにすべてわかった。

かー！そうか、やっとわかった。もし、何が「面白い」だ。

なんで「陽」のリアクションばかりしたんだ。なんでたまに神妙な顔を作らなかったんだろう。

そのデモの人たちも優しくて
せーの
コングラッチュレーション ビジャエルモッサ!!

こんなときにも茶目を忘れず、歓迎の意を表わしてくれるのだった。

ちがいます！こーいうときは「ウェルカム」ですよ!!

救われる……。。。

先ほど闘牛場だとカン違いしたところを通ると、被災者への物資配給所であることもわかった。

ちょっとおー！

オレ、ウシやったりしてとんだトンチキじゃんどーしてくれんの〜

家を失い、テントや教会で暮らしてる人がまだ何千人といた。

本当に「知らない」ということは目を曇らせ、なんでも自分の都合のいいように解釈するものだ。

またまちがえた……

自分のスペイン語のデタラメさも思い知った……

帰国後調べると、50年ぶりの大洪水で、被災者は百万人以上というすごい災害だったことがわかりました。はー。

ラ・ベンタ

ラ・ベンタは結局破壊されずに残されました――！

※正確には、部分的に破壊されたそうです。でもメインのところは残されました。

――でも思った以上に何もなかった。サン・ホセ・モゴテと夕メ張る「何もなさ」。あるのは、高さ34mのピラミッドだけ。しかも土で作られてるから、ふつうの丘のようで人工の匂いがしない。下の地図にあるような建物がないのはともかく、基礎部分すらない。なんかうっすらとくぼみや、盛り土があるだけ。

でも私は大満足!! オルメカ文明を、世界一ユニークなオルメカ文明を代表する都市にいる！ あのラ・ベンタにいる！ もうそれだけで充分すぎるほどに幸せ。

ビジャエルモッサからバスあり
コマルカルコ
ラ・ベンタ
国道180号線
カルデナス
ビジャエルモッサ
Cárdenas
1等も停まる中規模バスターミナル。ラ・ベンタとコマルカルコに行く場合、ビジャエルモッサに戻らずともここからどっちも行ける。

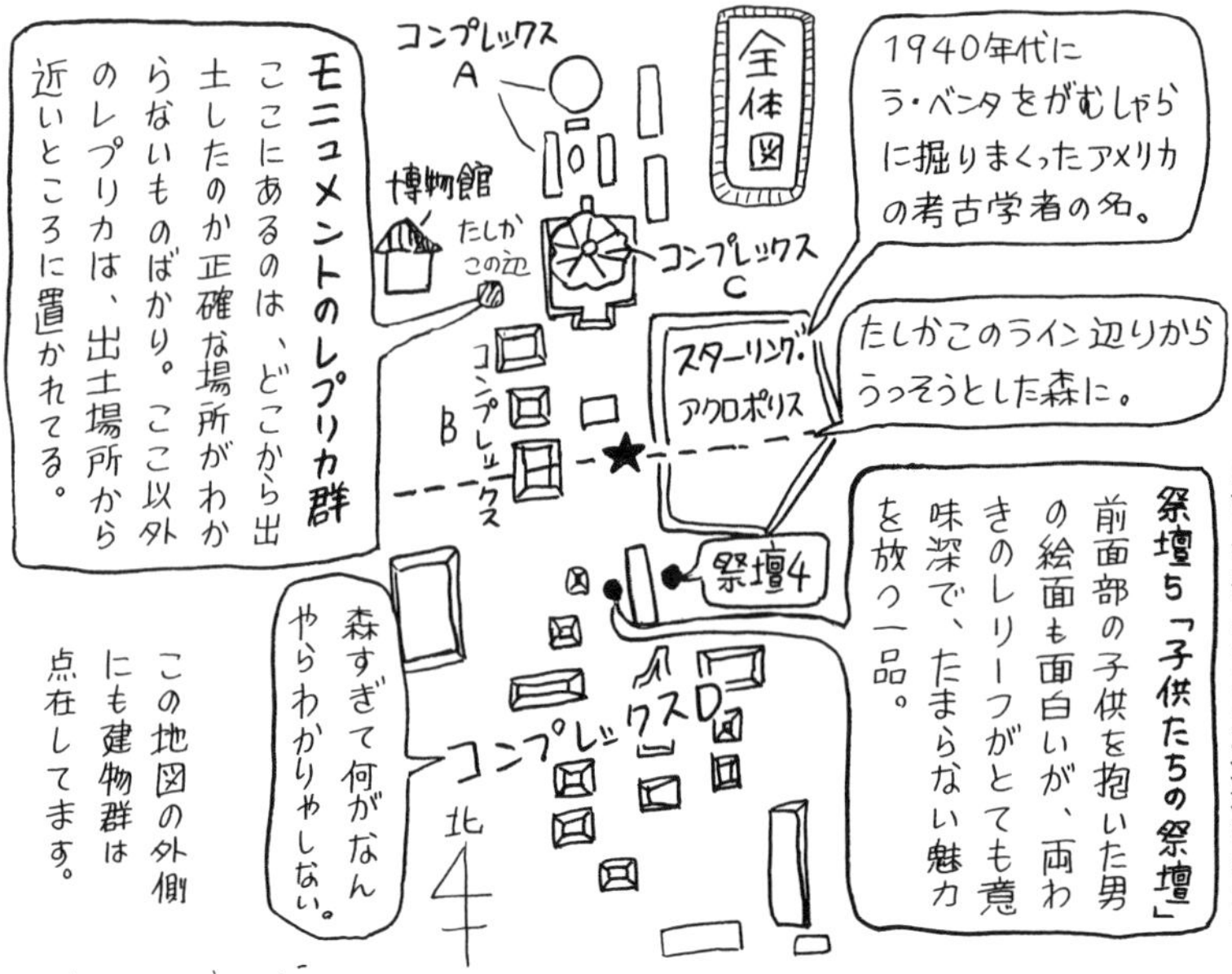
全体図
コンプレックスA
博物館
たしかこの辺
コンプレックスC
1940年代にラ・ベンタをがむしゃらに掘りまくったアメリカの考古学者の名。
スターリング・アクロポリス
たしかこのライン辺りからうっそうとした森に。
コンプレックスB
モニュメントのレプリカ群
ここにあるのは、どこから出土したのか正確な場所がわからないものばかり。ここ以外のレプリカは、出土場所から近いところに置かれてる。
祭壇4
祭壇5「子供たちの祭壇」
前面部の子供を抱いた男の絵面も面白いが、両わきのレリーフがとても意味深で、たまらない魅力を放つ一品。
森すぎて何がなんやらわかりゃしない。
コンプレックスD
北
この地図の外側にも建物群は点在してます。

うろ覚えだけど、★ら辺から森コースに入ります。ビジャエルモッサの公園博物館と同じやり方で、3つモニュメントあり。

――私が森に入ったとき、急に豪雨になり、辺りが真っ暗に……。人っ子ひとりいない森の中、ビショビショになりながら歩いていたら、ぬうっと祭壇4や5に遭遇。それが、まさに洞窟から人がにじり出てきたようなすごい迫力！ その怖ろしさといったら、もう……。逃げ出したくもあったけど、その恐怖は甘美でもあり、雨と深い緑と飛び出す男が作る、あまりの不穏な絵面《えづら》をいつまでも味わいたくて、震えて見続けた。

↑祭壇4「勝利の祭壇」
（レプリカ。ここのは全部。本物はビジャエルモッサ）

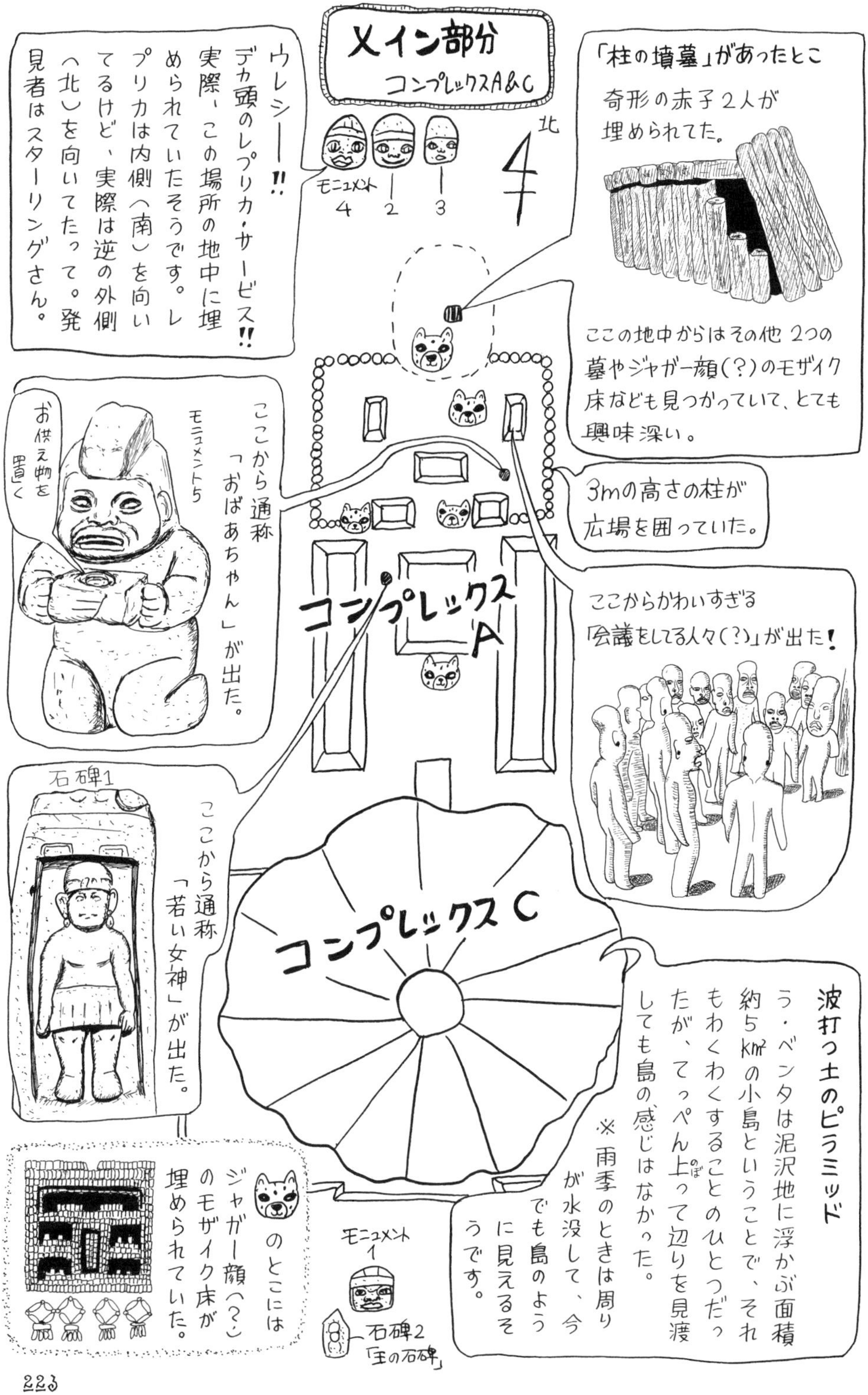
メイン部分
コンプレックスA&C
ウレシー!! デカ頭のレプリカ・サービス!! 実際、この場所の地中に埋められていたそうです。レプリカは内側（南）を向いてるけど、実際は逆の外側（北）を向いてたって。発見者はスターリングさん。
モニュメント
4 2 3
北
「柱の墳墓」があったとこ
奇形の赤子2人が埋められてた。
ここの地中からはその他 2つの墓やジャガー顔(?)のモザイク床なども見つかっていて、とても興味深い。
ここから通称「おばあちゃん」が出た。
モニュメント5
お供え物を置く
3mの高さの柱が広場を囲っていた。
コンプレックスA
ここからかわいすぎる「会議をしてる人々(?)」が出た!
石碑1
ここから通称「若い女神」が出た。
コンプレックスC
波打つ土のピラミッド
ラ・ベンタは泥沢地に浮かぶ面積約5km²の小島ということで、それもわくわくすることのひとつだったが、てっぺん上《のぼ》って辺りを見渡しても島の感じはなかった。
※雨季のときは周りが水没して、今でも島のように見えるそうです。
のとこにはジャガー顔(?)のモザイク床が埋められていた。
モニュメント1
石碑2
「王の石碑」

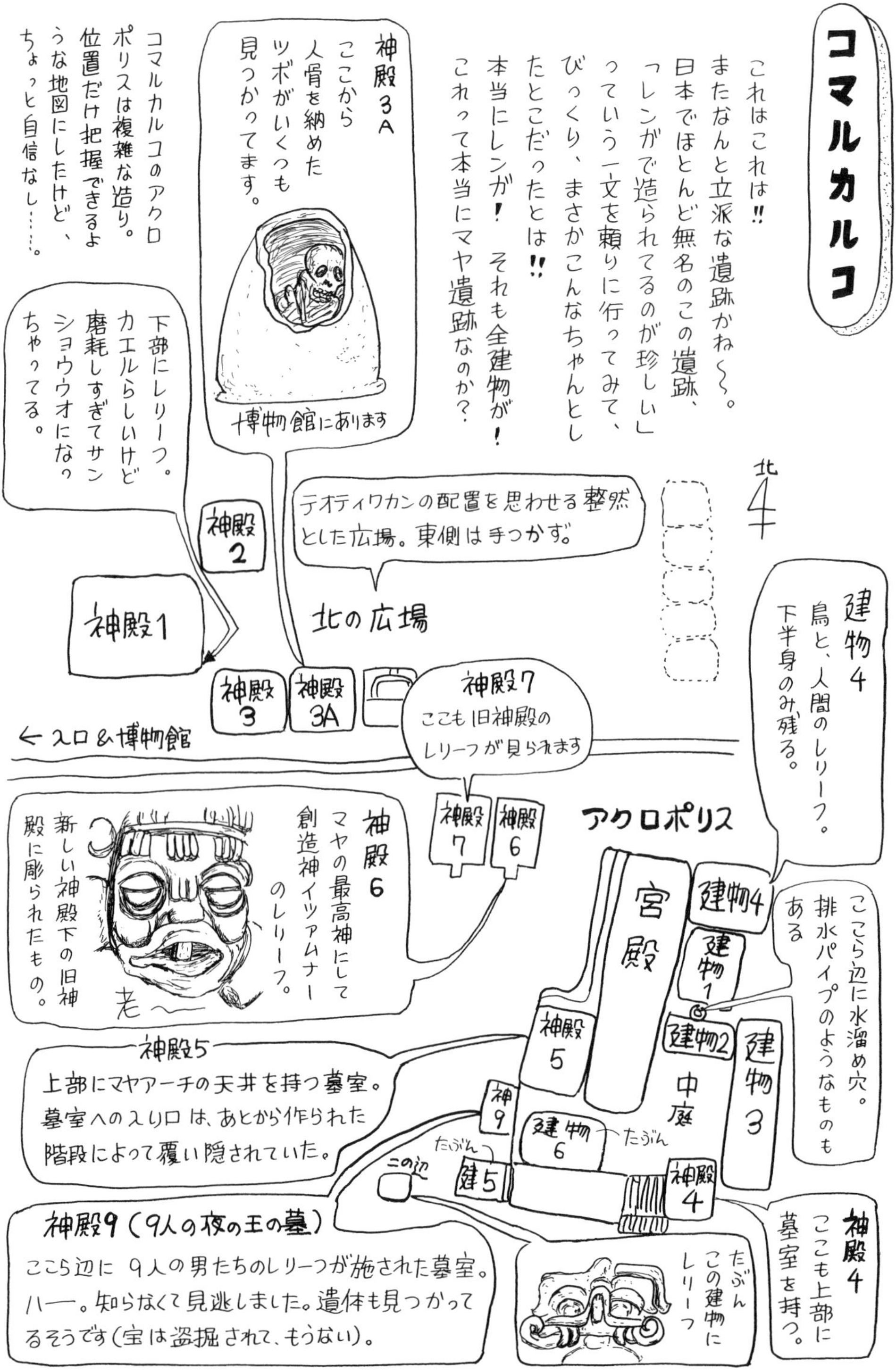
コマルカルコ
これはこれは!! またなんと立派な遺跡かね〜。日本でほとんど無名のこの遺跡、「レンガで造られてるのが珍しい」っていう一文を頼りに行ってみて、びっくり、まさかこんなちゃんとしたとこだったとは!! 本当にレンガ! それも全建物が! これって本当にマヤ遺跡なのか?
神殿3A ここから人骨を納めたツボがいくつも見つかってます。
博物館にあります
コマルカルコのアクロポリスは複雑な造り。位置だけ把握できるような地図にしたけど、ちょっと自信なし……。
下部にレリーフ。カエルらしいけど磨耗しすぎてサンショウウオになっちゃってる。
北
テオティワカンの配置を思わせる整然とした広場。東側は手つかず。
神殿2
神殿1
北の広場
神殿3
神殿3A
神殿7 ここも旧神殿のレリーフが見られます
← 入口＆博物館
建物4 鳥と、人間のレリーフ。下半身のみ残る。
神殿6 マヤの最高神にして創造神イツアムナーのレリーフ。
新しい神殿下の旧神殿に彫られたもの。
老〜
神殿7
神殿6
アクロポリス
宮殿
建物4
建物1
ここら辺に水溜め穴。排水パイプのようなものもある
建物2
建物3
中庭
神殿5
神9
建物6
たぶん
たぶん
建5
この辺
神殿4
神殿5 上部にマヤアーチの天井を持つ墓室。墓室への入り口は、あとから作られた階段によって覆い隠されていた。
神殿9（9人の夜の王の墓） ここら辺に9人の男たちのレリーフが施された墓室。ハ──。知らなくて見逃しました。遺体も見つかってるそうです（宝は盗掘されて、もうない）。
たぶんこの建物にレリーフ
神殿4 ここも上部に墓室を持つ。

なんでもここは建物造りに欠かせない石灰岩などの石材が採《と》れないことから、こんな方法を思いついたとされてるけど（研究者の推測）、それにしてもなかなかの手間。

ねんどを焼いてレンガを作る。

レンガを積み上げ基礎を作る。

ボンドは貝がらや砂を原料にした漆喰。

その漆喰でレンガを塗り込めて完成。

建物にちょこちょこある白いとこは残ってる漆喰。修復による白さじゃありません。

6世紀ごろスタート（その前は土で固めた土台の上に漆喰を塗って終わりというもの）。

今はほとんど表面の漆喰が剥がれてしまったので、レンガの遺跡となってるのです。

だからなんかローマ遺跡調。建物はどれもふんいきあって、どの角度からもかっこいい。

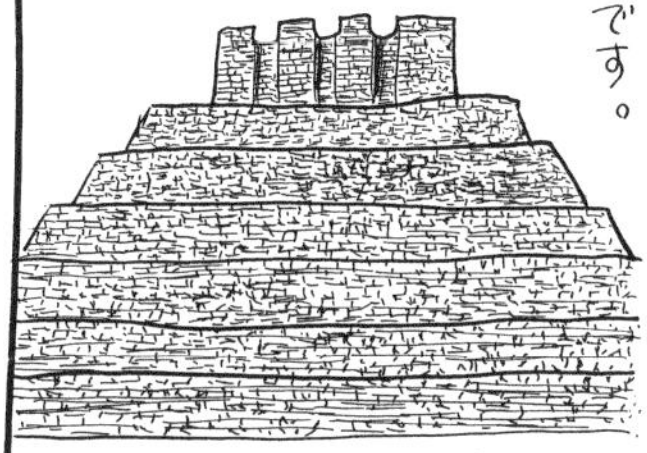

そう？ オレにはライオンズマンションにしか見えませんよ

絵を刻んだレンガもいっぱい出土。

立派な浮き彫りもあるけど「ヘタ」もたくさん。

おっ！
まさか!!
ヒョータンツギ!?
らくがき帳として使ってたんでしょうか？

彫刻部門は鳥類が目立つ。

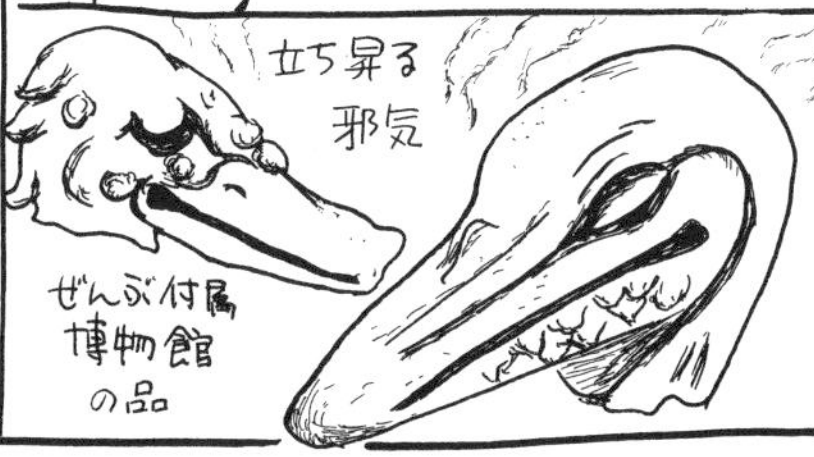
立ち昇る邪気
ぜんぶ付属博物館の品

コマルカルコ一口メモ

古典期マヤ文明（後3～9世紀）に参加。建物の造りがパレンケのものに似ていることから、パレンケと深いかかわりがあったと見られている（レンガの存在感によって、似ているなんてまったく思えませんよ素人目には）。古典期マヤの滅亡時（9世紀ごろ）、いったん終了。そのあといつのころからか、別の集団が住みつき、1350年ごろにまた捨てられた（→メキシコ中央部の人とか、もしくはプトゥン・マヤ人と推測される）。

コマルカルコは、ナワトル語で「コマレス（トルティージャを焼くための皿）の家の場所」という意味。

情報ノート③

メキシコのホテル

メキシコのホテルもちょっとしたワンダー。

小さなホテルに入ったつもりでも、中はとんでもなく広かったりする。「カリブの海賊」のアトラクションのように、小さい建物に入ったはずなのにいきなり広大な海洋のど真ん中に出たときのような、空間のおどろきがあるのだ。

マヤやアステカの建築同様、ホテルも増築に次ぐ増築が重ねられている。

こんな具合

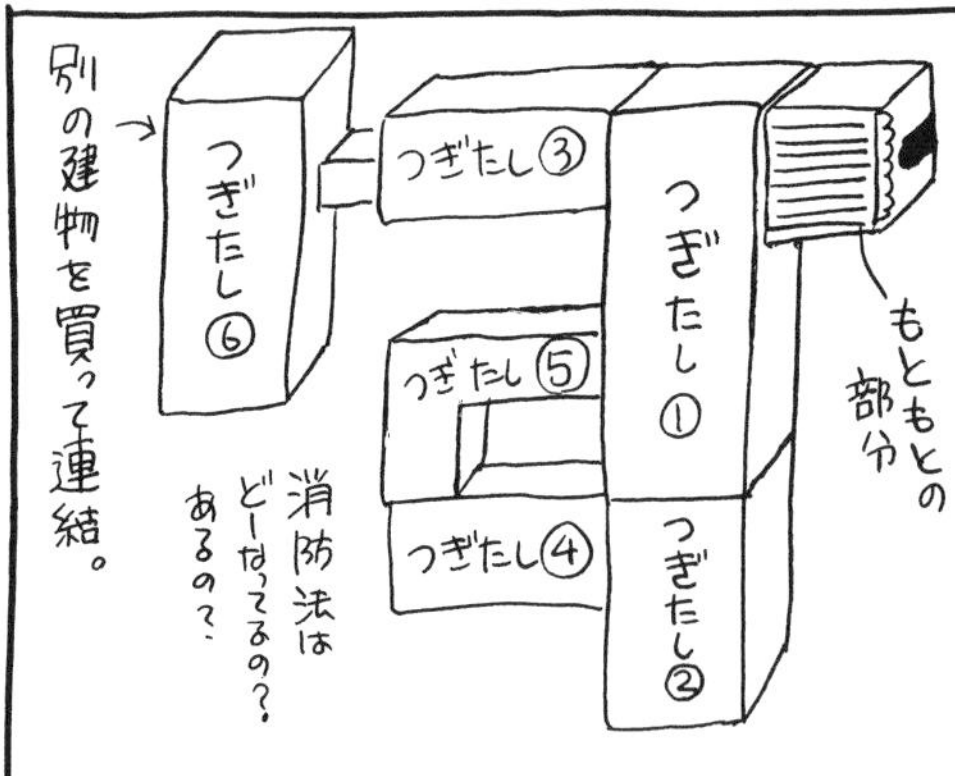
もともとの部分
つぎたし①
つぎたし②
つぎたし③
つぎたし④
つぎたし⑤
つぎたし⑥
別の建物を買って連結。
消防法はどーなってるの？あるの？

しかも迷路のように入り組んでてそれも楽しー。

私がコスト・パフォーマンスがいいと思ったのは、現地の人たちが使う大きめのホテル。2人部屋ならバックパッカー宿と一人頭の値段はそんなに変わらない。でもシーツは毎日換えられてるし、タオルや石鹸などの備品も完備してるし、シャワーは熱い湯がふんだんに出て150から250ペソ（1500〜2500円）。チップを置いても誰も持っていかない。

ベラクルスのホテルに泊まったときのこと。
お部屋ですか？
ニコ　ニコ
シングル300ペソ（3000円）ダブル450ペソ
うーん、ぜんぜんダメだ〜。
ダメもとで
もっと安くなりませんか？
大丈夫です。150ペソのお部屋があります
どちらからいらしたんですか？
インターネットやるならロビーでどうぞ。無料ですから
安い客にも愛想がいい。
で、大きなホテル内を歩き
キョロキョロ

歩き
歩き
行き着くと
トイレ!!
……を抜けて、小さな廊下に出てやっと着いた。
こちらになります
はー、びっくりしたー。一瞬安い客は、「もとトイレ」が部屋かと思っちゃったよ。このホテルはこのよーな造りになっているのだった。
本館
もと共同トイレ
裏メニューの安部屋館
それにしてもトイレを通路にしてるとは……（いちおう便器や個別ドアは取り除いてる）。
その安い部屋も道路に面してうるさいこと以外なんの遜色もなかったです

ハラパ人類学博物館

ここにはメキシコ湾岸地域に数多《あまた》ある古代都市のお宝が一堂に集められている。浮き足立つような楽しーものがてんこ盛りでお出迎えしてくれます。お宝度でいえば、中米ではメキシコ・シティの人類学博物館に次いでNO２の博物館。

ド肝を抜かれたのは、⑤の部屋。ラス・イゲラスという遺跡の壁画を建物ごと持ってきちゃってる。しかもそのカラフルで保存状態のいいことといったら!

日本はあまりにもメソアメリカ文化の情報が少ないので、壁画といえばボナンパクとカカシュトラのみかと思ってたが、こんなとこもあるとはねー。メソアメリカ文明の引き出しの多さには、ほんとクラクラします。

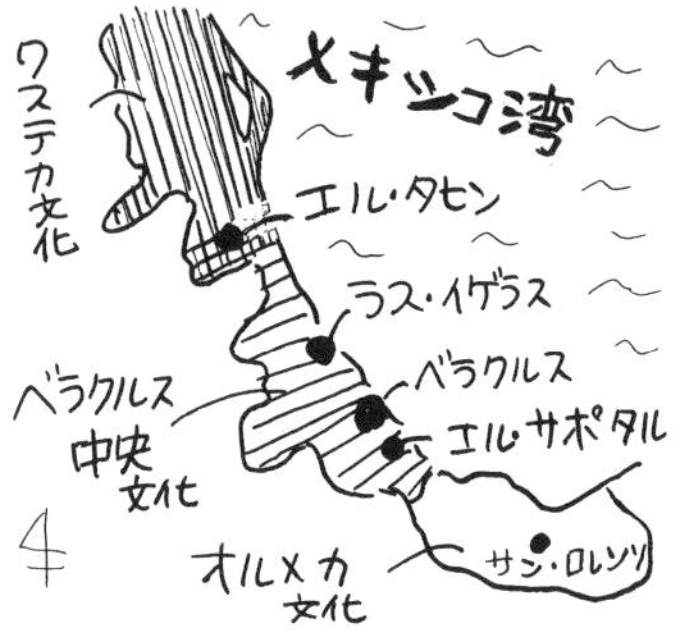

メキシコ湾
ワステカ文化
エル・タヒン
ラス・イゲラス
ベラクルス
ベラクルス中央文化
エル・サポタル
オルメカ文化
サン・ロレンソ

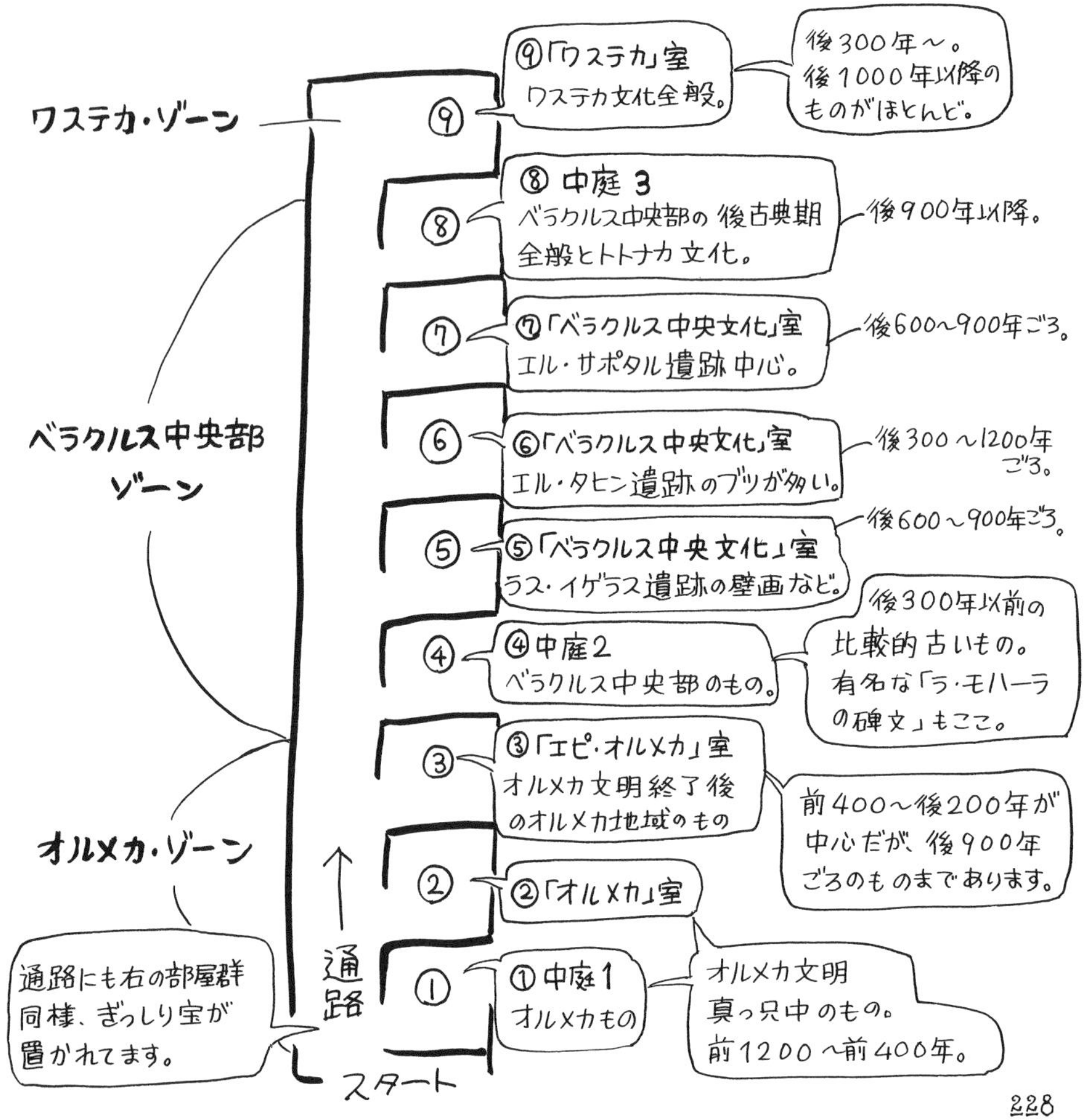

ワステカ・ゾーン
ベラクルス中央部ゾーン
オルメカ・ゾーン
⑨「ワステカ」室 ワステカ文化全般。
後300年～。後1000年以降のものがほとんど。
⑧ 中庭3 ベラクルス中央部の後古典期全般とトトナカ文化。
後900年以降。
⑦「ベラクルス中央文化」室 エル・サポタル遺跡中心。
後600～900年ごろ。
⑥「ベラクルス中央文化」室 エル・タヒン遺跡のブツが多い。
後300～1200年ごろ。
⑤「ベラクルス中央文化」室 ラス・イゲラス遺跡の壁画など。
後600～900年ごろ。
④中庭2 ベラクルス中央部のもの。
後300年以前の比較的古いもの。有名な「ラ・モハーラの碑文」もここ。
③「エピ・オルメカ」室 オルメカ文明終了後のオルメカ地域のもの
前400～後200年が中心だが、後900年ごろのものまであります。
②「オルメカ」室
①中庭1 オルメカもの
オルメカ文明真っ只中のもの。前1200～前400年。
通路
スタート
通路にも右の部屋群同様、ぎっしり宝が置かれてます。

オルメカ

デカいこの方たちは5人もいます。
すべてサン・ロレンソの方たち。

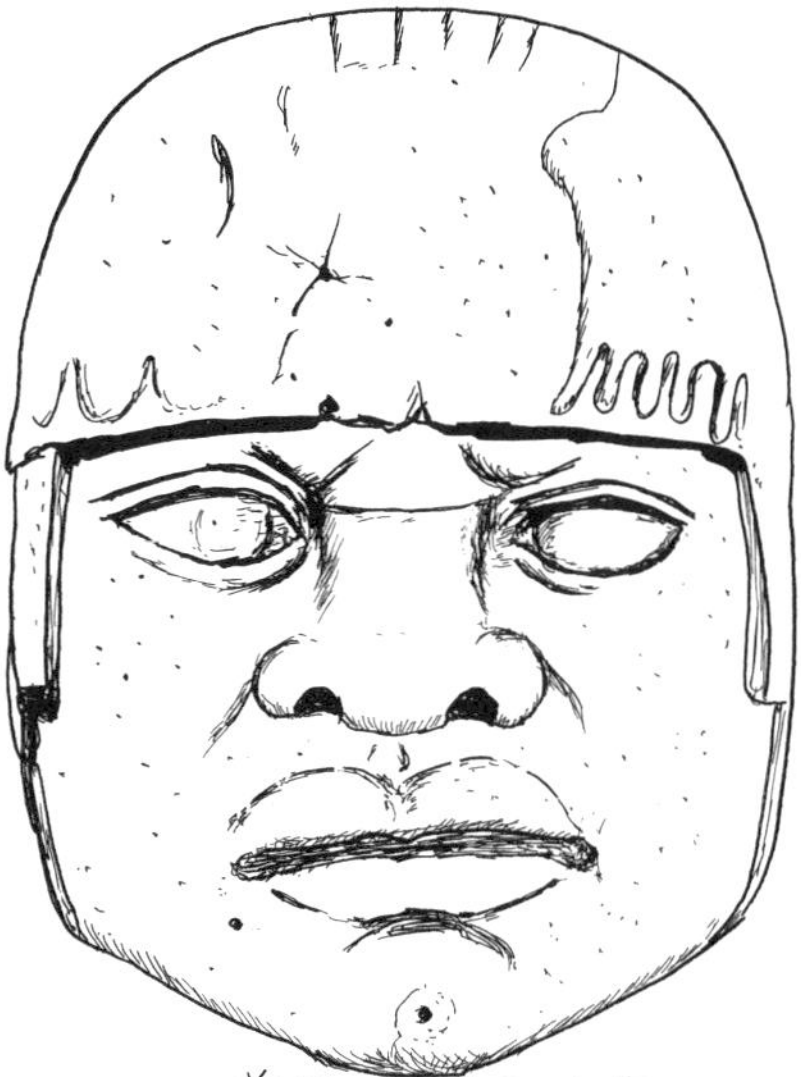

前1200〜前900年ごろ

オルメカの不可解グッズのひとつであるキモワル赤子人形、通称「ベビー・フェイス」もたくさんいます。

つーかこれはもはやベビー・フェイスではない!!

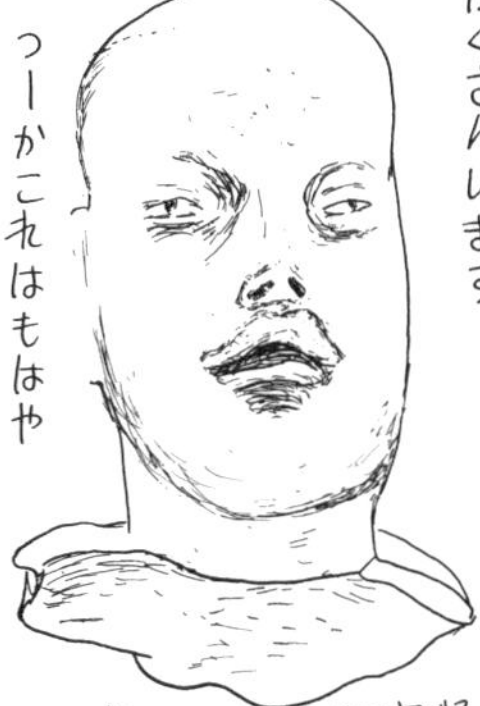

前1200〜前900年ごろ

オルメカが終わったエピ・オルメカの文化になると、とたんに面白くなくなる。おっと思ったのはこのおっさんくらい。骨ツボの上部にくっついてます。

前300〜後200年ごろ

マヤ遺物にもいたけどたまにアラビアンナイトな人がいるこの不思議。

ベラクルス中央文化

なんといっても「笑う人」!!
こんなにも「笑う人」が集合してるなんて!!
こんなにもバリエーションがあるなんて!!

基本形

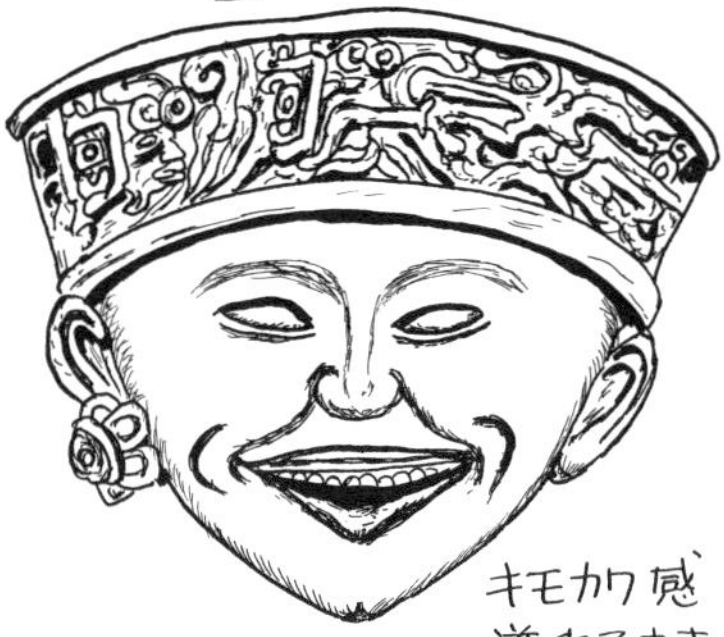

キモカワ感溢れてます。

女の子の「笑う人」

怒る「笑う人」もいます。

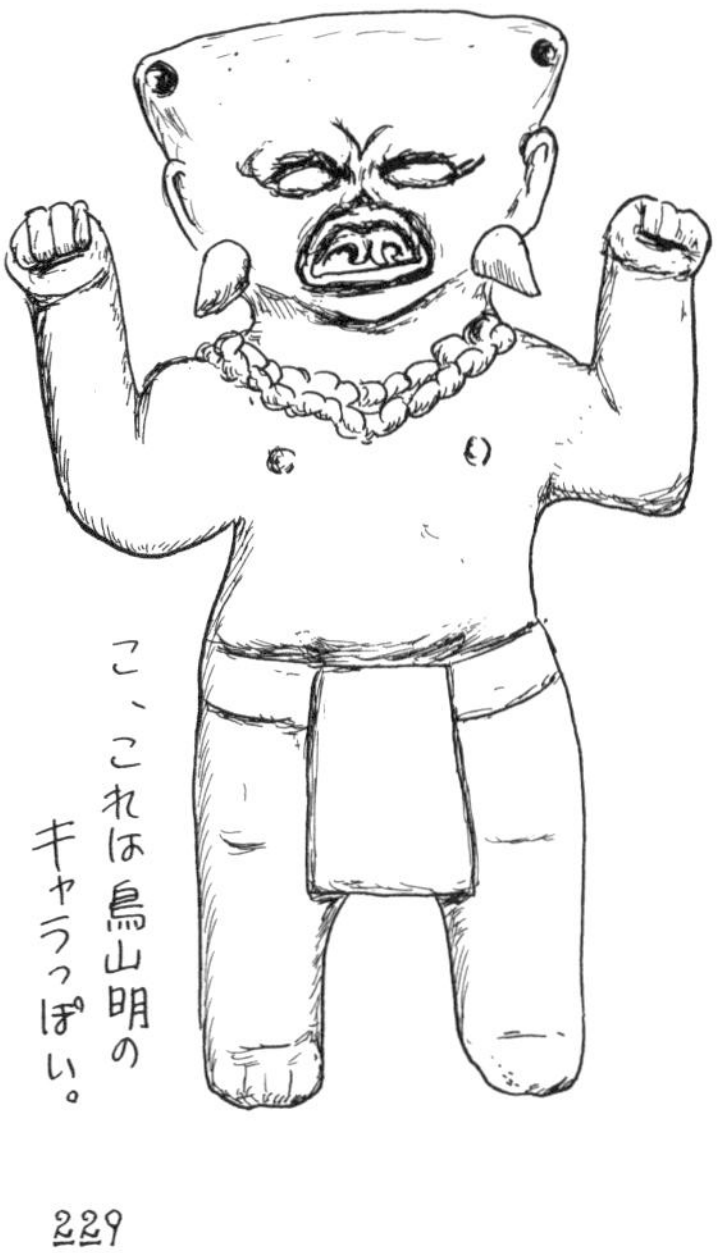

こ、これは鳥山明のキャラっぽい。

と思いきや、ナメック星人の「笑う人」が!!

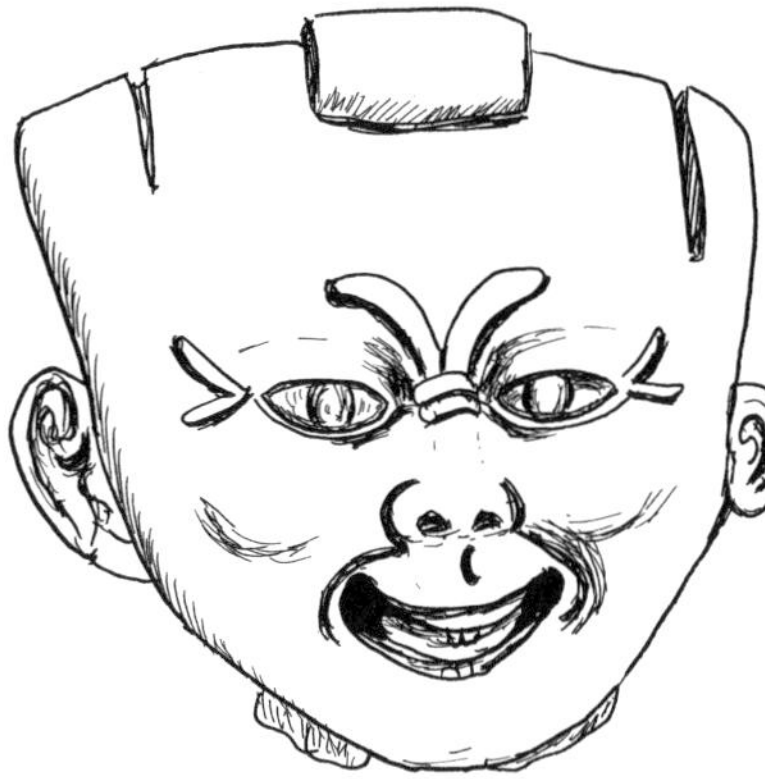

歌う「笑う人」

こんな情けな顔の「笑う人」も。

とにかく「笑う人」楽しーー!! シワシワのおじいさんの「笑う人」やニヒルな「笑う人」、余裕ある笑いの「笑う人」、イバった「笑う人」、中村玉緒似の「笑う人」などなど、基本形から大きく離れたさまざまな「笑う人」がいらっしゃいます。

笑う人

後600〜900年ごろ、このような確固たるスタイルを持った珍妙な人形が数多く作られる。その大半は、死者のお供として墓に納められていた。ここにあるのは、エル・サポタルのものばかり。

この、心奪われる微笑はなんなのか？ 説のひとつに、生けにえにされるときの表情を表わしたもの、というのがある。生けにえ前の「引きつった表情」だとか、逆に「恍惚の表情」とか「恐怖をやわらげるために薬を飲ませてハイになってる姿」などなどと、生けにえに絡めてのいろんな意見が出されてる。

だとしたら、なんと残酷で恐ろしいものをこさえるんだろう、と戦慄していたが、実際見てみると、まさに「大爆笑ー!」の表情がたくさんあって、あんまりクスリ関係とか引きつった感じは見受けられない。むしろ「経済的心配がないためか、湾岸低地帯の人々は楽観的であった。ほとんどの彫刻人像は笑っている」©D・ハイデン、P・ジャンドロ『メソアメリカ建築』という素直でストレートな見方のほうが、私はうなずける。

ほかに「踊り子などのエンターティナーを模したもの」という説があり。

そのほかのベラクルス中央文化もの

「笑う人」だけじゃないんだぞ!

この地域もフザけたもので溢れてる。

なんかクレ!!

この「なんかクレ!!」人形もけっこうある。いったい何を求めていたのか?

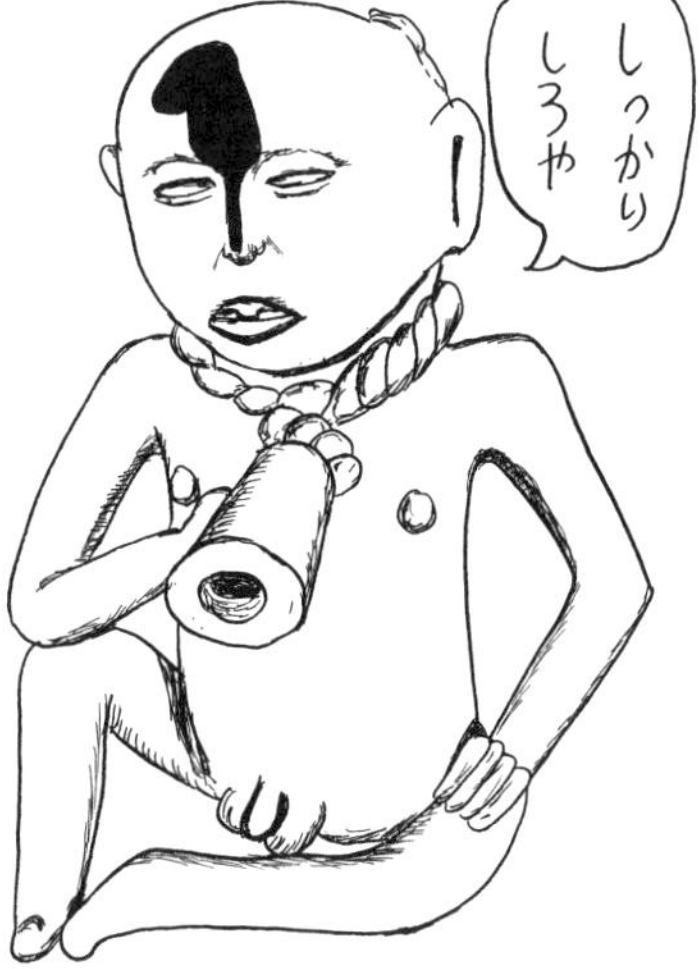
しっかりしろや

なんか乂がホン持ってエラそーにしてるけど、チン丸出しでNO威厳。

さぁ踊りましょう

湾岸はジイさんもはつらつ。

ジイさんの甘えポーズ

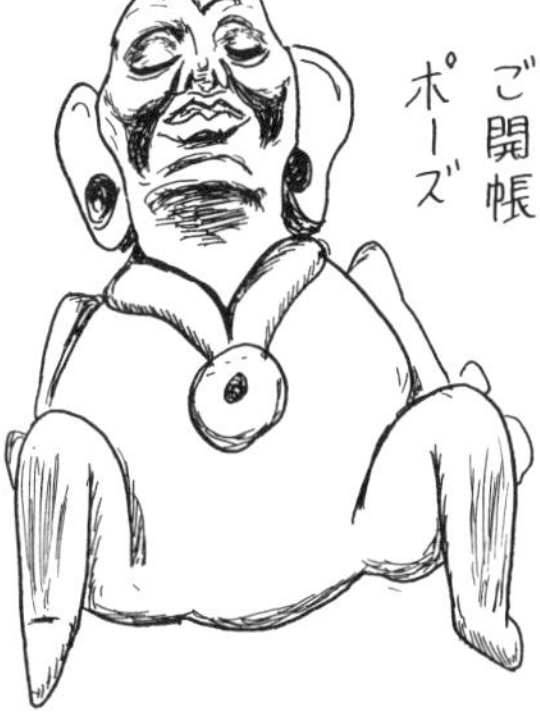

ジイさんのご開帳ポーズ

卒業式！

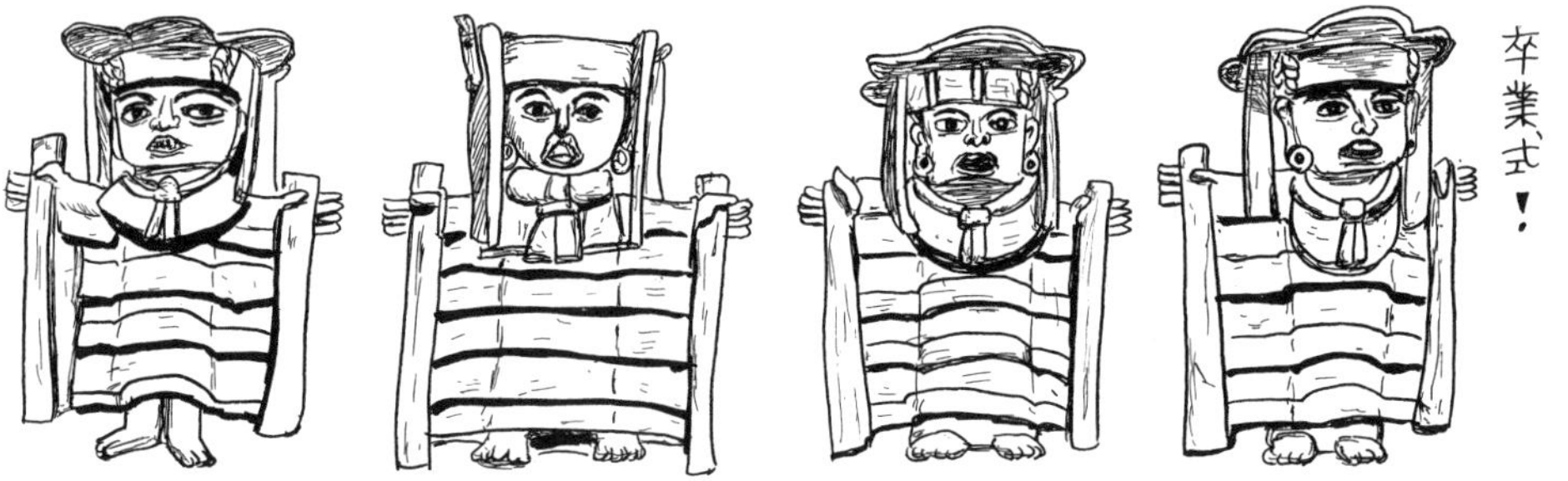

この大学生のような方たちはトラソルテオトルという、汚物を食べる女神の像。

邪悪顔

シワテオトル像

かわいー

等身大の大きさの像。出産によって亡くなられた方はこの女神になり、午後からの太陽のお供をする。顔は死んだときを表現。目は閉じられ口は開かれてる。この像は舌もつき出してるみたい。

そうだ忘れちゃいけない。湾岸文化は車輪のおもちゃをたくさん出してることでも有名だった。

こういうおもちゃの発見から、メソアメリカ文明は車輪を知っていたことが判明。おもちゃに車輪を取り入れても、実生活ではいっさい使わなかったっていうのもわくわくする謎のひとつ。

もっと紹介してほしいわ〜

日本ではオルメカくらいしか有名じゃないが（いや、それさえもとくに古代文明に興味のある人にしか知られてないか……）、マヤやテオティワカンが輝いていた時代に、ちゃんとここにもたいした文明があったのです。

メソアメリカの文明はヨーロッパ以上に多種多様だというのに、ほとんどマヤしか紹介されず、それが大いに不満へそれだってたいしてされてないけど）。海外では「笑う人」で1冊の本を作ってるくらいなのに……。

ワステカ文化

ワステカの彫像は、暗くて、冷酷な空気が漂ってるうえに、型にはめ込んで作ったようで人間味は皆無。でも土器は打って変わってやわらかいふんいき。

70年代のファンシー貯金箱って感じでなつかしー。

誇らしげな鼻の穴。

ブタ鼻が
流行してたようですぞ。

ワステカ 一口メモ

メキシコの広大な土地を飛び越えて、いきなりのマヤ人。前2000年ごろ、グアテマラのマヤ・グループから分かれて、はるか遠く離れた湾岸北部に住みついた(広大だったマヤ地域の真ん中に違うグループが侵入してきて引き離されたって説もある)。『フィレンツェ絵文書』という先住民の伝承や歴史等が書かれた本に、ワステカ人が、皆が仲良く暮らすタモアンチャンという楽園からこの地に来た理由が記されている。そこでは、ワステカの王が酒を飲みすぎて酔っ払い、人前でまっぱだかになったのがはずかしくなって皆を率いて離れた、というマヌケなことになっている。

今もワステカ人はワステカ・マヤ語を話し、現役でがんばってます。

ハラパ博物館 総評

容れ物(建物)は、たて一直線のシンプル設計。清潔。照明はきれい、空間も広く取って、ほころびはまったくなし。でも私には「フェイバリト」とまではいかないとこだった(中のブツはフェイバリトですよ)。たて一直線というのが飽きるし、今ひとつ工夫への踏み込みが足りないように思えてしまう。また遊び心はなく愛嬌も感じられず。

まぁ、ブツがあまりにもゴキゲンな方々ばかりなので、容れ物に愛想を持たせないほうがバランス取れていいのでしょうね。

エル・タヒン

壁がんの神殿
365の壁がん(くぼみ)があったとされ、エル・タヒンを有名にしてるもの。全体的に赤く塗られ、壁がんは黒く塗られてた。遺跡看板によれば、エル・タヒンの晩年に造られたということだが、もっとぜんぜん早い時期だとする情報

タヒン・チコ
支配者層が住む高級ヒルズ。かなり大きいグループのようだが全面修復中で(このとき)すべて見られず。

円柱の建物
一番高いところにあり、一番大きな建物。13ウサギ王(後10世紀の人)の宮殿と推定される。立派なレリーフのある6本の円柱があって、その何本かを付属博物館で見られます。

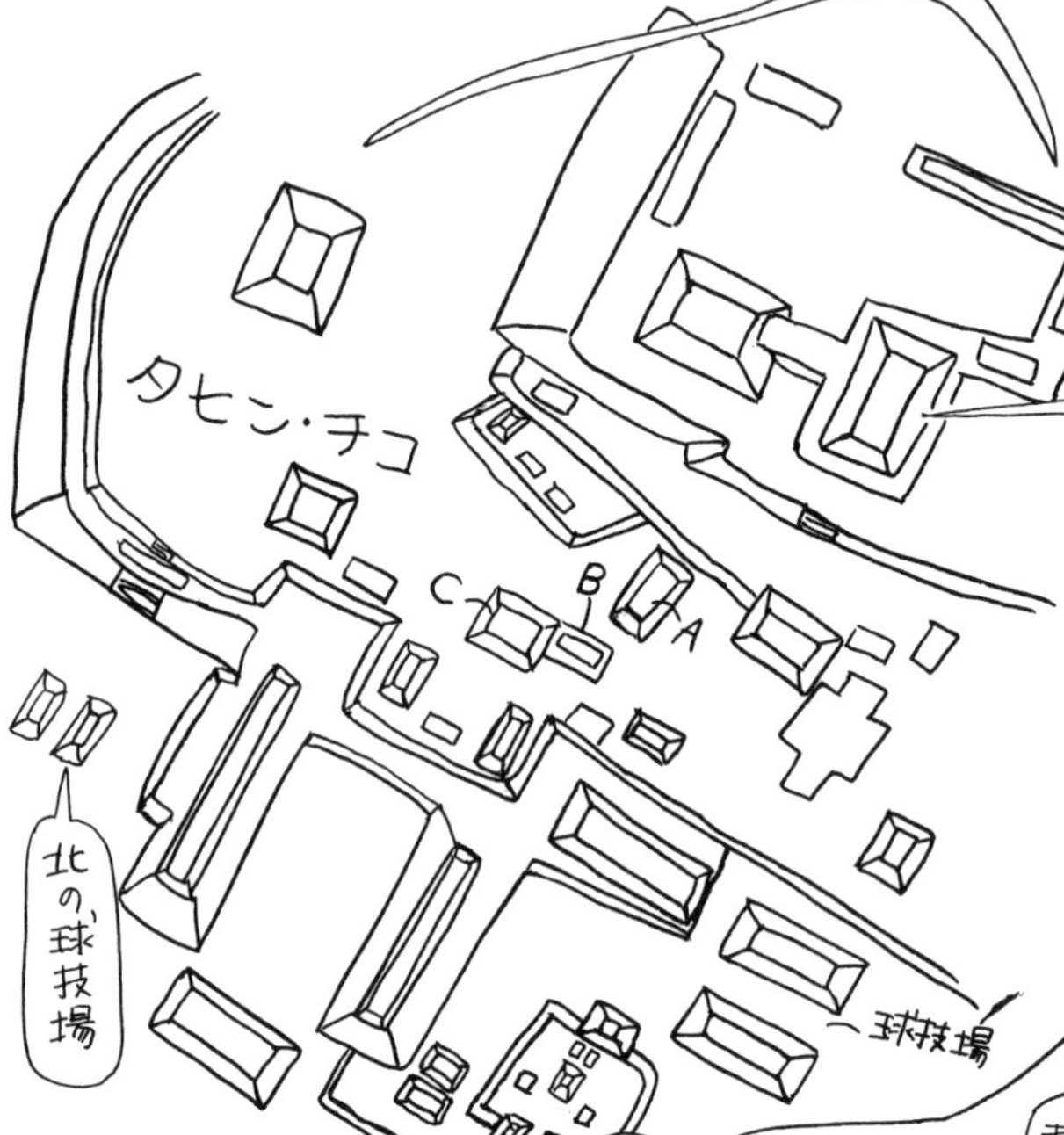
タヒン・チコ
C
B
A
北の球技場
球技場

大シカルコリウキ ↑「雷紋」の意味。
遺跡の看板によるとエル・タヒンの晩年のもの。建物自体が、雷紋になっている。これは巻貝を割って現われる渦巻きであって、風の神ケツァルコアトル(=エエカトル)の象徴★でもあるんだって。

エル・タヒン自体、あらゆるところに雷紋装飾があります

★後900年以降、ケツァルコアトルの姿は(割った)巻貝を身につけた姿で表わされることが多くなる。

こんな感じ

タヒン神と呼ばれるものが神殿5に立ってます。古《いにしえ》ではなんという神で、どのように置かれていたかはわからないが(実際は基礎部から見つかった)、現代のトトナカ人はそう信じてます。

もあるし、年代はよくわからん。

6層。高さ18m。

この中にはひと回り小さい同じ形のピラミッドが入ってます（後300〜600年↑これも諸説あり）。

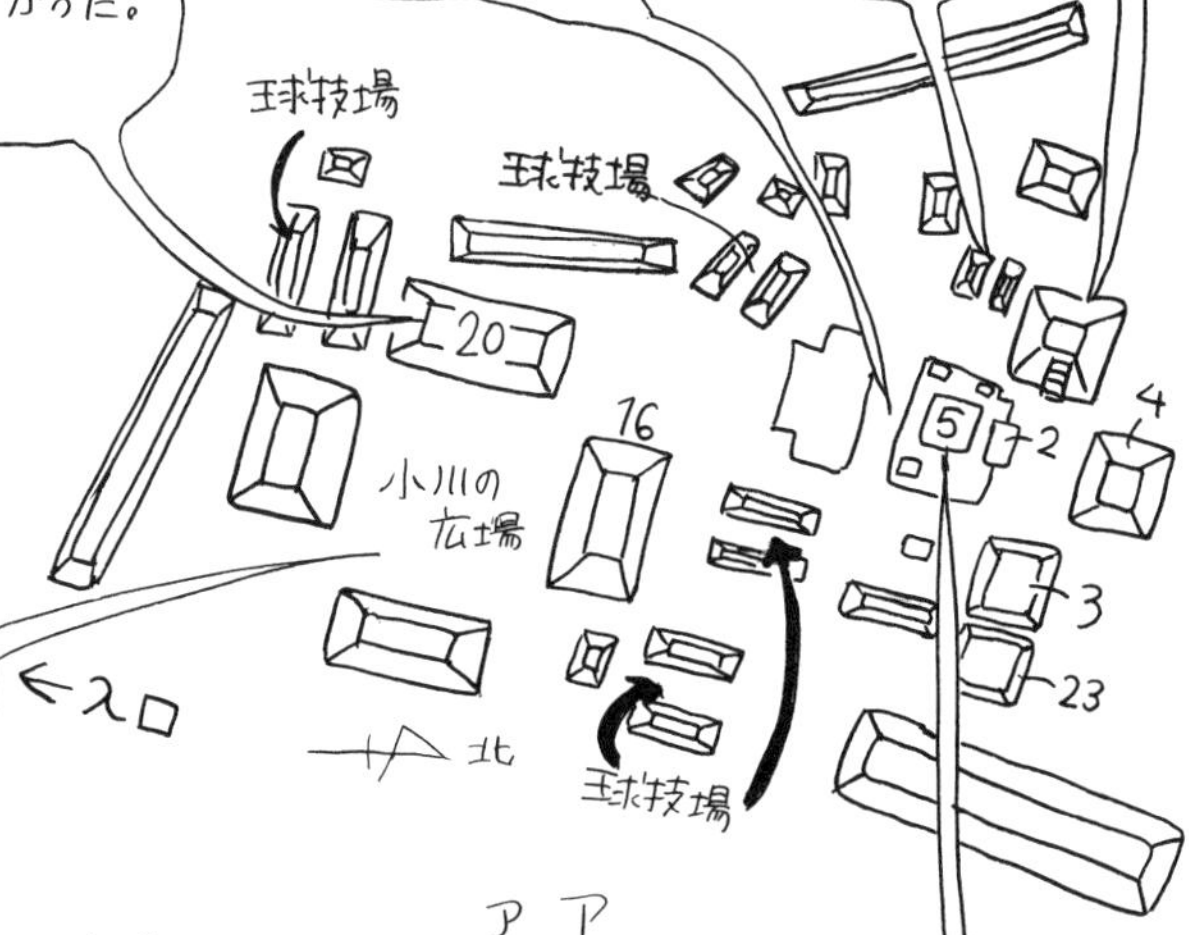

建物20
ここの正面から男の遺体が見つかった。遺体は付属博物館にあります。
南の球技場
レリーフばっちり。
内部に壁画のある球技場
球技場
球技場
20
16
5
2
4
3
23
小川の広場
小川の広場
2つの小川にはさまれてることからの名。この広場で市《いち》が開かれたと推測されている。行商人と思われる人の彫刻も見つかっている。
←入口
北
球技場

アー、牧歌〜!!

アメリカ大陸にいる気がしなーい。

このよーに上がそのままで、土まんじゅうになってるのなんか、日本の古墳のようである。

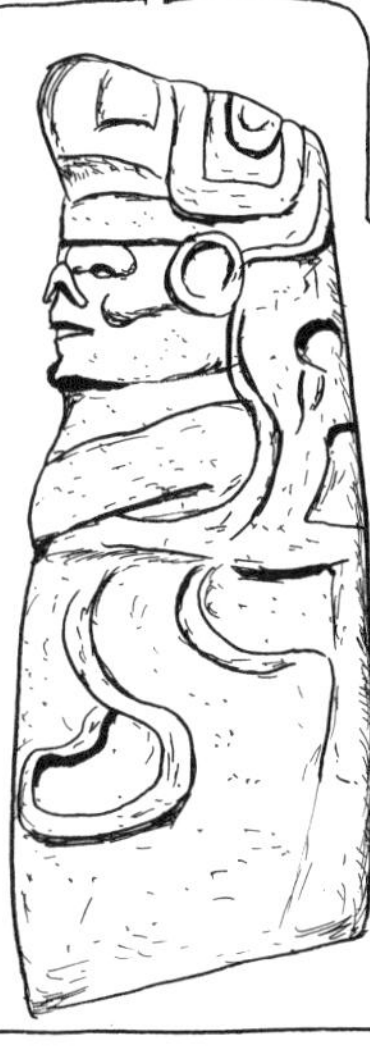

こーいう人が似合う

バックのおだやかな山々や緑も日本の田舎っぽい。

それにしても建物のゆがみがハンパない。こっちの目がおかしくなったかと思うほど、波打つようにゆがみまくってる。上部がかじられたようなのも多い。

エル・タヒン―ロメモ

後300年ごろスタート。テオティワカンが滅びの方向に向かい始めた後600年ごろより盛り上がりを見せ、1100年ごろまでが最盛期。1200年ごろ終焉を迎える。焼け跡があることから暴力的な終わり方だったと想像できるが、犯人はわからない（第一候補はチチメカ人）。そのあとはトトナカ人の墓地として細々と使われたよう。

「タヒン」はトトナカ語で稲妻の意味。「廃墟となったこの遺跡に、タヒンと呼ばれる12人の雷神（雨も担当）が住みついた」というトトナカ人の伝承によって名づけられたそう（by マイケル・コウ『メキシコ』）。

トトナカ人は現在この地に住んでる人々。アステカ時代にセンポアラという都市を築いていたこと、ここを含めて広く湾岸地域一帯を牛耳っていたことはわかってるが、それ以前の歴史はイマイチ不明瞭。

エル・タヒンを築いた人たちが誰かはわかっていない。トトナカ人説、ワステカ人説とあるが、私の思いっきりな主観で言えば、レリーフなどの無機質で非人情な感じはワステカの美術品と一致するような……。

とにかく球技！

球技場は全部で17!! 本当、あっちこっち細かく、詰め込んだように造られていて、その熱中ぶりがよくわかる。

ここもチチエン・イッツァーの球技場と同じように（つーかここが本家本元か？）、選手の胸にナイフを突き立てるのを始め（↑）、いろいろな場面が刻まれてます。

たとえばこんなシュールなのも。これは、右の人がチンに穴を開けて、その精子と血を、魚のかぶりものをした人（神ともいわれる）に滋養として捧げてる図と解説されている。

（また、トラロックが「5つの太陽の伝説」の魚となった人間に血を与える図という解釈もある）

貯水場、またはプルケ酒を貯めてる場所
↓
こっち側には
←マゲイが描かれてる。
マゲイはプルケ酒のもと。

図は両方 南の球技場のもの

球技の道具をかたどった、これまた無機質で冷たいイヤ〜な感じの石製品はハラパの博物館にたくさんあります。これらは儀式のとき身につけたものとか、勝者へのトロフィーとして渡されたものなどといわれます（実際のプレイ時は木や皮のものを使ったはず）。

ユーゴ
（「くびき」の意味）

腰を守るもの。トイレの便座といっしょでU字型とO字型がある。

モデル
これも南の球技場のレリーフ
パルマ
アチャ
ユーゴ

パルマ
「棕櫚《しゅろ》」の意味。
葉に形が似てるから。

ユーゴの前部に取り付けた。胸を守るためのものとも考えられるが、邪魔そうだし、これとアチャは儀式時のみ使ったのかも。

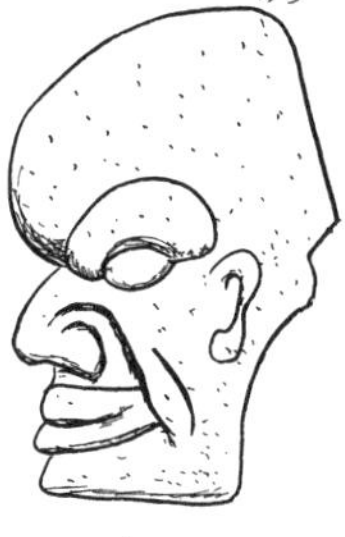
アチャ（「斧」の意味）
これも形が似てるから
だいたい顔になってる。

もともとは負けた選手の首を表わしたものだとか。これもユーゴに取り付けたようだ。コートで的《まと》として使ったとか、コートの飾りだったという意見もあり。

空中パフォーマンスもあるよ!!

ボラドーレス（飛ぶ人たち）

トトナカの人たちの間で古《いにしえ》から伝わってきた雨ごいのための宗教行事（成人になるための通過儀礼ともいわれる）。

4人の男たちが30mの高さの棒のてっぺんから、足にロープをひっかけて13回まわる。4は方角の数、13は天界の層の数、4人が13回まわることで（4×13＝）52となり、それはメソアメリカの1世紀の年数となる。

トトナカ人が命を賭して行なう崇高な行事なんだろうけど（実際、死人も出ている）、とくに感動するとかはなかった。距離を大きく取って見るものなので、演者がとっても小さいし、あまりにも整然と秩序立って優雅に演じられるもんだから、映像を見てるようでどうもライブ感がないのだ。

大道芸のようなものなのに料金が一律なのもさびしい気持ちにさせられた。

1人30ペソ（300円）です
しかもクライマックスに来るから一番いいとこ見逃がしたよ

メキシコ西部 パックアロ

ツィンツンツァン

「ハチドリの地」の意味。

「ヤカタ」という円形の独特な建物が有名。ていうか、まあそれだけ。あと2つ建物の基部があって、終わり。

5つのヤカタはタラスコの太陽神クリカウエリとその4人の兄弟に捧げられたもので、王墓でもあると考えられている。

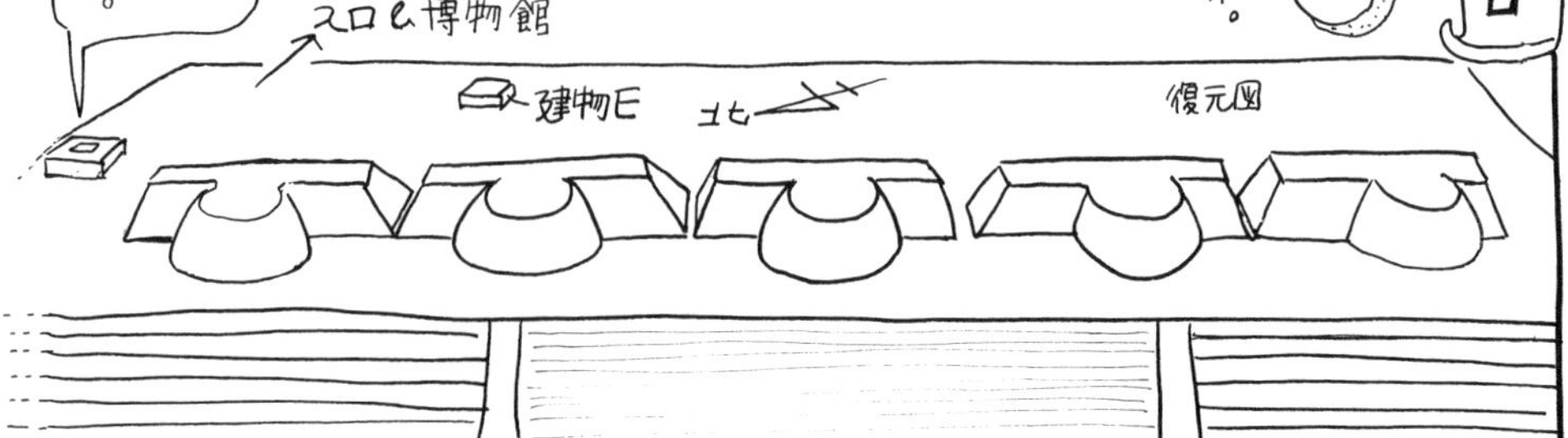

建物B（通称宮殿）何百もの骨が出てきたそうです。
ス口ム博物館
建物E
北
復元図

ハニッツィオ島

「死者の日」のお祭りで世界中から観光客を集める有名な島。イライラするほどゆーーーっくりの遊覧船で渡る。

島に近づくと、小船がやってきてわざとらしく漁をし出す。ここのは蝶の羽のような網を使うことで有名なんだけど、3分もやらずに、ソッコーこっちの船に近づいて金を徴収しに来る。

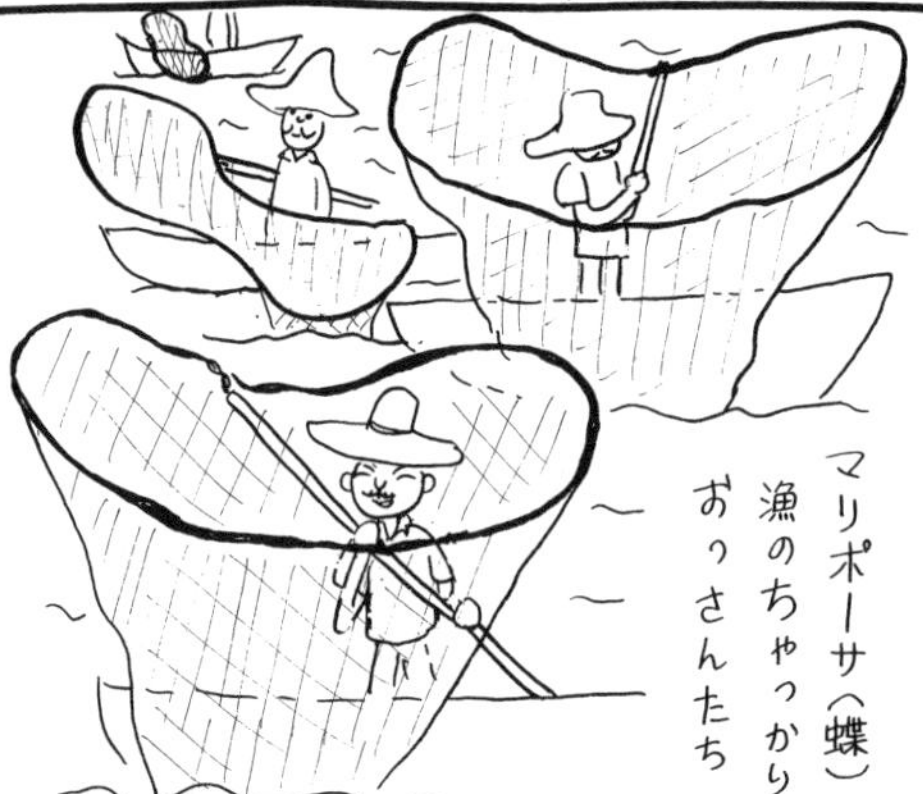

マリポーサ（蝶）漁のちゃっかりおっさんたち

私

モレーロスさんの巨像

胎内にはびっしりと壁画。独立にいたるまでの道のりが綴られてる。

モレーロスさんはメキシコ独立への道を作った立役者のひとり。

島に着くと子供たちから金をせびられる。しかも皆、笑顔なし、大量。怖い。島のてっぺんにあるモレーロス像までの長い階段は江ノ島のようにみやげもの屋が軒を連ねている。

……。あまりのツーリスティックさに辟易していると、モレーロス像近くで、子供たちによる「老人の踊り」のパフォーマンスが始まった。

シンプル度★★★★★　のどか度★★★★★
パックの湖と山なみが美しい度★★★★★

このバカボンを思い出させる渦巻きがあちこちで見られる。この地味なムーブメントはなんなのでしょうか。タラスコ王国にはケツァルコアトル系の神はいないというし……。

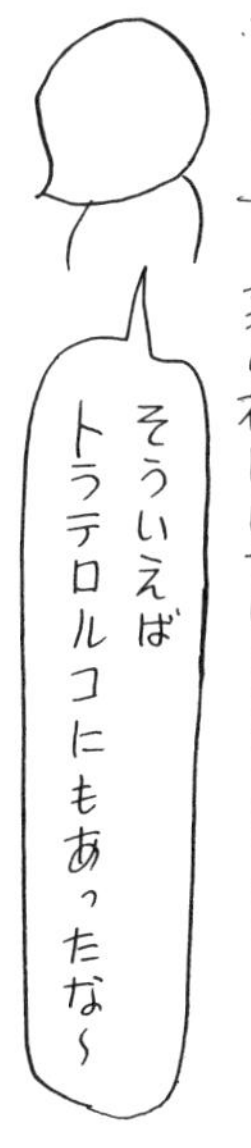
そういえば
トラテロルコにもあったな〜

ツィンツンツァン一口メモ

13世紀ごろ築かれた都市。タラスコ王国の3都市のひとつで最後の首都（ほかの2都市はパックアロとイワツィオ）。タラスコ王国はメキシコ西部一帯を牛耳り、アステカに対抗。唯一アステカの攻撃に屈せず、それどころか打ち負かした国。スペイン軍が来るとあっさり降伏する。

行き方一口メモ

ツィンツンツァンの広場から坂を上がるとすぐ遺跡があるが、入り口はさらに左へ500m歩いたとこ。

これが……！　すばらしいの一言。そんなにうまくないし、バラバラなんだけど、それゆえ人間味と味わいがあって、これぞライブ!!　ひたむきで一生懸命ながら、子供特有のイヤらしい媚びはいっさいなく、ビジネスライクで冷めた感じもすばらしい。そりゃあー投げ銭もはずみますよ！

老人の踊り

タラスコ人の民族舞踊。老人がダンスをしてるという設定で、老人の特徴≪おぼつかなさ、腰の曲がり、震え、すぐ疲れへたれこむ様子など≫を揶揄《やゆ》した振りつけが付いてるが、だらだらダンスではなく、けっこう機敏に激しくタップを踏み鳴らし、動きまくる。昔のコントを見るようななつかしのユーモアもあり。これを踊ると長生きできるそうです。

パックアロ総評

ここパックアロ湖には、旅の途中のタラスコ人がここではしゃいで泳いだため、フンドシを盗まれハダカで過ごす羽目になり、それが原因でここに定住することになった、というバカバカしくワンダフルな伝説がある。そんな伝説を持つ湖をどうしても見たくてやってきた（ワステカの伝説≪P233≫もそうだけど、けっこう各地の定住はハダカがキーワードになってます）。ツィンツンツァンはたしかにシンプルすぎたが、湖やパックアロの街がとても美しかったこと、そして何より老人の踊りを見られたこと、この3セットで非常に満足いたしました。

忘れられない男 in ユカタン
メキシコの2等以下のバスは、バス停以外でも客を拾ってくれるこれまた寛容な乗り物。
まぁ先進国以外では珍しいことじゃないけど。
それはいいとして、なぜか始発のバスターミナルから50m先くらいのところで乗る人がいる。
バスターミナル
それもかなりの数。
ちょっとターミナルに行けば、確実に座れるのに、わざわざこーしてるということは、値段がすこしは安くなるのだろうか。
そうして乗ってくる中にひとりの少年がいた。
マヤの子
年は10歳くらい。
子供のころの柳楽優弥くんのような目ぢからのあるハンサム。お父さんのお下がりなのか、大人用の作業服みたいなねずみ色のシャツに、ボロボロの半ズボン。
席が空くと
自分は座らず
お母さんを座らせた。
お母さんもボロボロ
つぎに席が空くと、
今度は弟、妹を座らせた。
そして自分はずーっと立っていた。
大人たちが
ダレダレになってる中、
他人
他人

少年はまったく動かず、
いっさいブーたれずしゃんとした姿勢で立っていた。
ヤバい!! こういうけなげでりりしい子にはたまらなく心が動かされる。
キューン
日本の甘やかされた子供にはありえないよ。私も少年と同じく、親の洋服着させられたりする極貧家庭で育ったけど、何しろガマン弱かった。こんな状況でじっとしてることなんて、考えられない。歩き回ったり、グズったりしまくるだろう。
だいぶ時間も経過してるし、席を譲ろーかなー。でもなんかこの人たちの習慣に立ちえるだろうし、思い上がりのよーな気もする……。うん、やっぱり、もうちょっとで着くだろーし、わざとらしいことはしないでおこう。
もや
もや
のうのうと座ってることにいたたまれなくなってきて
ダメだ!! こんな針のむしろ耐えられん! 自分のためにも少年には座ってもらう!
あっそー
などと、結論にいたったもののいつまでも着かない。
ギュウギュウ
客も増える一方で、皆苦しそう。
でも私が席を立ったとたん
おっ
どっかり
ちがうオヤジが座っちゃった。
セカンドチャンスと
すっく
しょーがないね～
エキも立つと
オヤジ、仲間を呼び寄せちゃったよ。

ワハハ ワハハ
もう!! この人たち、ほんのさっき乗ったばっかだよ!! 私ら、まったくのムダ打ちだよ。
そしたら、うしろの白人パッカーが察してくれたようで
少年に席を譲ってくれた。私の偽善的自己満足行為に付き合ってくれてありがとーーっ。
男の子は所在なげにちぢこまって座ったが一瞬だけ幻のような笑み。
しかしたった10分も座らないうちに少年の駅に着いてしまった。
親子は真っ暗な中、野っぱらの一本道を歩いていった。
家はまだまだ遠そうだ……。
あの少年の毎日はどんなんなんだろう。
それにしても混んで跳ねまくるバスの中の立ちっぱなしは苦行。ひたすらガマンの1時間半。
サラリーマンはエラいなー
あの子も本当にエラいなー
着いたときの解放感は格別だ。
空間ってスバラシーー
でもバスを振り返ると、苦しそうな白人パッカーの姿が!
たしか、ここからさらに倍の距離のとこに行くって言ってたような……。
てへっ
申し訳なかったわね〜
また男を不幸にしちゃったわ〜
この付き合いのいい白人の苦悶の表情がいまだ脳裏に深く刻まれて、忘れられない。

おわりに（＆いいわけ）

最後までお付き合いくださり、ありがとうございます。

いやー、読み返してみれば、あまりにもメキシコの人たちを褒めすぎちゃってる気がしますが、これでもまだまだ足りないくらいなんですよ。いい人エピソードなんてあんまり面白くないだろうし、と抑えて抑えてこの程度にしているのです。

また、メキシコ人はこうだーとか、日本人はこうだーみたいなことを書いてますが、すべて私がたまたま遭遇した人たちの、私の目を通した感想にすぎません。けっしてナショナリストって訳じゃありませんのでご容赦を。

私は今まで2冊の古代文明の本を出させてもらってるのですが、それは1冊に歴史も旅行話も載せてるものでした。今回の本もそれらと同じように1冊になるはずでしたが、重くなってしまうので、思い切って旅行パートと歴史・神話パートを分けました。どちらも独立して読めるように、またなるべく重複することのないよう腐心いたしましたが、併《あわ》せて読めば、さらにこの文明の面白さをよりディープに味わえ、旅行もさらに楽しくなるかと思います。よろしかったらそちらのほうもぜひとも、ぜひとも**読んでやってください!!**

最後に感謝のことばを。

この本および姉妹本はもうず――っと前に出す予定でありました。「やめなければ終わる、やめなければ終わる」と唱え続けて、なんとか命からがら原稿を仕上げ、ハ～これで出せる～～と思いきや解放感はつかの間――は～～～、もう本当、物事がスムーズに進んだためしはありゃしないっ――とつぜん路頭に迷う羽目になりました。

それからしばらく絶望の大海に身を沈めて打ちひしがれる日々を送っておりましたが、ある日伺った出版社の人物が「マヤ？　アステカ？　いいよ～～ん♪」と、パパーンと出版を決めてくれました。当然「拒絶」を想定していたので、その、あまりの、感じのいい安請け合いさ加減には、何かこう自分がオレオレ詐欺でもやらかしてるような気になり、うっすら良心の呵責を感じたほどです。この優しく度量の大きすぎる漢《おとこ》の中の漢、藤田博編集長、太っ腹会社、草思社には足を向けて眠れません。

それから、この本の姉妹本同様、原稿に何度も目を通していただき、添削、ご助言、ご指導いただきました多々良穣さん、また薄汚い原稿を「本」というものにしてくださったブックデザインの清水良洋さん&佐野佳子さん（マルプデザイン）にも深謝を。

そして何よりも、何万とある本の中からわざわざこんな本を買ってくださった奇特すぎる大人格者の貴方さまにひれ伏したいと思います。貴方がいるから生きていけるのです。

本当にありがとうございました。

索引

ア行

アイーン1世(ヤシュ・ヌーン・アイーン1世,㊏)
Yax Nuun Ayiin I 109
アイーン2世(ヤシュ・ヌーン・アイーン2世,㊏)
Yax Nuun Ayiin II 104,105
アウィツォトル㊏Ahuitzotl 56
アカテペック Acatepec 66
アグアテカ Aguateca 116,118,119
アステカ Azteca, Aztec 18,30,36,56,57,64,65,68,74,195,236,239
「嵐の空(シヤフ・カン〈チャン〉・カウィール)」㊏
Siyaj Kan(Chan) K'awiil II 109
アルトゥン・ハ Altún Ha 146,156
イキン(イキン・カン〈チャン〉・カウィール,㊏)
Yik'in Kan(Chan) K'awiil 104,105,108
イシュバランケー㊗Ixbalanqué 80
イツァー Itzá 99,170,179,183,202
イツァムナー㊗Itzamná 176,207,224
イワツィオ Ihuatzio 239
ウィツィロポチトリ㊗Huitzilopochtli 30,32,41
ウキト・トーク Ukit Took 129
ヴクブ・カキシュ Vucub Caquix 195
ウシュマル Uxmal 178～183
エエカトル㊗Ehécatl 19,40,234
エク・バラム Ek'Balam(Ek Balam) 23,163,164
エスナー Edzná 202
エル・サポタル El Zapotal 21,228,230
エル・タヒン El Tajín 228,234～237
エル・ミラドール El Mirador 105,110,114,211
エル・レイ El Rey 162
オアハカ Oaxaca 20,70～78
オアハカ文化博物館
Museo de las Culturas de Oaxaca 71
オシュクツカブ Oxkutzcab 184,188
オルミゲロ Hormiguero 203
オルメカ Olmeca, Olmec 16,21,149,216,222,228,229
オレンジ・ウォーク Orange Walk 147,149,150

カ行

カウィール㊗K'awiil (Kawiil) 133
カカシュトラ Cacaxtla 19,63,65,67
カカワミルパ鍾乳洞 Grutas de Cacahuamilpa 58
カックパカル㊏K'ak'upakal 169
カテドラル(in クエルナバカ) Catedral, Cathedral 58,59
カバー Kabah 183,184
カラクムル Calakmul 139,141,197,203,204,210～213
カル・ペチ Cahal Pech 142
カルデナス Cárdenas 222
「カワク空(カック・ティリウ・チャン・ヨアート)」㊏
K'ak' Tiliw Chan Yoaat(Yopaat) 125,128
カン・シュル2世㊏Kan Xul II 87
カン・バラム2世㊏Kan B'alam II 87
カン2世㊏Kan II 140,141
カンクーン Cancún 161,162
カンペチェ Campeche 196～199,203

キニチ・アハウ㊏K'inich(Kinich)Ahau 80,146,156,202,205
キャザウッド，フレデリック Catherwood, Frederick 181,190
キリグアー Quiriguá 124,125,128,130
クィクィルコ Cuicuilco 16,17,27,29
クエージョ(クエーリョ) Cuello 152
クエルナバカ Cuernavaca 58,59
ククルカン㊙Kukulcán (Kukulkán) 7,171,177
「暗い太陽」㊏Dark Sun 105
グリハルバ Grijalva, Juan de 159
ケツァルコアトル㊙ Quetzalcóatl 7,19,40,45,62,64,65,133,177,234
ケツァルコアトル㊏ 63
ケツァルパパロトル quetzalpapálotl 46
「煙イミシュ」㊏Smoke Imix 128,129
「煙リス」㊏K'ak'Yipyaj Chan K'awiil 128,129
ゲレロ Guerrero, Gonzalo 156
コアテペック(ヘビの山) Coatepec 30
降臨する神 Dios Descendente, Descending God 158,159
国立宮殿 Palacio Nacional 42
国立人類学博物館 Museo Nacional de Antropología 13〜25,63,65,180
コシーホ㊙Cocijo 75
コバー Cobá 160,161
コパン Copán 63,125,127〜135
コフンリッチ Kohunlich 203,205
コマルカルコ Comalcalco 222,224,225
コヨルシャウキ㊙Coyolxauhqui 31
コルテス Cortés, Hernán 58,195
コルテス宮殿 Palacio de Cortés 58
コロサル Corozal 153,156

サ行

サアチラ Zaachila 72,76
サクベ sacbe 139,160,161,163,170,182
サポテカ Zapoteca, Zapotec 71〜77
サヤスチェ Sayaxché 115,116
サン・イグナシオ San Ignacio 139,142
サン・ホセ・モゴテ San José Mogote 72,76〜78
サン・ロレンソ San Lorenzo 229
サンタ・エレナ Santa Elena 100,103,136
サンタ・リタ Santa Rita 156
三文化広場 Plaza de las Tres Culturas 40,41
ジバンチェ(&キニチナ) Dzibanché(& Kini-chná) 203〜205
ジビルチャルトゥン Dzibilchaltún 191,192,202
シペ・トテク㊙Xipe Totec 20,21
シュナントゥニッチ Xunantunich 143
シュプヒル Xpuhil 203,207
ショク(王妃)Xoc 89〜91
ショチカルコ Xochicalco 61〜63,67
ショチテカトル Xochitécatl 67
ショロトル Xólotl 36
シワテオトル㊙Cihuateotl 232
人類学地方博物館(CICOM)in ビジャエルモッサ Museo Regional de Antropología Carlos Pellicer Cámara(CICOM) 218,219
人類学博物館→国立人類学博物館
スターリング Stirling, Matthew W. 222,223
スティーブンズ，ジョン・ロイド Stephens, John Lloyd 181,190

セイバル Ceibal, Seibal 110,115
セノーテ cenote
151,159,164,168,171,174,189,191
セノーテ・ザチ Cenote Zaci 164
セロス Cerros 156
センポアラ Zempoala,Cempoala 236

タ行

ダインスー Dainzú 72,75
「楯ジャガー2世」㊀Shield Jaguar Ⅱ 89〜91
タモアンチャン Tamoanchán 233
タラスコ Tarasco (Purépecha) 239
タルー・タブレロ様式 Talud-tablero
7,30,46,106,173,204
チェトゥマル Chetumal 157
チェネス(様式)chenes
175,178,180,206,207
チカンナ Chicanná 203,208
チキムラ Chiquimura 135
チチェン・イツァー Chichén Itzá
161,164,165,168~177,183,189,190
チチメカ Chichimeca, Chichimec 36,65,236
チャーク Chaac(chac) 168,174
チャクモール chacmool
30,169,171,173,177,191
チャン・ムアーン2世 Chan Muan(Muaan)Ⅱ
もしくはChan Muwan(Muwaan)Ⅱ 92,93
チュルトゥン Chultún 158,183
チョルーラ Cholula 64,65
ツィンツンツァン Tzintzuntzan 238,239
ツォンパントリ tzompantli 30,40,49
ティカル Tikal 101,104〜109,114,120,
130,139,141,192,212
テオティワカン Teotihuacán
18,19,30,44~47,64,65,73,106,
109,114,120,146,204,236
テスココ Texcoco 36
テナユカ Tenayuca 36
テノチティトラン Tenochtitlán 30,41
テポツォトラン Tepotzotlán 50
テンプロ・マヨール Templo Mayor 30〜32
トゥーラ Tula 49,176,177
トウモロコシの神 Dios del Maíz, Maize God
131
トゥルム Tulm 158,159
ドス・ピラス Dos Pilas 119
トトナカ Totonaca, Totonac
193,228,234,236,237
トナンツィントラ Tonantzintla 66
トニナー Toniná 79,80,93
トラティルコ Tlatilco 16,17
トラテロルコ Tlatelolco 40,41
トラルテクートリ(神)Tlaltecuhtli 32
トラロカン Tlalocán 45
トラロック(神)Tláloc
7,30,32,41,47,63,176,236
「鳥ジャガー4世」㊀ Bird Jaguar IV 89~91
トルテカ Tolteca, Toltec 19,63,172,173
ドローレス・オルメド・パティーニョ美術館
Museo Dolores Olmedo Patiño 42
トンプソン Thompson, Edward H. 174

ナ行

ナランホ Naranjo 143

ノーパト Nohpat 182,183

ハ行

バカブ㊊Bacab（Bakab） 131～133
パカル㊏Pakal（Pacal） 84~87,204,212
ハサウ（ハサウ・カン〈チャン〉・カウィール1世,㊏）
Jasaw Kan（Chan） K'awiil Ⅰ
104,105,107,108
バジャドリッド Valladolid 164
パツクアロ Pátzcuaro 238,239
ハニッツィオ島 Isla de Janitzio 238,239
ハラパ人類学博物館 Museo de Antropología de Xalapa 228～233,237
バラムク Balamkú 203,210
パレンケ Palenque 79,81～88,99,212,225
ビジャエルモッサ Villahermosa 214～222
プウク㊕Puuc 175,179,180,182～184,186,202,206,207
プエブラ Puebla 68,70
プトゥン（プトゥン・マヤ） Putun Maya 225
フローレス Flores 88,100,103,111,121
フンアフプー㊊Hunahpú 80
ベカン Becán 203,208,209
ベラクルス Veracruz 226,228,229,231
ベリーズ・シティ Belize City 144,146
ボナンパク Bonampak 23,92,93
『ポポル・ヴフ』 Popol Vuh 80,195

マ行

「巻き鼻マスク」（学名ではありません）
171,173,174,179,180,182～184,189
マクウィルショチトル（マクイルショチトル）㊊
Macuilxóchitl 19
マトラツィンカ Matlatzinca 57
マヤパン Mayapán 189,190,192
マヤ文化博物館（チェトゥマル）
Museo de la Cultura Maya 157
マリナルコ Malinalco 51,56,57
マリナルショチトル Malinalxochitl 57
ミクトランテクートリ㊊Mictlantecuhtli 18,31
ミシュテカ Mixteca, Mixtec 71
ミトラ Mitla 72,74,75
民芸品博物館（メキシコ・シティ）
Museo de Arte Popular 43
メキシコ・シティ
Mexico City/Ciudad de México 12～43
メリダ Mérida 184,193～195,197
モンテ・アルバン Monte Albán 71～73
モンテホの家 La Casa de Montejo 195

ヤ行

ヤグール Yagul 72,74,75
ヤシュ・クック・モ（キニチ・ヤシュ・クック・モ）
K' inich Yax K'uk'Mo' 128
ヤシュ・ヌーン・アイーン1世（アイーン1世,㊏）
Yax Nuun Ayiin Ⅰ 109
ヤシュ・ヌーン・アイーン2世（アイーン2,㊏）
Yax Nuun Ayiin Ⅱ 104,105
ヤシュ・パサフ（・チャン・ヨアート,㊏） Yax Pasaj Chan Yoaat（Yopaat） 128,129,134
ヤシュチラン Yaxchilán 88～91,93
ヤシュナ Yaxuná 161
ヤシュハ Yaxhá 101,110,111,113,114

ヤハウ・テ・キニチ2世㊣Yajaw Te'K'inich II 141
ユカタン人類学歴史博物館 Museo Regional de Antropología e Histria de Yucatán 195

ラ行

ラカンドン Lacandón 89,91,93～99
ラス・イゲラス Las Higueras 228
ラ・ベンタ La Venta 222,223
ラ・ベンタ公園博物館 Parque Museo de La Venta 214～217
ラマナイ Lamanai 149,150
ランダ Landa, Diego de 177,195
ランビトジェコ Lambityeco 72,75
リオ・ベック㊑Río Bec 206～210
リベラ,ディエゴ Rivera, Diego 26,42,58
ル・プロンジョン Le Plongeon, Augustus 168,177
ルス(・ルイリエール), アルベルト Ruz Lhuillier, Alberto 84
ロルトゥン洞窟 Grutas de Loltún 184～187

ワ行

ワシャクトゥン Uaxactún 110,114,119,120
ワステカ Huasteca, Huastec 21,228,233,236
「笑う人」Figura Sonriente(Carita Sonriente), Smiling Figure (Smiling Face) 21,229,230

数字

「18ウサギ(ワシャクラフーン・ウバーフ・カウィール)」㊣Uaxaclajuun Ub'aah K'awiil 125,128,129

出典および主な参考文献

＊遺跡のあらましや歴史などの知識はすべてこれら宝の書や現地の解説看板、博物館などからきています。

『ARCHAEOLOGICAL MEXICO』Andrew Coe 著　Avaron Travel　2001
雑誌『arqueología　MEXICANA』edición regular 23,34,55,84,87, edición especial 2,21,23,24,25 INAH, Editorial Raices
『Chichén Itzá, tulum and Cobá』　Editorial Dante S.A.de C.V.　2007
『Uxmal and the puuc route』　Editorial Dante S.A.de C.V.　2007
『マヤ遺跡探訪』http://www.geocities.jp/ruinas_maya/index.html
あらゆる遺跡の詳細解説がなされた、痒いところに手が届く、いたれりつくせりのすばらしいサイト。あふれるサービス精神と奥ゆかしさには心から敬意を表します。
『The DeLange Home Page』のAncient Mexico Pictures, Photos, & Information〈http://www.delange.org/Default/Mexico/Mexico.htm〉とAncient Central America　Guatemala, Honduras, Belize〈http://www.delange.org/Default/CentralAmerica2/CentralAmerica2.htm〉
『FAMSI〈Foundation for the Advancement of Mesoamerican Studies, Inc〉』http://www.famsi.org/
資料の宝庫！　絵文書をほぼ網羅しています。ネット上でこんなお宝が見られるなんてありがたすぎ！　また1998年に亡くなった偉大すぎるマヤ学者リンダ・シーリー〈Linda Schele〉さんの1000枚近い遺物の模写コレクション「THE LINDA SCHELE DRAWING COLLECTION〈http://research.famsi.org/schele_list.php?_allSearch=&hold_search=&x=17&y=14〉」は圧巻です。考古学者の情熱に胸が打ち震えます。この本のレリーフ模写などはだいたいすべてリンダ・シーリーさんのものを参考にしています（そのまま引

用（模写）させてもらってるのもあれば、参考にさせていただく程度のもあります）。

『Maya Temples』http://www.muse.or.jp/maya/mayahome.html
『誰も読まないメキシコ遺跡レポート』http://edozo.web.fc2.com/Iseki.html
『Lonely planet Mexico』Lonely Planet Publications
『Lonely planet Central America』 Lonely Planet Publications
『ブルーガイド・ワールド　メキシコ』高山智博著　実業之日本社　1994年
『メキシコ　マヤ&アステカ』辻丸純一、土方美雄著　雷鳥社　2001年
『マヤ／グアテマラ&ベリーズ』辻丸純一著　雷鳥社　2001年
『マヤ終焉』土方美雄著　新評論　1999年
『ミステリー&ファンタジーツアー　マヤ／アステカ』土方美雄著　新紀元社　2004年
『旅名人ブックス　メキシコ古代遺跡とカンクン』邸景一文・写真　飯田辰彦、荻野純一文　清水卓司、村井勝、武田和秀写真　日経BP企画　2006年
『メキシコ紀行』高士宗明著　彩流社　1997年
『旅名人ブックス　メキシコ・中央高原』邸景一文　飯田辰彦文・写真　原川満写真　日経BP企画　2005年
『世界の博物館5　メキシコ国立人類学博物館』増田義郎編　講談社　1978年
『岩波アメリカ大陸古代文明事典』関雄二、青山和夫編著　岩波書店　2005年
『世界の大遺跡13　マヤとインカ』大貫良夫編著　講談社　1987年
『メキシコ』マイケル・D・コウ著　寺田和夫、小泉潤二訳　学生社　1975年
『太陽と月の神殿』増田義郎著　中央公論新社　1990年
『埋もれた古代都市2　アンデスの黄金郷』森本哲郎編　増田義郎ほか著　集英社　1978年
『中南米の古代都市文明』狩野千秋著　同成社　1990年
『図説　世界文化地理大百科　古代のアメリカ』マイケル・コウほか著　小池佑二、関雄二ほか訳　寺田和夫監訳　朝倉書店　1989年
『世界の文化史蹟　第9巻　マヤの神殿』石田英一郎編著　講談社　1968年
『マヤとインカ──王権の成立と展開』貞末堯司編　同成社　2005年
『ライフ人間世界史17　古代アメリカ』ジョナサン・ノートン・レオナード著　泉靖一日本語版監修　タイムライフブックス　1968年
『古代メソアメリカ文明』青山和夫著　講談社　2007年

『メソアメリカの考古学』青山和夫、猪俣健著　同成社　1997年
『メソアメリカ建築』ドリス・ハイデン、ポール・ジャンドロ著　八杉佳穂、佐藤孝裕訳　本の友社　1997年
『世界の建築　古代メキシコ』アンリ・スティールラン著　佐藤功訳　美術出版社　1968年
『世界の歴史教科書シリーズ26　メキシコ』アマリア＝ロペス＝レイエス、ホセ＝マヌエール＝ロサーノ＝フエンテス著　清水透、高田裕憲訳　帝国書院　1982年
『マヤとアステカ』狩野千秋著　近藤出版社　1983年
『メキシコの夢』ル・クレジオ著　望月芳郎訳　新潮社　1991年
『ヌエバ・エスパニャ報告書　ユカタン事物記』ソリタ、ランダ著　小池佑二、林屋永吉訳　増田義郎注　岩波書店　1982年
『図説メキシコ』宮本雅弘編・写真　宮本雅弘ほか著　河出書房新社　2001年
『NEWTONアーキオ　ビジュアル考古学　Vol.8　略奪された文明――謎のマヤ・アステカ・インカの栄光と悲劇』吉村作治編集主幹　ニュートンプレス　1996年
『「知」のビジュアル百科　アステカ・マヤ・インカ文明事典』エリザベス・バケダーノ著　川成洋日本語版監修　あすなろ書房　2007年
『大系世界の美術7　古代アメリカ美術』増田義郎責任編集・執筆　学研　1980年
『世界古代史双書5　最初のアメリカ人』　ジェフリー・H・S・ブシュネル著　増田義郎訳　創元社　1971年
『消された歴史を掘る』大井邦明著　平凡社　1985年
『地域からの世界史16　ラテンアメリカ』大井邦明、加茂雄三著　朝日新聞社　1992年
『ピラミッド神殿発掘記』大井邦明著　朝日新聞社　1985年
『チチメカ神話――ミチョアカン報告書』ル・クレジオ原訳　望月芳郎訳　新潮社　1987年
『ナショナル・ジオグラフィック』2000年12月号、2002年4月号、2003年5月号、2003年8月号、2006年10月号、2007年8月号　日経ナショナルジオグラフィック社
『古代世界70の不思議』ブライアン・M・フェイガン著　北代晋一訳　東京書籍　2003年
『古代マヤ王歴代誌』サイモン・マーティン、ニコライ・グルーベ著　長谷川悦夫、徳江佐和子、野口雅樹訳　中村誠一監修　創元社　2002年
『古代マヤ文明』マイケル・D・コウ著　加藤泰建、長谷川悦夫訳　創元社　2003年
『マヤ興亡』八杉佳穂著　福武書店　1990年
『マヤ文明はなぜ滅んだか?』中村誠一著　ニュートンプレス　1999年

『マヤ文明の興亡』ジョン・エリック・シドニー・トンプソン著　青山和夫訳　新評論　2008年
『マヤ文明の謎』青木晴夫著　講談社　1984年
『新しい考古学と古代マヤ文明』ジェレミー・A・サブロフ著　青山和夫訳　新評論　1998年
『マヤ文明』石田英一郎著　中央公論新社　1967年
『マヤ　失われた文明の謎と再発見』チャールズ・ガレンカンプ著　高山信雄訳　佑学社　1977年
『古代マヤ　石器の都市文明』青山和夫著　京都大学学術出版会　2005年
『マヤ文明』ポール・ジャンドロ著　高田勇訳　白水社　1981年
『沈黙の古代遺跡　マヤ・インカ文明の謎』クォーク編集部編　増田義郎監修　講談社　2000年
『古代マヤ文明不思議物語』村上達也著　汐文社　2000年
『マヤ文明を掘る』中村誠一著　日本放送出版協会　2007年
『ようこそマヤ文明へ』多々良穣著　文芸社　2007年
『失われたマヤ王国』カーネギー研究所編　小泉源太郎訳　大陸書房　1979年
『マヤ・インカ文明の謎』サイエンス編集部編　日経サイエンス社　1987年
『マヤ文明・インカ文明の謎』落合一泰ほか著　光文社　1988年
『マヤ神話ーチラム・バラムの予言』ル・クレジオ原訳　望月芳郎訳　新潮社　1981年
『マヤ文明』山瀬暢士著　太陽書房　2002年
『図説　古代マヤ文明』寺崎秀一郎著　河出書房新社　1999年
『芸術新潮』2003年3月号　新潮社
『マヤ文字解読』マイケル・D・コウ著　武井摩利、徳江佐和子訳　増田義郎監修　創元社　2003年
『マヤ文明――征服と探検の歴史』デイヴィッド・アダムソン著　沢崎和子訳　法政大学出版局　1987年
『マヤ文明――失われた都市を求めて』クロード・ボーデ、シドニー・ピカソ著　阪田由美子訳　創元社　1991年
『マヤ文字の秘密』B・クジミシチェフ著　深見弾訳　大陸書房　1978年
『マヤ学を学ぶ人のために』八杉佳穂編著　世界思想社　2004年
『図説 マヤ文字事典』マリア・ロンゲーナ著　月森左知訳　植田覺監修　創元社　2002年
『マヤ文明の旅』ロナルド・ライト著　池田比佐子訳　心交社　1991年
『ニュートンムック　新・世界の七不思議』ニュートンプレス　1997年
『ニュートンムック　世界遺産　謎を呼ぶ遺跡』ニュートンプレス　2005年

『ニュートンムック　世界遺産　謎多き16の大遺跡』ニュートンプレス　2005年
『NHKスペシャル失われた文明　マヤ』恩田陸、NHK「失われた文明」プロジェクト著　日本放送出版協会　2007年

『アステカ文明の謎』高山智博著　講談社　1980年
『アステカ文明』ジャック・スーステル著　狩野千秋訳　白水社　1979年
『アステカ文明』リチャード・F・タウンゼント著　武井摩利訳　増田義郎監修　創元社　2004年
『アステカ王国――文明の死と再生』セルジュ・グリュジンスキ著　斎藤晃訳　創元社　1992年
『アステカ文明』山瀬暢士著　太陽書房　2001年
『古代のメキシコ人』ミゲル・レオン=ポルティーヤ　山崎眞次訳　早稲田大学出版部　1985年
『神々とのたたかい 1』ベルナルディーノ・デ・サアグン著　篠原愛人、染田秀藤訳　岩波書店　1992年
『アステカ文明展』朝日新聞東京本社企画部編　朝日新聞東京本社企画部　1974年
『メキシコ史』フランソワ・ウェイミュレール著　染田秀藤、篠原愛人訳　白水社　1999年

『マヤ神話　ポポル・ヴフ』A・レシーノス原訳　林屋永吉訳　中央公論新社　2001年
『図説　マヤ・アステカ神話宗教事典』メアリー・ミラー、カール・タウベ編著　武井摩利訳　増田義郎監修　東洋書林　2000年
『ヴィジュアル版　世界の神話百科　アメリカ編』D・M・ジョーンズ著　B・L・モリノー著　蔵持不三也監訳　井関睦美、田里千代訳　原書房　2002年
『アステカ・マヤの神話』カール・タウベ著　藤田美砂子訳　丸善　1996年
『マヤ・アステカの神話』アイリーン・ニコルソン著　松田幸雄訳　青土社　1992年
『幻想の古代文明』ロバート・ウォーカップ著　服部研二訳　中央公論新社　1988年
『オーパーツ大全』クラウス・ドナ、ラインハルト・ハベック著　プシナ岩島史枝訳　学研　2005年
『失われた王国』ゼカリア・シッチン著　竹内慧訳　徳間書店　1998年
『神々の指紋』グラハム・ハンコック著　大地舜訳　翔泳社　1996年
『マヤの予言』エイドリアン・ギルバート、モーリス・コットレル著　田中真知訳　凱風社　1997年

著者略歴
芝崎みゆき（しばさき・みゆき）

1966年生まれ。
著書に『古代エジプトうんちく図鑑』
『古代ギリシアがんちく図鑑』(共にバジリコ刊)がある。

マヤ・アステカ遺跡へっぴり紀行
メキシコ・グアテマラ・ホンジュラス・ベリーズの旅

2010年6月 1 日　　第1刷発行
2023年6月26日　　第3刷発行

著　者　芝崎みゆき
装幀者　Malpu Design（清水良洋＋佐野佳子）
発行者　碇　高明
発行所　株式会社草思社
〒160-0022　東京都新宿区新宿 1-10-1
電話　営業 03(4580)7676　編集 03(4580)7680
振替　00170-9-23552

印　刷　中央精版印刷株式会社
製　本　中央精版印刷株式会社

ISBN978-4-7942-1763-9
Printed in Japan
http://www.soshisha.com/

あわわ

まさに神の恩寵

うわ〜
ごちそうだー♡

グオー